共生理念下学前与幼小衔接
创新教研活动案例

邹丽琼 ◎ 主编

南方日报出版社
NANFANG DAILY PRESS
中国·广州

图书在版编目（CIP）数据

共生理念下学前与幼小衔接创新教研活动案例 / 邹丽琼主编 . -- 广州 : 南方日报出版社，2025. 1.--ISBN 978-7-5491-2952-2

Ⅰ . G612

中国国家版本馆 CIP 数据核字第 2025ZF4928 号

GONGSHENG LINIAN XIA XUEQIAN YU YOUXIAO XIANJIE CHUANGXIN JIAOYAN HUODONG ANLI

共生理念下学前与幼小衔接创新教研活动案例

主　　编：邹丽琼
出版发行：南方日报出版社
地　　址：广州市广州大道中 289 号
出 版 人：周山丹
责任编辑：李嘉荟
责任技编：王　兰
封面设计：南风生
责任校对：阮昌汉　符文达
经　　销：全国新华书店
印　　刷：广州小明数码印刷有限公司
成品尺寸：185mm × 260 mm
印　　张：22.25
字　　数：49 千字
版　　次：2025 年 1 月第 1 版
印　　次：2025 年 1 月第 1 次印刷
定　　价：49.00 元

投稿热线：(020) 87360640　　读者热线：(020) 87363865

编委会

序

近年来，随着国家对学前教育事业的战略部署持续深化，学前教育理论研究不断取得全面而系统的突破，教育理念正经历系统性革新。在此背景下，新型幼儿园课程模式层出不穷，对幼儿园教师的专业素养提出了更高要求与挑战。

幼小衔接不是新生事物，却被时代赋予了更高的要求。国家相继出台一系列重要文件引领学前教育高质量发展。2012 年，教育部印发《3—6 岁儿童学习与发展指南》，同步颁布《幼儿园教师专业标准(试行)》，从课程实施规范与教师专业发展两个维度提出新要求，为学前教育发展锚定方向。2016 年 3 月实施的《幼儿园工作规程》明确要求幼儿园建立教研制度，以教研为抓手解决教育实践中的现实问题，凸显教研工作的重要性。2019 年 11 月，教育部《关于加强和改进新时代基础教育教研工作的意见》将教研工作提升至战略高度，强调通过机制创新推动教研体系建设。到 2022 年 2 月，《幼儿园保育教育质量评估指南》进一步提出，要制定科学的教研指导方案并确保有效落实，聚焦解决保育教育实践难题，着重培养教师的反思能力与专业自信。

在新时代教育发展趋势下，教师向研究者转型、走专业化发展道路，已成为职业发展的必然选择。园本教研作为连接理论与实践的桥梁，既是推动幼教改革深化、促进教师专业成长的关键路径，也是为幼儿园可持续发展注入动力、为教师搭建自我提升平台的重要载体，其价值与作用日益凸显。

2021 年 3 月，教育部印发《关于大力推进幼儿园与小学科学衔接的指导意见》，明确指出：科学推进幼小衔接，系统开展入学准备与入学适应教育，是保障儿童身心健康、奠定终身发展基础的关键环节。这一政策的实施，要求幼儿园与小学两大教育主体协同发力，通过理念革新与实践联动，将传统幼小衔接中的“陡坡”转化为平稳过渡的“缓坡”，重点实现三大核心转变：其一，打破学段壁垒，扭转“单向衔接”误区。针对长期存在的幼小教育分离、衔接意识薄弱问题，强调幼儿园与小学双向互动，形成教育合力，构建双向协同的衔接机制。其二，回归教育规律，纠偏“超前教育”倾向。改变过度注重知识储备、忽视儿童身心发展规律的衔接模式，以儿童认知、情感、社会性发展为核心，开展符合年龄特点的科学衔接。其三，完善协同机制，破解“衔接断层”难题。通过建立常态化沟通机制、课程共建机制与资源共享平台，系统性解决衔接过程中的制度缺失、执行缺位等问题，切实提升幼小衔接的实效性与科学性。

政策实施后，通过系统性调研发现，当前幼小衔接工作仍存在深层次矛盾：一方面，幼儿园与小学虽在互动形式上有所尝试，但合作仅停留在参观互访、信息互通等浅层活动，尚未将衔接需求深度融入课程设计与教学实践，未能形成学段间教育目标与内容的有机衔接。另一方面，教育理念偏差与实践错位问题突出。部分幼儿园仍存在超前教学现象，违规开展拼音认读、书写训练等“小学化”课程，忽视幼儿的认知发展规律；小学阶段则普遍存在消极应对倾向，部分教师固守“学前知识储备必要论”，未能树立“零起点教学”的科学理念，导致幼小衔接陷入“幼儿园抢跑、小学等待”的恶性循环，严重影响儿童入学适应与终身发展。

面对幼小衔接实践中的深层矛盾，东莞市教育局教研室以教研创新为核心抓手，通过开展学前教育与幼小衔接优秀教研案例征集活动，系统推进区域教育改革。一方面，引导幼儿园将入学准备教育深度融入三年保育教育全周期，贯穿于生活、游戏、学习及户外四大活动板块。另一方面，推动全市各镇街的幼儿园与小学开展协同教研，构建以幼儿身心健康发展为导向的教育共生体。

研究团队紧扣“整体联动、交互融合、多元共生”的核心价值理念，立足《幼儿园教育指导纲要（试行）》《3—6岁儿童学习与发展指南》等政策文件精神，以“问题导向”为方法论，围绕幼小衔接中的真实困境，开展覆盖单次专题研讨与系列主题教研的立体化实践。历经三年探索，形成了灵活多样的科学教研模式，有力推动幼儿园与小学教师教育理念与教学行为的革新。目前，区域内已初步构建起幼小协同的长效机制，形成科学衔接的良性教育生态，为破解幼小衔接难题提供了可复制的实践样本。

本书以“共生理念”为核心引领，系统构建学前教育与幼小衔接教研的立体化实践体系，全书共设九章内容。第一章作为总领章节，聚焦理念阐释与逻辑建构，深度剖析共生理念与学前教育教研、幼小衔接教研的内在关联，为全书实践探索奠定理论基础。第二章至第九章为案例实践部分，按学前教育教研与幼小衔接教研两大方向分类呈现，共精选32个极具示范性的创新案例，集中展现系统化教研探索的显著成效。体系构建严格遵循政策导向与实践规律：一方面参照2015年下发的《广东省幼儿园一日活动指引（试行）》对幼儿园生活活动、体育活动、自主游戏活动、学习活动四大类型的划分标准，夯实学前教育教研的内容根基；另一方面紧扣2021年教育部《关于大力推进幼儿园与小学科学衔接的指导意见》提出的生活准备与适应、身心准备与适应、社会准备与适应、学习准备与适应四大核心维度，明确幼小衔接教研的实践方向，形成科学系统的内容架构。

案例实践始终以儿童发展为中心，通过推动幼儿园与小学教师协同开发符合儿童发展规律的共享课程与活动框架，有效实现幼小课程目标的梯度衔接、内容的有机融合与教学方式的科学过渡，切实保障儿童从幼儿园到小学的平稳适应。这些案例既扎根一线教学实际，又蕴含教研创新思路，兼具实践指导性与推广价值，为学前教育及小学教育工作者提供了可借鉴、可拓展、可创新的教研操作范本，助力构建学段协同的良性教育生态。

在幼小科学衔接的探索实践中，教研活动正经历从单向衔接到双向联动、从被动响应到主动作为、从零散尝试到系统规划的深刻变革，成为推动教育衔接的核心引擎。幼儿园与小学以教研为纽带深化合作，共同构筑起助力儿童成长的坚实阶梯。正如虞永平教授所强调“平稳过渡的本质是尊重儿童发展的自然坡度”，此理念贯穿本书全部案例设计。

本书凝聚了学前教育与小学教育工作者的集体智慧，每一个案例都浸润着教育者深耕实践的匠心与热忱。这些宝贵经验既承载着对儿童发展规律的尊重，也彰显着教育者协同创新的探索精神。由于研究仍处于持续深化阶段，书中内容难免存在不足，恳请各位专家、同行不吝赐教，共同为优化幼小衔接实践、守护儿童美好成长贡献力量。

本书编委会

2024 年 12 月

目录

第四章 幼儿园一日活动之游戏活动

第五章 幼儿园一日活动之学习活动

第六章　幼小衔接之身心准备与适应

第七章　幼小衔接之生活准备与适应

第八章　幼小衔接之社会准备与适应

第九章　幼小衔接之学习准备与适应

第一章

共生理念下学前与幼小衔接创新教研概述

第一节
共生理念下学前与幼小衔接教研的发展愿景

一 共生理念下学前与幼小衔接创新教研的概念

（一）共生理念

共生理念（Symbiosis Concept）源于生态学，强调不同主体间通过合作、协调、互惠与协同进化实现共同生存与发展。

（二）学前与幼小衔接教研的本质

教研，即教学研究（Teaching Research），是教育工作者（个体或群体）围绕教育教学实践中的核心问题与关键挑战，以提升教育质量和促进学生发展为目标，所进行的系统性、反思性、探究性活动。学前与幼小衔接教研是教研活动在特定领域的具体化，其核心聚焦于破解幼儿园与小学衔接过程中的理论与实践难题。它以真实问题为导向，组织学前（幼儿园）与小学（尤其低年级）教师及相关人员，开展不同主题的协作研究，是推动学前教育高质量发展、促进教师专业成长、提升幼小衔接科学性与有效性的核心载体和专业引擎。

（三）共生理念下学前与幼小衔接教学实践

以共生理念为引领的学前与幼小衔接教研，确立了“专业共进、资源共建、使命共担、成果共享”的核心价值追求，为幼儿园与小学协同开展教研活动提供了明确的方向与目标框架。同时，依据《关于大力推进幼儿园与小学科学衔接的指导意见》《幼儿园入学准备教育指导要点》《3—6 岁儿童学习与发展指南》《幼儿园教育指导纲要（试行）》《幼儿园保育教育质量评估指南》和《关于进一步减轻义务教育阶段学生作业负担和校外培训负担的意见》等文件。东莞市坚持以儿童为本，协同组织幼儿园与小学双向教研，共同探索、开发与建设服务于科学幼小衔接的优质教研资源与课程素材，进而有效帮助儿童实现从幼儿园到小学的从容、自信、可持续过渡，为其终身学习与发展奠定坚实基础。

二 共生理念下学前与幼小衔接教研的发展愿景

在共生理念引领下，幼小衔接教研需依托聚焦问题、系统设计的专项行动予以推进。旨在以点带面，撬动教研模式的深度优化与系统革新，全面推进幼儿园与小学协同落实入学准备与入学适应教育，有效减缓衔接坡度，助力儿童实现从幼儿园到小学的平稳、积极过渡。其教研核心目标在于转变教师及家长的教育观念，建立园校双向教研机制，进而形成科学衔接的健康教育生态。同时，共生理念下的学前与幼小衔接教研涵盖了师师、师生、生生以及家园校等多维度共生共长的愿景。

（一）师与师共生

师与师共生，特指幼儿园教师与小学教师（尤其是低年级）之间，超越学段壁垒，基于共同的教育使命和科学衔接目标，建立起平等互信、深度协作、共享共进的专业伙伴关系。教师们共同组建跨学科教研共同体，围绕衔接的核心议题共同开展问题诊断、课例研究、资源开发、经验反思等深度教研活动，如通过联合教学展示、主题经验交流会、衔接成效研讨会等形式，促进相互理解与专业提升，共担育人使命。不仅关注儿童的知识与技能衔接，更协同致力于儿童社会性发展、学习品质培养、情绪情感支持等全面素养的培育，共同驱动学前教育和幼小衔接教研高质量、可持续发展。

（二）师与生共生

师与生共生，旨在重构幼小衔接阶段教师与儿童的关系，超越传统权威模式，建立基于理解、尊重、信任与相互成就的动态发展共同体。教师是儿童学习的支持者、引导者与合作者，儿童则是教师专业成长的灵感源泉与价值体现。教师通过积极关注、有效倾听与情感回应，营造安全、接纳、充满关爱的氛围，与儿童建立深厚情感联结（“亲其师”），让儿童“信其道”、勇于探索与积极适应新环境的基础；教师在此过程中也深化理解儿童，获得职业认同与价值感。双方在互动中践行民主原则，尊重差异，鼓励儿童表达与参与，培养其自主性与责任感。师生以“学习伙伴”身份共赴成长旅程，聚焦激发好奇心、发展批判与创造性思维、培养终身学习能力，强调对话、协作、反思与共同建构。深刻体现“教学相长”真谛：教师不仅传授知识，更从儿童独特视角与鲜活经验中汲取养分，持续更新理念与方法；儿童则在教师专业支持下迎接适宜挑战，实现潜能最大化发展。

（三）生与生共生

学生与学生，虽在性格、天赋、能力等方面各具特色，却共同构成了班级、年级乃至园校的学习共同体。尊重彼此差异，欣赏并学习同伴优点，互助合作、取长补短，是实现共同成长的基石。为此，幼儿园与学校肩负着创设和谐互助、向善求真成长环境的责任：通过建立公正、自由、开放的互动机制，营造积极包容的学习氛围，充分保障每个孩子的参与权和表达权，引导其深刻理解个体与集体的相互依存，进而使每个儿童快乐成长、汲取力量、锤炼能力、涵养素养，为未来人生奠定坚实根基。

（四）家与园校共生

理想的家、园、校共生关系，建立在彼此尊重、理解、包容、默契与相互支持的基础之上。家庭教育作为深化教育改革、提升教育质量的关键力量，通过与幼儿园、小学的共生协作，共同关注儿童发展的连续性、整体性与可持续性。这不仅是助力孩子走好人生第一步的核心保障，更能有效增强三方关系的韧性，为构建健康、稳定的教育生态奠定坚实根基。可见，家、园、校协同育人是建设教育强国的基石工程，是落实立德树人根本任务的重要支撑，更是促进幼儿健康成长与全面发展的根本保障。

综上所述，共生理念引领下的学前与幼小衔接教研发展，旨在促进教师、幼儿园、小学及家庭形成紧密协作网络。在此系统中，各方通过共同探讨、充分交流与智慧共享，最大化利用教研资源并高效转化成果，构建起一个共生的教研生态系统。不同学段的专家和教师的深度参与，带来了多元经验与见解的碰撞，不仅有效拓宽教师视野、激发创新思维，使教研活动更具活力与吸引力，也提升了教师的参与度与归属感。同时，教研活动紧密围绕教育实践中的真实问题与需求展开，在切实提升教师教育实践能力与问题解决能力的同时，实现了教研成果的互通互鉴。这种优化配置与共享应用，推动了学前教育与小学低段教育的协同创新与高质量发展。

第二节
共生理念下学前与幼小衔接教研的重要价值

一 共生理念的内涵

“共生”理念强调不同主体之间的相互依存、共同成长和发展。在教育领域，共生理念不仅指教师与儿童之间的互动，还包括家庭、学校和社会等多方力量的协同合作。特别是在学前与幼小衔接阶段，共生理念的应用尤为重要，它特指幼儿园与小学作为两个紧密关联又各具特质的教育主体，打破学段壁垒，通过双向互动、资源共享、责任共担与发展共进，构建一个支持儿童连续、平稳、积极发展的教育生态共同体。共生理念在教研活动中的内涵主要体现在以下几个方面：

（一）相互依赖与协同进化

共生理念起源于生物学领域，强调不同生物体之间的相互依赖和协同进化。在教研领域，这意味着教研人员、学校、幼儿园和教育资源之间的相互依赖和协同进化，打破传统教研的界限，推动教师、学校、幼儿园等各方形成紧密的合作关系，构建一个共生的教研生态系统。

（二）多元化与互动性

共生理念强调教研内容的多元化和互动性。在这个生态系统中，不同领域、不同学科的专家和教师都可以参与到教研活动中，分享他们的经验和见解。这种多元化的教研内容不仅拓宽了教师的视野，也激发了他们的创新思维。

（三）实践性与应用性

共生理念强调教研的实践性和应用性。教研活动紧密围绕教育实践中的问题和需求展开，旨在解决真实的教育问题。这种实践性的教研内容不仅提高了教师的教育实践能力，也提高了他们解决问题的能力。

（四）共享性与开放性

共生理念强调教研成果的共享性和开放性。在这个生态系统中，教研成果是共享的，各方可以相互交流、学习和借鉴。这种共享性的教研不仅促进了教育资源的优化配置和共享利用，也增强了不同教育机构之间的合作与交流。

共生理念在教研活动中的内涵强调了合作、协调、共享和共同发展，旨在通过构建一个多方参与、资源共享、协同发展的教研生态系统，推动教育质量的整体提升。

二 共生理念下学前教育教研的重要价值

在教育生态不断演进的当下，共生理念如同一股蓬勃的力量，重塑着学前教育的格局，赋予学前教育教研全新且深远的价值。传统学前教育教研多聚焦于园内教学活动的优化与教师技能的精进，却往往局限于微观层面；而共生理念打破壁垒，倡导多方主体相互依存、协同合作，深度挖掘学前教育的多元潜能，全方位滋养幼儿成长，推动学前教育迈向新的阶段。

（一）促进幼儿身心全面发展

1. 助力幼儿的全面发展。共生理念强调不同元素之间的相互依存和合作，这种理念在学前教育教研中体现为关注幼儿在德、智、体、美、劳等方面的成长。通过教研活动，教师能够更深入地理解和满足幼儿在各个领域的发展需求，从而促进幼儿的全面发展。

2. 推动幼儿的个性化成长。共生理念注重个体差异，教研活动促使教师研究每个幼儿的独特需求。例如，对于有特殊兴趣爱好的幼儿，像对昆虫特别着迷的孩子，教师们经过教研可以为其制订专门的观察计划，提供相关书籍、组织昆虫主题分享会等，满足幼儿的探索欲望，挖掘他们的潜能，这种以幼儿为本的教研活动有助于更好地满足幼儿个性化的学习需求。

3. 培养幼儿的积极情感。在共生理念的教研引导下，教师会关注教育环境中的情感因素。例如，在班级环境创设方面，教师通过教研营造温馨、互助的氛围。在这样的环境中，幼儿能够感受到关爱和支持，有助于他们形成积极的自我概念和良好的情绪管理能力，增强心理韧性。

（二）助力教师专业素养提升

1. 促进教师专业知识的积累。在共生理念指导的教研活动中，教师有机会接触到多元的教育理论和方法，这些知识的融合能够拓宽教师的教育视野，完善自身知识体系。同时，也提升了教师的教育教学能力。教研活动为教师提供了交流教学经验的平台，教师可以研讨课堂管理、活动设计等方面的问题。例如，在开展户外探索活动的教研中，教师能够学习到如何有效组织幼儿参与活动，确保活动安全有序，同时又能最大程度地激发幼儿的探索欲。并且，在教研过程中，教师可以根据研讨交流，反思和改进自己的教学方法，从而提高教学质量。

2. 提升教师的综合素质。教研活动有助于教师提升自身的专业素养。在共生理念的引领下，教师会不断学习新的教育理论和观念，并且在与同事的交流合作中，发现自己的不足之处并加以改进。教师专业素质的提高会直接体现在教学过程中，比如教师能够更加敏锐地捕捉到幼儿的需求，进而更好地引导幼儿学习和成长，这是提升幼儿园教育质量的关键因素。

3. 增强教师的团队协作能力。共生理念强调合作共生，在教研过程中，教师们需要与幼儿、同事、教研员等密切合作。例如，在设计园本课程的教研项目中，教师们要分工合作，收集资料、自我反思、同伴互助等。通过这样的过程，教师能学会倾听他人意见，协调各方资源，增强团队协作的意识和能力。

（三）推动园所保教质量的发展

1. 强化园本教研，提升保育教育质量。共生理念下的教研活动以提升幼儿园教育教学质量为核心，教研活动聚焦于解决保育教育实践中的具体问题，注重激发教师积极主动反思，提高教师实践能力，也有助于为幼儿提供更高质量的教育环境和资源，促进其健康成长。

2. 推动课程创新，提升教育教学质量。课程是学前教育的关键载体，共生理念下的教研激发了课程活力，打造与时俱进、贴合幼儿的优质课程。一方面，园内教师团队合作，结合本地文化特色与幼儿兴趣，创编乡土教材。例如，沿海地区的幼儿园可以开发海洋主题课程，让幼儿认识海洋生物、学习渔家文化，感受家乡魅力；内陆地区幼儿园的课程可以融入农耕元素，让幼儿体验播种、收获，树立劳动观念。另一方面，跨园合作引进先进课程理念，汲取国际学前教育课程精华，融合本土需求加以改良。同时，借助互联网平台与高校、科研机构合作，收集数据评估课程效果，动态调整课程内容，确保课程创新活力，满足幼儿多元学习需求。

3. 加强资源建设，促进教育资源整合。共生理念下的教研有利于整合各种教育资源。幼儿园内部的人力、物力资源以及园外的社会资源都能在教研中得到充分挖掘和有效利用。在人力方面，教师之间可以共享教学经验和技能；在物力方面，教师通过教研能够合理利用园内的环境、材料等资源。同时，还可以整合园外资源，例如，邀请家长参与幼儿园活动，或者组织幼儿参观博物馆、科技馆等，为幼儿提供更广阔的学习空间，全面提升保教质量。

4. 科学教育评价，提升教育评价水平。教研有助于提升教育评价的水平。在共生理念下，教师们会共同探讨如何建立科学合理的教育评价体系。这种评价体系不仅关注幼儿的学习成果，更注重幼儿的学习过程和发展潜力。例如，教师可以通过观察幼儿在游戏中的表现、合作能力等，进行全面、动态的评价，及时发现保教过程中的问题，调整教育策略，从而提高保教质量。

三 共生理念下幼小衔接教研的重要价值

随着教育改革的持续推进，幼小衔接成为备受瞩目的关键节点。从幼儿园步入小学，儿童面临学习模式、生活环境、人际关系等诸多层面的巨变，倘若衔接不畅，极易引发儿童的焦虑情绪，甚至影响后续学业发展。共生理念宛如一把精准的钥匙，解锁了幼小衔接教研的全新价值，促使学前与小学教育深度融合、协同发展，全方位护航儿童平稳过渡。

（一）助力儿童平稳适应新环境

儿童身心发展具有连贯性与阶段性，幼小衔接阶段是成长的重要转折点。共生理念下的教研，能让教育工作者精准把握儿童的身心特点与发展需求，为儿童量身定制衔接方案。幼儿园时期，儿童多以游戏为主要学习途径，生活作息相对宽松；小学则要求严格的课堂纪律、规范的作息时间以及系统的知识学习。在课程设计上，教研团队深入研讨，设计过渡课程，巧妙融入游戏元素，例如，“趣味阅读”“数字连连看”等活动，将小学知识融入儿童熟悉的游戏情境，既满足儿童爱玩的天性，又可以让儿童提前熟悉小学学习内容，降低学习陌生感。在生活适应上，通过家校共育教研活动，教师与家长协同调整儿童作息，帮助儿童规律作息，模拟小学一日生活，助力儿童顺利切换生物钟，从容适应小学节奏，避免入学初期的“水土不服”。

（二）促进教师教学理念革新与专业成长

小学教师与学前教师身处不同教学阶段，教学风格、方法大相径庭。共生理念搭建交流桥梁，打破学段壁垒，促使双方教师更新教学理念，汲取多元教学技巧。小学低年级教师参与教研，观摩幼儿园游戏化教学场景，反思自身课堂是否趣味性与互动性不足，进而尝试故事导入、小组竞赛等教学手段，活跃课堂氛围；学前教师钻研小学教学大纲，明晰知识体系架构，避免教学内容的过度浅化或超前，把握好知识传授的“度”。定期组织联合教学研讨、观摩评课活动，为教师提供成长平台。教师们分享教学心得、交流困惑，共同打磨优质衔接示范课，在此过程中拓宽教学视野，充实教学策略库，成长为精通幼小衔接教学的行家里手，精准施教，满足儿童不同阶段的学习需求。

（三）实现课程的有机衔接与递进

课程衔接是幼小衔接的核心任务，共生理念推动学前与小学课程无缝对接，构建一体化课程体系。例如，语言领域，幼儿园绘本阅读着重培养语感、口语表达与倾听习惯；幼小衔接教研顺势延伸，开发读写启蒙课程，引导儿童在趣味游戏中进行简单的看图说话、词语接龙等，做好幼儿前阅读和前书写准备。

（四）营造家园校社共育良好生态

幼小衔接绝非学校或幼儿园单方面的责任，共生理念下的教研活动能辐射至家庭、社会，凝聚多方力量。教师与家长深度沟通，在家校共育教研会上分享儿童阶段性发展特点。例如，小学教师告知家长预习、复习方法；学前教师指导家长如何高质量陪伴儿童，与他们玩游戏，纠正不当教育观念，如过早强迫儿童识字、算数等。学校联合社区，利用社区资源拓展衔接教育空间。社区图书馆配合学校开展阅读打卡活动；科技馆、博物馆为儿童量身打造幼小衔接科普展览，将抽象知识具象化。教研团队参与活动策划，确保校外资源与校内教学互补，拓宽儿童视野，让教育融入生活场景，全方位助力儿童成长。

（五）优化教育资源配置与共享

当前教育资源分布不均，学前与小学学段间资源流通不畅。共生理念下的教研打破资源壁垒，实现资源高效利用与共享。一是加强资源共享。学前与幼小衔接教研可以推动幼儿园和小学之间的资源共享，包括课程资源、教学设备、师资力量等。通过整合双方的优势资源，为儿童提供更加丰富和多元的学习体验。二是在教研过程中可以优化师资配置。幼儿园教师和小学教师在专业知识和教学方法上各有优势。通过教研，双方可以相互学习借鉴。例如，小学教师可以向幼儿园教师传授学科知识的系统教学方法，幼儿园教师则可以和小学教师分享如何通过游戏、活动来激发孩子的学习兴趣。教师之间的经验交流和资源整合，使得幼小衔接阶段的师资队伍更加专业和多元，能够更好地为儿童提供适应小学的指导。三是教研能够促进课程资源的优化配置。幼小衔接教研可以帮助梳理幼儿园和小学的课程内容，找出衔接点，合理安排教学进度和教学内容，避免重复教学或出现知识断层。同时，还可以共同开发一些过渡性的课程资源，如幼小衔接主题活动课程，将幼儿园的游戏活动和小学的学习习惯培养结合起来，使教育资源得到充分利用，提高幼小衔接的质量。

共生理念下的幼小衔接教研贯穿儿童成长、教师发展、课程优化、家校社联动及资源调配等多个维度，蕴含不可估量的价值。各方应积极践行这一理念，深耕教研实践，为儿童铺就一条从幼儿园到小学的顺畅成长之路，夯实教育基础，促进教育高质量发展。

总而言之，在共生理念的指导下，学前与幼小衔接教研不仅是提升教学质量的重要手段，更是促进幼儿园保教质量提升的关键路径。通过多方协作，着力为儿童创造一个更加和谐、健康的成长环境，帮助他们顺利从学前阶段过渡到小学阶段，为未来的学习和生活打下坚实的基础。

第三节

共生理念下学前与幼小衔接教研的理论基础

一 生态系统理论

生态系统理论由布朗芬布伦纳提出，强调个体发展嵌套于相互影响的一系列环境系统之中。对于学前和小学阶段的衔接来说，儿童置身于家庭、幼儿园、小学以及社区等多重系统中，这些系统彼此作用、相互影响，共同构成一个完整的生态环境。例如，家庭对孩子学习习惯的培养会影响其在幼儿园和小学的学习表现，幼儿园与小学之间的沟通合作也会对孩子的过渡产生作用。学校或幼儿园是一个微观生态系统，与外部环境相互影响。共生理念契合生态系统理论，强调系统内各要素（如教师、学生、课程等）以及学校与外部环境（家庭、社区等）之间的相互依存关系，为校本/园本教研提供了整体观的理论支持。

二 建构主义理论

建构主义理论强调个体基于自身经验主动建构知识与理解世界。在共生理念下的学前与幼小衔接教研中，其意义深远。建构主义认为，儿童是在与周围环境相互作用的过程中，逐步建构起关于外部世界的知识。在幼小衔接阶段，儿童带着在幼儿园阶段建构的知识、经验进入小学。例如，在幼儿园通过游戏活动积累的社交经验，会帮助他们在小学更好地与同学相处。而教研活动基于此理论可以更好地引导教师关注儿童已有的经验，帮助他们顺利过渡并在新环境中继续建构，以获得认知的发展。基于建构主义的教研，要求教师关注儿童的原有经验基础。幼小衔接教研活动应致力于分析儿童在幼儿园所积累的认知、情感与技能经验，进而设计出能与小学新知识体系相衔接的教学方案。例如，了解到儿童在幼儿园已对数字有感性认识，小学教师便可在数学教学起始阶段，从这些已有经验出发，引导儿童逐步构建更系统的数学知识框架。同时，建构主义注重学习的情境性。教研中需探讨如何营造有利于儿童知识建构的环境，无论是幼儿园的游戏情境还是小学的课堂情境，都应具有连贯性与递进性，让儿童在过渡中能自然地依据新情境对知识与行为进行重新建构，实现从学前到小学阶段在知识、能力与心理等多方面的平稳过渡与持续发展。

三　终身教育理论

终身教育理论指出，教育是一个贯穿一生的过程。幼小衔接是其中一个重要环节，它不是一个短期的、孤立的过程，而是为儿童后续学习乃至终身学习奠定基础。学前和小学阶段的教育应该相互衔接，保证教育的连贯性，让儿童在不同阶段的学习中能够持续、稳定地发展。例如，培养儿童的学习兴趣和良好的学习态度，使其受益终身。共生理念倡导不同主体之间相互依存、协同发展，在学前与幼小衔接教研中，与终身教育理论相契合。一方面，幼儿园与小学教师应建立共生关系，通过教研共同探讨如何在教学内容、教学方法上实现连贯性与递进性，以保障儿童从学前到小学阶段平稳过渡，并为其终身教育开启良好开端。例如，共同研讨如何将幼儿园的游戏化学习方式逐步过渡到小学更具系统性的学科学习，使儿童在早期形成对学习积极的态度与体验，利于后续长期的学习生涯。另一方面，家庭、社区与学校也应形成共生的教育网络。家庭在儿童学前阶段培养的生活习惯、品德素养等与学校教育相互补充，社区提供的实践资源与文化环境为儿童的终身教育拓宽视野。通过教研活动整合各方资源与力量，为儿童终身教育打造一体化的教育生态环境，让儿童在不同成长阶段都能获得适宜且连贯的教育支持，促进其全面而持续地发展。

四　多元智能理论

多元智能理论由霍华德·加德纳提出，他认为人的智能不是单一的，而是包括语言智能、数学智能、空间智能、运动智能、音乐智能、人际智能、自我认知智能、自然观察智能等多种智能。每个儿童都有自己的优势智能和相对较弱的智能组合。这套理论提醒我们每个儿童都具有多种智能，且其发展存在差异。在教研中，应关注儿童智能的多元性，采用多样化的教学方法和评价方式，发掘并培养每个儿童的优势智能，为他们顺利过渡到小学做好准备。在共生理念下，学前和小学教师在教研过程中会意识到不能仅用单一的标准来评估儿童。例如，幼儿园阶段不应只关注儿童的语言表达和简单算术技能，同时，小学教师也要关注刚入学儿童的多元智能表现。例如，有的儿童可能在空间智能方面表现出色，能够快速识别图形和方位，这在小学的几何初步学习等方面是很有优势的；而有的儿童人际智能突出，善于和同学交往合作，这有利于在小学班级活动中发挥积极作用。教师通过教研认识到应该采用多样化的教学策略。在学前阶段，教师可以利用游戏等方式挖掘儿童的多元智能。例如，在音乐游戏中激发音乐智能，在搭建积木游戏中发展空间智能和运动智能。到了幼小衔接阶段，小学教师可以和幼儿园教师共同教研，思考如何将这些多元智能的培养延续下去。例如，在小学的语文教学中，对于语言智能稍弱但运动智能强的学生，可以采用角色扮演的方法帮助他们理解课文内容，让他们在活动中发挥优势智能来促进语言智能的发展。

五 最近发展区理论

维果茨基认为，儿童的发展有两种水平：一种是儿童现有的水平，另一种是在他人（尤其是成人）帮助下可以达到的潜在发展水平，这两者之间的差距就是最近发展区。教学应着眼于儿童的最近发展区，为儿童提供带有一定难度的内容，调动其积极性，发挥其潜能。在学前与幼小衔接阶段，幼儿园和小学教师通过联合教研，共同精准评估儿童的现有发展水平。例如，在语言领域，教师们可以通过观察儿童的日常表达、阅读能力等方面来确定孩子目前的语言能力。在数学领域，可以通过游戏、简单测试等方式了解儿童对数字、形状等基本概念的掌握程度。同时，教师还要考虑到不同儿童的最近发展区的差异性。有的儿童可能在空间认知方面的最近发展区较大，而有的儿童可能在逻辑思维方面更有潜力。教师在教研过程中要立足幼儿的个体差异，以便更好地因材施教。在共生理念下，教师之间要协同为儿童提供支持。幼儿园教师可以在学前阶段为儿童提供更多的实践操作机会，如在科学小实验中，教师可引导儿童初步探索自然现象。当儿童进入小学后，小学教师在学前教育的基础上，通过讲解原理、引导观察等方式，帮助儿童在最近发展区内获得更好的发展。例如，在观察植物生长的活动中，幼儿园教师可以引导儿童种植和浇水，小学教师则可以进一步讲解植物生长的条件，让儿童在观察记录中深化对科学知识的理解。

综上所述，生态系统理论、建构主义理论、终身教育理论、多元智能理论和最近发展区理论等共同构成了共生理念下学前与幼小衔接教研的理论基础，为实现优质、有效的教育衔接提供了科学的指导和支持。

第四节
共生理念下学前与幼小衔接教研的实践策略

共生理念强调不同主体之间的相互依存、共同成长和发展。在教育领域，共生理念则强调幼儿园（学校）、教辅人员、家庭、社会、教育资源之间的相互依赖和协同进化，特别是在学前与幼小衔接阶段，共生理念的应用尤为重要。在学前与幼小衔接的教研工作中，共生理念提供了一种全新的视角和实践策略，它要求幼儿园、小学、家长和社区共同努力，共同促进教师专业提升、幼儿全方面发展及园所保教质量提升。本节将详细探讨共生理念下学前与幼小衔接教研的实践策略，以期为读者提供参考和借鉴。

一　完善教研管理制度，保障工作有序开展

（一）建立健全教研管理组织架构

为确保学前与幼小衔接教研工作的有序进行，应建立健全教研管理制度。制定《学前教育教研工作指引》《幼小衔接工作指导手册》促使学前教育教研与幼小衔接双向教研机制有效落地，明确教研管理的各级职责。可设立教研室或教研组，指定相关负责人，建立市—片（区）—镇—园（校）的层级教研架构，确保各层级、各教学领域都有专门的教研团队，负责该领域的教研活动。

（二）落实学前与幼小衔接教研管理制度

2019 年，教育部印发《关于加强和改进新时代基础教育教研工作的意见》。该文件指出，要强化校本教研，并强调校本教研要立足学校实际，以实施新课程新教材、探索新方法新技术、提高教师专业能力为重点，着力增强教学设计的整体性、系统化，不断提高基于课程标准的教学水平。基于此，除上级教研教学行政管理部门外，学校（幼儿园）也要建立健全教研制度，充分发挥教研组、备课组、年级组的作用。

例如，落实教研管理人员，组建教研团队，根据幼儿园（学校的）教育教学需求，制

订学期或年度的教研计划，同时设定明确的教研目标，包括研究学生学习、改进教学方法、优化作业设计、解决教学问题、指导家庭教育等方面，探索教研活动向教研课程转型。同时，建立规范的教研活动流程，包括活动的准备、实施、总结和反馈等环节，以确保教研活动的质量和效果，促进教学质量的整体提升。

二 整合教研骨干资源，形成教研工作合力

教研骨干是推动学前教育质量提升的关键力量，其人力资源的有效整合与利用能进一步形成教研工作合力，这不仅能促进学前教育教师的专业成长，更能为教研管理人员培养中层力量，加快推进教学改革。通过整合教研骨干资源，组建多元研究团队，加强区域联动，形成教研网络。

（一）建立学前教育教研骨干人力资源库

基于教学经验、研究成果、教育理念等维度，选拔具有创新精神和高度责任感的教研骨干，如专业性强的教研员、园长、教学行政等，归类其擅长的研究领域或课题，通过分类入库的方式，实施人才库的动态更新，并设立详细的个人信息档案，包括教育背景、工作经历、研究成果、教学特色等，便于后续管理和调用。同时，支持其参加专业培训、学术交流、教育考察等活动，不断提升自身的专业素养和创新能力，以形成一支高素质、专业化的教研团队，为教育事业的持续发展提供有力支撑。

（二）优化“名师名园长”送教、帮扶形式

基于问题导向，切实扭转为完成任务而送教的形式主义。在送教、帮扶前，通过问卷调查、访谈、座谈会等方式，深入了解受帮扶园所或教师的实际需求。根据前期调研结果，制订个性化的送教内容和帮扶计划，以线上线下相结合的方式提高送教、帮扶质量。例如，运用现代信息技术手段，通过网络直播、在线研讨、远程协作等，开展线上送教和帮扶活动，突破地域限制，加大教师辐射推广面，有效地发挥名师和名园长的引领作用，提升教育质量，促进教育资源的均衡发展。

（三）组建纵向学科（领域）研究分支组织

建立纵向学科（领域）研究分支组织是深化教育研究、推动学科发展的重要举措。这种组织模式强调在某一学科或领域内，按照研究主题、问题或方法等进行细分，形成多个专业性强、针对性明确的研究分支。例如，按照幼儿园的教育需求，成立了幼小衔接研究部、五大领域研究部、游戏研究部、家园共育研究部、职后培训研究部等 17 个研究部，通过教研管理人员组织研究部核心园定期举办研讨、教研活动，加强互动交流，促进研究部内的园所、园校交流、合作、联动，促进教研工作的开展。

三 加强教研专业培训，提升教研引领水平

（一）构建系统化培训体系

为了提升学前教育和幼小衔接阶段教师的专业素养和教研能力，各层级教研管理人员需立足实际，以问题为导向，了解教师在教学、教研、管理等方面遇到的问题，通过问卷调查、访谈、座谈会等方式，收集教师的意见和建议，为培训内容的设计提供依据。根据教师不同阶段的需求，设计分层次、分类别的教研培训课程，结合需求分析的结果，设定培训目标，涵盖教学技能提升、教育理念更新、课程开发设计与实施、教育评价改革、家校沟通与合作等多个方面。

（二）设计科学的培训课程

将学前教育教研与幼小衔接专业培训纳入教师培养体系，提高两学段教师的专业素养，增强他们在教育教学工作中的能力和信心，可以为儿童提供更好的发展环境。凭借线上与线下资源，运用讲座、研讨会、工作坊、案例分析等多元化的培训方式，增强培训的互动性和实效性。可以围绕学前教育与幼小衔接的核心问题展开，例如，相关政策解读、儿童心理发展特点、课程与教学的创新实践、幼小衔接的难点与对策等，构建系统化培训体系，提升教师专业素养和教研能力。

（三）建立内、外部专家资源库

专业引领是学前教育与幼小衔接教研的关键要素，其意义在于帮助教师将教育理念转化为实际的教育行为，引领教师在实践中运用理论解释并解决教育问题。要引导教师由经验者成为研究者，针对教研员配备不足、幼小衔接步伐不一致等问题，可以挖掘学前教育、小学教育专家资源，建立外部专家资源库，根据专家研究领域进行资源分类，这些专家可以为教师提供专业的指导和支持，帮助他们解决教学、教研和管理中的实际问题。幼儿园和小学可以按照研究实际情况，定期邀请知名教育专家、学者作讲座或指导，为学前教育、小学教育的教师提供前沿的教育理念和实践经验。

此外，还可以挖掘内部专家资源。除了每年定期对教研人员进行系统培训外，可以充分发挥骨干教师的传帮带作用，即利用各学科教研员、学科带头人、教学能手、教研中心组成员等骨干资源，凭借其丰富的教学经验和教研能力，定期组织内部专家举办讲座、研讨会等活动，让内部专家分享教学经验和教研成果，指导和帮助其他教师。利用内部专家资源可以解决部分幼儿园、小学教研薄弱的问题，提高教研水平，促进教育均衡发展。

四 挖掘教研活动内涵，夯实两学段教师教研能力基础

（一）明确教研背景意图

学前教育与小学教育是儿童成长过程中的两个重要阶段，它们之间存在显著的差异，

但又紧密相连。学前教育注重儿童的全面发展，强调游戏的重要性；而小学教育则更加注重知识的传授和学科体系的建立。因此，幼小衔接成了教育过程中的关键环节，需要教师们深入理解和研究，以确保儿童能够平稳过渡。教研活动的首要任务是明确其背景意图，即通过教研活动，教师们需要解决哪些实际问题，提升哪些教学能力，以及如何更好地促进儿童的幼小衔接。例如，针对学前教育四大活动，教研活动可以聚焦于如何设计更符合儿童发展特点的活动方案；而针对幼小衔接，则可以探讨如何帮助儿童在身心、生活、社会和学习等方面做好入学准备。

（二）创新多元教研形式

传统的教研活动往往以讲座、研讨会等形式为主，但仅靠单一形式，既难以充分激发教师参与教研的积极性，也无法有效提升教研效果。为更好地满足教师们多样化的学习需求，可以创新教研形式，如采用案例分析、工作坊、辩论会、在线交流等多元化方式，以激发教师们的参与热情和创造力。

除线下教研外，还可以结合信息化教研形式创新教研活动，利用钉钉、微信、教研网平台、QQ、UMU（互动学习平台）等，合理使用碎片化时间，解决教师坐班时间长、时间难协调等现实问题，突破空间的局限，实现教师与教师、教师与专家、教师与家长间的互动，鼓励教师们分享自己的教研心得、教学经验和遇到的问题，利用网络平台建立教师社群，搭建开放、平等、交互学习的研讨平台，形成互助互学的良好氛围。

（三）优化教研评价机制

良好的激励机制使教师迸发出教研的动力与潜能，教研活动的评价机制是确保其有效性的关键，教研管理人员应建立一套科学、全面、公正的评价体系，既关注教师们的教研成果，也重视其教研过程中的表现和努力，可以从教学设计、课堂实施、教学反思、团队协作等多个维度对教师们的教研活动进行评价。除此之外，还需重视教师在教研过程中的参与程度、学习态度和创新思维，及时给予教师们具体的反馈意见，鼓励他们在教研活动中不断学习和改进，确保教研活动能够持续有效地提升教师们的教学能力。

综上所述，通过明确教研背景意图、创新多元教研形式和优化教研评价机制等措施，我们可以有效挖掘教研活动的内涵，提升学前教育与小学学段教师的教研能力，为儿童的幼小衔接提供更加有力的支持。

本书收录了关于学前教育四大活动、幼小衔接四大准备（适应）的典型教研案例，从学前教育与幼小衔接的关键经验出发，坚持以儿童为本、双向衔接的系统化推进，充分发挥教研活动价值，付诸有效的行动，促进课程与教学的一致性，构建符合儿童发展规律的共享教研案例，希望为同行的教研工作提供可借鉴、可拓展、可创造性运用的参考范式。

第二章

幼儿园一日活动之生活活动

案例 1

趣生活

——幼儿园保育队伍开展生活活动的教学研究

东莞市长安镇中心幼儿园　梁万华、卢雪英、刘平

一　教研背景与目标

（一）教研背景

教育部印发的《幼儿园保育教育质量评估指南》指出，幼儿园要帮助幼儿建立合理生活常规，引导幼儿根据需要自主饮水、盥洗、如厕、增减衣物等，养成良好的生活卫生习惯。指导幼儿进行餐前准备、餐后清洁、图画书与玩具整理等自我服务，引导幼儿养成劳动习惯，增强环保意识、集体责任感。

《幼儿园教育指导纲要（试行）》指出，幼儿园教育活动内容的选择要“既贴近幼儿的生活来选择感兴趣的事物和问题，又有助于拓宽幼儿的经验和视野”，幼儿教育活动内容的组织要“充分考虑幼儿的学习特点和认知规律，各领域的内容要有机联系、相互渗透，注重综合性、趣味性和活动性，寓教育于生活、游戏之中”，正如陶行知先生所言：“生活即教育。”

陈鹤琴先生提出：“凡是儿童自己能做的，应当让他自己做。”幼儿园幼儿生活活动内容主要包括自己穿脱衣服鞋袜、收拾整理衣物、独立进餐、垃圾分类回收等劳动教育内容。多年来，我们注重把生活的自主权还给幼儿，注重培养幼儿不挑食的饮食习惯，注重在生活中渗透劳动教育和生活自理能力的培养，更注重将所有幼儿生活活动内容进行梳理总结。根据国家政策要求和幼儿园情况，我们及时更新教学内容及方式，目前已形成了我园幼儿生活活动案例集；课题“幼儿生活自理能力培养的实践研究”于 2020 年荣获广东省中小学教育创新成果三等奖。

（二）教研意图

1. 问题来源

园内关于生活活动亮点分享中，一部分保育老师分享了与生活活动相关的内容，如：喝水、如厕、午睡、用餐、种植等。她们分享较多的是就某一具体内容进行个别指导，并

运用相应的支持策略，使幼儿改掉不良习惯。但她们也提出了自己的一些困惑，主要集中在:（1）自然教育课程是幼儿园特色课程，在这一课程中教师常常带领孩子认识自然中的植物，如艾草、桂花以及车前草等，这些都可以成为我们的食育课程。作为保育老师，是否也能利用这些植物开展集体教学活动？该怎么开展？（2）对于幼儿挑食的行为，是否能考虑让幼儿自己动手做午餐？因为自己做的最香了。（3）幼儿很喜欢为集体服务，提出想在区角也能学习洗衣服和袜子，回家可以帮爸爸妈妈洗，是否能满足他们的需求？该如何做呢？（4）生活活动开展过程中，因为以说教为主，缺乏趣味性，所以幼儿注意力常常不容易集中，怎样增强生活活动的趣味性？

2. 问题的分析与诊断

教师能关注幼儿生活中出现的不良行为和习惯，并通过生活活动课程来解决问题。教师关注课程落实的有效性，萌发利用幼儿园现有植物资源开展集体教学的想法，显示出与班级教师一致的教学观与课程观，但缺乏幼儿教育学及幼儿心理学的学习，教学方法较为传统，使得教学形式过于单调，孩子不感兴趣。

3. 教研的重点和期望的目标

（1）教研的重点：生活中最大限度地满足幼儿的合理需求，提高幼儿动手能力以及生活能力，提高保育教师的教学能力。

（2）期望的目标：提高幼儿自我效能感，丰富幼儿园生活活动课程内容，改变保育老师的教学方式，推广幼儿园保育队伍的经验。

二 教研活动设计与实施

（一）教研活动方案（见表 2-1）

表 2-1 教研活动方案

教研时间	3 月—5 月
教研地点	幼儿园小会议室、幼儿园各班级、幼儿园后操场
教研目标	1. 结合幼儿年龄特点，设计操作性强的生活活动案例，丰富我园幼儿生活活动的教学内容。 2. 提升保育教师队伍的教学素养，让保育教师从中获得价值感。 3. 以点带面，将我园优秀的生活活动内容对外推广，推动全镇保育队伍水平的提高。
教研准备	教研课件、大白纸、油性笔、电脑
参加人员	生活活动教研人员、全园保育教师

续表

活动过程	第一阶段：确定主题内容，研讨我园幼儿生活活动有哪些内容，其依据是什么（3 月初—3 月中旬） 1. 发放调查问卷，了解保育教师对幼儿园生活活动内容的理解。 2. 带领保育教师从《幼儿园规程》《幼儿园教育指导纲要（试行）》《3—6 岁儿童学习与发展指南》《幼儿园保育教育质量评估指南》中学习与生活活动相关的内容。 3. 根据我园幼儿发展水平，丰富我园幼儿生活活动教学的内容。 第二阶段：实施教研活动，定期教研改进（3 月中旬—4 月末） 1. 第一周各班级保育教师选定 1 项教学内容，并在班级开展一次教学实践。 2. 教研组开展第一周教学实践的讨论，总结经验，提出改进方法。 3. 第二周各级部保育教师进行小组研讨，在班级开展教学实践。 4. 第三周各级部保育教师再次进行小组研讨，在班级开展教学实践。 5. 每周三集中教研，总结经验，提出改进方法。 第三阶段：观摩交流，归纳总结（5 月） 1. 教研组指导保育教师设计生活活动案例，级部观摩交流。 2. 开展生活活动教学观摩研讨以及推广活动。 3. 各级部开展生活活动教学，教研组成员分析评价，总结“趣生活——幼儿园保育队伍开展生活活动的教学研究”的教研活动成果。

（二）教研活动实施过程

环节一：研讨“趣生活——幼儿园生活活动的内容”

1. 主持人提出教研问题一：幼儿园生活活动有哪些内容？

2. 方式：小组讨论。

3. 主持人引导

（1）各年龄段生活活动的重点内容有哪些？

（2）幼儿园开展生活活动有哪些好处？

4. 方法：利用思维导图。

5. 主持人组织各小组轮流展示、分享。

6. 主持人评价

现在我们知道了幼儿园生活活动的具体内容，也懂得了开展生活活动有助于促进幼儿的生长发育，促使幼儿养成良好的生活和卫生习惯，培养幼儿的劳动意识和提高他们的生活能力，还能让幼儿对自己生活有掌控感、有主人意识，甚至对幼小衔接都起着至关重要的作用。

那么接下来，请各班按照我们今天的会议内容，落实班级生活活动内容的开展，坚持培养幼儿良好的生活习惯。

环节二：研讨各级部“趣生活——我园生活活动教学内容”

1. 主持人提出教研问题二：针对不同年龄孩子的学习特点及能力，设想一下，结合幼儿生活经验、幼儿园资源可以开展哪几类生活活动教学?

2. 方式：个人轮流讲述自己的设想。

3. 主持人引导

（1）你设想的是哪些内容?

（2）这些活动内容需要什么材料?

（3）说说你设想的生活活动教学的步骤。

4. 方法：主持人用表格形式记录（见表 2–2）。

表 2–2　各级部生活活动设想

成员	内容	材料	教学步骤
成员 1	小班“蔬菜饭团”	海苔碎、米饭、胡萝卜	认识工具、模具与造型；了解制作过程，练习切蔬菜，利用饭团模具制作饭团，摆盘装饰
成员 2	中班“洗袜子”	袜子、脸盆	听故事，了解步骤，教师示范，幼儿学习与体验
成员 3	大班“神奇的艾草”	艾草、石臼	观察制作步骤，体验制作过程
成员 4	大班“菠菜面条”	菠菜、榨汁机、面粉	认识制作面条的材料和工具，了解制作步骤，教师示范，幼儿制作面条
成员 5	大班“芥菜饺子”	饺子皮、芥菜、榨汁机	通过视频了解芥菜生长过程及腌制，准备馅料（腌制的芥菜、肉末、油盐等），包饺子，尝饺子
成员 6	大班“制作青团”	艾草、榨汁机、糯米粉	采摘艾草，清洗、榨汁、和面，观察制作步骤，包馅，蒸煮，品尝

5. 主持人评价

现在确定了各级部本学期的生活活动教学内容，大家按各自设想进行尝试性教学，看看内容是否符合教学目标，形式是否具有操作性和趣味性，下次教研活动将进一步讨论在教学实施中遇到的难点与困惑。

环节三：研讨大班生活活动“神奇的艾草”、中班生活活动“洗袜子”和小班生活活动“蔬菜饭团”的活动设计

1. 主持人提出教研问题三：在班级实施过程中，遇到什么问题?针对幼儿年龄特点及发展水平，如何调整教学?

2. 方式：全组合作设计。

3. 主持人引导。

（1）研讨活动中遇到的问题，如材料、教学器具等。

（2）其他老师针对问题提出修改建议。

（3）各级部推荐实验班实施活动设计，预定开展时间。

4. 方法：书写活动设计（见表 2–3）。

表 2–3　大班生活活动“神奇的艾草”

活动目标
1. 初步了解艾草的作用与功效，知道艾草膏的制作方法。 2. 体验艾草膏的制作过程，掌握捣艾草、过滤艾渣、按比例调制蜂蜡和艾草油的方法。 3. 在制作艾草膏的过程中，体验集体劳动的乐趣。
活动准备 1. 课件：艾草膏制作的 PPT。 2. 制作工具：石臼、火漆炉配套工具、过滤袋、滴管、量杯。 3. 制作材料：艾草、橄榄油、蜂蜡。
活动过程 1. 实物导入，激发幼儿兴趣。 （1）展示新鲜艾草。 （2）提问：小朋友们看，这是什么？ 小结：知道艾草可以做什么，有什么作用和功效。 2. 展示艾草膏，引导幼儿讨论艾草膏的作用与功效。 小结：清明节时我们做了艾饼、青团，吃艾草做的食物会帮助我们的身体祛除寒气和湿气。端午节那天，很多人会在家门口悬挂艾草，因为艾草会散发出一种独特的气味，可以驱赶蚊虫。此外，艾草膏还可以消肿止痒。 3. 认识制作艾草膏所需的材料和工具。 4. 播放艾草膏的制作视频，让幼儿学习制作流程。 （1）了解捣、滤的方法。 （2）知道按照橄榄油和蜂蜡比例来调制。 （3）熔蜡，教师示范熔蜡过程。 5. 幼儿按步骤图动手制作。 6. 教师巡视指导，提醒幼儿制作艾草膏过程中注意安全。 7. 展示成品，感受劳动带来的快乐。

环节四：研讨生活活动展示方案

1. 主持人提出教研问题四：对于将在全镇姐妹园展示生活活动的案例，还可以呈现日常生活的哪些内容呢？以什么形式来呈现呢？

2. 方式：全组讨论。

3. 主持人引导

（1）由哪个级部来呈现？怎么开展？场地怎么布置？

（2）哪些内容最能体现小班幼儿生活能力的发展水平，如何设置展示形式？

（3）到现场实地查看场地，确定布置方案。

4. 方法：研讨观摩交流活动方案（见表 2–4、表 2–5）。

表 2–4　各级部生活活动方案

时间	内容	授课班级	地点
9：10—9：40	大班生活活动“神奇的艾草”	大五班	功能楼一楼
9：40—10：05	中班生活活动“洗袜子”	中七班	
10：05—10：20	小班生活活动“蔬菜饭团”	小四班	
10：30—11：00	小班生活自理能力活动展示	生活活动教研组	后操场

表 2–5　长安镇中心幼儿园各级部生活活动（2022—2023 学年第二学期）

小班	中班	大班
爱吃水果的牛	快乐三浴	好玩的毛巾
不乱吃东西	保护耳朵	爱眼日
春季各种传染病	便便的秘密	身体的秘密
大公鸡和漏嘴巴	光盘行动	保护耳朵
多喝水身体好好	保护牙齿	茶的秘密
给食物剥皮	好喝的牛奶	赶走病毒春满地
光盘行动	健康宝塔	冷饮好吃不多吃
好吃的坚果	垃圾分类从我做起	美味的果蔬汁
进餐礼仪	诺如病毒如何预防	情绪温度计
垃圾分类	神奇的小毛巾	食品袋上的秘密
伤心的大拇指	我爱吃粗粮	食物的旅行
我会叠被子	有趣的鼻子	我换牙了
我会扣纽扣	开心剥玉米粒	我会系鞋带
我会拉拉链	我会洗毛巾	我是区域小主人
有趣的毛巾	早餐吃什么	我是小小营养师
我会擦屁屁	拯救书宝宝	做个讲环保的好孩子

5. 主持人评价

现在确定的小、中、大三个级部生活活动设计，通过刚才的说目标、提问和说基本流程的过程，老师对于生活活动在班级开展的流程更清晰，提问更明确。请各组员在本次姐妹园展示活动中，相互配合做好各项工作，充分展现我园保育队伍的专业素养与良好的精神风貌。

三 教研活动的成效及反思

（一）活动成效

1. 丰富了我园生活教育活动内容

经过多年的实践，幼儿园对幼儿生活自理能力、劳动教育、健康活动和生活习惯四方面进行梳理总结，形成了园本生活教育活动系列课程。本次保育队伍系列教研活动，为幼儿生活教育活动注入新内容，新增了小班生活教育内容“蔬菜饭团”，中班生活教育内容“洗袜子”，大班生活教育内容“神奇的艾草”“菠菜面条”“芥菜饺子”和“制作青团”，丰富了幼儿园生活教育的活动内容。

2. 提升了保育教师队伍的教学素养

活动结束的小结会议上，保育教师纷纷表达自己在此次系列教研活动中的收获：（1）活动内容难易的设定要考虑幼儿年龄特点；（2）教学方法可以有情境性、游戏性和操作性，更加灵活和多元；（3）“做中学”的参与式学习让孩子专注地参与到每一个环节中，既有趣味性，又能轻松地掌握生活技能；（4）一节优秀的生活教育活动有了好的点子，还需要经过实践的打磨，才能成为真正适合幼儿的学习内容；（5）幼儿园里的所有资源都能成为生活活动的素材，要做个教育有心人，善于发现和利用身边的资源为孩子服务等。从上述表述中，可以看到教师们开始反思原有的填鸭式传统教学模式，更加关注师幼互动以及利用周围资源开展教学实践的有效性，教学素养得到了提升。

3. 对外推广反响好

（1）教研活动引发大家思考。图 2-1 是参会教师对活动的评价的统计图，可见其满意度比较高。他们也纷纷写下参加本次活动的感想和收获，大多赞叹收获满满（见表 2-6）。如果说对内是小教研，那么对外就是一次大的教研活动，通过这次大教研，引起全市各镇街幼儿园教师们对保育教师开展教研活动的进一步思考。

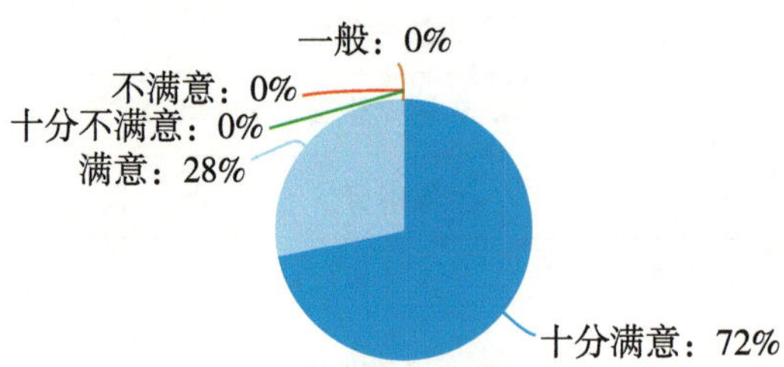

图 2-1 生活教育活动展示的评价的统计图

表 2-6　参会教师的评价墙

学习更多的保育工作，收获了更多的创意。	提升劳动教育的意义，提升自身教育价值。	收获满满，保育有大学问。	保育老师并不是单一的照顾孩子的角色。
她们同样也是“教育工作者”。	认识到了保育工作的重要性。	看到保育课程建设的成果。	在生活中学习，在学习中生活。
自理能力从小培养，拓展了对保育员工作的认识。	生活习惯和素养的培养需要时间，对待每一个孩子需要耐心地指导。	感受到学前教育部对保育员工作的重视。	发现幼儿的劳动能力很强，应该创造条件，多放手。
几个活动都非常有意思！学习到很多东西。	幼儿好习惯从小养成，教育源自生活。	生活即教育，生活即课程，今天活动收获满满，谢谢！	感受到保育老师组织的经验丰富，语言充满童趣。

（2）保育教师角色的重新定位。幼儿园开展幼儿园保育工作质量提升分享交流活动，冲击着大家对保育老师这一角色的固有认知，把搞卫生、对幼儿生活的饮食起居进行照料的保育老师职能，转变为幼儿园教育工作者的角色职能，让大家认识到幼儿园保育老师也能胜任集体教育教学活动的组织与实施。

（二）活动反思

1. 保育老师亲身参与系列教研活动后，在课程观念上有了初步的转变，感受到生活周围的自然资源也能成为幼儿生活教育活动的素材。在后续活动中，我们会继续沿用这种思路，引导保育老师多观察工作中蕴含的生活活动教育契机，形成优秀的活动案例，建立起保育老师“生活即教育”的课程观。

2. 幼儿的生活经验主要通过亲身体验、动手操作等参与式的方式习得与巩固。保育老师受前期传统教学方式的影响，教学观更多考虑的是如何教；而教师更需要关注的其实是幼儿怎么学，就是解决用什么方式学的问题。我们会继续通过教研活动，带领保育老师逐步调整教学观，从儿童视角出发，为幼儿发展提供高质量的保育保障。

【案例评析】

此案例详细呈现了教研的过程与实效，彰显了保育团队的专业素养与协作效能，也让读者清晰地了解教研的具体内容和实施情况。本案例具有以下三个亮点：一是选题精准务实，聚焦幼儿园保育实践中真实的生活活动问题。二是过程扎实可鉴，通过多元路径精准把脉，为教研提供了坚实依据，具有良好的推广性。三是成效助推成长，案例中展现的教研形式有效地促进了保育队伍教师的专业成长，使他们能够在层层推进的教研过程中更好地理解和实施生活教育活动，有利于激发保育队伍的参与积极性，提升专业素养。建议后续建立长效跟踪评估机制，结合数据化分析与家园共育反馈，持续优化生活活动质量，为幼儿全面发展提供更科学、可持续的保障。

案例 2

世界咖啡在园本教研中的运用
——如何有效组织幼儿餐后过渡环节

东莞市长安镇霄边幼儿园　姚丽静、易燕华

一　教研背景与目标

（一）教研背景

《广东省幼儿园一日生活指引》中把一日生活划分为生活活动、体育活动、自主游戏活动和学习活动四种类型，而这些活动之间的过渡环节起到“润滑剂”的作用，具有短小、自由、宽松的特点。本次教研活动中的幼儿餐后过渡环节是指从开餐后第一名幼儿用餐结束到所有幼儿吃完的这一段时间。

《幼儿园教育指导纲要（试行）》中指出：“尽量减少不必要的集体行动和过渡环节，减少和消除消极等待现象。”过渡环节作为幼儿一日生活的一部分，同样蕴含着丰富的教育价值。因此，共研餐后过渡环节中存在的问题及策略重要且必要。

（二）问题来源

在实际生活中，幼儿园的餐后过渡环节看似零零散散，但如何合理组织与利用，充分发挥其教育价值，这值得研究与思考。纵观东莞市长安镇霄边幼儿园餐后过渡环节，均未得到应有的重视，未能发挥其价值。通过前期的调研和整理，我们发现幼儿餐后过渡环节存在的问题如下：

1. 餐后大部分班级的教师安排幼儿看图书，时间久幼儿对图书不感兴趣，开始频繁换书、抢书。

2. 幼儿有诉求，询问老师“可以玩一会儿玩具吗？”部分老师习惯拒绝。

3. 用餐结束后，有些幼儿把教室看作“战场”，在教室内追逐打闹。

4. 有些幼儿像巡查员一样到处看看、摸摸，或坐在凳子上无所事事。

（三）问题诊断

基于上述问题，我们做出如下分析和诊断：

1. 餐后过渡环节内容更换不及时。随着幼儿的经验的积累和能力的不断提升，同样的事情出现频率高时幼儿的兴趣会降低，从而影响餐后过渡环节的质量。

2. 幼儿自我管理能力偏弱。餐后过渡环节中幼儿常规较差，大部分都是教师发起的师幼互动，幼儿缺乏自我管理的机会和自主选择的权利，一切尽在教师的控制之下。

3. 教师缺少足够的机智处理问题。餐后过渡环节的活动具有不确定性，幼儿的行为表现未得到教师的及时优化处理，出现指导不到位的情况。

4. 幼儿园教师对餐后过渡环节活动的组织不够重视。弹性管理理念中未将餐后过渡环节纳入计划之中，教师未能及时找到或者无力找到好的解决方法。

（四）教研重点

如何有效组织幼儿餐后过渡环节的活动。

（五）期望目标

1. 提高教师对餐后过渡环节的重视，优化利用餐后过渡环节，发挥其教育价值。

2. 商讨出适合各年龄段的可行方案，灵活有效地运用到幼儿园每个餐后过渡环节。

二 教研活动设计与实施

（一）教研活动方案

见图 2-2。

（二）教研活动实施过程

【第一次教研】

1. 暖场游戏，研之有趣

主持人以暖场游戏“棒棒糖”开启身体律动，燃起教师的激情，拉开教研序幕。

2. 微格研讨

（1）以微见大，定格片段，有据可依。

主持人：我们知道今天教研互动问题的焦点是“如何有效组织幼儿餐后过渡环节”。针对餐后过渡环节，本次教研活动集结各班老师在日常工作中开展幼儿餐后过渡环节的活动的视频，请老师们找一找视频中呈现了哪些不足，并发表自己的见解。

宁老师：我觉得视频里面老师和保育员的分工并不合理，我认为这个时候的保育员是应该巡视并督促还在进餐的幼儿，老师主要组织已经进餐完毕的幼儿进行餐后活动，这样就可以避免视频当中出现的混乱情况。

梁老师：这个视频里老师做法是欠妥的，尊重孩子不仅要尊重他们的兴趣爱好，还要尊重他们自我选择的权利，而不应该指定幼儿必须做什么。

胡老师：我带大班幼儿时，有时会让他们下下棋、画心目中的小学、去小花园照顾植物浇浇花等，他们还是挺感兴趣的。

- 世界咖啡在园本教研中的运用——如何有效组织幼儿餐后过渡环节
  - 第一次教研
    - 活动时间：2023年4月26日
    - 活动地点：幼儿园二楼功能室
    - 教研目的
      - 通过教研，提高教师对餐后过渡环节的重视，优化餐后过渡环节的利用，发挥其教育价值
      - 通过视频呈现、分组研讨和专业引领等活动，梳理餐后过渡环节存在的问题，分析与挖掘有效策略
    - 教研准备
      - 组织准备
        - 收集反映教研主题的视频
        - 制定方案，撰写并发布教研内容
      - 教师准备
        - 查阅文献，收集教研内容相关资料
        - 利用KWL表格梳理思路，为教研活动前后经验对比做准备
      - 场地准备—教研场地电子设备、纸张、笔、桌子等
    - 教研参与人员—教学园长及全体教师
    - 教研过程
      - 1.暖场游戏“棒棒糖”
      - 2.微格研讨
        - 餐后视频切片呈现
        - 自由讨论分析
        - 汇总研讨话题问题点
      - 3.世界咖啡研讨
        - 创建咖啡屋（划分小组）
        - 磨咖啡（小组研讨）
        - 过滤咖啡（组员轮换，连接不同观点）
        - 煮咖啡（回归小组，汇总交流）
        - 品咖啡（梳理成果，分享倾听）
      - 4.专业引领—《幼儿园一日生活过渡环节的组织策略》
  - 第二次教研
    - 活动时间：2023年5月30日
    - 活动地点：幼儿园二楼功能室
    - 教研目的
      - 梳理餐后过渡环节的初步实践成效
      - 通过研讨，制定适合各年龄段的可行性方案
    - 教研参与人员—教学园长及全体教师
    - 教研准备—教师准备：前期实践成效整理
    - 教研过程
      - 1.暖场游戏“兔子舞”
      - 2.微格研讨
        - 实践成效分享
        - 汇总问题生长点
      - 3.世界咖啡研讨
        - 创建咖啡屋（划分小组）
        - 精磨咖啡（深度汇谈——小组轮换，汇总及梳理）
        - 品咖啡（分享汇谈）
      - 4.级部成果分享

图 2–2　教研活动方案

（2）梳理思路，明晰主题。

主持人：从刚才的视频中，我们看到餐后过渡环节中存在一些问题，本次教研前发布了教研主题内容，今天我们将以世界咖啡研讨方式，请大家以餐后过渡环节活动存在的问题现象、原因分析、有效策略三个话题选一个进行研讨。

3. 世界咖啡研讨餐后过渡环节

（1）创建咖啡屋，升温空间。

主持人：现在请大家以抽签的形式随机分成三组，设立属于自己组的咖啡屋，确立桌长、桌名。选出小组内最想讨论的话题，将研讨的问题相关信息画到一张海报上，同时也希望各组桌长能够发挥自己所能，动员组员积极发言。

（2）磨咖啡：小组研讨。

拿铁咖啡屋：研讨餐后过渡环节活动存在的问题。

拿铁咖啡屋桌长：我们组的教师以预约发言制进行发言，我们把研讨内容呈现在思维导图上。

焦糖玛奇朵咖啡屋：研讨餐后过渡环节问题原因分析。

焦糖玛奇朵咖啡屋桌长：我们组采取小卡片的形式，大家将自己想说的话各自写在小卡片上，写好之后由我收集折好。接下来每个人再随机抽取一张小卡片，把卡片上的内容读出来。这样的发言方式可以避免权威发言和一言堂情况，大家都可以讲出自己内心的想法，不用有所顾虑。

卡布奇诺咖啡屋：研讨餐后过渡环节的有效策略。

卡布奇诺咖啡屋桌长：我们采取“关键词”的形式，每次发言限用三句话或者三个词来讲出自己的想法，以免有些老师长篇大论，同时也提高了大家的语言提炼能力。

（3）过滤咖啡：组员轮换，连接不同观点。

主持人：现在请各组注意，组长留下，组员根据自己的意愿轮换到其他组别，组长热情接待来访宾客，并扼要介绍组内会谈的问题及结果，作为新宾客必须贡献出自己一条以上的想法。

（4）煮咖啡：回归小组，汇总交流。

（5）品咖啡：满载而归，梳理成果，分享倾听。

拿铁咖啡屋桌长：刚才我们研讨了餐后过渡环节活动存在的问题，结果如下。

①餐后，大部分班级的老师都是安排幼儿看图书，但是幼儿不一会儿就开始频繁换书、抢书。

②有些幼儿想玩玩具，但老师不允许。

③用餐结束后，有的幼儿把教室看作“战场”，在教室内追赶打闹。

④有些先用完餐幼儿像巡查员一样到处看看、摸摸，或坐在凳子上无所事事。

焦糖玛奇朵咖啡屋桌长：刚才我们对餐后过渡环节活动存在的问题进行分析，结果如下。

①餐后过渡活动形式单一、没有层次性，活动内容更新不及时、不符合幼儿的年龄特点和需求。

②教师发起的活动偏多，幼儿失去了自主选择、自由结伴开展活动的机会，一切都在教师的控制之下。

③由于幼儿进餐速度不一致，保教人员分工不合理，导致了在此环节指导工作的重复性。

④餐后过渡环节中，幼儿自我管理能力偏弱。

卡布奇诺咖啡屋桌长：我们研讨了餐后过渡环节的有效策略，从三个维度进行总结。

①园部层面：

a. 提升专业素养，改变教育观念。如加强对政策文件等的学习，利用“走出去，引进来”的机会，分享所得，提升教师的专业素养。

b. 通过跟踪调研，持续对全园各班餐后过渡环节的调整和落实情况进行反馈，并提出相关建议。

c. 设计园内餐后工作流程图，进一步优化餐后过渡环节的组织流程。

②级部层面：

a. 开展相关的级部小教研，讨论本级部年龄段的餐后过渡环节的设置和相应的调整策略。

b. 通过材料提供、师幼团讨等形式纳入周计划、日计划中落实。

③班级层面：

a. 设计餐后保教人员职责分工流程图，进一步优化班级餐后过渡环节。

b. 加强班级常规管理，制定本班相应的餐后过渡活动规则。

c. 组织多种多样的活动，从实际条件出发，根据本班的幼儿的年龄特点及实际情况组织餐后活动并灵活执行。

主持人：今天我们进行了一场别开生面的研讨活动，看到了教师的创新能力，思想碰撞出的火花将转化为大家成长的助推剂。

4. 专业引领

主持人：有请教学园长为本次教研活动进行专业的引导与评价。

园长：针对本次研讨的问题，大家一起以实例抽丝剥茧、层层剖析，使我们对幼儿餐后过渡环节有了新的认知。希望大家日后能够在研讨过程中不断积累经验，寻找不足，取长补短，提升自己的业务水平，促进自我成长。对本次教研活动存在的问题、原因及策略，在今后的工作中进行及时的调整。接下来向大家推荐《幼儿园一日生活过渡环节的组织策略》这本书，大家可以从书中进一步思考过渡环节的教育价值。

【第二次教研】

根据第一次教研的成果，教师在实施策略后反馈了情况：教师的思想及预设的内容深受幼儿欢迎，但由于幼儿年龄个体差异，活动内容不能兼顾全体幼儿。教研组决定根据幼儿年龄特点的不同，系统地挖掘幼儿餐后过渡环节的活动具体实施内容，使餐后活动有声有色地开展。

1. 暖场游戏：兔子舞

2. 微格研讨

（1）分享餐后过渡环节活动的实践成效。

（2）汇总成效，生成研讨生长点——幼儿餐后过渡环节的活动具体实施内容。

3. 世界咖啡研讨餐后过渡环节

（1）创建咖啡屋：拿铁咖啡屋、焦糖玛奇朵咖啡屋、卡布奇诺咖啡屋。

（2）深度研讨。

①分别研讨小、中、大班级部幼儿餐后过渡环节的活动具体实施内容。

②组员轮换，吸收、交换新观点。

③回归小组，汇总交流。

（3）梳理成果、分享集体智慧。（见图 2–3、图 2–4、图 2–5）

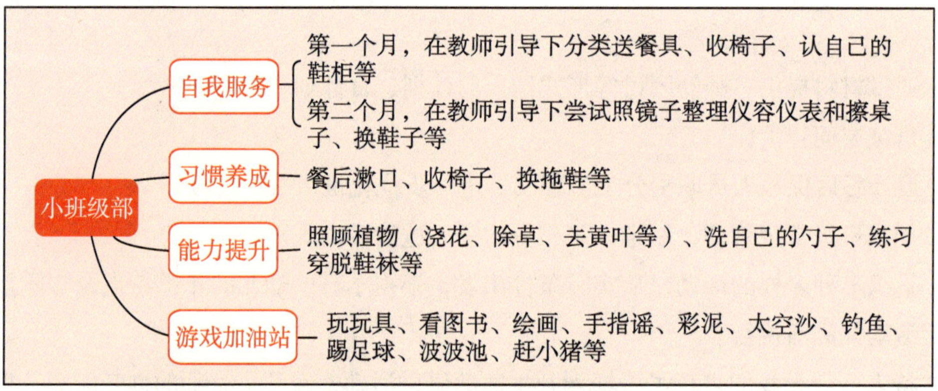

图 2–3　小班级部教研结果

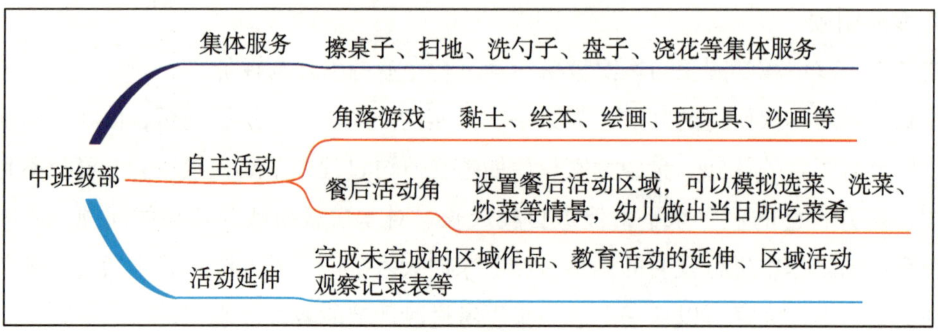

图 2–4　中班级部教研结果

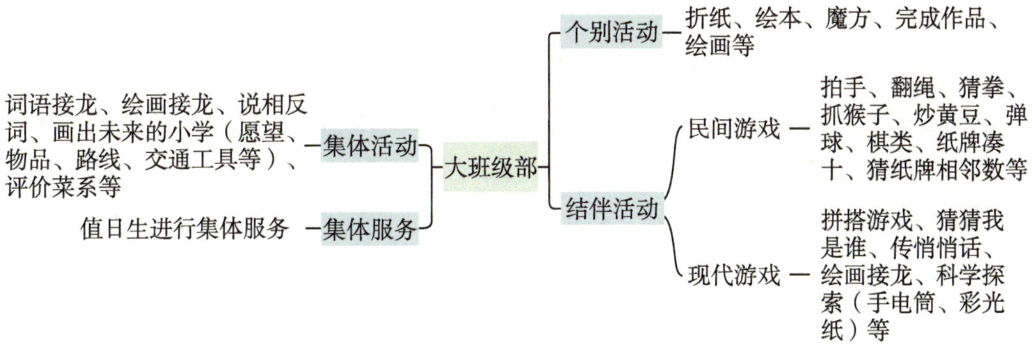

图 2-5 大班级部教研结果

三 教研活动的成效及反思

（一）活动成效

尺有所短，寸有所长。一次好的教研活动需要分工合作、集思广益、整合思想，不断自我审视，这样才能使教师提高教学质量、专业业务水平和专业素养，在教育的道路上披荆斩棘、砥砺前行。下面结合本次教研活动作出如下总结。

1. 活动特点

宏观上：教研形式新颖，以世界咖啡研讨为主，穿插了微格研讨方式，这些方式激励了教师的主动性，启发教师的思维，引发教师合作学习；利用 KWL（已知知识、提问问题、所学内容）表格，让教师带着问题去教研，从现有经验出发，构建新经验；教研流程紧凑，通过观察、分析、讨论、制定策略、实践、再研讨，提高了教研的实效性，成果多元化，根据小、中、大班不同的年龄特点，形成了纸质的方案。

微观上：（1）教研主题的确定来源于幼儿园一日活动的实际问题。研究的内容、研究的结果也是为了解决这个实际问题，研究点虽然选得小，但具体、有可操性，且符合本园实际。教研活动前有相应的通知，教师为本次活动也做了充分的准备。教研过程紧凑，气氛轻松活跃，程序完整，主题明确，有理论渗透，有问题的提炼，最后能针对所有问题达成共识。（2）立足本园实际，根据现有的活动场所和条件，制订切实可行的研究方案。通过分析幼儿园的实际情况，探寻解决问题的方法，追求对幼儿园教育实践的改进和教师专业水平的提高。（3）研讨活动中边发现边学习，边反思边完善。我们教师紧紧把握时代的脉搏，不断深化认识，提高实践质量。

2. 对教师的影响

本次开展的教研活动提高了教师对幼儿餐后过渡环节的重视程度。教师能够从实际的工作出发，不断思考、分析、反思、总结，进而去调整教育行为。教研活动在日常工作中非常重要，年轻教师弥补了经验和理论知识上的欠缺，资历深的教师在观念和思想上更能跟上教育时代的潮流，与时俱进，争做新时代专业的研究型教师。

3. 对幼儿的影响

"实践是检验真理的唯一标准。"我们将本次研讨活动总结出来的方法运用到日常工作中，获得意想不到的成效，改善了幼儿进餐拖拉现象，点燃了幼儿对餐后过渡活动的积极性。幼儿基本上能够有序地进行餐后自主活动，不影响其他幼儿。如：投诉现象减少、大部分幼儿能够自我管理和相互管理；幼儿区域内"玩不够"现象得到了改善，幼儿的规则意识加强。

（二）活动反思

1. 优点

本次教研活动重视"教与研"相结合，不走过场，提倡务实教研；活动中以"棒棒糖"律动开场，燃起了活动的热情，激发了教师参与的积极性；活动中采用微格研讨、世界咖啡的教研方式，融入"小卡片""预约发言""关键词"等灵活有趣的发言方式到研讨中，让活动井然有序地进行，避免出现了冷场或者强者对会议垄断的尴尬场面，流程丰富；主持人语言诙谐幽默，调动性强，专业知识扎实、具备较强的组织能力，各环节衔接如行云流水般自然；教师研讨的策略立足本园、贴合实际。

2. 不足

教研缺乏相应的专业人士指导，整体教研水平有待进一步提高；教师缺乏更新教育信息的意识，对国内外的幼教信息了解不足，不能及时利用，使之与教研相结合。

（三）教研契机及改进支持策略

1. 园部层面

可以通过持续的餐后过渡环节的专题调研和检查，进一步观察班级的落实和调整情况，在此基础上梳理新的问题，追随当下的新问题不断深入现场进行调研。

2. 级部层面

梳理级部各班自主用餐的典型案例和优秀经验，以图文并茂的方式进行共享。

3. 班级层面

（1）梳理班级餐后过渡环节实施活动中受幼儿欢迎的具体内容。

（2）设计幼儿餐后过渡环节观察记录表等。

总之，短短的 12 个字可以充分概括我们教研的方向与精髓：学无止境、教无止境、研无止境。我们唯有在这浩瀚的教学海洋中乘风破浪，勇于开拓，才能在新时代的浪潮里激起一朵朵美丽的浪花。

【案例评析】

此案例选题紧贴实际，聚焦于幼儿餐后过渡环节这一常见但易被忽视的问题，选题具有现实针对性和研究必要性。该案例有以下三个亮点：一是教研形式新颖多样，采用世界咖啡研讨与微格研讨相结合的方式，提高了教研的实效性。二是助力教师专业成长，采用 KWL 表格梳理思路，让教师带着问题参与教研。三是成果落地导向明确，关注幼儿全面发展，推动教研成果有效转化应用。后续建议加强专业引领，可邀请专家参与教研活动，提供专业的理论支持和实践指导，进一步提升教研水平，使教研成果更具科学性和前瞻性。

案例 3

大班幼儿生活活动中劳动教育实施策略

东莞市中堂镇第三幼儿园　伍能君、陈云花、韦柳霞

一　教研背景与目标

（一）问题来源

镇教育管理中心举办了家长学校课程培训，在培训结束后需要设计一篇案例教学的教案，根据课程指南，笔者选择了“如何让幼儿喜欢做力所能及的家务劳动”这个题材，授课对象是大班家长。在备课阶段，我们制作了大班幼儿一日生活活动中劳动教育调查问卷（家长版），从问卷数据看出，家长们对于幼儿参与家务劳动的看法不一。这份调查结果让笔者对本园生活活动中劳动教育的开展情况多了一分好奇，于是又设计了一份关于大班幼儿一日生活活动中劳动教育调查问卷（教师版），发现教师们认知层次也不一样。鉴于上述问题和幼儿园实际情况，笔者挑选了大班幼儿生活活动中劳动教育的实施策略作为本次教研的主题。

（二）问题的分析与诊断

学前教育阶段是行为习惯形成的关键阶段，劳动教育在幼儿价值观、行为习惯、身心健康发展中发挥着不可代替的育人价值，对幼儿适应社会生活发挥着至关重要的作用。

1. 幼儿园层面。幼儿在园的生活活动占据一日流程的三分之二，但其背后的劳动教育往往被忽视了。缺乏政策的指导，教师的劳动素养较低，家长对劳动教育表现出漠不关心的态度，这些问题导致生活活动中劳动教育实施随意化。

2. 教师层面。幼儿园教师教育观念的偏差制约着劳动教育的实施，有的教师认为幼儿参与劳动只会制造麻烦，其偏见阻碍了劳动教育的实施，降低了幼儿的劳动体验性，劳动教育内容片面化，无法发挥劳动教育功能。

3. 家长层面。家长过度重视幼儿早期智力的发展，为追求其分数、升学，忽视了幼儿劳动能力的培养，牺牲幼儿的劳动机会与劳动时间来进行知识和技能的教学，并未全面理解劳动教育对幼儿未来自由全面发展的独特价值，弱化了劳动教育在教育教学活动中的地位，导致实施劳动教育的意识薄弱。

（三）教研重点

1. 深入了解幼儿园生活活动中劳动教育实施现状。

2. 认真分析幼儿园生活活动中劳动教育实施存在问题及原因。

3. 针对幼儿园生活活动中劳动教育实施中的问题提出相应对策。

（四）教研目标

1. 理论层面能够较为系统地帮助老师梳理“劳动教育”“幼儿劳动教育”“幼儿园生活活动”概念。

2. 调查大班生活活动中劳动教育的现状，并结合教师和家长对劳动教育的认知，分析存在的问题。

3. 根据存在的问题，结合访谈数据和观察记录，分析影响大班生活活动中开展劳动教育的原因。

4. 结合实际情况，有针对性地提出促进幼儿园在生活活动中实施劳动教育切实可行的建议与对策。

二　教研活动设计与实施

（一）教研活动安排

1. 教研时间：2022 年 12 月 14 日（17:00—18:10）。

2. 教研地点：幼儿园音体室。

3. 参加人员：园长、教学主任、大班组全体教师、保育教师。

4. 教研准备

（1）知识经验准备：参研人员查阅资料，学习并理解“劳动教育”“幼儿劳动教育”“幼儿园生活活动”这几个概念。参与现场发言的老师根据自己发言的话题查阅资料并做好发言准备。

（2）文案准备：教研方案、教研记录表、问卷调查。

（3）物资准备：PPT、桌子、椅子、大白纸、水彩笔、签到表、记录表。

5. 人员分工（见表 2–7）。

表 2–7　教研活动人员分工

工作内容	负责人	工作内容	负责人
主持活动	陈云花	交流	方媛、刘梅芳、陈彩霞、梁乃云、罗玉宜
记录活动	廖佩珊、韦灿红	现场发言	伍能君、韦柳霞、洪伟清
时间控制	陆春裕	拍照、录视频	李倩、廖佩珊
梳理教研成果	龙小叠、陈心如、韦灿红	落实教研成果	大班组全体老师

（二）教研流程

环节一：17：00—17：10　集中签到，熟悉教研流程（10分钟）

主持人：大家好！我是本次教研的主持人。在开始教研前，找一个小伙伴用拍花掌的形式来感受一首好听的歌曲。（播放歌曲）

主持人：这首歌叫《劳动最光荣》，今天的教研主题也跟劳动有关，主题是“大班幼儿生活活动中劳动教育实施策略”。这是教研目标、流程和人员分工。（出示PPT）

环节二：17：10—17：20　互动交流，聚焦于核心话题（10分钟）

主持人：在发布教研预告之前，我针对此次教研话题对几位老师进行了访谈，访谈结束后，请这几位老师就这个话题在班内对大班幼儿一日生活活动中劳动教育的现状进行了观察，来听听他们的发现。

方媛：我觉得班上孩子生活活动中劳动教育持续的时间比较少。为什么这么说呢？虽然我们有安排值日生，负责拖地、搬床、给植物浇水，但有时候开展活动会拖延，为了不影响下一个活动，我们就会把本来属于值日生的工作自己做完了。现在天气冷了，被子比较厚，为了快速把床整理好，我们就帮孩子们把被子叠好了，这样的包办代替抢占了原本属于孩子生活活动中劳动教育的时间。

刘梅芳：对于生活中劳动教育的培养目标是什么，我不是很清楚，到底是生活技能还是自理能力？《3—6岁儿童学习与发展指南》对五大领域各个年龄阶段的目标和教育建议都有清晰的表述，但是有关劳动教育没有相应的文件支持，所以我对生活活动中劳动教育的目标存在很多疑惑，希望各位可以为我答疑解惑。

陈彩霞：作为保育老师，我主要负责照顾孩子们的生活。一直以来，我都鼓励孩子自己的事情自己做。比如：餐后自己整理桌面、自己加汤；饭后帮我拖地、抬床；睡觉前自己把辫子拆下来、把衣服叠好等。每次我问谁可以来帮我干活的时候，很多小朋友都很积极。

梁乃云：我班会利用班会开展生活活动中的劳动教育，对于需要帮助的幼儿也会对其进行个别示范和指导，也开展了亲子劳动打卡，但是孩子们参与劳动打卡的积极性并不高，家长们也不是很配合，是我们的组织方式存在问题，还是其他原因？

罗玉宜：我班有开展特色厨房这个游戏活动，每个环节都让幼儿自己动手去做，让幼儿去感受自己劳动所带来的快乐和成就感。在幼儿进餐结束后，我们也会开展比比哪个小朋友的桌面最干净的活动，不断教会幼儿在生活活动中掌握更多的方法，以便更好地适应社会生活。

主持人：掌声送给以上几位老师，他们用生动的案例从不同的角度描述了大班幼儿生活活动中劳动教育存在的问题。方媛老师关注的是持续时间，刘梅芳老师关注的是目标取向，陈彩霞老师关注的是内容的选择，罗玉宜老师关注的是实施手段。

环节三：17：20—17：30　剖析原因，聆听专业指引（10分钟）

主持人：既然聚焦了问题，接下来请级长、教研组长、园长从专业的角度剖析这几个问题背后的原因。

级长洪伟清：我从家长层面来说一下我的观点：1.家长的配合度低。比如我班每天参与晚上的劳动打卡的小朋友比较少。2.家长一手包办。根据我平时的观察，发现很多家长在来园时会帮孩子拿书包，其实背书包这件事情，孩子能自己做好的。午睡起床后，有的小朋友穿衣服的速度很慢，当老师问为什么的时候，小朋友会说在家里长辈会帮他穿好衣服，不需要他自己穿衣服。家长包办一切，所以孩子们的自理能力会比同龄的孩子弱。

教研组长韦柳霞：洪老师从家长层面发表了自己的观点，接下来我从教师这个角度来说一说我的看法。第一，教师对幼儿劳动教育的认识不够，有些老师会觉得要让小朋友来劳动是很浪费时间和不安全的，还不如老师自己来。如幼儿每月洗一次被子时都是老师在拿。第二，教师对劳动教育的内容认识较少，仅限于扫地、擦桌子等简单的内容。第三，教师对幼儿劳动教育实施过程不重视。通过观察各班值日生活动，发现老师们为了确保幼儿一日活动进度，劳动教育有时会被缩短或免除。

园长伍能君：两位从家长、老师这两个层面说了自己的分析，接下来我从幼儿园层面来说一说自己的看法。首先，我园组织幼儿参加的劳动教育偏向自我服务，比如小值日生、自理能力比赛，服务社会公益的活动比较少；其次，我们的一日流程比较紧凑，没有给孩子充足的劳动时间；最后，开展劳动教育的途径单一，其实幼儿身边就有很多劳动者，比如自己的父母是医生、警察，但是较少邀请家长入园与幼儿交流，导致开展劳动教育的途径比较单一。

环节四：17：30—17：45　分组研讨，凝聚集体力量（15分钟）

主持人：感谢三位从家长、教师、幼儿园这几个层面深度分析了原因，接下来请大家以小组为单位，从这三个层面思考大班幼儿生活活动中劳动教育的实施策略有哪些，记得把你们研讨的结果用思维导图绘制出来。（提醒时间管理员计时）

环节五：17：45—17：55　小组发言，梳理教研成果（10分钟）

第一组（家长层面）龙小叠：我们组觉得首先要增强家长的劳动教育意识，树立正确育人理念。其次落实家园共育，通过电话访谈、个别约谈、家访等方式跟家长们反馈幼儿在一日生活中的劳动情况，让家长逐步重视幼儿一日生活的劳动教育。最后可以利用学校的活动提高家长对孩子参与劳动的教育意识，例如开展跟幼儿生活中劳动教育有关的案例教学、沙龙活动、导学活动。

第二组（教师层面）陈心如：我们组从教师层面来分享策略：第一，我们可以通过参加培训，进行跟幼儿劳动教育相关的理论学习。第二，通过教研制定科学合理的生活活动劳动教育目标，补充在班本化指南中。第三，全面关注生活活动中劳动教育的内容（比如：鼓励孩子给植物浇水，美化校园），多给幼儿提供参与劳动的机会。

第三组（幼儿园层面）韦灿红：我们第三组一共讨论出八个策略。一是扩充种植区，并且购买一些小动物放在每个班的植物角，让孩子们进行饲养。二是将生活老师切水果的工作换成幼儿。三是借助幼儿园公众号宣传劳动教育对孩子成长的帮助和意义。四是整合社区资源，丰富孩子们的劳动学习的资源。五是开展劳动教育课程，将劳动教育作为一门系统的课程来开展。六是从开展形式上进行突破，实行“大带小”开展生活活动中劳动教育。七是培养教师的劳动素养，通过购买一些幼儿生活劳动教育实施的书籍、课程让老师们学习。八是设立全园的劳动月、劳动周、劳动日，根据实际情况让全园或级部参与劳动。

环节六：17：55—18：00　引导践行，落实教研成果（5 分钟）

主持人：掌声送给代表小组分享的老师，你们从三个层面提出了很多的策略。现在我们看看哪些策略可以运用到实际工作中。幼儿园层面，第一点扩充种植区，第二点由幼儿分发水果，第三点借助公众号进行宣传劳动教育，第五点开展生活活动劳动教育课程，都属于生活活动中劳动教育，也比较容易实施。而第四点利用社区资源，第六点实行“大带小”，第八点劳动月、劳动周，鉴于目前形势有点难以实施。第二组教师层面、第一组家长层面的六个措施我个人觉得可行性很强，大家觉得呢？请负责梳理教研成果的老师进行整理，接下来请大家按照我们今天梳理的教研成果在班级生活活动中实施劳动教育。

主持人：在当今时代背景下，劳动教育重新被赋予了具有时代特征的教育意义，而学前阶段是行为习惯培养与形成的关键期，我们要从幼儿的生活中出发，深度挖掘幼儿园生活活动劳动教育的内容，立足幼儿园实际，结合家庭需要，丰富幼儿的劳动知识，增强他们的劳动技能，培养幼儿对劳动的积极态度，树立正确的劳动价值观，促进幼儿多元化发展。

环节七：18：00—18：05　主题预告，明确教研方向（5 分钟）

主持人：本次教研到此结束，下次教研主题是“大班幼儿生活活动中劳动教育的具体目标探究”。负责交流的老师是陈心如、李倩、韦灿红、陆春裕、廖佩珊，负责发言的老师是方媛、陈肖勤、洪伟清、梁乃云、龙小叠。请老师们做好相关的资料查阅和学习。

环节八：18：05—18：10　教研评价，反思活动成效。（5 分钟）

主持人：请大家扫二维码对本次教研活动进行评价。

三　教研活动的成效及反思

（一）教研活动特点及其对教师能力水平发展的提升

1. 教研问题真实，源于教学实践。劳动教育是近几年的热点话题，也是老师们比较熟悉又陌生的话题，熟悉的是劳动教育广义上的概念，陌生的是自己的幼儿园较少开展劳动教育。本次教研以大班生活活动中劳动教育为切入口，帮助老师们清晰了解幼儿园生活活动中劳动教育的实施情况。

2. 注重教研主体，提升教研能力。参与此次教研的有园长、教学主任、教研组长、大班组全体教师。为了避免教研一言堂的现象，在教研开始之前邀请了部分老师作为问题的发现者，教研组长和园长作为问题的分析者，所有老师作为问题的解答者，大家都是此次教研的参与者、行动者和学习者。

3. 教研制度规范，教研效果有保障。此次教研时间安排在幼儿放学后，目的是方便保育教师也能参与教研，场地选择不是在严肃的会议室而是在宽松愉快的音体室，从环境上保障大家都能全身心地投入教研中。本次教研人员分工明确，从活动组织上保证了人人都是教研的主体；教研主题源自老师们的实际工作，内容安排有序，从经验上保证了大家都有话说。

（二）反思活动组织的优点

1. 突出教研计划的有效性。本次教研主题不是学期初预设的，而是笔者在进行案例教学活动设计过程中生成的。笔者制定了调查问卷，设计了访谈框架，进班观察了大班生活活动中劳动教育的现状之后再制订教研方案。在交流前进行了话题预告，帮助所有参研人员熟悉教研流程、做好参研准备。

2. 全员参与，提高教研能力。参与大班幼儿生活活动除了班级老师还有保育老师，因此本次教研也邀请了他们加入。前期根据教研主题对保育老师进行了访谈，了解他们对于大班生活活动中的劳动教育的认识和理解，教研过程中，邀请他们在级部老师面前分享自己对教研问题的反思，在分组讨论中，他们以保育老师的视角与教师们一起研讨解决问题的策略。每一个参与教研的老师都有小任务，让不同岗位的老师都有进步。

3. 以问题为导向推进教研。本次教研以问题为导向，发现并筛选问题、查阅资料、设计问卷、开展访谈、组织教研、撰写教研案例，可以帮助所有参研人员都是一次很好的专业提升。

（三）反思活动组织的不足

园本教研注重发挥教师在教研中的核心作用，对教师教研素质的要求进一步提高。教师的教研素质包括教师的问题意识、反思能力、教研能力、教研方法态度、教研成果表达等各个方面。目前，我园教师的科研素质还比较低，需要进一步培养和提高。

（四）可能生成的教研契机以及进一步改进、支持策略

笔者在教研过程结束后发现，针对五位发言老师提出的问题，有些问题得到了解决，比如开展的时间、形式、内容、组织形式。但是对于生活活动中劳动教育的目标还不是很清楚，我们觉得这是下一步教研的契机。作为教研主持人，首先可以组织老师们再多查阅一些资料，丰富自己的理论知识。其次扩大教研人员的范围，让小班、中班的老师们也加

入对生活中劳动教育的研讨，购买一些生活中劳动教育的书籍供大家阅读，整体提升老师们的生活活动中劳动教育的素养。

【案例评析】

此教研案例体现了以幼儿为本、以问题为导向、以教师专业发展为目标的教研理念，具有以下两个亮点：一是问题导向鲜明，过程扎实有效。通过问卷调查、设计结构化访谈框架及进班观察大班生活活动等多元方法，精准捕捉真问题，并据此生成教研主题，确保了教研的现实意义与实践根基。二是教研赋权充分，主体参与广泛。突破“一言堂”局限，覆盖全园教师，构建多层次、多角度的民主对话机制，深度倾听教师声音，共同探寻幼儿园劳动教育的可行性策略，有效促进了教研成果的落地转化。

第三章

幼儿园一日活动之体育活动

案例 1

"篮"研记

东莞市大朗镇第二幼儿园　童再梅、何小桃、刘庚林

一　教研背景与目标

东莞市大朗镇第二幼儿园坐落在一座拥有篮球之乡美誉的城镇，"篮球文化"也浸润着当地的每一个人。2024 年 3 月，为进一步擦亮大朗镇篮球品牌，普及篮球运动文化，《大朗镇"篮球宝贝"幼儿园推广行动实施方案》出台，结合《幼儿园教育指导纲要（试行）》中"幼儿园要开展丰富多彩的户外游戏和体育活动，培养幼儿参加体育活动的兴趣和习惯，增强体质，提高对环境的适应能力"，幼儿园努力挖掘篮球活动的教育价值，创新篮球教学活动形式，切实推动幼儿篮球活动的发展，培养幼儿参加篮球活动的兴趣和良好习惯。

随着篮球教学活动的开展，我们发现教师在组织篮球活动中仍有诸多问题和困难：

1. 篮球教学活动组织形式单一。

2. 幼儿参与篮球活动的积极性不高。

3. 篮球教学活动中机械的训练形式较普遍。

4. 教师自身掌握的篮球基本动作不规范。

5. 各年龄段篮球活动的开展缺乏层次性和递进性。

…………

基于对问题的汇总、梳理和分析，拟定以"如何有效开展幼儿篮球教学活动"为主题开展项目式教研，通过组织开展"讨论制定各年龄段幼儿篮球活动的目标""探索符合各年龄段幼儿篮球活动的内容""如何将幼儿篮球活动与游戏有效融合"三次教研活动，循序渐进帮助教师通过理论学习、现场交流、讨论制定、模拟体验等形式，学习篮球教学的理论知识，明晰各年龄段幼儿发展目标与篮球教育策略的关系，掌握正确的篮球基本动作，创新篮球游戏形式，推动教师的专业发展，促进篮球教学活动在幼儿园的可持续发展。

二　教研活动设计与实施

（一）教研活动主题

如何有效开展幼儿篮球教学活动。

（二）教研活动对象

全体教师。

（三）教研活动总目标

1. 通过“三研三教”，采用不同的教研形式，激发教师参与教研的兴趣，突出教师教研的主体性，发挥新、老教师在教研中的各自优势，促进不同层次教师互助学习、共同发展。

2. 通过问题导向的系列教研活动，引导教师探寻有效的教学策略，提高教师分析和解决问题的能力。

3. 通过教研活动，引导教师学习和了解各年龄段幼儿篮球活动的目标及内容，并在探索篮球活动与游戏融合的过程中，提升教师的专业素养，促进篮球活动在幼儿园的有效开展。

（四）教研活动预设（见图 3–1）

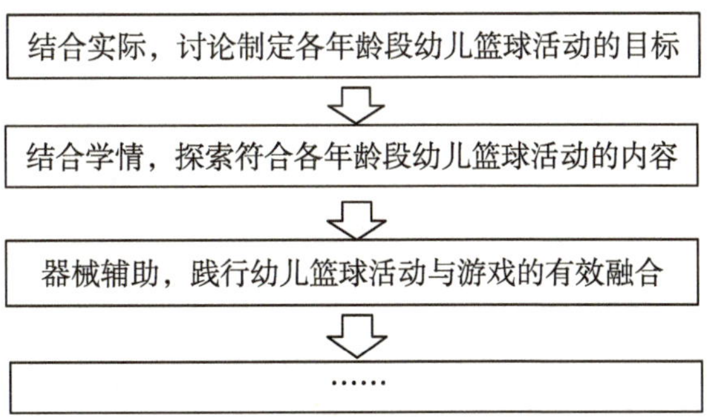

图 3–1　篮球教研活动预设

（五）教研活动实施

活动一：“篮”研之识（见表 3–1）

表 3–1　篮球教研活动方案

活动主题： 结合实际，讨论制定各年龄段幼儿篮球活动的目标。	活动地点： 幼儿园星际演艺厅
活动时间： 2024 年 5 月 18 日 9：00–10：00	活动方式： 会场式教研

【活动目标】

1. 通过学习纲领性文件，加强教师对于健康领域活动的了解。

2. 通过交流讨论，制定各年龄段幼儿篮球活动的目标。

【活动准备】

1. 主持人准备：多媒体设备、小组记录白纸 3 张、彩笔 3 盒。

2. 教师准备：以年级组为单位提前查阅《3—6 岁儿童学习与发展指南》《幼儿园健康领域教育精要——关键经验与活动指导》《幼儿园教育指导纲要（试行）》等相关资料，了解健康领域的相关内容。

3. 会场准备。

【活动流程】

1. 活动导入。

主持人：目标是教学活动实施的方向和预期达成的结果，是一切教学活动的出发点和落脚点。幼儿园篮球活动的可持续发展，离不开各年龄段幼儿篮球活动的明确目标。通过上一次片区的教研活动，教师们已经了解了篮球活动对幼儿身心发展的重要意义，今天我们将以纲领性文件为依据，讨论制定符合本园幼儿的篮球活动目标。

2. 小组讨论。

主持人：讨论开始前，请大家以年级组为单位，结合前期大家查阅的资料，提出你们关于本年龄段幼儿所需要达到的篮球活动目标；讨论时，各组以思维导图形式做好记录；讨论结束后，各组选派一名教师代表轮流分享。

3. 小组分享。

分享流程见图 3-2。

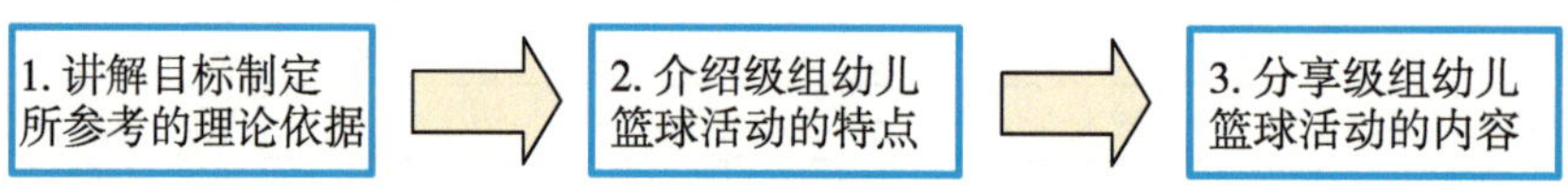

图 3-2　篮球教研活动分享流程

4. 提升经验。

（1）主持人：在刚才各组的分享中，我们对幼儿篮球游戏在各年龄段的活动目标有了一定的掌握。在大家分享的过程中，你认为其他组的哪些经验可借鉴吸收？自己组的哪些方面可调整优化？

（2）各组根据主持人的引导进行二次讨论，反思本组总结的内容，对幼儿篮球活动的目标进行调整和优化。

（3）主持人再次请各组代表根据调整和优化后的内容进行二次分享。

5. 活动小结。

主持人：教学活动目标是教学活动的指南针，它为活动的内容选择和组织提供依据。今天的教研活动在大家的头脑风暴中获得了很好的成效，大家都梳理出了符合各年龄段幼儿的篮球活动目标。下一次教研活动，我们将围绕目标去探索符合幼儿的篮球活动内容，希望大家持之以恒，推动幼儿篮球活动的开展。

6. 教研小任务。

（1）各年级在级长的带领下将本次教研活动的成效写入电子文档，转发给教研员做好归纳整理。

（2）认真研读《幼儿创意篮球游戏》P8—P9，结合本级组幼儿学情探索符合本园幼儿的篮球活动内容。

活动二："篮"研之行（见表3-2）

表3-2　篮球教研活动实施

活动主题： 结合学情，探索符合各年龄段幼儿篮球活动的内容。	活动地点： 幼儿园星际演艺厅
活动时间： 2024年5月18日14：30-15：30	活动方式： 会场式、情景式教研

【活动目标】

1. 在体育教师或篮球活动专职教师的示范下，掌握篮球常见的基本动作。

2. 以幼儿篮球活动目标为依据，结合学情探索符合各年龄段可行性的篮球活动内容。

【活动准备】

1. 主持人准备：多媒体、小组记录白纸3张、彩笔3盒。

2. 教师准备：提前阅读《幼儿创意篮球游戏》，了解有关幼儿篮球活动的相关内容；人手一个篮球。

3. 会场准备。

【活动流程】

1. 活动导入。

主持人：上次教研我们研讨了各年龄段幼儿篮球活动的目标，为了让目标可以落地，我们今天开展第二次教研——制定各目标下幼儿篮球活动的内容。要制定符合幼儿年龄特点的篮球活动内容，我们要了解学龄前幼儿常见的篮球基本动作有哪些。特别邀请园内在体育教学方面有着丰富经验的刘庚林老师作为本期教研活动的讲师，为大家讲解幼儿篮球常见的基本动作。（见表3-3）

表 3–3　幼儿篮球基本动作要点

动作	掌握要点
拍球	五指分开，放在球上，掌心空出，手腕手臂配合拍球。
滚球	用手指和指根触球，用屈腕、屈指的力量拨滚球。
抛传球	两手握球两侧置于腹前，两腿稍屈，上体稍前倾；抛出时，蹬腿、展体、挥臂、屈腕、屈指，将球抛出。
双手胸前传球	两脚平行或前后站立，两腿稍屈，两臂屈肘，两手持球两侧置于胸前；蹬腿、伸腰、伸臂、屈腕、屈指，将球传出。
双手头上传球	两脚平行或前后站立，腿稍屈，双手持球于头后上方，蹬腿、屈体、挥臂、屈腕，将球传出。
双手接球	正确判断来球的方位、速度、距离，及时伸臂迎球，做好接球手形。接球时，手心都应正对或斜对来球，球触手后，双手要及时后移以缓冲来球。
双手头上投掷	双手持球在头上，两腿稍屈；蹬腿，收腹挥臂，将球向前上投出。
双手胸前投掷	双手持球于胸前，两肘下垂，五指自然分开稍屈，手腕后仰；蹬腿、展体，快速伸臂，将球向前（或前上）推出，注意手腕手指用力，注意力应集中在全身协调用力上。

2. 讲师讲解、教师学习。

3. 分组讨论制定各年龄段幼儿篮球活动内容。

主持人：讨论开始前，请大家以年级组为单位围坐成小组，结合上次教研讨论的目标，结合学情制定符合本年龄段幼儿的篮球活动内容；讨论交流时，各组要做好记录；讨论结束后，各组选派一名教师代表轮流分享。

4. 小组轮流分享。

5. 情景互动，实践检验。

主持人：接下来，请讲师根据大家制定的内容，随机挑选教师扮演幼儿展示研讨的篮球活动内容，检验大家对篮球基本动作的掌握及内容设置的合理性，并给出恰当的建议。

6. 智慧碰撞，答疑解惑。

主持人：请教师围绕本次教研活动中的“讲师讲解”和“情景互动”环节，提出疑问或困难，讲师进行解答。

7. 活动小结。

主持人：教学目标的达成是靠教学内容来实现的，因此目标和内容是相辅相成的，希望通过今天的教研活动，我们能更清楚各年龄段幼儿篮球活动的目标与内容的关联性，以此促进幼儿园篮球活动教学的层次性和递进性。

8. 教研小任务。

（1）各年级在级长的带领下，将本次教研活动的成效写入电子文档，转发给教研员做好归纳整理。

（2）以级组为单位认真研读《幼儿创意篮球游戏》相关内容（见表 3–4），探索篮球活动与游戏的有效融合。

表 3–4 《幼儿创意篮球游戏》各级研读内容

年级组	研读页码
小班组	P47—P77
中班组	P48—P105
大班组	P107—P133

活动三："篮"研之趣（见表 3–5）

表 3–5　篮球教学活动进行

活动主题： 器械辅助，践行幼儿篮球活动与游戏的有效融合	活动地点： 幼儿园户外操场
活动时间： 2024 年 5 月 18 日 18：00—19：00	活动方式： 情景式、体验式教研

【活动目标】

1. 通过体育器械的融入，丰富教师篮球活动的组织策略，提高篮球活动的趣味性。

2. 通过体验互动，让教师感受篮球游戏活动的乐趣，从而激发教师创新篮球游戏的热情。

【活动准备】

1. 主持人准备：移动音响设备、小组记录白纸 3 张、彩笔 3 盒、幼儿园户外体育器械说明图一份、篮球一筐。

2. 教师准备：提前阅读《幼儿创意篮球游戏》，了解幼儿篮球游戏的相关内容；准备前两次教研成效资料。

3. 会场准备。

【活动流程】

1. 游戏——"击鼓传篮"。

游戏规则：

（1）教师以年级组为单位围圈坐，分为 3 组。

（2）三组同时进行，每一组由一位教师拿起一个球，当音乐响起后，依次将球传至下一位教师。

（3）音乐停止，球在谁手上，谁就出列，根据主持人的口令做相应的篮球基本动作。

游戏意义：以篮球游戏切入教研主题，让教师体验游戏带来的快乐，同时创设轻松、愉快的教研氛围。

2. 回顾梳理。

主持人：带领教师回顾前两期教研活动学习的相关理论要点，包括初步拟定的各年龄段幼儿的篮球活动目标和内容，帮助教师在游戏创设中梳理好篮球游戏知识和要求，为活动做铺垫。

3. 小组交流讨论。

主持人：今天教研的主题是“器械辅助，践行幼儿篮球活动与游戏的有效融合”。接下来，请大家根据上次教研布置的阅读小任务，结合幼儿园现有的体育活动器械，一起讨论出适合本年龄段幼儿的篮球游戏，最后进行模拟体验和分享。

（1）游戏设计形式

可以为一项篮球活动内容设计一个游戏，也可以把几项内容融合在一组游戏中。

（2）小组分享、展示要求

小组分工：设立组长、记录员、计时人、分享人。

展示要求：设计小组名、小组口号，展示小组篮球基本动作、篮球游戏。

4. 小组轮流分享、展示。

5. 活动小结。

主持人：在前两次教研的基础上，大家对幼儿篮球活动有了更深入的认识与了解。今天篮球游戏的创设既符合幼儿身心发展特征，又具有篮球活动的教育价值，我为大家取得的成效感到欣慰和自豪。幼儿的活动以游戏为基础，篮球游戏的开展对于幼儿初步学习篮球技能、提高幼儿参与篮球活动的兴趣至关重要，希望大家再接再厉，不断在实践中去检验此次教研项目的结论，让我园幼儿篮球教学活动向下扎根、向上生长！

三 教研活动的成效及反思

（一）“篮”研之效

1. “篮”研之识

在本次教研活动中，教师提前得知教研主题内容，在教研前有计划、有目的地寻找相关信息和资料，为首次篮球教学教研活动提供了质量的保障。教研活动为教师创设了交流平台，充分地发挥了促进集体智慧碰撞、优质经验汇聚的作用，使教师对幼儿篮球活动的目标达成了共识。教师在讨论制定本级组幼儿篮球活动目标的过程中，既要考虑纲领性文件的指导要求，又要以幼儿身心发展特点为依据，还要结合幼儿的学情进行活动目标适宜性的思考，全面提高了教师专业能力的同时也达到了教研目标。

2.“篮”研之行

本次教研活动顺利且有效，原因在于：首先，情境式教研让教师在现场体验、思考和总结教研主题，使教师成为教研活动的主体，充分地调动了教师参与的主动性和积极性。其次，不再把成熟型教师当作参训者，而是邀请他们担任培训者——讲师。讲师通过梳理、归纳、传授自己的经验，既促进了自身的专业发展，又激励了渴望成长的青年教师，有利于幼儿园课程的改善。

3.“篮”研之趣

幼儿教育家蒙台梭利说过：“我听过了，我就忘了；我看见了，我就记得了；我做过了，我就理解了。”这不仅适用于幼儿，还适用于成人。首先，本次教研活动让教师成为教研的主体，分享自己对篮球游戏的理解，凝结小组智慧，将这种理解转化为可视化的行为，避免了一言堂死气沉沉的教研氛围，也充分挖掘了教师智慧。其次，教师在体验自己创设的篮球游戏时也能充分地感受到篮球活动的乐趣，让教师通过亲身体验去理解创设丰富有趣的篮球游戏的价值所在。

总结：大朗镇作为东莞的篮球强镇，将篮球文化进一步发扬与壮大，是时代的需要。幼儿园将篮球活动和游戏有效融合，是幼儿园课程本土化和可持续发展的有效探索。在本次项目式教研中，通过教研前的充分调研，梳理出教师在教学实践中存在的真问题和难问题，准确聚焦于教研内容，采用实际又新颖有趣的教研形式，激发了教师参与教研活动的内驱力，为本次项目式教研活动的有效开展提供了保障。同时，项目式教研活动促进了课程的进一步完善，收获了各类教研资源与成果，可为后期教师成长与课程升级提供有效资料。

（二）“篮”研之思

教研中，我们充分挖掘了教师自身的能力，但幼儿园教师对篮球活动的相关教育知识还是存在盲区。接下来我们将借助园外参观交流、引进专家指导等形式，让幼儿园篮球活动的开展更高效。

此外，在项目式教研整体方案设计初期，预设围绕三个小教研主题进行探索。在第三次教研活动中，教师们设计的篮球游戏几乎都是借助体育活动器械完成的，虽然效果明显，但活动后有教师提出：篮球游戏不一定只依托体育游戏器械，很多的互动游戏也是可以用于篮球活动中的。因此，我们发现在第三次教研活动设计过程中忽略了这一点。基于此，我们迅速调整了最初的教研设计图，将“如何将幼儿篮球活动与游戏有效融合”再次细分为“如何借助体育活动器械提高篮球活动的游戏性”和“哪些互动游戏可以用于篮球活动中”。（见图 3–3）

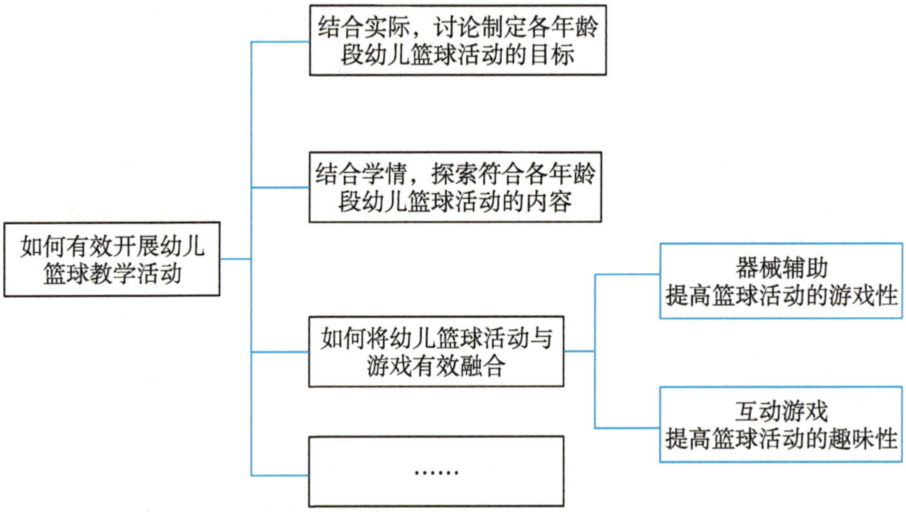

图 3-3　修改后的教研设计图

由于一次项目式教研活动的时间和内容有限，教师在篮球教研活动中发现的新问题，我们将在后续的教研活动中继续开展研究。后续将对篮球教学活动的实施策略、实践评价等主题进行研讨，促进篮球活动在幼儿园的可持续发展。

【案例评析】

此案例是一次“集体反思”的项目式教研活动，教研主题明确，教研过程丰富，教研效果显著。案例有以下三个亮点：一是锚定项目主题，聚焦于教研核心，以问题为导向，激起教师研究的热情。二是实施三条路径，推动教研成长，本次教研以“篮”研之识、“篮”研之行、“篮”研之趣三条路径循序展开，实现教研从听到说，从说到做的实效性。三是践行以人为本，凸显教研效果，骨干教师以讲师身份亮相教研现场，这是对骨干教师的认可和肯定，大大调动了骨干教师参与教研的积极性，发挥老带新、新创新的作用。

案例 2

“遇见材料　一物多玩”

——低结构材料户外体育游戏的设计

东莞市长安镇第一幼儿园　康朱惠、梁飞、彭慧

一　教研背景与目标

（一）问题的来源

《幼儿园保育教育质量评估指南》关键指标 B11“玩具材料”中提到：“玩具材料种类丰富，种类充足，以低结构材料为主，能够保证多名幼儿同时游戏的需要。”《3—6 岁儿童学习与发展指南》健康领域教育建议中也提到：“为幼儿准备多种体育游戏材料，鼓励他选择自己喜欢的材料开展活动。”目前，东莞市长安镇第一幼儿园低结构材料大多投放在班级的游戏区域中，户外体育游戏中低结构材料应用较少，且教师对低结构材料的认知存在一定的差异性，尤其是对低结构材料的收集、分类方法，材料的微加工及投放策略等认知不足，在户外体育游戏中不知如何投放适宜的低结构材料，导致低结构材料的教育价值无法充分体现。

（二）分析和诊断

为进一步了解教师们对低结构材料的认知及困惑，教研组对全园教师发放了调查问卷，了解教师在应用低结构材料开展幼儿户外体育游戏时存在的真实问题。

1. 教师对低结构材料的认识（见图 3-4）

问题：您认为低结构材料的应用能促进幼儿哪些方面的发展？［多选题］

选项	小计	比例
动作发展和生活习惯	74	87.06%
语言表达	54	63.53%
社会交往	63	74.12%
科学探索	63	74.12%
艺术表现	59	69.41%
其他［详细］	6	7.06%

图 3-4　教师对低结构材料的认识

从图 3-4 可以看出，教师对低结构材料的教育价值都很认可，尤其是认识到在户外体育游戏中投放低结构材料能有效地激发幼儿的想象力和创造力，满足幼儿身心全面发展的需要。

2. 低结构材料的投放（见图 3-5）

问题：您通常把低结构材料投放在幼儿哪些活动中？［多选题］

选项	小计	比例
体育活动	52	61.18%
生活活动	48	56.47%
自主游戏活动	68	80%
学习活动	49	57.65%

图 3-5　低结构材料的投放

从图 3-5 可以看出，调查对象中仅有 61.18% 的教师会投放低结构材料到幼儿体育活动中，其他教师依然以购买的、玩法单一的高结构材料为主要材料。

3. 教师运用低结构材料组织户外体育游戏时存在的困惑（见图 3-6）

问题：您在运用低结构材料组织户外体育游戏时，存在哪些困惑？［多选题］

选项	小计	比例
收集	42	49.41%
加工	42	49.41%
筛选	46	54.12%
投放	44	51.76%
指导	49	57.65%
其他［详细］	11	12.94%

图 3-6　教师运用低结构材料组织户外游戏时存在的困惑

由图 3-6 得出，教师运用低结构材料组织户外体育游戏时存在的困惑以材料收集、加工、筛选、投放、游戏指导为主。其中 49.41% 的教师认为材料收集比较麻烦；49.41% 的教师认为材料加工太难了；54.12% 的教师认为低结构材料筛选太烦琐；51.76% 的教师则不知如何科学投放材料；57.65% 的教师认为最大的困难是投放材料后的观察与指导。

综合教师们的意见与建议，我们可以分析得出，目前教师在低结构材料的开发及应用方面主要存在不知如何收集、如何分类整理、如何投放及如何指导幼儿游戏等几项问题。

（三）教研重点和期望目标

1. 教研重点

针对教师在低结构材料融入户外体育游戏的实践中遇到的种种问题，教研组制定了详细的教研计划，从材料的科学分类、收集的方法与途径、材料的微加工方法、低结构材料体育游戏设计等方面入手，以培训 + 教研 + 活动的方式逐一解决问题。

2. 期望目标

（1）通过系列培训与教研实践提升教师认知，帮助教师解决困惑。

（2）引导教师深入挖掘低结构材料的多种玩法，让低结构材料在幼儿户外体育游戏中发挥其教育功能。

二　教研活动设计与实施

（一）教研活动设计（见表 3-6）

表 3-6　教研活动设计

教研主题	“遇见材料　一物多玩”——低结构材料户外体育游戏的设计
教研形式	理论培训 + 现场教研 + 设计展示
时间	2023 年 3 月 13 日、3 月 24 日
地点	童梦剧场、热带雨林
目的	1. 通过低结构材料收集、分类、微加工理论培训，提升教师对低结构材料的认知。 2. 通过游戏展示、体验式教研进行“一物多玩”低结构游戏设计，拓宽教师视野，提高游戏设计水平。 3. 通过教师低结构材料体育游戏器械制作及展示活动，搭建平台供教师相互学习，挖掘低结构材料的教育价值。
准备	培训 PPT、各类低结构材料、白纸、笔及宽阔的场地
参与人员	课题组、教研组、全体教师
教研主持人	康朱惠
活动过程	1. 低结构材料相关理论培训。 2. 分组研究低结构游戏设计。 3. 教师低结构体育游戏器械设计与制作。 4. 低结构体育游戏器械展示活动。

（二）教研活动实施过程

1. 主要环节

“‘遇见材料　一物多玩’——低结构材料户外体育游戏的设计”系列教研，主要通过三次教研活动来完成，以集体培训、分组教研、器械设计与制作、集体展示四种形式展开。

第一次教研

（1）集体培训

课题组在查阅了60余篇低结构材料的研究论文后，对低结构材料的界定、收集与分类方法等有了深入的了解。经过提炼，准备了与户外体育游戏相关的理论培训课程。通过集体培训，提升全体教师对低结构材料的认知，明晰低结构材料在幼儿户外体育游戏中的投放策略，指导全体教师充分利用低结构材料开展户外体育游戏，引导幼儿大胆探索低结构材料的多样玩法，提高游戏水平。

（2）分组教研

培训过后，男教师展示了以报纸为例设计的“一物多玩”体育游戏，让全体教师直观地感受到低结构材料易取材、好设计、玩法多的特点。同时以级部为单位选取一类低结构材料进行游戏设计，激发教师参与教研的热情，鼓励教师大胆想象、集思广益，以“6+1”的圆桌教研模式深入挖掘低结构材料的教育价值，体现“一物多玩”。

第二次教研

（1）设计与制作

课题组通过展示图文并茂的游戏设计模板，给全体教师提供借鉴。教师选取自己喜欢的一类低结构材料，结合幼儿的年龄特点及动作发展水平等进行体育游戏器械设计与制作，保证每样低结构材料设计3种以上的游戏玩法。在拓宽思维方式的同时提升了教学玩具的设计与制作水平。

（2）集体展示

课题组以“低结构　巧游戏”教师户外体育游戏器械制作与展示活动为契机，搭建展示交流的平台。在级长的带领下，教师们将自己制作的低结构体育游戏器械组合起来，创设情境，结合走、跑、跳、翻滚等基本动作，设计成由易到难、趣味性十足的低结构体育游戏。通过游戏演练、自制体育器械展示活动供大家相互学习，深入了解低结构材料应用到幼儿户外体育游戏的策略，为后期的游戏观察及评析做铺垫。

第三次教研

（1）投放应用

教师将低结构材料制作成的体育游戏器械投放到晨练、户外自主游戏、混龄混班体能游戏中。支持幼儿自主探索低结构体育游戏器械的多样玩法，让他们在搬抬材料的过程中锻炼力量和耐力，提升想象力和创造力。

（2）教研、调整

教师围绕低结构材料制作的游戏器械投放到幼儿户外体育游戏中后出现的关于器械收纳保存、后期维护、适宜性投放等问题开展教研。教师及时调整了材料的摆放位置，方便幼儿取放，并增加了器械维修间，方便大家及时对低结构材料体育器械进行维护、加工。

2. 方式方法

集体培训式、分组教研式、互动交流式、成果展示法。

3. 教研主持人的组织

第一次教研

（1）集体培训

主持人：为了更好地挖掘低结构材料的教育价值，提升大家对低结构材料的相关认知，帮助大家合理运用低结构材料开展户外体育游戏，我将从什么是低结构材料，低结构材料如何分类，低结构材料体育游戏设计三个方面详细介绍。希望大家在本次培训后对低结构材料有更深的认知，了解低结构材料体育器械的设计与制作的基本方法，同时知道如何应用低结构材料组织幼儿的户外体育游戏。

①什么是低结构材料？课题组查阅了60余篇相关论文，吴咏梅在2022年《户外运动区游戏中幼儿自主运用低结构材料指导策略》一文中认为：低结构材料，指那些原始的、未经加工的、不属于玩具的且没有规定具体玩法和明确目标的材料。余华在2021年《幼儿园自主游戏中低结构材料投放策略研究》一文中认为：所谓的低结构材料，一般情况下就是指结构简单、直白、操作性较强、可变性与功能性比较多样的一种材料。因此，课题组结合幼儿的年龄特点将低结构材料归纳为源于生活、结构简单、玩法多样、便于幼儿操作的材料。

②低结构材料如何分类？《低结构材料在幼儿园的应用策略》一书中提出，根据材料的来源将低结构材料分为自然材料及生活废旧物两大类（见表3-7）。

表3-7　低结构材料的分类

类别	分类名称	具体材料名称
自然材料	竹类	竹片、竹竿、竹筒等
	木类	木块、木条、木墩等
	沙石泥土类	石头、泥、瓦片、砖等
	果壳类	开心果壳、花生壳等
	稻秆类	稻草、植物秆等
废旧材料	布类	花布、丝带等
	轮胎类	汽车轮胎、自行车轮胎等
	竹木类	扁担、筛子、簸箕、斗笠、竹竿、竹筒、树枝、木条、木块等
	瓶子类	各种玻璃、塑料、树脂等制作的瓶子
	纸板类	各种包装盒、鞋盒、快递盒子等
	板材类	木板、塑料板等
	罐类	水果罐头罐、奶粉罐等
	管材、桶类	纸筒、水管、吸管等
	线绳类	毛线、塑料绳、麻绳等

③低结构材料体育游戏设计。《3—6岁儿童学习与发展指南》提出：要珍惜游戏的教育价值，创造条件和机会，开展丰富多样适合幼儿年龄特点的各种身体运动，培养他们对体育活动的兴趣。教师结合幼儿感兴趣、经常玩的游戏，以幼儿日常运动的基本动作为元素，通过游戏设计“五步法”进行低结构材料户外体育游戏设计（见图3–7）。

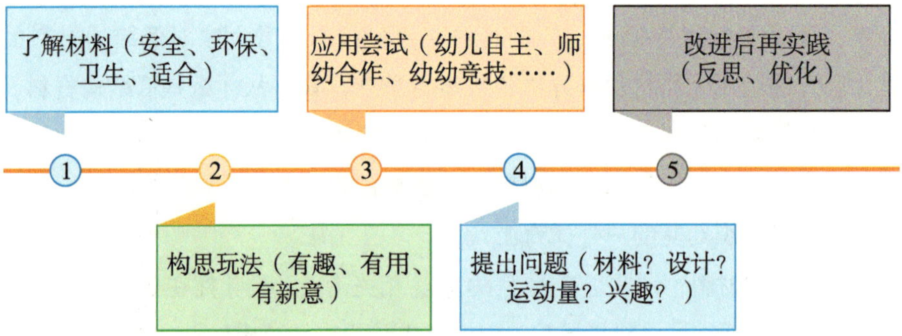

图3–7　低结构材料游戏设计“五步法”

（2）分组教研

主持人：为了让大家直观地感受如何通过以上五个步骤设计低结构户外体育游戏，男老师们将向大家展示报纸的多样玩法（见图3–8），随后请大家分享自己的感受。

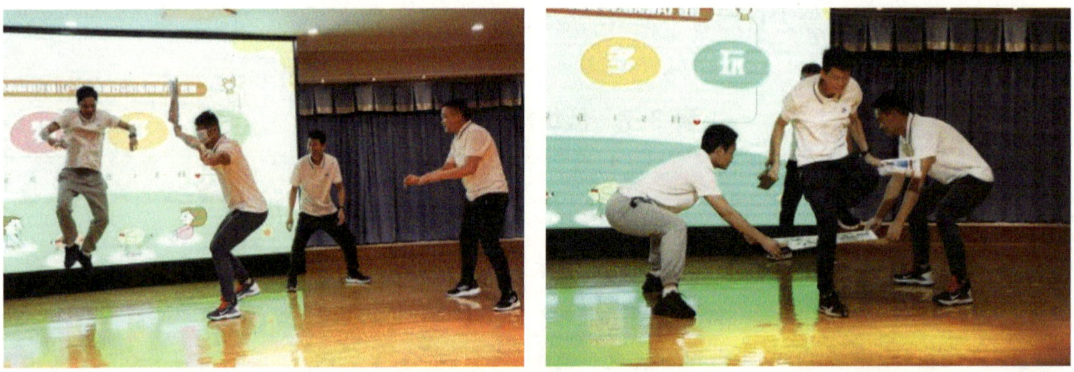

图3–8　报纸的多样玩法

教师1：原来一张报纸竟然能玩出10多种游戏。

教师2：我看到了男老师们用报纸设计了五大类游戏分别是：走的游戏、跑的游戏、跳的游戏、钻的游戏、爬的游戏，每样游戏还有几种玩法，真是太丰富了，孩子们一定很喜欢。

教师3：我明天要带孩子们去玩这个报纸的游戏，没想到一张简单的报纸有这么多玩法。

主持人：大家的分享很好，这正是低结构材料玩法多变、可塑性强的特性。为了让大家深入了解低结构材料，我们也来尝试一下运用一种低结构材料进行游戏设计，并进行游戏展示、经验分享，具体规则如下。

小班级代表分享：围绕主题开展教研，利用不同大小的塑料瓶，设计低结构体育游戏器械。

中班级代表分享：围绕主题开展教研，利用不同大小的纸盒，设计低结构体育游戏器械。

大班级代表分享：围绕主题开展教研，利用大小、高矮不同的奶粉罐，设计低结构体育游戏器械。

主持人：老师们运用集体的智慧，将低结构材料的功能发挥到极致，设计出形式多样的户外体育游戏。相信大家一定会将本次教研活动中的收获运用到日常活动中，引导幼儿自主探索低结构材料的玩法，创编出更多好玩的游戏。

第二次教研

（1）设计制作

级长：根据“低结构材料户外体育游戏设计与展示活动方案”，大家可选择一种自己喜欢的低结构材料，尝试按照游戏设计“五步法”，进行低结构体育游戏器械的制作和游戏的设计（见图 3–9）。

图 3–9　选择低结构材料设计游戏

要求如下：

①利用一种低结构材料（纸类、铁类、塑料类、竹木类）制作一组游戏器材。

②运用自己制作的体育游戏器械设计一个“一物多玩”、具有创新性的体育游戏。

③制作体育游戏设计海报一份，并拍摄成视频制作成二维码，用于户外体育游戏器材制作展。

（2）集体展示

主持人：为充分展现老师们的智慧和创造力，我们以“低结构材料户外体育游戏设计与展示活动”为契机，搭建经验分享的平台，希望大家在集体游戏演练和自制低结构材料游戏器械的展示活动中相互学习，各有收获，提升材料制作与游戏设计的水平。

开展低结构材料体育游戏设计演练活动（见图 3-10）。小、中、大三个年级组的老师们将设计的游戏融入情境中，以体育游戏的组织形式轮流展示。通过低结构材料体育游戏展示，大家相互借鉴、学习，积累了丰富的经验。

图 3-10　低结构材料体育游戏设计演练

第三次教研

（1）投放应用

幼儿对老师们制作的低结构材料体育游戏器械很感兴趣，于是教师遵循材料投放的四大原则（见表 3-8），将低结构材料按照不同的功能投放到相应的户外体育游戏中，如晨练、混龄体能游戏，供幼儿自主选择、自由探索。

表 3-8　低结构材料户外体育游戏投放四大原则

安全性原则	定期对材料进行消毒、检查、维护，保障低结构材料的安全性。
开放性原则	提供丰富多样、操作性强的低结构材料，支持幼儿的游戏。
可塑性原则	最大限度地保留材料的原始性，不加改装，满足幼儿的探索需求。
层次性原则	根据不同年龄段的幼儿在力量、动作技能等方面的差异，对低结构材料进行由易到难的阶段性投放。

（2）教研调整

教师将低结构材料制作的游戏器械投放到幼儿户外体育游戏中后，发现在材料的收纳保存、后期维护、适宜性投放方面存在一定的问题。如幼儿反馈油桶很重，放在器械室拿取很困难；纸类的游戏器械不耐用，经常破损。课题组、级组针对上述问题及时开展教研，及时调整材料的摆放位置方便幼儿取放，并增加了器械维修间，方便大家及时对低结构材料体育器械进行维护、加工（见图 3-11）。

图 3-11　对低结构材料体育器械的维护

三 教研活动的成效及反思

（一）教研活动成效

园本教研是教师提升专业能力的主要途径之一，随着我园的园本教研机制不断完善，园本教研质量也在不断提升，近期围绕“低结构材料户外体育游戏的设计”开展的系列教研成效显著，主要体现在以下几个方面。

1. 提升了教师的认知

理论培训、现场研讨、小组教研、集体分享、成果展示等教研活动，不仅让教师们深入了解了什么是低结构材料，同时在参与材料收集的过程中学会了分类、筛选、微加工材料。最终每一位教师都能根据材料的特性，结合幼儿的实际发展水平，设计出多种户外体育游戏，同时提升自身的专业水平。

2. 更好地支持幼儿的探索学习

教师将制作好的低结构材料体育游戏器械投放到晨练、体育集体活动及户外自主游戏中，更好地满足幼儿的游戏需求。幼儿在与材料的互动中感知材料的质地，从而探索材料的百般玩法。

3. 丰富了幼儿园的户外体育游戏器材

随着教研活动的开展，我们共收集了各类低结构材料体育游戏器械共计 1026 件，解决了户外体育游戏器械单一、高结构材料器械不足的问题，能有效满足全园幼儿同时在户外开展体育游戏的需求。

（二）教研活动反思

课题组开展的“低结构材料户外体育游戏的设计”的系列教研活动形式多样，动静结合，理论实践互补，效果显著。活动后我们通过教研反馈问卷调查，了解教师参与教研的真实感受（见表 3–9、表 3–10）。

表 3–9　关于本次教研我的 3 点收获

姓名	收获 1	收获 2	收获 3
梁飞	低结构材料的定义与来源	低结构材料包括哪些	低结构材料的“一物多玩”
熊建霞	了解了什么是低结构材料	低结构材料的分类	低结构材料的体验互动
熊浚君	低结构材料的含义	低结构材料与体育游戏的融合	低结构材料的分类
李云梅	低结构材料是什么	体育游戏的分类	低结构材料的探索过程
叶玉媚	一种材料的多种玩法	体育游戏可以按走、跑、跳、爬、钻等基本动作划分	一种游戏的多样玩法，游戏与不同领域的融合

续表

姓名	收获 1	收获 2	收获 3
阮丽君	感受到“一物多玩”的有趣性	知道了从哪些方面开发低结构材料的玩法	玩法要深究
方晓欣	低结构材料的玩法	在体育活动中，低结构材料可以怎样玩	不同年龄阶段的玩法
武铭宝	了解了低结构材料的界定	了解了低结构材料的基本分类	了解了低结构材料户外游戏的类型以及课题主要方向（亲子）
刘玉莹	低结构材料是一种来源于生活，易于操作，玩法多样的生活材料	可以根据孩子的年龄特点来设计游戏玩法	要深入探究低结构材料的玩法，不能敷衍了事
杜慧清	有效探索“一物多玩”的方法	认识低结构材料的利用价值	知道了什么是低结构材料及其分类
陈丽珊	认识低结构材料	同一种材料的多样玩法	可以从简单到复杂，逐渐深入挖掘更多游戏

表 3–10　关于本次教研我有 1 个建议

姓名	建议
李云梅	以此次教研为纲，可以继续细化进行教研
麦秀雯	还需要多想下如何设计多种玩法
方晓欣	建议是设计的时间可以延长一点点
武铭宝	低结构材料界定在可回收废旧物、自然材料方面
孙雪银	希望多多参加这样的教研活动
刘玉莹	可以教大家如何去分类各种材料
沈绍群	课题组成员可以定时地到班级进行游戏指导
陈丽珊	围绕某一种材料系统地提供一些体育游戏玩法

从教研反馈调查问卷中可以看出，教研后教师的收获较大，同时也看出教师们希望园方多开展同类型的教研，帮助大家深入了解低结构材料，指导班级开展低结构材料体育游戏。不过，仅靠一两次的教研，教师依然难以学以致用，实践中不能及时引导幼儿自主探索，不知该如何观察探索材料中的幼儿，无法适时介入，又或者不能及时帮助幼儿总结归纳，提升游戏经验。种种现象表明，教师在观察幼儿游戏、解读幼儿游戏的能力上需要提升，这也正是课题组接下来将要跟进解决的重点问题，因此衍生出下期教研主题：

1. 低结构材料户外体育游戏中教师的支持策略探究。
2. 低结构材料户外体育游戏中教师如何观察与评价。

【案例评析】

本案例聚焦低结构材料在幼儿户外体育游戏中的价值挖掘与实践探索，展现出教师深刻的反思与研究意识，具有显著的实践意义。案例具有三个亮点：一是理念先进，以幼儿发展为本。教师们意识到低结构材料能够给予幼儿更多自由发挥的空间，符合幼儿学习与游戏的特点。二是路径多元，教研扎实有效。通过融合集体培训、分组教研、器械设计与制作、集体展示等形式，帮助教师明确对低结构材料的认知，通过系列师幼共同探索材料的应用策略，发挥材料的育人功能。三是成效显著，专业成长可见。教师们在理念、材料运用和游戏设计创新等方面都有出色的表现。后续建议该园所持续深化研究与实践，不断优化低结构材料在户外体育游戏中的设计与实施路径，为幼儿创设更丰富多元、富有挑战且支持发展的游戏体验，切实促进幼儿的全面发展，并同步推进相关课程资源建设。

案例 3

开发室内环境，研发体育游戏

——特殊天气室内公共空间体育游戏的开发与实践教研活动

东莞市机关幼儿园　马淑琴、卢玉珍

一　教研背景与目标

（一）教研的问题来源

“阳光课程”是东莞市机关幼儿园的三大课程之一，目标是培养身心阳光、体格强健的幼儿。为了实现这一培养目标，满足幼儿户外游戏和体育运动的需要，近年来，东莞市机关幼儿园一直在优化课程实施途径，设置了创美日（周一）、趣游日（周二周三）、乐动日（周四周五），在有限的户外空间内统筹安排全园幼儿的莞萃社团活动、户外混龄自主游戏、集体规则游戏、小区负重远足、后花园野餐等各类活动。

但由于东莞地处亚热带地区，春夏季经常出现下雨、台风、高温等特殊天气，各类户外活动经常受到影响，导致多天无法正常开展“阳光课程”。

（二）对问题的分析与诊断

基于这一现状，幼儿园当前存在的问题是：特殊天气出现时，如何丰富幼儿的室内活动？

1. 政策文件分析：初拟“在室内组织体育活动”的教研方向

《3—6 岁儿童学习与发展指南》明确提出，“幼儿每天的户外活动时间一般不少于 2 小时，其中体育活动时间不少于 1 小时，季节交替时要坚持。”《幼儿园保育教育质量评估指南》中“生活照料”关键指标的考察要点之一是“制定并实施与幼儿身体发展相适应的体格锻炼计划，保证每天户外活动时间不少于 2 小时，体育活动时间不少于 1 小时。”

以上两份文件都对幼儿户外活动和体育活动时长作出了明确规定，但特殊天气下，常规的户外活动特别是体育活动无法开展时，是否可以改变思路，在室内组织体育活动呢？

2. 园所情况分析：明确“在室内公共空间开发级部体育游戏”的教研思路

过去，当出现特殊天气时，各班级只能组织幼儿开展室内的区域游戏、集体教学活动等，连续多天的室内活动经常让幼儿感到枯燥，学习和游戏的兴趣减弱。有了“在室内组织体育活动”的方向后，我们做了如下分析。

（1）幼儿园的教学楼是“日”字形的三层建筑，前后有楼梯，左右有连廊，每班活动室和睡室独立分开，班级门口有长长的走廊；一楼有大堂、二楼有音乐室，这两个地方空间都较方正、空旷。整体而言，可利用的室内公共空间类型丰富、面积充足。

（2）幼儿园大班教室在一楼，小班在二楼，中班在三楼。考虑到同一年龄段的幼儿运动能力相当，如果以级部为单位打破班界开展游戏，活动空间更充足，活动内容可以设计得更丰富。

（3）近年来幼儿园一直在开展项目探究活动，引导幼儿围绕共同话题，通过小组合作、个别学习等方式进行开放性、纵向性的深入探究。室内体育游戏的主体是幼儿，如果让幼儿参与到游戏的开发和教师的教研活动中，将更能倾听幼儿的想法，提升幼儿的问题解决能力。

（三）教研重点和期望目标

1. 教研重点

开发课室、走廊、楼梯等室内公共空间，以级部为单位，通过项目探究活动方式，让幼儿和教师共同研发特殊天气室内体育游戏。

2. 期望目标

（1）结合幼儿调研和教师研讨的结果，设计出特殊天气室内公共空间体育游戏方案，并在实践、观摩过程中修改、完善方案，使之能够常态化实施。

（2）通过幼儿参与调研，一方面提升幼儿的解决问题能力和经验迁移运用能力；另一方面，让教师转变教育理念，真正倾听幼儿心声，提升教师的游戏设计和观察指导能力。

（3）通过教师方案制定、研讨、观摩等系列教研活动，提升教师的游戏环境创设与规划能力，更清晰地明白每个体育游戏设置的原因、培养的目标、材料的投放与指导的方法等，在游戏指导时能够更游刃有余，同时帮助教师更扎实地掌握和运用体育领域的专业知识。

二 教研活动设计与实施

【教研活动设计】（见图 3-12）

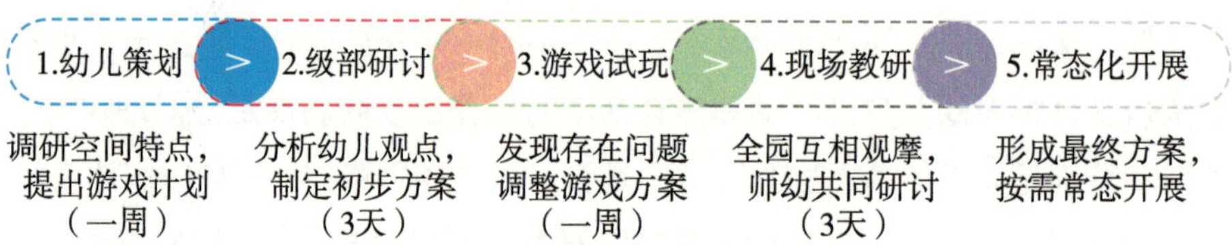

图 3-12　教研活动设计安排图

【教研活动实施过程】

第一阶段：幼儿策划，调研空间特点，提出游戏计划（历时一周）

本阶段，各班教师运用马赛克方法，如儿童会议、儿童调查、儿童访谈、自主拍照、自主绘画、口述日记、问题清单、图示制作等多种形式，引导幼儿调查统计“幼儿园有哪些体育器械”“哪些器械适合在室内玩”“教学楼内哪些场地可以开展体育游戏”等，分组设计室内体育游戏的玩法和路线。通过这一过程，教师了解了本班幼儿对于室内空间的看法和对室内体育游戏的想法、计划，为后续游戏方案的制定奠定基础。（见图 3–13、图 3–14、图 3–15）

图 3–13　幼儿拍照、统计幼儿园的体育器械

图 3–14　幼儿寻找哪些体育器械和游戏玩法可以在室内玩并记录在表格中

图 3–15　幼儿分组设计室内体育游戏玩法和路线

第二阶段：级部研讨，分析幼儿观点，制定初步方案（历时 3 天）

各级部由级长组织研讨，介绍并分析本班幼儿对室内空间、游戏活动等的看法，结合教师的意见和体育领域专业知识，综合统筹形成级部游戏方案。（见图 3–16、图 3–17）

教师们研讨了特殊天气室内体育游戏的玩法、路线，游戏道具的选择、摆放与存放方法，游戏指导的要点和注意事项等，并综合幼儿的游戏计划，制定了初步的游戏方案。一些教师说道：

“相对于幼儿园户外活动，开展室内游戏活动由于没有大型游戏器材辅助、活动场地面积有限、活动量受限，难度更大，更需要我们教师开动脑筋充分挖掘已有材料，创设新游戏、新玩法。”

“小朋友们的设计都很有创意，我们可以根据空间的实际情况，并综合考虑走、跑、跳、钻、爬等各种运动发展的要求，选取可以实现的玩法，将这些玩法串联起来。”

“一个小时的游戏时间，完全可以开展打破班界的环线游戏。”

“要合理巧妙地利用现有的室内空间。例如，一楼大厅空间相对较宽，可以设计呼啦圈类游戏；运用寝室中的过道、床铺，可以开展平衡、手臂支撑、钻爬等活动；运用桌椅，可以开展平衡、绕、爬、跳、侧滚等活动。”

“我们要结合大班幼儿的年龄特点、出现的不同问题，适时、准确、有效地进行指导，遇到问题启发幼儿动脑筋想办法。”

“幼儿安全为重中之重。教师要在游戏前检查此区域的材料、场地等，提前告知幼儿安全注意事项；负责此区域的教师也要做到百分百地专注观察幼儿，保证幼儿在此区域游戏时的安全，杜绝安全事故的发生。”

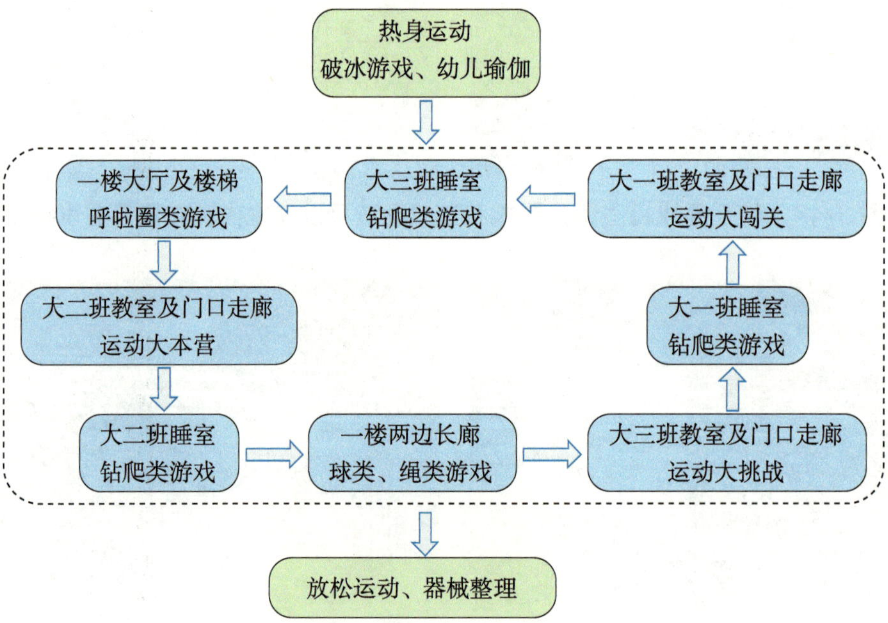

图 3–16　大班级部的室内体育游戏路线示意图

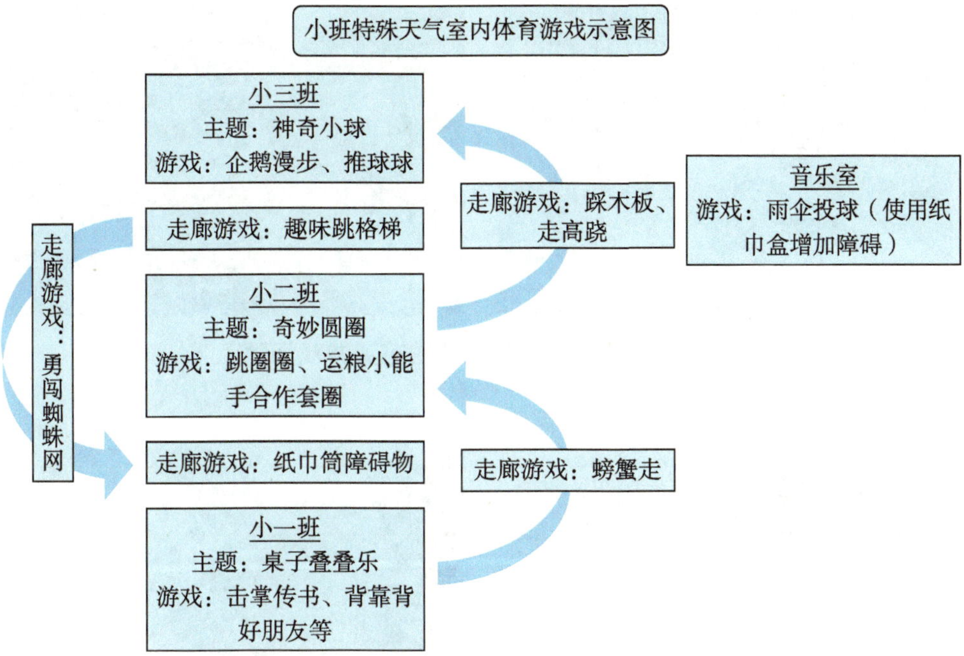

图 3–17 小班级部的室内体育游戏路线示意图

三个级部研讨形成的初步方案，综合来看具有以下共同特点：

（1）都采用了环线设计，将课室、睡室、走廊、楼梯、功能室（大堂）等室内公共空间充分利用起来，以闯关游戏的方式循环开展。

（2）游戏玩法都非常丰富，综合考虑了各自年龄段幼儿走、跑、跳、钻、爬、滚、绕等各种动作发展的需要。

（3）游戏流程的设计都很完善，基本包含场地布置、热身游戏、循环闯关游戏、放松运动、场地整理，个别顺序有所不同。

（4）路线图、游戏玩法表格的设计都直观明了。

第三阶段：游戏试玩，发现存在问题，调整游戏方案（历时一周）

各级部教师和幼儿共同根据游戏方案内容，开始准备游戏材料、布置游戏场地，开展游戏试玩，发现并讨论存在的问题，调整本级部的游戏方案。（见图 3–18、图 3–19）

在游戏试玩中，老师和幼儿发现了很多问题，并加以改善。比如：小班小朋友记不住游戏路线，于是在地面上粘贴箭头引导小朋友；中班老师发现走廊里的“跳圈运粮”小朋友排队等待的时间过长，于是增加一条运粮路线；大班老师发现幼儿运动强度过大，于是在每班饮水机附近投放了几张小椅子，设置了“休息处”供幼儿自主休息。

图 3-18　幼儿对照设计图布置游戏场地

图 3-19　幼儿试玩游戏

第四阶段：现场教研，全园互相观摩，师幼共同研讨（历时 3 天）

为了加强各级部之间的教研交流，幼儿园用 3 天时间组织级部间的相互观摩，并邀请每班 2 位幼儿“小小调研员”共同参与观摩和研讨。

1. 特殊天气室内公共空间体育游戏的观摩与研讨教研方案（见表 3-11）

表 3-11　教研方案表

时间安排	5 月 24 日，大班展示，小、中班观摩 5 月 25 日，中班展示，小、大班观摩 5 月 27 日，小班展示，大、中班观摩	每天：9：20—10：20 现场观摩 10：30—11：00 教师研讨 3：30—4：00 小小调研员调研会
地点	观摩地点：各级部对应楼层	研讨地点：会议室
教研目的	通过现场观摩，互相交流和学习各级部设计的室内体育游戏，研讨存在的问题，共同改进提高；同时通过小小调研员的参与，增强幼儿的主人翁意识，帮助教师倾听幼儿的真实想法，从而改进游戏方案。	
教研准备	1. 各级部需要的体育器械由级部师幼共同准备，游戏场地由师幼共同布置。 2. 教师设计、打印教师观摩评价表、小小调研员记录表，制作小小调研员挂牌，并分发相机给幼儿和拷贝照片。	

续表

参加人员	1. 展示人员： 本级部所有保教人员、幼儿，含帮班教师。	2. 观摩人员： （1）每天每班两位保教人员，具体由各班自己安排； （2）保教室其他行政、专科教师； （3）每班 2 名幼儿小小调研员。	3. 研讨人员： （1）教师研讨会：当天的全部观摩教师、被观摩班级每班 2 位教师。 （2）幼儿调研会：当天的全部观摩幼儿、每班 1 位教师。

2. 现场观摩环节记录

在三天的观摩环节，业务副园长主持观摩，首先向观摩的老师和幼儿介绍观摩目的、观摩要求；然后由被观摩的级部按照设计好的流程组织游戏；观摩教师自由选定观摩路线，进行跟踪观摩；小小调研员用相机或记录表记录自己喜欢的游戏和自己的想法。（见图 3–20、图 3–21）

图 3–20　教师观摩幼儿游戏

图 3–21　小小调研员观摩幼儿游戏

3. 教师研讨环节记录

每天的观摩结束后，当天观摩和被观摩的老师在会议室集中，开展研讨活动。首先由被观摩的级组长介绍本级部游戏方案，然后观摩老师畅所欲言、各抒己见，对观摩到的亮点、存在的问题充分发表自己的意见。

研讨结束，教研主持人汇总大家研讨的问题，对该级部游戏方案提出改进建议：

（1）对大班级部的意见和建议

①卫生安全。很多桌面游戏是幼儿踩在桌子上完成的，这会导致细菌病毒残留在桌面，有卫生安全隐患。经讨论，有两种解决方法：一是想办法将需要脚踩桌椅的游戏修改为其他游戏方式，避免幼儿的鞋底直接接触桌椅；二是在每次室内体育游戏结束后，教师用 84 消毒液将桌面进行消毒杀菌，且在 30 分钟后才能使用桌子，这就需要预留充足的时间对桌面进行消杀。

②身体健康。大班级部运动强度较大，是否符合大班幼儿的身体发展特点和心肺功能？除设置休息点外，可以由医生跟踪监测幼儿心率。

③放松环节。基于大班运动强度较大的特点，建议运动后的放松环节应更注重对肌肉的拉伸，以缓解幼儿运动后肌肉的酸痛。

④材料取放。大班部分游戏材料的取放点是操场旁新建的材料柜，幼儿取放材料时需要经过露天的操场，要考虑雨天时材料取放不便的问题。

（2）对中班级部的意见和建议

①心率监测。中班邀请张医生选取几名发展水平不同的幼儿，在游戏过程中实时监测他们的心率，结果显示，幼儿应在正式游戏 15 分钟时休息一下，这样既能保证幼儿在运动中得到应有的锻炼强度，又能避免幼儿过度运动、心率过高等问题。体育专科老师也提出根据健康科学的角度，运动时心率在 150—180 之间为佳，心率达到 180 时应休息，因为心率过高会对人体造成损伤。老师们可以学习随机简单测心率的方法：摸幼儿的颈部大动脉，10 秒内的脉搏数乘以 6 就是一分钟的心率。在平时的运动过程中，教师们需要实时观察幼儿的出汗量、面色、动作等，也可以监测幼儿的心率，让幼儿更科学、更健康地进行体育锻炼。

②材料取放。中一班的部分游戏材料需要到四楼天台取放，幼儿取放过程中存在安全隐患，教师需要重点关注并及时给予帮助。

③场地利用。中班的场地利用程度可以再提高，比如继续开发四楼天台、三楼种植长廊。

④人身安全。中班级部先布置游戏场地再热身，课室内摆放物品多，幼儿热身空间小，集体热身跑动时存在安全隐患，建议热身环节和场地布置环节交换；此外中一班门口爬斜桌的游戏，幼儿站起来和栏杆差不多高，危险系数高，且桌子和幼儿都靠在栏杆上，栏杆承重有限，存在安全隐患。教师在每一次游戏开展前，都应强调安全教育，确保安全第一。

（3）对小班级部的意见和建议

①小班特点。小班级部的游戏情境性、趣味性更强，符合小班幼儿的年龄特点，且充

满创造性、想象力，如小一班长廊的滑板游戏，幼儿玩法多样、自由想象。

②游戏路线。小二班门口的游戏路线是交叉十字，幼儿在运动时存在交叉碰撞的安全隐患，需要修改游戏路线，确保安全、流畅。

③安全教育。小班幼儿能力更弱一些，老师需要更注重站位及指导，重点是安全教育。老师们还要教育幼儿，除了游戏的时间段，其他时间不可以踩到桌子、柜子上玩耍。

④环节调整。部分钻爬、平衡木等项目游戏速度较慢，保教室前的长廊存在排队拥挤的情况。如果将用时长的游戏项目分开设置进行分流，合理安排各个环节的位置，可以让游戏更流畅，减少幼儿的等待时间。

⑤材料收纳。现小班级部的大型材料摆放在音乐室、巧智室、楼梯口等，不整洁美观，且存在安全隐患。

4. 小小调研员会议记录

每天下午，当天参与观摩的小小调研员和每班一位老师在会议室召开小小调研员会议，幼儿展示自己拍的照和画的图画，介绍自己喜欢的游戏项目，对认为需要改进的地方提出自己的想法。教研主持人和各班老师对小小调研员的建议和意见表示肯定，并将根据可行的建议修改方案。

第五阶段：常态化开展特殊天气室内公共空间体育游戏

各级部根据现场教研收集到的建议，修改完善本级部的游戏方案，遇到特殊天气时，按照本次系列教研活动形成的方案（图 3–22），常态化开展特殊天气室内公共空间体育游戏（图 3–23）。

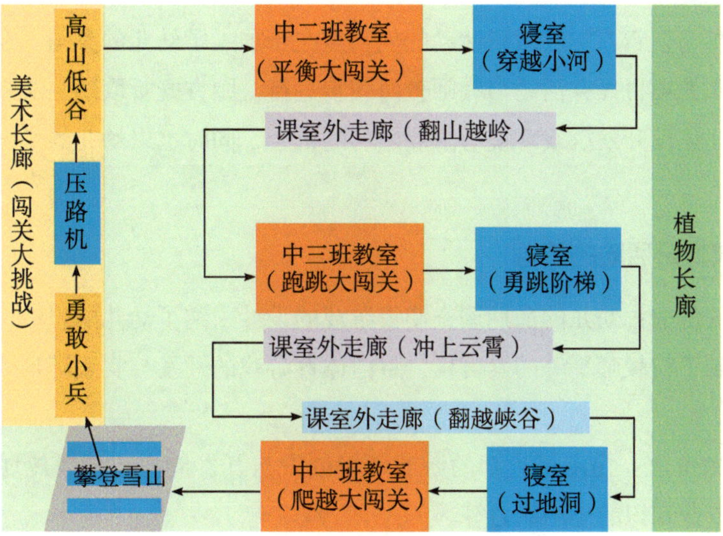

图 3–22 各级部形成新的游戏方案

图 3-23　常态化开展特殊天气室内公共空间体育游戏

三　教研活动的成效及反思

（一）本次教研活动的特点

1. 从实际问题出发：本次教研活动是由课程实施中存在并迫切需要解决的实际问题引发的，教研活动的结果是形成了可常态化开展的特殊天气室内公共空间体育游戏方案，解决了幼儿园“阳光课程”实施中的实际困难。

2. 以系列形式开展：本次教研活动历时近一个月，通过调研—研讨—实践—观摩—调整的问题解决路径，开展了多次不同形式的小教研，一步步形成并完善方案，使之得以常态化开展。

3. 让幼儿参与创新：本次教研活动的创新点在于加入了幼儿的参与。在系列教研活动的设计上，幼儿的项目探究活动与教师教研同步进行，园方既听取幼儿对室内体育游戏的想法，又为幼儿创设开发游戏环境与游戏内容的机会，同时也以幼儿的实际游戏过程为观摩研讨内容。

（二）本次教研活动的价值

1. 对幼儿的价值：幼儿的前期调查使得游戏的设计采纳了幼儿的想法，幼儿的参与观摩让幼儿体验到了与教师平等的发言权，室内体育游戏的开发与实践满足了幼儿体育运动和游戏的需要。

2. 对教师的价值：提高了教师的游戏环境创设与开发能力、游戏规划与观察指导能力、体育领域专业知识的应用能力等。

3. 对幼儿园课程的价值：解决了特殊天气时幼儿户外活动无法照常开展的难题，丰富了幼儿园阳光课程的实施路径，进一步提高了幼儿园保教质量。

（三）反思本次教研活动的不足

本次教研中，教师们第一次使用马赛克方法倾听幼儿的想法，虽然在前期接受了简短的培训，但由于对理论的认识不深刻，有的采用了一些错误的指导方式，如小小调研员采用儿童拍照方式记录时，有个别教师指导幼儿拍摄教师认为好的游戏内容，以教师的观察角度取代幼儿的观察角度，并没有真正做到尊重幼儿、倾听幼儿、赋权幼儿。

（四）可能产生的教研契机和进一步的改进、支持策略

针对教师对马赛克方法理论的认识不深刻这一问题，下一步幼儿园需要通过系统的理论培训和实践研讨，提升教师的理论水平。这也蕴含着新的教研契机。本次室内体育游戏教研活动是在 3 月—5 月开展的，9 月开始，幼儿园针对这一教研契机也开展了“马赛克方法的理论与实践”系列培训和教研活动，通过三次专题讲座、9 个班的实践案例分享、研讨，逐步解决了上述问题。

【案例评析】

此教研案例体现了以幼儿为本、以问题为导向、以教师专业发展为目标的教研理念，具有以下三个亮点：一是游戏设计回归幼儿参与，该案例突出了“幼儿参与”的深刻意义，对幼儿园、教师、幼儿而言都具有丰富的参考价值。二是教研过程体现问题导向，教师基于特殊天气户外游戏存在的困难，运用马赛克方法引导幼儿调查、统计和制定室内体育游戏的初步计划，再到级部研讨形成试行方案，游戏试玩不断修正方案，现场观摩研讨确定方案等四个阶段的设计、讨论和调整，最终形成了可常态化开展的室内体育游戏方案，解决了课程实施中的实际问题。三是教研效果促进教师发展，该案例的实施不仅满足了幼儿在不同天气都可进行体育运动和游戏的需要，而且在实践中巩固了教师“以幼儿为本”的教育观、游戏观，提升了教师的游戏环境创设与开发能力、游戏规划与观察指导能力等，对于促进教师专业发展具有重要价值。

案例 4
方寸天地，探运动之趣

东莞市大朗镇中心幼儿园　龚丹丹、梁豪贵、孙瑶

一　教研背景与目标

（一）教研的问题来源

1. 政策背景

《幼儿园教育指导纲要（试行）》中明确指出："幼儿园应为幼儿提供健康、丰富的活动环境，必须把幼儿的健康放在工作的首位。"《广东省幼儿园一日活动指引（试行）》及《3—6 岁儿童学习与发展指南》中均提及："幼儿每天的户外活动时间不少于 2 小时，其中体育活动不少于 1 小时。" 由此可见体育活动对幼儿发展的重要性。东莞市教育局教研室于 2017 年 3 月在全市范围内启动实施幼儿园课程游戏化项目建设。东莞市大朗镇中心幼儿园根据以上政策文件精神，将室内体育游戏作为推动幼儿自主游戏深入开展的抓手，让幼儿自主、多元、深度学习成为可能。

2. 地域背景

广东夏季多雨，日照强烈，暴晒时间长，受雨天、高温等天气影响，幼儿的户外运动量无法得到保障。而室内体育游戏作为户外活动的补充形式，能充分满足幼儿的运动需求。幼儿园教学楼呈 "回" 字形，可供幼儿开展室内循环体育游戏，场地足够宽敞，能发展幼儿走、跑、跳、钻、爬等动作技能。

3. 园本背景

东莞市大朗镇中心幼儿园是广东省学前教育 "新课程" 科学保教示范项目的领衔幼儿园，同时也是东莞市幼儿教育研究会游戏研究部部长所在园所。幼儿园依托课题研究形成了 "二三一" 教研模式，已在各类培训、学习中更新了教师课程游戏化的理念，具有深入开展室内体育游戏的专业基础。

（二）对问题的分析和诊断

1. 场地利用不合理

幼儿活动室是教师利用频率最高的室内体育游戏空间，但如何根据室内建筑的特点，打破空间的局限，巧妙利用楼道、教室、楼梯、走廊、墙壁、功能室等创设符合幼儿年龄特点的室内体育游戏空间，保障其运动量，提升运动技能，仍有待进一步研究。

2. 游戏材料较匮乏

室内体育游戏存在形式化问题，材料不够丰富，游戏形式较单一，幼儿缺乏兴趣，积极性不高，导致活动组织不够有序。如何充分利用已有的桌椅、柜子、地垫等物体，同时增购一批适合幼儿进行室内体育游戏的器械，设计种类繁多且动作技能全面的游戏，成为亟待解决的问题。

3. 游戏项目和组织形式待丰富

进一步挖掘和完善更多室内体育游戏项目，建立室内体育游戏资源库；探索室内体育游戏混龄模式的开展策略，不断改进游戏活动的组织形式。

4. 教师观察和指导能力待加强

教师需提高游戏观察能力，在读懂幼儿游戏的基础上，以专业视角分析游戏背后的价值，并提供适宜的支持策略，从而推动自主游戏的深入开展。

（三）教研重点和期望目标

1. 教研重点（见表 3-12）

表 3-12　开发室内体育游戏的教研重点

层面	教研重点
幼儿园方面	开发室内体育游戏项目：充分规划、利用室内场地和各种游戏器械，挖掘适宜小、中、大班三个年龄段幼儿开展的室内体育游戏项目，丰富游戏组织形式，促进幼儿身心全面发展。
教师方面	1. 探究教师观察指导策略：通过观察与评价了解幼儿的需求，增加个别指导，提升幼儿自主游戏的质量，推动他们向更高水平发展。 2. 促进教师专业素养提升：集中教师的精力和时间进行研讨，让每一位教师研有所得，从而丰富专业知识，提高专业能力，实现量变到质变的深度成长。

2. 期望目标

（1）研发一套具有科学性、普适性和借鉴价值的室内体育游戏资源体系（见图 3-24）。

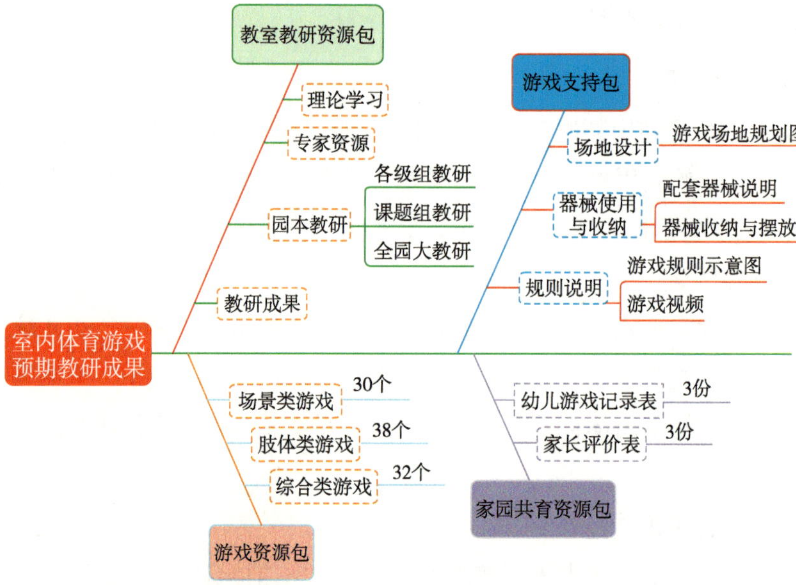

图 3–24　室内体育游戏资源体系

（2）通过研讨，提升教师的教学与科研能力和观察、评价、指导幼儿开展自主游戏的能力。

二　教研活动设计与实施

（一）教研活动实施步骤（见图 3–25）

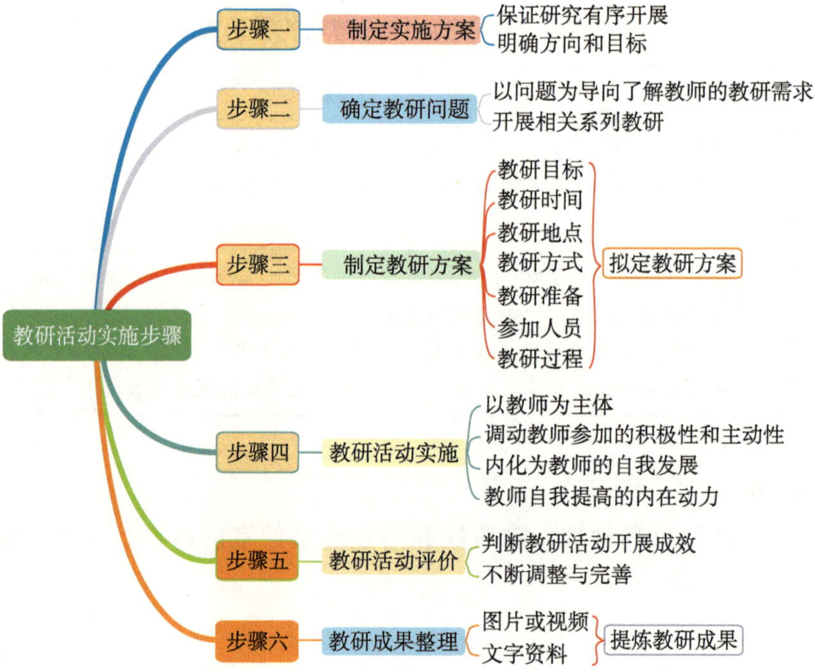

图 3–25　教研活动实施步骤

（二）系列教研活动计划

第一阶段：理论研修（见表3–13）

表3–13　理论研修计划

时间	内容安排	研修形式	主讲专家
2021.2	幼儿园游戏化课程的理论与实践	专家讲座	华南师范大学学前教育系副教授彭茜
2021.2	幼儿园室内运动游戏的创设	专家讲座	浙江师范大学副教授张莹
2021.3	幼儿园室内体育游戏的开发与实践	专家讲座	广东江门幼儿师范高等专科学校教育学专业教授雷红云

第二阶段：园本教研（见表3–14）

表3–14　园本教研计划

阶段	教研主题	教研形式	参与人员	教研地点	时间
萌芽期	教研活动一： 班级室内体育游戏的研发	茶馆式教研	全体专任教师	多功能室	2021.3.2
	教研活动二： 室内体育游戏场地的划分、利用及游戏材料的有效投放	情景式教研	各班班主任	多功能室	2021.3.26
发展期	教研活动三： 同龄混班游戏之我见	鱼缸式教研	全体专任教师	多功能室	2021.5.26
	教研活动四： 慧观察·精解读·巧支持	剧场式教研	全体专任教师	多功能室	2021.6.11
成熟期	教研活动五： “混”出快乐，“玩”出精彩	世界咖啡	中、大班全体教师	电教室	2021.9.16
	教研活动六： 幼儿室内体育游戏的评价指引	会场式教研	全体专任教师	多功能室	2021.11.26

第三阶段：资源辐射（见表3–15）

表3–15　资源辐射计划

时间	内容安排	活动形式
2021年12月—2022年2月	成果梳理　出版专著	专题研讨　专家引领
2022年3月	经验交流	互动研讨　专家把脉

（三）教研活动具体方案（见表 3–16）

表 3–16 教研活动具体方案

教研主题	教研目标	教研准备	教研过程
班级室内体育游戏的研发	1. 在轻松、自由的教研氛围中，引导教师充分利用活动室内的空间，挖掘可利用的各种材料，借助室内已有的桌、椅、柜子、地垫等物体，设计各种有趣的体育游戏。 2. 丰富教师开展室内体育游戏的能力，增强教师开展教学与科研的创新意识。	笔记本、茶具、大长桌	1. 进入茶室 主持人担任“茶馆馆长”，教师自由组合在圆桌旁一边喝茶，一边交流。 2. 引出问题 主持人：如何巧用我们现有资源，利用有限的场地和各种材料开展室内体育游戏？ 3. 交流研讨 （1）茶馆馆长引导新教师“新馆员”进行讨论，鼓励“资深馆员”由问题牵线与“新馆员”自由结对交流，分享已有经验。 （2）“新馆员”讲述与“资深馆员”结对交流后学习到的优秀经验和想到的游戏。 4. 实际经验运用 （1）教师观看其他幼儿园的优秀资源，对游戏进行优化。 （2）每个级组派一名老师分享本级组的游戏，避免游戏重复。馆长点评、梳理和提升游戏的设计。 5. 活动总结 （1）馆长小结。 （2）教师把教研感悟写到卡片上。 （扫码察看具体方案）
室内体育游戏场地的划分、利用及游戏材料的有效投放	1. 通过教研活动，提升教师因地制宜划分场地、合理高效利用室内空间开展室内体育游戏的能力。	PPT、记录表 20 张、笔若干、一体机	1. 情景观察 教师分为三组（每组 6 人），分小、中、大班三个级组进行实地观察。 2. 问题聚焦 （1）小组成员组内梳理整合发现的问题。 （2）教师代表发言。

续表

教研主题	教研目标	教研准备	教研过程
室内体育游戏场地的划分、利用及游戏材料的有效投放	2. 通过分享交流，为幼儿提供适宜的游戏材料，以满足不同发展水平幼儿的需求，提升幼儿的游戏水平。	PPT、记录表 20 张、笔若干、一体机	（3）主持人厘清并整合各级组的共性与个性问题。 3. 聚力调整 （1）分组解决不同的问题。 （2）各小组分享所商讨的解决方案。 4. 分享小结 总结室内体育游戏开展的三个实施途径。 （扫码察看具体方案）
同龄混班游戏之我见	1. 通过教研，了解各班在组织室内体育游戏时存在的困惑。 2. 通过分享交流，探讨如何开展同龄混班模式的室内游戏。	PPT，会场前摆 43 张椅子，围成圆形	1. 观鱼——观看视频 观看幼儿室内体育游戏视频并分组讨论。 2. 分鱼——分析调查问卷 主持人结合问卷调查梳理共性问题。 3. 点鱼——围绕主题发表看法 主持人提出三个问题，促进教师进一步思考与研讨。 4. 创鱼——设计游戏卡、游戏记录本 分组设计后并分享研讨结果。 5. 主持人总结 对每组分享内容进行总结，要求结合实践反复推敲，优化调整。 （扫码察看具体方案）
慧观察·精解读·巧支持	1. 用现场观看室内体育游戏视频、教师现场研讨和记录、主持人点评的方式，提高教师观察、分析、解读、支持幼儿游戏的能力。	1. 前期准备：发放调查问卷，了解教师对游戏案例撰写的困惑与教研需求，有针对性地制订合适的教研计划和教研内容。	1. 教研开始，进入主题 调动感官：教研前热身小游戏。 2. 扫码观看视频，研讨分享 准备三段室内体育游戏视频二维码，各级组扫码观看本级组对应的视频，并进行研讨。 3. 观看情景剧，撰写支持策略 （1）两名教师现场演绎室内体育游戏情景。 （2）教师扫码加入 UMA 课程，并线上撰写教师支持策略，每组请一至两名教师发言。

续表

教研主题	教研目标	教研准备	教研过程
慧观察· 精解读· 巧支持	2. 通过教研活动，进一步了解观察幼儿游戏的意义，并学会观察与记录、分析与评价，从而更有针对性地指导儿童开展室内体育游戏，促进幼儿全面发展。	2. 场地布置：四张长桌拼在一起为一组，分小、中、大班三个级组的座席。	4. 提出核心问题，引发教师思考 （1）主持人：你觉得教师还可以从哪些方面对游戏进行观察、分析与支持？ （2）各小组以思维导图的形式进行记录，每组派一名代表发言。 5. 教研小结，深化主题 加深教师对教研主题的感悟与理解。 （扫码察看具体方案）
“混”出快乐，“玩”出精彩	1. 通过教研，了解各班在组织室内体育游戏时存在的困惑并进行讲解。 2. 通过分享交流，探索室内体育游戏混龄混班模式的开展策略。	PPT、白纸3张、彩色笔若干、黑板1块、小零食、花束	1. 热身小游戏，激发兴趣 游戏名称：“看图猜名人” 2. 交互式问答，畅所欲言 （1）教师代表讲述组织室内游戏时的困惑。 （2）主持人通过提问，引发教师进一步讨论核心话题：在已经熟悉本级部的游戏基础上，如何开展混龄混班游戏？ （3）分组设计混龄游戏循环路线图，现场投票选出最佳路线。 3. 头脑风暴：游戏卡的设计与使用 （1）分组现场设计游戏卡，每组派一名教师代表进行阐述。 （2）主持人结合教师的思考和反馈，进行理论与实践的提升和指导。 4. 对本次教研做出总结 总结本次教研活动亮点，并对下一步教研提出要求。 （扫码察看具体方案）

续表

教研主题	教研目标	教研准备	教研过程
幼儿室内体育游戏的评价指引	1. 通过教研，回顾、总结前期室内体育游戏的开展。 2. 通过分享交流，探讨幼儿室内体育游戏的评价指引。	PPT、大的会场、一体机、电脑、大白纸 2 张、彩色笔 2 盒	1. 回顾并总结前期室内体育游戏的开展情况 主持人：请大家对各班所取得的阶段性成果进行小结。 2. 制定教师的评价指引 （1）分级组讨论教师评价指引的制定。 （2）分享研讨结果。 3. 制定家园共育评价表 （1）集体讨论评价表应该涉及哪些方面内容。 （2）在线设计室内体育游戏评价表。 （3）分享评价表。 4. 活动总结 主持人：后期将把评价表投入使用并不断完善，使之更为科学合理。 （扫码察看具体方案）

三　教研活动的成效及反思

（一）教研活动亮点

1. 按实际订方案：符合实际需求，教研安排系统全面

教研问题来源于幼儿的一日生活，符合教师工作的实际需求和幼儿健康发展的需要。凡事预则立，教研活动的有效开展与预期目标的有效达成，取决于前期的充分准备和细致策划。活动前，通过问卷调查的方式，收集全园教师在开展室内体育游戏中的困惑和存在的问题，并制订科学的实施方案，以方案为导向，制订专门的教研方案，由易到难开展系列教研。

2. 活教研多形式：以教师为主体，形式多样内容丰富

此系列教研形式丰富，采取了世界咖啡、情景式教研、鱼缸式教研等形式，有效地激发了教师参与的积极性和主动性，使得研究层层深入，不断接近问题的本质。在教研活动中，形成了“简单问题大家谈—层层深入分解谈—提升问题延伸谈”的良好局面。

3. 重实效落实处：重教研全过程，取得丰硕教研成果

教研前，教研主持人提前在微信群里发送教研方案，让教师结合教研重点做好相关

教研准备，让参与教研的教师做到“研有准备”；教研时，教研主持人关注教师的参与互动和问题引领，让每一位教师都成为教研的主体，做到“研有所得”；教研后，通过教研评价及时了解教研效果，并及时整理教研成果，跟进教研成果的运用情况，做到“研有价值”。通过教研前、中、后三个阶段的紧密配合，汇编100个室内体育游戏项目并出版专著，绘制环境规划图，形成了室内体育游戏评价指引等一系列丰富的教研成果。

（二）教研活动价值

1. 幼儿园层面

全体教师因地制宜、合理开发资源，利用有限空间，研发了100个适宜不同年龄段幼儿，以锻炼走、跑、跳、攀登等技能的室内体育游戏，让幼儿能在自由、宽松、和谐的游戏环境中根据自己的兴趣和需要，自主选择室内体育游戏，并初步形成了具有园本特色的幼儿园室内体育游戏课程资源体系，将自主游戏精神落到实处，有效提高了自主游戏的质量。

2. 教师层面

（1）转变理念：随着教研的深入推进，教师的儿童观、游戏观发生了很大变化。教师真正做到“闭上嘴、管住手、睁大眼、竖起耳”，把游戏还给孩子，成为幼儿的支持者、合作者、引导者。

（2）专业提升：来源于工作需求的教研活动激发了教师的内驱力，在践行上一次教研结论过程中出现的新问题、真问题和难问题又成为上一次教研活动的延续，又是本次教研活动的起点和任务，这使得每次教研都具有内在关联，提升了教师分析问题和解决问题的能力，实现了教师的持续专业化发展。

3. 幼儿层面

提高了幼儿自主游戏的水平，促进其身心全面发展。

（三）教研活动的不足和改进策略（见表3–17）

表3–17　教研活动的不足和改进策略

不足	改进策略	可能生成的教研契机
理论水平待提升	专家讲座夯实基础	通过专家讲座、教师沙龙等形式开展研讨活动，促进教师掌握自主游戏的核心理论，提升教师的专业水平，并不断优化专家资源库。
教研成果运用需跟进	1. 及时跟进教研成果在幼儿室内体育游戏中的落实与应用情况。 2. 生成新的教研主题，继续丰富自主游戏开展的形式，促进教师专业水平和游戏课程的发展。	1. “如何引导幼儿自主游戏向更高水平发展”专题研讨。 2. “如何在游戏中培养幼儿良好的学习品质”专题研讨。

【案例评析】

此教研活动案例基于课题研究视域，以教师为研究主体，以教育教学实践中教师所面对的具体问题为研究对象，通过系列深入的教研活动，为教育教学、教师专业成长和幼儿全面发展服务。案例具有以下三个亮点：一是教研有规划，教研前根据教师关注的热点，制订教研活动的整体实施计划，选择的教研问题兼顾阶段小目标的精准定位和整体教研的科学规划，体现了预设性和生成性的有机融合。二是源于真问题，通过扎实的教研活动牵动系列子问题的形成，促使教师多角度、多层次进行研讨，系统解决主问题及其生发的问题。三是教研有成效，活动内容丰富，形式多样，设计有趣、有料、有用，多措并举拓宽教研渠道，使得教研资源有优化、解决问题有效率。通过教研，每位教师都能不断反思和实践，建构新认识、做出新尝试，并在行动中提高专业素养，从而规范室内体育游戏的开展，促进幼儿的全面发展，为教育质量的提升提供有力支持。

第四章

幼儿园一日活动之游戏活动

案例 1

聚焦野战游戏，共享教研智慧

——户外自主游戏活动研讨

东莞市东华幼儿园　黄小花、裴沛、李艳慧

一　教研背景与目标

（一）教研背景

1. 问题来源

东莞市东华幼儿园致力于开展室内外一体化自主游戏的实践研究，创设了角色游戏、沙水游戏、建构游戏等户外游戏区域，但对于野战游戏这一集角色、体能、规则等多种游戏元素于一体的户外游戏欠缺研究。通过观察幼儿野战游戏的组织过程及进行教师问卷调查，发现存在以下问题：①游戏缺少一定的情节和规则，幼儿在“喊打喊杀”中重复着低水平、同质化的游戏内容。②由于环境和材料欠缺，无法满足幼儿游戏的需要，以致幼儿在游戏时经常出现兴致不高、无所事事的情况。③部分教师会提前创设好游戏场地，分配好角色，在游戏过程中“发号施令”，剥夺了幼儿游戏自主权利；部分老师游戏组织随意，“放羊式”管理，以致幼儿在野战游戏中处于自由、散漫的状态；老师们存在游戏中未能及时关注到每个幼儿游戏等问题。

2. 分析诊断

（1）园所忽视了环境及材料创设。虽然幼儿园野战区面积大，有基础性微地形和游戏材料，但野战区的场地功能较单一、无边界限制、场景性和安全性不足、微地形不够丰富，以致幼儿无法与环境产生积极互动，逐步失去游戏兴趣。丰富的游戏材料是我们正常开展游戏的前提，但幼儿园提供的野战游戏材料种类较少，随意摆放在游戏区，且始终未曾更新。

（2）幼儿缺少相关游戏经验。当我们真正走近幼儿、观察幼儿时，会发现他们只是单纯享受于追逐玩闹的嬉戏感，在游戏中没有遵循游戏情节，没有规则意识，说明幼儿对野战游戏的认识是比较欠缺的，也缺乏相关的知识经验。

（3）教师忽略幼儿主体地位。通过观察及访谈调查，发现教师在野战游戏开展过程中存在过度指导及组织随意的两极化情况，忽视了幼儿在游戏中的主体地位，且在游戏组织过程中，教师缺乏对幼儿运动、社会、语言等能力的培养等，可见教师教育观念滞后，同时也缺少对野战游戏的认知，对野战游戏组织策略方法不清晰，以致游戏无法高质量地开展。

（二）教研重点

1. 优化野战区的游戏环境和材料投放，探究适宜幼儿园开展的野战游戏实施路径，丰富野战游戏组织与实施的策略，形成野战游戏相关的教研成果。

2. 通过教研内容的推进与创新，改变教师教育观念，提升教师野战游戏的组织能力，从而促进幼儿游戏水平的提升。

（三）教研目标

1. 结合诊断式、体验式、观摩式、专题式等教研方式，确立幼儿园野战游戏的内容，提升幼儿园野战游戏开展实效，提升园本教研质量。

2. 通过教研内容的改进与创新，提升教师游戏环境创设与规划能力、游戏观察与指导能力，丰富教师对野战游戏的认知，提高专业素养，从而提升幼儿游戏水平。

二　教研活动设计与实施

（一）教研方案（见表 4-1）

表 4-1　主题教研实施方案

系列教研	教研内容	教研形式	教研流程	教研成果	教研时间
一次诊断	幼儿园野战游戏的现场诊断	诊断式教研	1. 聚焦问题：分析调查结果，引出教研主题。 2. 审议现状：聚焦于实际问题，分享诊断情况。 3. 合力优化：勘察现场环境，提出优化策略。 4. 后续调整：发放调查问卷，不断优化策略。	1. 设计场地规划图，共同参与及完成野战区的游戏环境创设。 2. 教研后与班级幼儿共同商议调整优化创设。	10 月 23 日
一次体验	幼儿园野战游戏体验式教研	体验式教研	1. 开展理论学习，深化游戏认知。 2. 分组展开研讨，制定游戏规则。 3. 分组进行体验，感受野战游戏。 4. 分享游戏体会，剖析游戏问题。 5. 进行分析总结，提出实施要求。	1. 绘制野战游戏规则图。 2. 教研后组织班级幼儿进行规则讨论和优化。	10 月 25 日

续表

系列教研	教研内容	教研形式	教研流程	教研成果	教研时间
一次观摩	幼儿园野战游戏组织观摩研讨	观摩式教研	1. 聚焦于日常游戏，了解游戏情况。 2. 组织观摩游戏，小组共享共研。 3. 开展专题讲座，优化游戏组织。 4. 提炼游戏经验，梳理游戏组织方法。	1. 梳理出野战游戏的组织流程。 2. 梳理野战游戏的组织策略。 3. 要逐步集纳野战游戏相关的学习故事或游戏案例。	11 月 7 日
一次专题	幼儿园野战游戏的观察与评价	专题讲座式	1. 研案例：游戏观察见儿童。 2. 齐思考：集思广益提困惑。 3. 晰理念：明确问题与方法。 4. 理思路：专业进阶提素养。	1. 制定野战游戏教师的观察及指导策略。 2. 积淀野战游戏组织与实施活动资源，丰富游戏资源库。	11 月 21 日

（二）教研过程

第一阶段：一次诊断——现场聚焦研问题，精准诊断促提升

1. 教研时间：2023 年 10 月 23 日

2. 教研内容：幼儿园野战游戏的现场诊断

3. 教研目标

（1）结合现场分析诊断，让教师明晰野战游戏的现状问题及优化策略。

（2）通过理论学习，让教师了解野战游戏目标取向和核心经验。

4. 教研过程

（1）聚焦问题：分析调查结果，引出教研主题

为了解教师的游戏水平和军事素养，在教研前发放调查问卷（见表 4–2），让教师分享自己对野战游戏的认识：如何设置野战游戏区？在野战游戏中应该投放什么材料？如何组织幼儿开展野战游戏？目前野战游戏存在什么问题等。结合问卷调查分析，发现教师对野战游戏的概念、特点及价值等认知不够深入，对存在问题的分析也极其浅显，野战游戏的探究迫在眉睫。因此，主持人以问卷调查的情况分析，引出本次教研的主题。

表 4–2　问卷调查情况分析

教师姓名	你对于野战游戏的认识是什么？	你认为应该如何设置野战游戏区？应该有怎样的区域布局？	你认为在野战游戏中应该投放什么相关材料？玩哪些游戏？	你认为应该如何组织幼儿开展野战游戏？
余胜龙	幼儿园新增设的野战区，小朋友们拿着手枪，奔跑躲闪着，每个人都像冲锋陷阵的小英雄。	配备医疗站和战壕阵地，以及炊事补给站。	玩具枪、轮胎、战斗服、担架等，玩对战游戏（红篮两队PK）。	先有整体的游戏组织流程，然后研讨玩法。
杭慧芬	对战游戏、幼儿当小小兵的体验游戏。	对战区应该有个很明显的分界线，如河流、山丘，另两边为各自的指挥区、营地及备战区。野战游戏区包括对战区、自己的营地、指挥区、备战区。	两队各自的服装区分要明显，双方的枪支、弹药要有（以纸球代替），两方的战旗、指挥部的地图、一些竹梯、绳子背包等都可以辅助游戏开展。游戏：医院、战略规划、前锋、中锋、替补人员等。	分区分人—明确各区的要求—介绍备战的理由—指挥如何备战进入战斗—各区持续前方观察及给予后补、扶伤、弹药准备——一轮游戏后，中途休战作战略调整，游戏后听取各区的建议，优化游戏开展第二轮作战游戏。游戏后，各区进行物资整理、归类，幼儿相互分享作战经验。
曾泽岚	野战游戏是一种模仿军事行动的幼儿游戏，可以同时调动外界的刺激与内部的冲动，自然引发幼儿的动作，所以我们应当给幼儿充分的机会，使之得到完美的游戏体验。在自发自主的野战游戏中，让孩子们体验挖战壕、建工事、盖堡垒、打靶训练、搭桥设障、渡海登岛、物资运输、救治伤员、通信联络、战地炊事等“军事游戏”的乐趣。	应该设置挖战壕、建工事、盖堡垒、打靶训练、搭桥、设置障碍、渡海登岛、物资运输、救治伤员、通信联络、战地炊事等。	野战服装、担架、医药箱、轮胎、油桶、玩具枪、油彩、烟雾弹、线网等。	孩子们在野战游戏情景中自主选择扮演角色，如指挥官、小战士、侦察兵、工兵、炮兵、坦克兵、侦察兵、防空兵、通信员、军医、伤员、炊事班、战地记者等。

续表

教师姓名	你对于野战游戏的认识是什么？	你认为应该如何设置野战游戏区？应该有怎样的区域布局？	你认为在野战游戏中应该投放什么相关材料？玩哪些游戏？	你认为应该如何组织幼儿开展野战游戏？
吕苗苗	枪战游戏，以及合作游戏。	入口区域：设置在游戏区域的入口处，用于接待进入游戏的人员。这个区域应该配备必要的设施，如指示牌、安全提示、休息区等。战斗区域：这是野战游戏区的核心区域，用于进行战斗或竞技等活动。这个区域应该设置在较为平坦便于展开战斗的地方，并配备必要的装备和道具。休息区域：设置在战斗区域附近，供游戏人员休息和恢复体力。这个区域可以设置在较为隐蔽的地方，以避免被敌人发现。医疗区域：设置在游戏区域内或附近，用于治疗受伤的游戏人员。这个区域应该配备必要的医疗设施，如急救包、医疗箱等。储藏区域：设置在游戏区域内或附近，用于存放游戏道具、装备和货币等。这个区域应该配备必要的储藏设施，如储藏箱、保险柜等。	在野战游戏中需要投放一些与战争相关的材料，例如军事装备、武器等。此外，还可以设计一些与战争相关的游戏，例如战争模拟、军事演习等。以下是一些可以玩的游戏。战争模拟：让孩子们扮演不同的角色，如指挥官、军医等，模拟战争的场景，让他们了解战争的复杂性。军事演习：组织孩子们进行军事演习，让他们了解军队的纪律和战术，提高他们的团队合作能力和安全意识。在野战游戏中，应该注重安全教育、团队合作和纪律培养等方面，同时也要注意游戏内容和形式的多样性和趣味性，让孩子们在游戏中获得快乐和成长。	准备材料：收集一些安全的玩具枪、假刀、盾牌等游戏材料。选择场地：找一个开阔的户外场地，确保孩子们有足够的空间活动。开始游戏：先让孩子们了解游戏规则，然后让他们自由探索和尝试。观察并引导：在游戏中，观察孩子们的表现，适时引导他们尝试不同的玩法。调整难度：如果发现孩子们对某种玩法特别感兴趣，可以增加难度，让他们玩得更有趣。提供支持：在遇到困难时，给予孩子们情感支持，帮助他们建立信心。
胡靖怡	有利于激发幼儿的爱国之情以及对军人、军医角色的认知，培养幼儿的英雄气概。	野战区营造：除了轮胎建造高台，还能做出沟壑或者堆坡造洞。可以营造出更丰富的野战环境。	医院的急救用品箱、吊瓶。除了用枪对打营造情境，还能添加一些“红外线网”，让幼儿以匍匐前进的形式，增加野战趣味性。	教师带领幼儿做计划—分组—自由讨论分配角色—实地观察野战区域—开始游戏。

（2）审议现状：聚焦于实际问题，分享诊断情况

①开展理论学习，认识野战游戏。针对目前教师对野战游戏的认知情况，组织教师学习《儿童游戏通论》，引导教师了解角色游戏的概念、特点及价值，通过学习对野战游戏有初步的认识和了解。

②结合理论学习，引发教师思考，聚焦于“你认为目前的野战游戏区的组织存在什么问题？你认为目前的野战游戏区的创设存在什么问题？”两个问题进行分析诊断，并选派小组代表进行发言。

③主持人小结：大家有关野战游戏区的发言可以归纳为以下问题：游戏材料需丰富、组织策略需加强、游戏价值需提升等。为解决问题，接下来将以主题教研形式，重点进行野战游戏的创设与组织实施的研究，第一次教研着重解决游戏环境创设和材料投放的问题。

（3）合力优化：勘察现场环境，提出优化策略

①基于问题分析，教师们提出首先要解决野战游戏创设的问题，因此重点组织教师学习野战游戏场地规划的原则及要点，明晰野战游戏场地设计时要遵循安全性、自然性、适宜性等原则。

②让教师按照进攻方、防守方分两组进行游戏环境规划，让教师走进游戏场地，勘察游戏环境，自主设计野战游戏环境规划图，并按照各组设计的环境规划图，共同创设游戏场地，并让小组选派代表进行讲解。（见图 4–1）

图 4–1　设计野战游戏环境规划图，创设游戏场地

③主持人进行现场总结及优化，并研讨游戏材料。

主持人小结：从进攻方、防守方设计的环境规划图及共同创设的游戏场地可见，教师已初步了解了野战区游戏环境创设方法。接下来，要与班级幼儿共同商议如何优化和丰富野战游戏的环境材料，如何制定野战游戏的规则等问题。根据本次教研的成果和幼儿的讨论结果，幼儿园接下来将汇总师幼所提供的环境创设整改规划和材料投放的问题，重点打造适宜的野战游戏环境和投放幼儿游戏所需的材料。

（4）后续调整：发放调查问卷，不断优化策略

教研结束后，面向教师再次发放问卷调查，了解教师对本次教研的感受和困惑，以及对下阶段野战游戏教研的思考。根据调查分析，大家表示收获颇丰，明晰了野战游戏环境创设的方法，也提出可增设军事对抗类、体能运动类、角色游戏类材料的建议。

第二阶段：一次体验——野战游戏新体验，层层推进树意识

1. 教研时间：2023 年 10 月 25 日

2. 教研内容：幼儿园野战游戏体验式教研

3. 教研目标：通过理论学习和体验式游戏，让教师明晰野战游戏的组织流程、游戏规则与情节。

4. 教研过程

（1）开展理论学习，升华游戏认知

组织教师学习《儿童游戏通论》，引导教师回顾创造性游戏和规则性游戏玩法，明确野战游戏规则制定的方向。

（2）分组展开研讨，制定游戏规则

①组织教师分成三组，通过理论学习、自主查阅资料，共研野战游戏的规则和组织流程，小组记录员以图文并茂的形式进行记录。研讨结束后，每组代表分享小组研讨的结果。

②结合三组分享的内容，主持人进行小结，并围绕如何认识作战场地、清晰角色分工和职责、制订作战计划、进入游戏环节、开展活动小结等分享野战游戏的组织流程和游戏规则的制定方法。

（3）分组进行体验，感受野战游戏（见图 4–2）

①以儿童的视角看待游戏，以孩童之心去体验游戏中的快乐、困难和需求，才能更好地走进孩子的世界，更真实地领悟到游戏的价值。因此，教师化身为“孩子”，共同制定游戏规则，分成进攻方、防守方，共同体验游戏中的“计划—工作—回顾”环节。

图 4–2　教师体验游戏

②由于防守方防线薄弱，指挥部很快就被进攻方占领，第一次游戏较快便接近尾声。主持人组织教师在游戏现场针对第一次游戏进行小结，教师们从作战计划、工事建造、角色分工等角度分析了防守方失败的原因。接着，双方各自对调角色，并调整攻防环境，加固工事，开启了第二次战斗。第二次作战，还是第一次作战胜利的队伍获胜。

（4）分享游戏体会，剖析游戏问题

历经两场游戏后，主持人让每队分别选派发言人，围绕“谈谈你在游戏中的收获”“你在游戏中发现的问题”“你对野战游戏场地设计、材料、规则和组织等方面的意见和建议”三个方面进行分享和交流。每个教师都能根据自己游戏体验分享游戏收获以及在游戏中发现的问题和解决办法，并对野战游戏场地设计、材料、规则和组织等方面提出意见和建议。通过教师分享，我们可以看到教师在体验式的教研中，更能站在儿童视角，理解儿童的游戏需求和游戏行为。

（5）进行分析总结，提出实施要求

各组代表分享游戏体验和感受后，主持人进行分析总结，并提出教研后实施要求：一是组织班级幼儿观看作战视频及作战电影，让幼儿对作战有一定的认识和了解。二是与幼儿共同商讨和确定野战游戏规则，并设计规则图。三是组织幼儿开展野战游戏，如制订计划、工事搭建、角色分工等，并将游戏的问题以文字、照片或视频的形式，发在“野战游戏”微信群中，共同探讨和学习，为下次教研做好准备。

第三阶段：一次观摩——游戏观摩共学习，交流对话促发展

1. 教研时间：2023 年 11 月 7 日

2. 教研内容：幼儿园野战游戏组织观摩研讨

3. 教研目标

（1）通过案例分析、分组研讨，研讨目前野战游戏组织实施的问题。

（2）结合专题讲座，明确野战游戏的组织实施策略。

4. 教研过程

（1）聚焦于日常游戏，了解游戏情况

自开展诊断式、体验式教研后，为了解教师是否将教研收获及时运用在班级野战游戏组织中，在活动中是否实践教研成果，主持人不定期走访游戏现场，捕捉、记录幼儿游戏的精彩时刻和问题点，积淀丰富的教研素材。

（2）组织观摩游戏，小组共享共研

①组织教师现场观摩大六班、大七班野战游戏组织与实施（见图 4–3），丰富教师野战游戏组织实施的经验。

图 4–3　幼儿进行野战游戏

②观摩结束后，将教师分成三组研讨，让教师们分析游戏过程中计划、工作、回顾环节的优点与不足，探究野战游戏的组织实施策略。

（3）开展专题讲座，优化游戏组织

基于野战游戏的开展经验，为提升幼儿园室内外一体化自主游戏开展实效，提升自主游戏开展的质量，教研主持人开展了“如何组织自主游戏的计划、工作与回顾环节”专题讲座，让教师明晰野战游戏的组织与实施的步骤与方法。

（4）提炼游戏经验，梳理游戏组织方法

在教师们的共享共研基础上，教研组对研讨内容进行梳理提炼，提出开展户外自主游戏的“计划三部曲”“工作八环节”“回顾三关注”的策略，便于教师有计划地引导幼儿开展野战游戏。（见图 4–4、图 4–5）

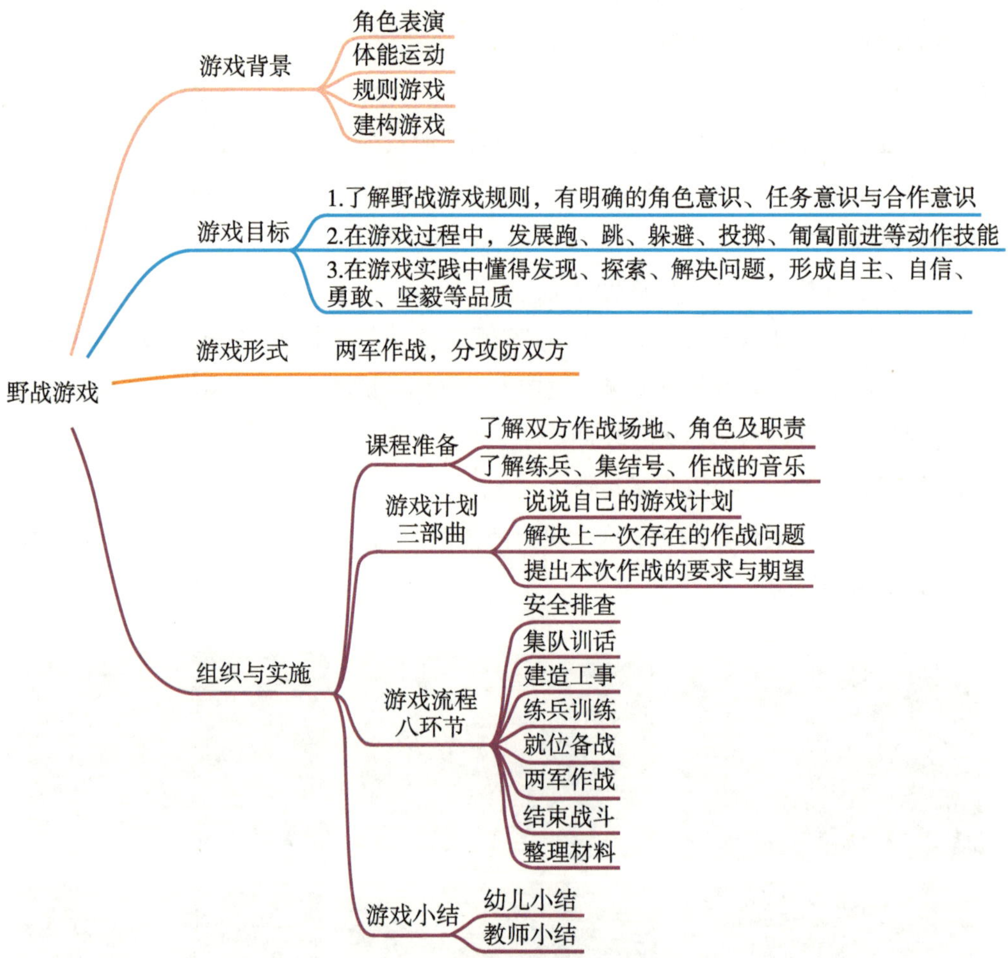

图 4–4 野战游戏的相关理论

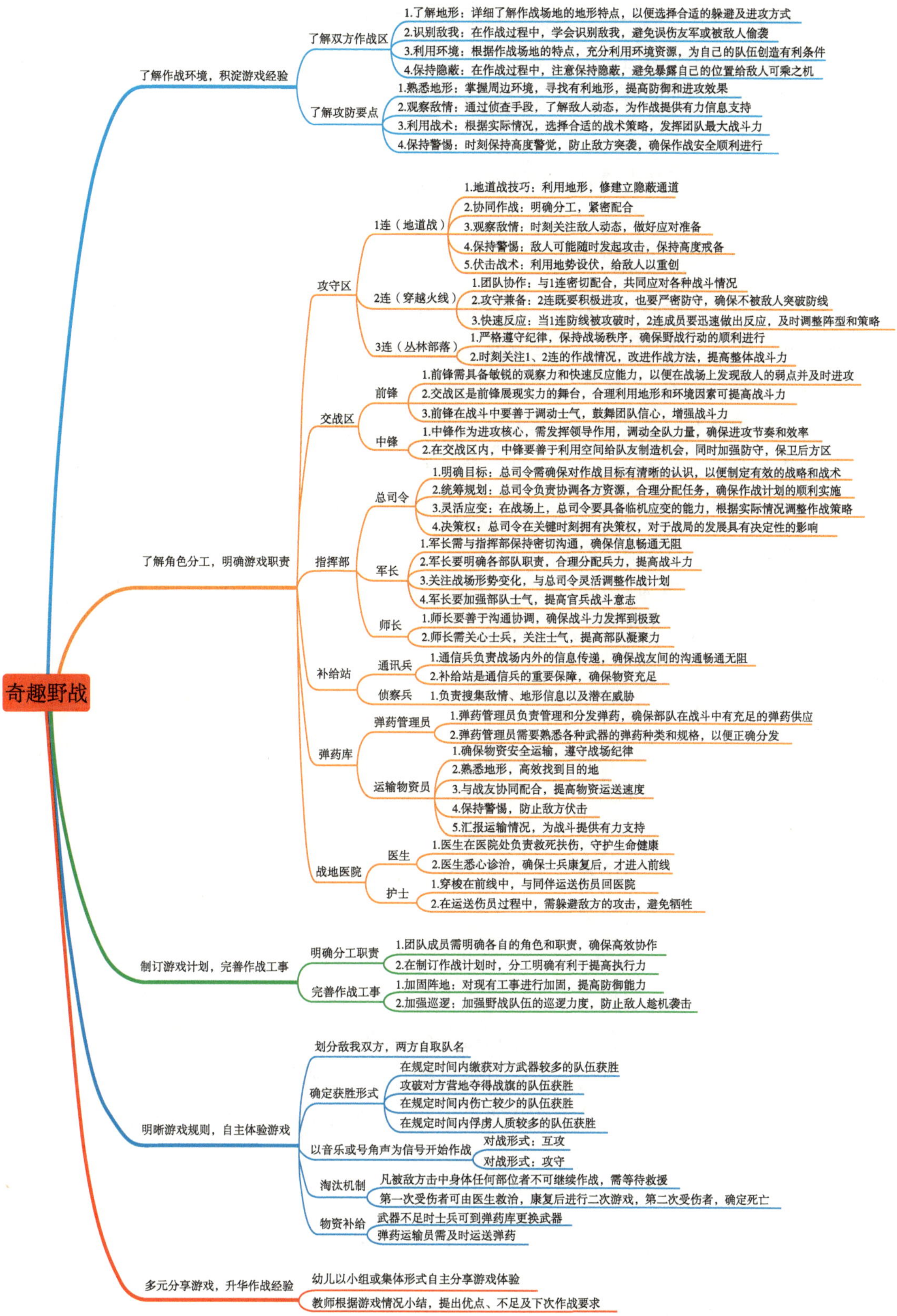

图 4-5 野战游戏组织与实施思维导图

第四阶段：一次专题——齐思共研新思路，群策群力共成长

1. 教研时间：2023 年 11 月 21 日

2. 教研内容：幼儿园野战游戏的观察与评价

3. 教研目标

结合案例分析、头脑风暴及专题培训，让教师明晰观察与评价的要点及方法。

4. 教研过程

（1）研案例：游戏观察见儿童

热爱探索和冒险是孩子的天性，野战游戏恰恰能满足幼儿的需求。自优化野战游戏环境、材料及组织后，幼儿园的“奇趣野战”成了孩子们最喜欢的户外游戏，野战区域中的“战地医院”“野战阵地”“资源补给站”等区域，深受孩子们喜爱，给他们提供了展示自己的舞台。那教师如何提高游戏观察及评价的能力，助推幼儿在野战游戏中深度学习呢？因此，主持人选择三个典型游戏片段，引发教师思考。让教师观看“偷袭失败，势单力薄难成功”“救治伤员，众人拾柴火焰高”“攻营拔旗，一个团一个心”三个野战游戏视频。

（2）齐思考：集思广益提困惑

观看案例后，将教师们分成三组，分别围绕三个案例进行游戏观察评价研讨，让教师们研讨及分享游戏过程中的观察与评价，教研主持人围绕小组研讨分享内容进行梳理和指导。

（3）晰理念：明确问题与方法

结合案例分析及日常游戏组织与开展，主持人让教师以小组形式研讨自身在观察与评价方面所存在的困惑与不足。同时，老师们还从野战游戏中幼儿的学情分析、游戏前的计划、环境布置、材料投放、幼儿活动及教师观察、游戏后反思等方面分享班级的野战游戏故事，并相互分享野战游戏中教师的观察及指导的问题与解决策略。

（4）理思路：专业进阶提素养

①根据教师的研讨及困惑，主持人开展了“幼儿园自主游戏中教师的观察及指导策略”专题讲座，和教师一起梳理了在野战游戏中有效观察、评价与指导的策略方法。

②教研最后，主持人充分肯定了老师们在本次教研积极参与、集思广益，通过同伴互动和专业引领，不断提升自身的专业能力。主持人提出老师们要不断提升幼儿户外自主游戏的观察与指导能力，开展高质量的师幼互动，让幼儿真正成为游戏的主人，进一步助推幼儿游戏发展。

三 教研活动的成效及反思

（一）本次教研活动的特点

1. 由实际问题引发：本次教研活动是由幼儿园游戏组织实施中存在并迫切需要解决的

实际问题所引发，通过系列教研，提升了教师对野战游戏的概念、特点及价值等认识，并研究总结出野战游戏组织与实施的有效策略，有效解决了我园户外自主游戏实施中的实际困难。

2. 以系列形式开展：本次教研活动历时两个月，通过调研—研讨—实践—观摩—调整的问题解决路径，开展了诊断式、体验式、观摩式、专题讲座式教研，一步步形成并完善教研主题方案，使之得以常态化开展。

3. 以教研成果创新：本次教研活动的创新点在于以教研形式梳理总结系列教研成果，通过四次教研，总结和梳理每次的教研成果，最后形成“野战游戏环境规划要点”“野战游戏材料投放清单”“野战游戏规则”“野战游戏组织流程之计划三部曲、工作八环节、回顾三关注”等系列的教研成果。同时还建立云端野战游戏资源库，将野战游戏学习故事、野战游戏组织策略、野战游戏教育随笔、野战游戏系列教研方案、野战游戏材料清单等资源列入资源库中，方便教师查找和学习借鉴。

（二）本次教研活动的价值

1. 对幼儿的价值：在野战游戏研究中，通过优化游戏环境、丰富游戏材料、创新游戏方式、调整游戏规则和丰富游戏故事，适时提供引导，从而支持幼儿的游戏探索，促进了运动技能、任务意识、合作能力、规则意识等全方面的能力，并最终实现了幼儿身心健康发展。

2. 对教师的价值：通过系列教研活动开展，改变了教师的儿童观，形成以儿童为本的教育观，并提高了教师的野战游戏环境创设与开发、游戏规划与材料投放、游戏组织与观察指导等方面的能力。

3. 对幼儿园的价值：解决了幼儿园野战游戏组织与实施中的难题，丰富了幼儿园野战游戏的实施路径和组织策略，提高了幼儿园室内外自主游戏开展的质量，进一步促进了幼儿和教师的能力发展，从而提升了幼儿园教育质量。

（三）反思本教研活动的不足

1. 四次的研讨分别解决野战游戏中环境创设及材料投放、游戏情节设计及规则制定、组织实施方法、教师观察指导策略优化这四个问题，通过教研，进一步优化游戏的组织与实施及转变教师观念，助推幼儿游戏高水平的发展，但对于如何在野战游戏中推进幼儿深度学习的策略还需进行深入研讨。

2. 在第四次教研的基础上，围绕教师观察及指导策略的问题，可再次进行深入研讨，下阶段将以现场观摩游戏开展的形式，聚焦于教师在游戏组织中观察与指导的问题，进一步提升教师观察、评价和指导幼儿的能力，进一步助推教师专业能力提升。

（四）可能产生的教研契机和进一步的改进、支持策略

本次教研活动完成之后，教研组开展了细致的总结工作，一致认为野战游戏的主题蕴含丰富的价值，值得进一步深入研究。为此，我们梳理了下阶段将开展的工作与活动，收集更多幼儿园户外野战游戏的相关资源，在原来教研的基础上，深入研讨野战游戏中教师观察指导策略、野战游戏助推幼儿深度学习的策略等，助推教师专业化成长，从而促使幼儿野战游戏朝高质量、高水平方向发展。

【案例评析】

案例中的教研活动起源于对野战游戏现状的深入剖析，通过问卷调查、现场诊断等方式，精准识别出幼儿园野战游戏实施的现状问题。此案例具有三个亮点，一是精准施策，教研活动紧扣问题，分阶段、有步骤地推进解决，确保了教研活动的针对性和实效性。二是成果丰硕，以系列教研方式开展，逐步深入，形成了“野战游戏环境规划要点”“野战游戏材料投放清单”“野战游戏组织流程”等系列教研成果，建立云端野战游戏资源库，为幼儿园户外自主游戏的开展提供了有益参考。三是实现师幼成长，一方面教师的儿童观和教育观发生了积极转变，优化后的野战游戏环境、丰富的游戏材料和创新的游戏方式，为幼儿提供了更多自主探索的机会。另一方面幼儿在游戏中的运动能力、任务意识、合作能力、规则意识等也得到了全面发展。

案例 2

创“活”环境·玩“真”游戏

——以“一破三研”助推幼儿园户外游戏环境大改造

东莞市东坑镇实验幼儿园　郑晓琴、卢灼烽、韩子英

一 教研背景与目标

（一）教研主题活动的问题来源

随着安吉游戏课题的结题，东莞市东坑镇实验幼儿园在户外自主游戏组织与实施模式上取得了显著的进步，形成了包含时间、空间、材料、观察、倾听、分析和回应的“七有”基本要素组织模式。这一组织模式，在环境规划、材料投放以及教师观察分析等方面取得了显著成效，教师组织游戏能力和观察能力得到了提升。然而，在实际的游戏现场，我们却发现幼儿游戏时没有实现跨区域游戏，没有进入自由自主地探索、探究、创造游戏的状态，甚至有教师提出：孩子不知道可以跨区域，如何引导幼儿实现区域之间的互通？何时引导幼儿实现材料的互通？上述问题表明：现在的游戏环境还不足以让教师支持幼儿创造性地玩游戏。我们如何打破幼儿原有的思维，实现自由游戏和创造性游戏？因此，改造“高控”游戏环境，创设能与幼儿产生直接互动的环境势在必行。

（二）对问题的深入分析和诊断

聚焦于“如何引导幼儿实现区域和材料之间的互通”的问题进行探讨与分析，该问题具体指向七要素的“有空间、有材料”，那么，我们为何不能实现自然而然的游戏互通？具体分析如下：

1. 重游戏环境表象，轻游戏环境内在作用

游戏环境的创设只是停留在“人有我有”的层面，虽然会根据幼儿园场地的特点设置所谓科学的游戏区域，例如射箭区、手工坊等，看似很丰富，但是区域的功能性很强，仅仅可以让幼儿在游戏中练习某项技能，而没有真正去挖掘游戏环境是如何影响幼儿游戏的。总之，所创设的环境无法达到让幼儿遇到问题、解决问题的目的。

2. 游戏环境看似开放，实则“隐藏”预设

游戏材料的投放和游戏区域名称决定了游戏的玩法。幼儿一贯在教师的指导下玩游

戏。游戏前，教师会提醒幼儿游戏的规则、玩法，这个看似为幼儿着想、细心提醒的行为，反而制约了幼儿的游戏创造性。幼儿一开始接触游戏时都是有规则要求的，所以潜意识地认为选择了某个区域就不能换区，也觉得不能根据游戏的需求选取本区域以外的材料进行游戏。但是，我们又不能因为想达到幼儿自由自主地游戏的目的，就简单粗暴地告诉幼儿可以去某个区拿材料，而是要做智慧的引导者。

3. 低结构游戏材料，当作高结构材料使用

在游戏环境规划过程中，我们查阅了大量的文献，广泛地学习如何创设多元的游戏区域，投放哪些低结构材料，但是在实践中发现，收集的低结构材料放在某个区域里就变成了一种玩法，例如在野餐区投放了大量的锅碗瓢盆，因为在野餐区，孩子们在区域里只能玩野炊游戏，就变成了低结构材料，当作高结构材料使用。

经过深入分析发现，尽管游戏环境和材料看似丰富，但部分区域的功能设定和传统的游戏规则，无形中限制了幼儿的探索和创新。为了突破这一瓶颈，我们需要以更开放的心态，来诊断游戏环境、改造游戏环境，让幼儿能与环境、材料直接“对话”。

（三）教研重点和期望目标

立足于游戏研究现状，本次教研活动重点在于打破传统的游戏观念，实现区域互通、材料互通，让幼儿能自由自主选区和玩游戏，让环境与幼儿发生直接“对话”，促进幼儿深度学习与发展。同时，借助教研不断完善幼儿园自主游戏组织与实施的策略，更加具体指向教师如何设置更开放的游戏环境，促进教师专业化发展，实现遵循儿童以游戏为基本活动的学习方式和特点，发展幼儿创造性的思维，为未来形成优良学习品质奠定基础。

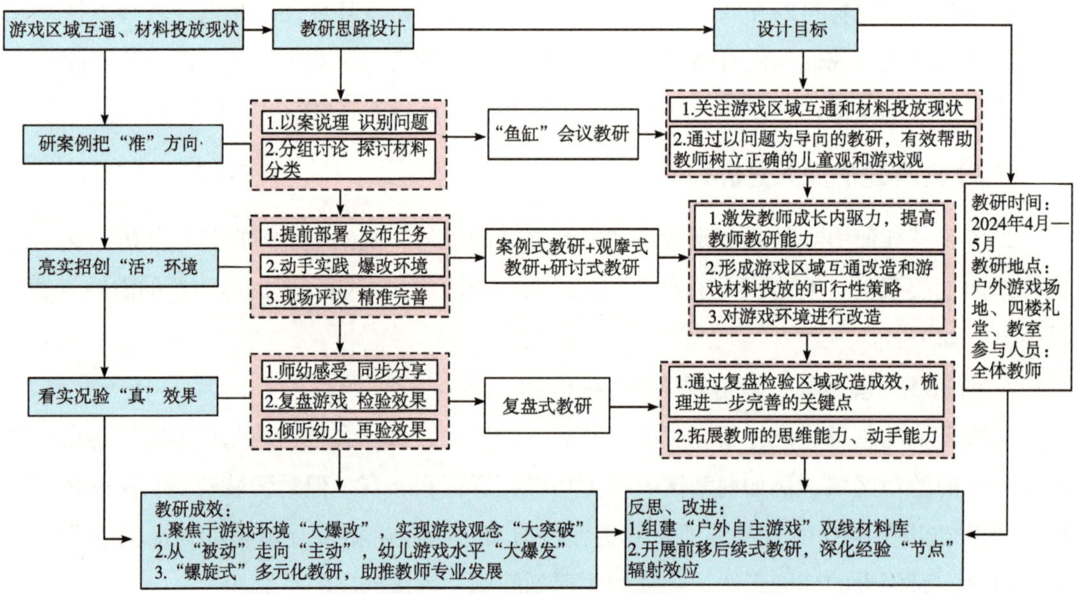

图 4-6 教研设计思路

二　教研活动设计与实施

（一）教研活动设计

为了让幼儿实现游戏中的自主探索，获得跨区域使用游戏材料的思维经验，拓展新经验，我们结合实际，计划实施以“把‘准’方向—创‘活’环境—验‘真’效果”的一系列教研活动，思路见图 4–6。

（二）教研活动实施

1. 第一次教研（见表 4–3）

表 4–3　第一次教研活动实施

主题	研案例把“准”方向			
时间	地点	教研对象	教研形式	活动准备
2024 年 4 月 25 日	四楼礼堂	全体教师	“鱼缸式”教研：班主任是鱼缸里的“鱼”，参与整场活动研讨，配班老师是鱼缸外的“鱼”，观摩整场教研。	游戏视频 PPT、纸笔

环节一：以案说理　识别问题

主持人：在日常游戏中观察发现幼儿游戏状态有约束感，同时有老师提出“如何引导幼儿实现区域和材料方面的互通？”的问题，引起多数老师的共鸣。基于问题导向原则，设计了本次教研活动。现在请老师们一起观看一下游戏视频，看完后，请大家说说自己的感受和体会。

教师 1：我发现他们的游戏环境有点特别，有很多材料都不是同一类的。就像积木区，除了积木，还放了彩虹伞、布条、藤球、星星、布娃娃、粗麻绳等材料。我们积木区的柜子上只有整整齐齐的积木，还有一些仿真玩具、仿真草皮和玩具车。

教师 2：游戏中幼儿的想象力和创造力非常强，幼儿会自主用各种不同种类的材料组合在一起玩游戏。游戏区域中很多材料都是低结构的，能让幼儿自主探索、自由创造。

主持人：大家都能在案例中发现，他们与我们最大的区别是环境区域设置中没有将材料统一分类，而是将多种类型的材料放在同一区域内，这样材料的使用就变得更加多样化。现在请大家再看看两张图片，一张是我园积木区的作品 A，一张是视频案例中积木区的作品 B，你发现了什么？

教师 1：我园积木的 A 作品呈现的就是积木建构的车道、房子、花园，清一色的积木；而 B 作品呈现的是用积木做基建，彩虹伞铺在上面，边缘用积木和鹅卵石压住，形成游泳池；还用布条充当游泳池和烧烤区之间的一条路；幼儿用积木框出一排有八个格子的烧烤炉，炉内放了藤球、星星球等象征烧烤食物，这个场景就像生活场景的再现，幼儿丰富的生活经验在游戏中得到练习，甚至得以想象、创造。

教师 2：我看到的就是想象中区域和材料方面互通的景象，太棒了。

教师 3：我还看到他们区域互通很有技巧，相邻积木区是高低不一的钻爬架，积木柜中间留有一条通道，暗示幼儿可以自由“串区”，有幼儿拿着一块红布盖在钻爬架上，做成一个秘密空间，游戏现场老师没有说话，材料就能发出“我在这里，快来用我吧”这样的信号。这就是苏霍姆林斯基说的“让环境会说话”。

主持人：老师们的观察力太强了，通过分析，我们识别到游戏环境中的核心问题是：我们的游戏环境不会主动向幼儿发出信号，是材料发出了问题。接下来，我们需要对材料做进一步的规划和投放，区域互通才能更好地实现。

环节二：分组讨论　探讨材料分类

主持人：我们需要讨论两个问题。一是户外游戏区域中哪些区域是可以做到增加本区域外的低结构材料，就能使游戏更加多样化？要增加哪些材料？二是哪些区域可以合并或删减？讨论取舍的原则是：改造后的游戏是否可以发展幼儿的创造能力？幼儿游戏时能否自发、自由、自主？请老师们分组讨论。（见表 4–4）

第 1 组：我们负责沙水区，计划通过“一保二投”来改造。先保留水管、水桶、沙铲等基础材料，再投放其他材料，如布条、绳子、长木板、木桩等。

教师 1：沙与水的结合，为幼儿的游戏提供了多变的可能，但我们的沙水区空间不大，有时候限制了幼儿创造性地玩游戏，是否可以考虑将沙水区和戏水区合并？

教师 2：沙水区缺少低结构的材料，如果可以优化一下，趣味性应该会更强一些。

表 4–4　探讨沙水区材料

第一组	原有材料	预设调整材料	区域合并？删减？
沙水区	PVC 管、各类水桶、铲子、筛子、篮子、奶粉罐等。	增加布条、绳子、长木、木桩、海洋球、簸箕、砖头、仿真水果蔬菜、积木，以及锅碗瓢盆等不同材质的各种容器类、滤器类材料，还有不同材质的桶。	可合并。戏水池就在旁边，可将戏水区与沙水区合并。

第 2 组：我们负责积木区，积木区比较大，首先考虑增加材料的数量，接着增加辅助材料的种类。比如：加入锅碗瓢盆、彩虹伞、溜溜布、表演类的服装等。（见表 4–5）

教师 1：积木区的基础材料是积木，这是低结构材料，但是幼儿游戏时没有运用更多辅材，体现都是清一色的积木搭建，增加一些柔软性的材料可以缓和，例如彩虹伞、溜溜布、纱巾等，让幼儿自由支配材料。

教师 2：幼儿的创造性游戏能力发展起来会有很多惊喜，有时游戏需要的材料我们想不到，那怎么引导孩子更多创造呢？

教师 3：增加材料后，再增设游戏材料的“材料基地”，也可供幼儿其他游戏时使用。这个建议不知是否可行？

表 4–5　探讨积木区材料

第二组	原有材料	预设调整材料	区域合并？删减？
积木区	大型积木、仿真玩具、仿真草皮和玩具车。	移动：积木数量充足，可移动一些到其他区，如自然活动区、主题区。增加低结构材料，如绳子、彩虹伞、纸箱、纸筒、纸杯、报纸、各类服饰，创设“材料基地”材料库。	积木区在架空层，空间大，可投放很多综合性的材料，幼儿游戏创造的可能性大，不用合并或删减。

第 3 组：野战区的名称似乎就是我们研讨说的功能性区域，所以我们首先改区域名称为主题区，再增加与此区区分明显的材料，如滑板车、推推车、三轮车、大纸箱、大木板、大轮胎、大纸板等，打破常规游戏玩法。注意分层次，不同高度、不同长度、不同难度可以满足不同幼儿需求，也可以自由组合。主题区活动空间大，多一些大型的材料，幼儿可以有更大的创造空间。（见表 4–6）

表 4–6　探讨野战区材料

第三组	原有材料	可增减材料	区域合并？删减？
野战区	迷彩布、沙包、地垫、玩具枪、安全帽、拦网等。	1. 增加运送的各种车辆，比如：滑板车、推推车、三轮车。 2. 比较大型的低结构材料。如：大纸箱、大木板、大轮胎、大纸板等。	不合并不删减。区域名称改成主题区。本区域开始只是为了幼儿可以玩“战地”游戏，幼儿每次都是分成两组“大战”，游戏场景太固化。因此换成主题区，增加其他材料，让幼儿自由进行小组游戏或者集体游戏。

主持人小结：本次我们进行了“鱼缸式”教研，班主任是“鱼缸”里的“鱼”，参与整场活动研讨，班主任们从案例中找准问题来源，明确目标，并在分组讨论时以解决问题的角度，从材料入手，确定游戏改造的路径和策略。而副班教师作为“鱼缸”外的“鱼”，则通过观看视频案例、聆听班主任分析和讨论，进一步了解材料环境与幼儿游戏之间的紧密联系，从而为下一步顺利开展环境改造做好经验准备。

2. 第二次教研（见表 4-7）

表 4-7　第二次教研活动实施

主题：亮实招创“活”环境				
时间	地点	教研对象	教研形式	活动准备
2024 年 5 月 28 日	礼堂户外游戏区	全体教师	案例式教研 + 观摩式教研 + 研讨式教研	发布教研通知

环节一：提前部署　发布任务

主持人发布教研通知：请全体教师今天下午幼儿全部离园后，根据上一次教研分组讨论的结果，对沙水区、积木区、野战区进行现场改造。选此时间是为了能让孩子在明天早上回园参与游戏时，感受到环境改变带来的冲击。现场“爆改”时，有新的想法可即刻调整，为的是让幼儿对“爆改”环境感到新奇和打破常规游戏的模式。明天早上将进行幼儿在新环境游戏的观摩研讨活动，观摩时教师要重点观察幼儿如何跟改后的材料产生互动，发生了什么变化，并举例说明。

环节二：动手实践　“爆改”环境

主持人：今天下午请大家根据昨天的教研通知以及结合上一次分组团讨的内容，进行现场环境“大爆改”。（见图 4-7、图 4-8、图 4-9）

改造前

改造后

图 4-7　沙水区改造图

改造前

改造后

图 4–8　积木区改造图

改造前

改造后

图 4–9　野战区改造图

环节三：现场评议　精准完善

主持人：刚刚各组已按照分组研讨结果对环境进行了“爆改”，现在请大家对改建后的环境进行评议，看看有没有哪些地方可以再改进？

教师：我们很期待明天孩子们的游戏，没有意见。

总结：此次教研中，教师组成小组，自取材料，对游戏区域环境进行爆改，过程中呈现出很多创新的做法。教师不仅改变了环境，还转变了儿童观。从中我们也明确了一点，那就是我们的反思和改进，都需要基于幼儿与环境的互动情况。

3. 第三次教研（见表 4-8）

表 4-8 第三次教研活动实施

主题：看实况验“真”效果				
时间	地点	教研对象	教研形式	准备
2024 年 5 月 9 日	会议室	全体教师	复盘式教研	采访幼儿视频课件

环节一：师幼感受 同步分享

主持人发布研讨要求：今天研讨分三部分进行：第一是观摩幼儿游戏，第二是教师分享发现，第三是儿童分享感受。班主任和副班教师的工作任务不一样，班主任重点关注幼儿游戏的情况，在稍后的研讨中分享。副班教师在游戏结束后倾听幼儿的游戏故事，并录下幼儿自愿发表游戏感受的视频，此视频在教研第三环节进行。幼儿游戏前，教师要与幼儿传达三个要点：不要伤害自己，不要伤害同伴，不要破坏环境。

环节二：复盘游戏 检验效果

主持人：刚刚我们一起观摩了孩子们在游戏中与环境、材料、同伴的互动，请老师根据幼儿游戏的实况，谈一谈：你有什么发现？你的感受是什么？

教师 1：这是一场神奇的改造，完全改变了我对游戏的认知。原来材料投放真的很重要，我看到了孩子们一改以往的游戏状态，整个场景是“活”起来的。我在主题区观摩，以往孩子们都是把球场分两半，然后各自搭建工事，保护自己的战地，然后就开始追逐嬉戏。但是我刚刚看到的是，整个操场就像一个大型的社区，孩子们自己三三两两地组成一对，玩自己的游戏，有的用迷彩布横挂在篮球架上，底下有三根粗的树干、锅、桌子等，做成一个像在户外野炊的场景，孩子们真是太有创意了。

教师 2：没想到调整了积木区后，孩子们的玩法这么有创意。居然做了“游乐场”，用卡口积木围做波波池，用长板做滑梯。孩子们滑滑梯冲到波波池中。

教师 3：在自然活动区里，我惊喜地发现，有孩子请老师帮忙用长布条挂在单杠那里做了一个秋千，这是个很有创意的想法。随着第一个孩子成功之后，别的孩子也来模仿，然后大家就做了好几个布条秋千。

教师 4：这次观摩令人为之眼前一亮的瞬间实在太多了，前面的老师也做了分享。那我就提出疑问：游戏环境的改造需要每天游戏前进行吗？不是每天的话又是多久一次呢？

主持人：通过复盘，老师们都惊喜地发现，随着环境的改造，孩子们一改以往的游戏状态，游戏的形式也变得丰富多彩，置身于这样的游戏环境中的孩子们能主动与环境建立连接，儿童作为主体的学习也会随之发生。复盘不是一种总结，而是要“向内看”。借助这种形式，老师们实现了从现实中来，又回到现实中去的一种实践转向，改变了过去教研脱离实际、空洞无物的形式主义倾向。

环节三：倾听幼儿　再验效果

主持人：我们自己见到惊喜，还要听听幼儿的想法，一起听幼儿的心声。（见表 4–9）

表 4–9　幼儿游戏感想

教师：你今天玩了什么游戏？	教师：你感觉今天的游戏有什么不一样？
乐乐：我做了一个“游乐场”，用卡口积木围做波波池，还用长板做滑梯，冲到波波池中。 **鹏鹏：**我们今天一起开“演唱会”，用安吉箱做舞台，我们在上面唱歌，唱了《孩子的天空》，还唱了《离别开出花》。有很多观众在看我们表演，旁边还有人搭了一个小卖部，卖很多东西。 **小柔：**我在野战区发现有两个很大的桶，我和谦谦他们把大桶放在地上，然后爬到桶上站起来走，一开始走得不好，后来就走得好了。 **权权：**我在野战区绑了一块长布，然后又拿来了很多波波球，倒在那块布上滑滑梯。 **晴晴：**我们在操场的野战区玩警察抓小偷，我们还建了个“警察局”，开着车带着“枪”去巡逻。 **熙熙：**我在积木区用一块红色的布挂在两边积木做了一个秋千，还叫来小朋友跟我一起玩。	**小柔：**以前都是玩打仗游戏，我们今天把材料都搬出来了，还玩了骑车，玩得很开心。 **权权：**老师说我们可以想怎么玩就怎么玩，简直太开心了，我想拿什么就拿什么。 **潼潼：**以前积木区没有的东西今天都有了，有很多区域的东西都可以拼在一起玩，下次还想这样玩。 **乐乐：**我之前都没玩过，我觉得今天的游戏好好玩。 **维维：**今天的游戏很有趣，很丰富，材料很多，能给我们搭建很多东西。 **熙熙：**我希望以后每天都能这么玩，太自由了，我想干什么就可以干什么。

总结：这次我们对游戏环境和材料投放进行了“大爆改”，并通过观摩幼儿游戏，发现幼儿的游戏状态和游戏形式都发生了巨大的变化，游戏区域和材料方面的互通给予幼儿一个更加多元、动态、开放的环境支持。这一发现让教师更直观地认识到，基于幼儿视角的游戏环境创设对于幼儿发展有着非常重要的作用，这也为教师今后创设游戏环境打开了新的思路。

三　教研活动的成效及反思

（一）教研案例成效

1. 聚焦于游戏环境“大爆改”，实现游戏观念“大突破”

立足于以问题为导向的教研原则，从“问题—研讨—发展”的教研思路，通过案例分析找到了“为什么幼儿不能实现跨区域游戏？”的实际原因，即游戏环境创设不利于幼儿想用就用，传统游戏规则也不便于幼儿跨区域取材料。开展“鱼缸式教研”研讨出解决问题的办法，实行环境“大爆改”行动，将原来的游戏区域材料进行颠覆性的调整。最后教师在观摩案例、参与研讨、改造游戏环境之后有所感悟，同时也使园所突破游戏的局限，提升了教师游戏素养，从而助推幼儿园游戏水平提升。

2. 从“被动”走向“主动”，幼儿游戏水平“大爆发”

在爆改后的环境，幼儿与材料直接产生互动，材料在幼儿的手上就是“活”的，所有的低结构材料都是幼儿游戏的工具。过程中，幼儿自由选择活动地点、游戏材料、游戏形式、游戏玩伴，在“不伤害自己、不伤害同伴、不破坏环境”的前提下，幼儿自由自主的游戏解放了幼儿的天性、拓展了思维、发展了想象力与创造力。幼儿从被要求游戏到主动游戏，真正体现了幼儿在游戏中的主体地位。游戏中，幼儿在走廊柱子用溜溜布绑秋千，在积木区玩野餐游戏，在主题区玩戏剧表演……这些看似平常又特别的游戏不再是特定游戏区域才能看见的场景，而是遍布在幼儿园每一个区域当中，是一个个“活”的游戏场景。

3. “螺旋式”多元化教研，助推教师专业能力发展

“案例分析—团讨—实践—复盘”螺旋式上升的教研活动，帮助教师形成发现问题到解决问题再复盘效果的研究思路。教研的递进式学习与运用，是手脑并用的过程，是解决问题的过程，教师从中掌握了解决问题的方法和策略。教研发挥了教师的思辨能力，激发了教师无限潜能，助推了教师专业化成长。

（二）反思与改进

1. 组建户外自主游戏双线材料库

户外自主游戏的区域互通、材料投放是一个动态过程，需要根据幼儿的发展变化而适时调整。因此，我们要组建一个户外自主游戏双线材料库，成立材料整理工作坊，增设游戏材料综合区。线下不定时对各游戏区域和游戏材料综合区中的材料进行调整，以适应幼儿发展需求，线上及时对各区域材料增、减、组合等情况进行同步更新，真正做到对园所游戏材料了然于心。此外，绘制园所游戏地图，让幼儿在游戏中也能清楚地知道所需材料的具体位置。

2. 开展前移后续式教研，深化经验节点辐射效应

基于教师的实际需求，在级部、科组、园部开展系列的游戏专题研讨，持续开展承前启后的前移后续式教研（见图 4–10），帮助教师不断加深对幼儿游戏的理解。同时，要及时整理、总结经验，持续性地跟进教研活动的落实，梳理教研活动的阶段性成果，促进合作型教研文化的形成与发展。

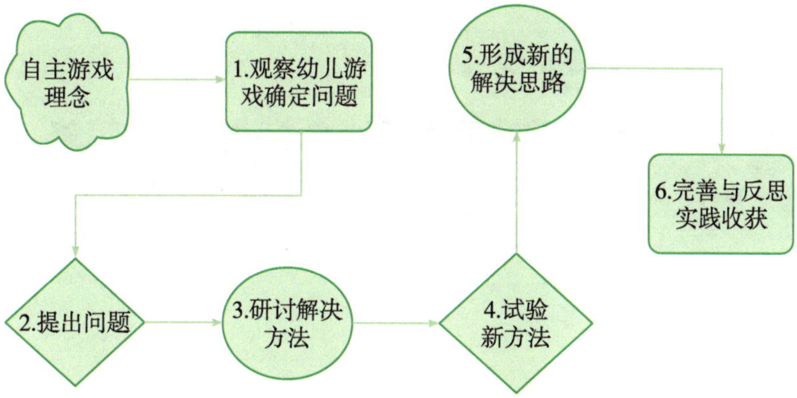

图 4-10　前移后续式教研模式

【案例评析】

该园本教研案例充分展示了幼儿园在户外游戏环境改造中的创新与实践。系列教研活动，不仅提升了幼儿园户外游戏的环境质量，还助推了教师与幼儿的共同成长。此案例有三大亮点：一是精准识别，直击现状。教研活动以“一破三研”为核心，重点突破传统的游戏观念，实现区域互通、材料互通，让环境、材料与幼儿直接“对话”，进一步支持幼儿深度学习。二是系统推进，科学实施。在“三研”阶段，教师通过识别问题、实践改造和复盘游戏，逐步优化户外游戏环境，教研过程的递进式学习与运用，发挥了教师的思辨能力，激发教师无限潜能，助推教师专业化成长。三是环境优化，师幼成长。环境优化不仅助推了教师专业发展，更显著提升了幼儿的游戏品质，幼儿在与环境、材料的深度互动中，从被动参与者转向主动探索者，其学习行为实现了从浅层探索到深度探究的跃升。后续建议进一步提炼“一破三研”模式精髓，深化其理论支撑与实践路径研究，形成更具普适性与引领性的园本教研范式。

案例 3

自主游戏背景下沙水游戏的支持策略

东莞市中堂镇第四幼儿园　黎凤玲、吴来凤

一　教研背景与目标

（一）问题来源

《幼儿园教育指导纲要（试行）》中指出：幼儿园要“以游戏为基本活动”，要“寓教育于各项活动之中”。在开展自主游戏后，每当孩子进行沙水游戏时，教师能放手将游戏权利还给孩子。刚开始，孩子们在自导自演的沙水游戏中玩得不亦乐乎，但过了一段时间，孩子们对沙水区的游戏兴趣没那么大了。经过一段时间的观察，主要问题在于教师们没有把握好放手的度，忽视了孩子需要教师的支持，主要表现在：第一，材料没有根据孩子的发展所需科学地投放。第二，游戏时间得不到保障，有时孩子刚玩得尽兴时，游戏被喊停，孩子意犹未尽。第三，游戏的发展没有教师引导，孩子的游戏经验都是零散的。当孩子发现问题难以解决，又得不到教师的支持时，参与的兴趣将大大降低，孩子也失去了挑战游戏的信心。总的来说，在沙水游戏中，教师缺乏支持的策略，以致孩子在沙水游戏中存在以上问题。

（二）问题的分析和诊断

1. 问题的分析

（1）对教师的分析：孩子的游戏重不在于“教”，而是在于“引”。在放开双手的同时，教师还需当一名观察者，观察孩子在游戏中的表现，发现孩子有意义的游戏活动，及时给予支持。但有些教师却忽视了这一点，他们过多观察孩子在活动中是否存在安全隐患，是否发生争执等，忽视了孩子发展的内在需要，未能以支持者、引导者、合作者的身份给孩子提供支持，帮助孩子提升沙水游戏经验。

（2）对孩子的分析：陶行知先生说过：“我们要解放孩子头脑、双手、脚、空间、时间，使他们充分得到自由的生活，从自由的生活中得到教育。”沙水是自然的低结构搭建材料，可塑性强，没有固定的玩法，孩子们在手、脚、脑并用中感知沙水的特性。他们在沙水池里挖坑、堆沙，但玩过一段时间后，由于玩沙的材料没更新过，孩子对沙水区的游戏兴趣没那么大了，都是在重复着之前搭建过的建筑，有些孩子连鞋子都懒得换，说："玩一会儿又要换回来了，那我自己小心点吧，不要让沙子跑进鞋子里。"材料长时间的不更新、游戏时间得不到保障、遇到问题时得不到教师的支持，导致孩子对沙水区的兴趣越来越低了。

（3）对材料的分析：材料是游戏的灵魂，沙和水是大自然赋予孩子的低结构材料，它们可塑性强，没有固定的玩法，变化无穷。我们可以充分发挥孩子的想象力、创造力，让孩子在沙池中任意创作。尽管如此，也需要一些辅助的材料激发孩子玩游戏的兴趣。如果您给孩子一些厨具，孩子会在沙池中还您一顿丰盛的"晚餐"；如果您给孩子一些小砖块，孩子会还您一栋有创意的"建筑物"。但教师们却忽视了这一点。随意投放的材料在多次游戏后很难激发孩子的游戏兴趣。

2. 问题的诊断

综合以上问题的分析，由于教师对沙水区活动缺乏支持策略，以致出现了以下问题：①沙水区材料投放缺乏科学性；②孩子沙水游戏的时间得不到保障；③孩子经验提升与归纳得不到支持。而这三个问题是在游戏前、游戏中、游戏后这三个游戏阶段发生的。因此，教师应该在这三个不同的游戏阶段给予孩子不同的支持策略。

（三）教研重点和期望目标

1. 教研重点：研究怎样从游戏前、游戏中、游戏后三个游戏阶段给予孩子沙水游戏的支持，以及如何提升教师指导孩子沙水游戏的专业知识。

2. 期望目标

（1）根据孩子的游戏水平及孩子的发展所需，科学地投放沙水区材料。

（2）在教师的支持策略下，提升孩子的沙水游戏水平。

二　教研活动设计与实施

（一）教研活动方案（见表 4-10）

表 4-10　教研活动方案

教研主题	自主游戏背景下沙水游戏的支持策略
教研形式	体验与观察—发现问题—观看视频—聚焦问题—头脑风暴（研讨解决对策）—分享成果—梳理小结—评价反思—总结提升—关注生成
参加人员	幼儿园教研组成员

续表

时间、地点	2023 年 6 月 27 日，幼儿园沙水池
理论依据	《3—6 岁儿童学习与发展指南》指出，幼儿科学学习的核心是激发探索兴趣，体验探究过程，发展初步的探究能力。成人要善于发现和保护幼儿的好奇心，充分利用自然和实际生活，引导幼儿通过观察、比较、操作、实验等方法，学习发现问题、分析问题和解决问题；帮助幼儿不断积累经验，并运用于新的学习活动，形成受益终身的学习态度和能力。
教研目标	研究怎样从游戏前、游戏中、游戏后三个游戏阶段给予孩子沙水游戏的支持，以及如何提升教师指导孩子沙水游戏的专业能力。
教研准备	1. 下发教研活动通知，给教师布置任务：阅读关于"沙水游戏指导策略"的书籍。 2. 罗列教研活动需要思考的问题，明确教研活动方向，使教研活动更加有针对性。问题 1：怎样投放沙水区材料？问题 2：怎样保障孩子沙水游戏的时间？问题 3：在沙水游戏中怎样给予孩子支持，引导孩子发现问题，培养孩子解决问题的能力，提升孩子的沙水游戏经验？ 3. 大黑板、记录表、大白纸。
教研活动流程	1. 分组游戏，活跃气氛。 2. 体验观察，发现问题。 3. 观看视频，聚焦问题。 4. 头脑风暴，分组研讨。 5. 小组分享，汇集智慧。 6. 梳理小结，汇总成果。 7. 专业引领，总结发言。 8. 教研评价，成效反思。

（二）教研活动实施过程

1. 分组游戏，活跃气氛

利用分组游戏营造氛围。以沙水游戏的材料取组名，推选组长，喊口号，增强团队凝聚力。

2. 体验观察，发现问题

利用微信小程序"抓阄"将教师分成两组，一组当沙水游戏体验者，另一组教师当观察者，在玩了一段时间后，教师喊停游戏。主持人让体验者站在孩子的角度说说自己玩游戏的过程与感想，让观察者也说说自己的观察与感想。

3. 观看视频，聚焦问题

教师观看孩子沙水游戏的视频，主持人提问：孩子在沙水中的游戏表现与教师在体验中的表现有何异同？这些问题是在什么时候发生的？需要教师的支持吗？

主持人梳理教师发现的问题：①沙水游戏前，教师应该给予什么支持？②沙水游戏中，教师应该给予什么支持？③沙水游戏后，教师应该给予什么支持？

4. 头脑风暴，分组研讨

上述三个问题与教师的支持策略有关。主持人抛出“自主游戏背景下沙水游戏的支持策略”的研讨主题，让教师以头脑风暴的方式分组研讨上述三个问题。

5. 小组分享，汇集智慧

组长分享各组研讨的结果。第一组组长：游戏前，根据孩子的游戏发展水平给予孩子材料的支持，例如，如果孩子的游戏是用沙水、湿沙搭建建筑，可以给孩子提供一些小竹棍、小木块，还有桶、铲等常见的沙水材料；游戏中，根据孩子的游戏情况给予孩子时间支持，如果自主时间结束了，不要急于喊停游戏，在让孩子知道游戏结束时间到了的情况下，根据孩子的兴趣点让孩子充分享受游戏，直到游戏结束；游戏后，帮助孩子进行集体讨论，归纳游戏经验。第二组组长：游戏前，引导孩子做游戏计划，根据孩子的计划给予材料的支持，也可以让教师通过计划了解孩子的游戏水平；游戏中，观察孩子的表现，当发现孩子无法解决问题时，介入游戏中，多手段支持孩子解决问题，并给孩子足够的时间解决问题；游戏后，支持孩子做游戏表征，通过一对一倾听，帮助孩子归纳游戏经验。第三组组长：游戏前，引导孩子确定游戏主题，有针对性地投放材料；游戏中，观察孩子的表现，关注生成的新游戏，引导孩子在新的游戏中进一步积累经验；游戏后，通过集体讨论、集体反思等手段，支持孩子归纳沙水游戏的经验。例如，发现孩子有些问题还没解决时，可支持孩子通过其他手段寻求答案，如查阅资料、看绘本故事等。

6. 梳理小结，汇总成果

教研主持人对各小组的研讨成果进行梳理、汇总，把教研成果反馈给教师，让教师在沙水游戏中实施相关措施。梳理成果如下：①游戏前，根据孩子的游戏需要给予材料的支持，可以结合游戏主题、游戏计划、游戏经验投放材料，还可以根据孩子的年龄特征科学地投放。②游戏中，密切关注孩子的游戏进展，当发现孩子无法解决问题时，教师要给予解决问题的方法，也可以介入到游戏中，引导孩子解决问题。教师也要关注孩子新生成的游戏，利用新生成的游戏帮助孩子积累经验。③游戏后，给予孩子总结经验的支持，可以通过幼儿图画表征、一对一倾听，帮助孩子归纳经验，也可以通过集体讨论、集体反思等手段，支持孩子归纳沙水游戏的经验。例如，发现孩子有些问题还没解决时，可支持孩子通过其他手段寻求答案，如查阅资料、看绘本故事等。

7. 专业引领，总结发言

园长总结道，沙和水是大自然赠予孩子的自然的玩物，它们能让孩子的多个感官同时得到发展。沙水的可塑性非常强，没有固定的玩法，因此，只要孩子投入沙水游戏中，他就能变成一位可爱的设计师，能挖渠通水、搭建大桥。虽然沙水的玩法多变好玩，但在游戏的过程中孩子也需要教师的支持，希望教师把今天教研的成果运用于沙水游戏中，给予孩子游戏的支持，提升孩子的沙水游戏水平。

8. 教研评价，成效反思

本次教研主题来自教师的日常教育教学中存在的问题，也是急需解决的问题。教师参与的积极性非常高，研讨的氛围异常激烈，他们在思维的碰撞中反思，在反思中成长。教研取得了预期的效果，让教师知道了在游戏前、游戏中、游戏后给予孩子怎样的支持。

三 教研活动的成效及反思

（一）教研活动特点

这次教研活动搬到户外进行，对教师来说是一个新的体验，而且这次教研主题是来自教师日常教育教学中存在的问题，具有普遍性、可研究性。因此，教师的参与性很高，研讨的成果可以让教师马上实践于教育教学中，具有可操作性。教研流程清晰，各环节紧扣，教研目标明确，教研形式多样化，教研氛围浓厚。

（二）教研活动对教师能力水平的发展、教育质量的价值

在本次教研活动中，教研主题来自教师普遍存在的问题，经过教研的研讨、分享及总结，归纳了教师支持孩子进行沙水游戏的策略，提升了教师对孩子玩沙水游戏的支持和指导水平，也提高了教师帮助孩子积累沙水游戏经验的水平。

（三）反思活动组织的优点或不足

优点：本次教研活动以教师在教育教学中普遍存在的问题为导向，教研流程清晰，各环节紧扣，教研目标明确，教研形式多样化，教研氛围浓厚，各小组研讨目标清晰，达到了教研预期目标。

不足：教师对于沙水游戏的理论知识有所欠缺。

（四）可能生出的教研契机及进一步的改进、支持策略

教研过程中教师研讨出来的成果，可能衍生的教研契机有：根据孩子的年龄特征，探讨如何给予孩子沙水游戏的支持。进一步改进、支持策略是推荐教师阅读相关专业书籍。

【案例评析】

该园本教研案例聚焦于自主游戏背景下沙水游戏的支持策略，展现了教研活动的深度与广度，具有以下三个亮点：一是教研源于真问题。案例针对幼儿在沙水游戏中遇到的问题与瓶颈，提出了切实可行的支持策略，激发教师对教育实践的深度思考。二是教研形式多样化，教师通过观察体验、现场讨论、小组分享等多种形式，共同探讨沙水游戏的支持策略，这种多样化的教研形式，提高了教师的参与度

与积极性，促进了教师间的交流与合作。三是教研具有普适性，案例中的支持策略不仅适用于沙水游戏，还可推广到幼儿园户外自主游戏中。这种普适性的教研成果，为幼儿园自主游戏的开展提供了有益的参考与借鉴。建议继续深化教研实践，进一步促进幼儿园自主游戏的组织与实施。

案例 4

观察倾听，共研成长

东莞市东坑镇实验幼儿园　黄妙仪、冯秀萍、刘俊杰

一　教研背景与目标

（一）教研主题活动的问题来源

安吉游戏是幼儿喜欢的游戏，它以自主游戏为核心，过程充满了开放性和不确定性，但这对教师来说是个巨大的挑战，在实践的过程中教师存在困惑。例如，幼儿游戏是否还需要教师的参与和指导？大胆放手，放手到什么程度？需要观察什么？如何把握观察的重点？对幼儿进行观察了，该如何解读幼儿游戏背后的行为意义？同时，对标教育部《幼儿园保育教育质量评估指南》中师幼互动的第 28 条“一对一倾听记录，支持儿童发展”要求，为了有效提升师幼互动的质量，开展针对性的“观察与倾听”专题教研迫在眉睫。

（二）对问题的分析和诊断

教师从“大胆放手，发现游戏”的安吉游戏园本研训与实践体系中获得了专业知识、专业理念，能逐渐放下对幼儿游戏的高控，学习观察幼儿游戏。然而，教师的观察多停留在表面的“看”，并没有带着心去“既看又想”。由于幼儿教师缺乏“看懂游戏，走进儿童”经验，观察记录、倾听了解、分析解读幼儿的游戏行为以及引导幼儿在游戏中深度学习仍是安吉游戏园本化研究的重难点。现结合幼儿游戏实际与教师专业发展的需要，对“观察与倾听”需求进行分析以做好教研计划。

1. 观察幼儿游戏。安吉游戏中教师看似“无为”，然而在“无为”的背后，更见教师的专业。虽然教师的教育观念、材料的准备、游戏的站位等有所改善，但是教师只是将观察视为任务，并没有真正理解观察的意义。我们从教师的观察记录中发现，教师不知道应观察幼儿游戏的哪一方面，不懂得如何观察及怎样进行观察后的评价支持，因此，教师对幼儿游戏的观察记录、分析解读与评价支持技能是亟须拓展提升的。

2. 表达与倾听。幼儿是游戏的主体，我们重视其主导作用。幼儿游戏的结束，并不是安吉游戏的完结，游戏后的表征分享才是重要的部分。游戏后，教师重视幼儿游戏的分享与表达，能尽可能地创设机会让幼儿以图片介绍、绘画表征等方式，用自己的方式去介绍自己的游戏。但是有的教师没能看懂游戏，对幼儿行为的分析不清、解读不到位，严重妨碍了幼儿游戏的持续发展。

审视幼儿园教师观察记录与表征倾听的现状，发现教师没有真正地理解“放手游戏，发现儿童”的意义，普遍存在观察意识不强、观察方法缺乏、观察解读不专业、支持发展意识低效等现象，制约了幼儿游戏的连续、深入发展。教研以幼儿游戏现场观摩与级部 + 教研组 + 园本教研“三段一体”研讨模式，结合实际案例，重点围绕游戏过程的观察记录及游戏后的倾听支持，促进幼儿游戏的纵深发展，助力师幼双向提升。

（三）教研重点和期望目标

本次案例的教研重点是明确“观察与倾听”的要义与内容，即清晰幼儿玩游戏时教师观察的内容、方式及观察后的倾听模式，从幼儿的行为分析解读游戏背后隐藏的真动机与深意义，在懂得幼儿的基础上提供时间、材料、语言及空间的适宜支持去促进幼儿游戏的深入发展与深度学习。

期待通过系列的安吉游戏教研活动，解决具体的观察什么、怎样观察、如何分析解读与支持回应的问题，并坚持从理论中来到实践中去的良性循环。借助“他山之石”帮助教师去找准观察的“眼”，掌握记录的“式”，解读儿童的“行”，看见幼儿、读懂其游戏行为，了解游戏水平和发展状况，提出科学、合理的指导策略，推动幼儿游戏向更高、更深层次发展，也实现教师专业素养的同步提升。

二　教研活动设计与实施

（一）教研活动设计

安吉游戏内容丰富，意义深远，我们对安吉游戏的研究应该是连续、系统、持久的，因此，本次教研设计为递进式的专题系列研讨活动。安吉游戏教研组前期借助信息化工具开展以“安吉游戏开展的疑难杂症”为主题的线上问卷调查，了解安吉游戏开展的现状，整理问题并归纳分析，基于幼儿游戏的发展与教师专业提升的需求，从观察的内容、方式及观察后的倾听支持模式，具体分析解读幼儿的行为的真动机与深意义，着重开展有针对性的“观察与倾听”专题系列教研活动，以“游戏现状调研—分析问题—明确关键—确定研究重点”的思路设计本次教研案例。（见图 4–11）

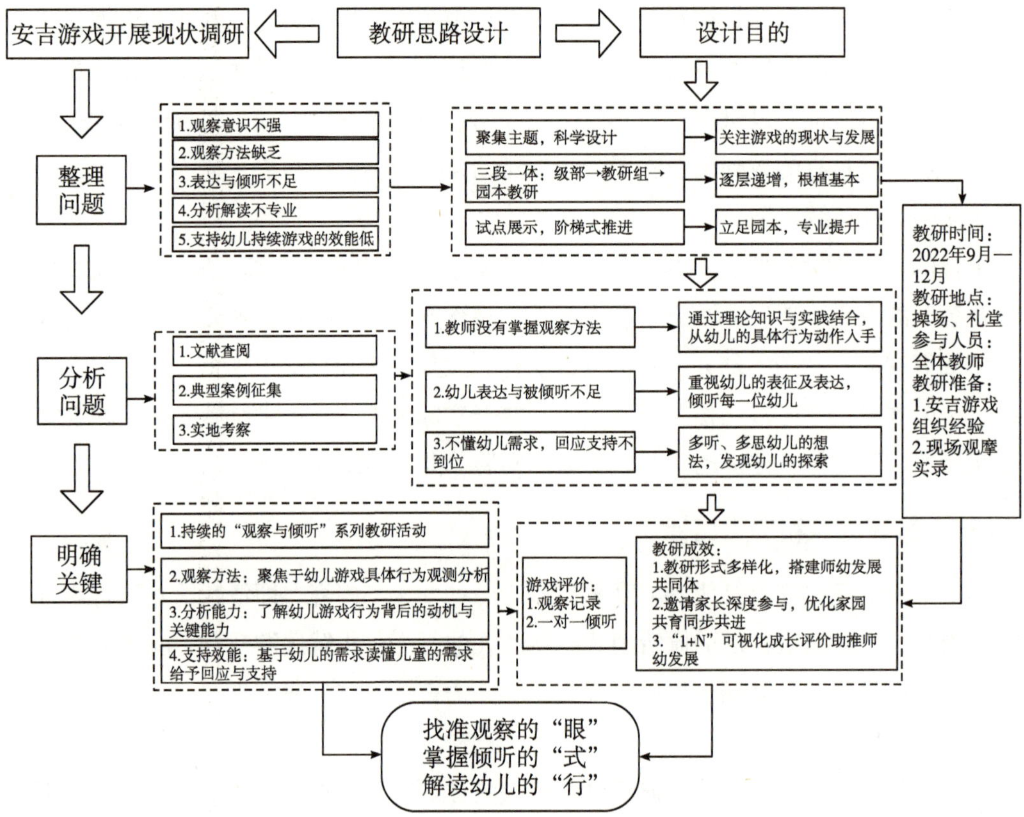

图 4-11　教研方案设计图

（二）教研活动实施

1. 第一次教研

（1）主题：读懂幼儿，始于观察。

（2）时间：2022 年 11 月 5 日。

（3）地点：礼堂。

教研前，使用问卷星小程序线上收集问题，将结果进行统计整理。从统计结果可以看出，教师对观察是有一定的认知与实践经验的。（见图 4-12）

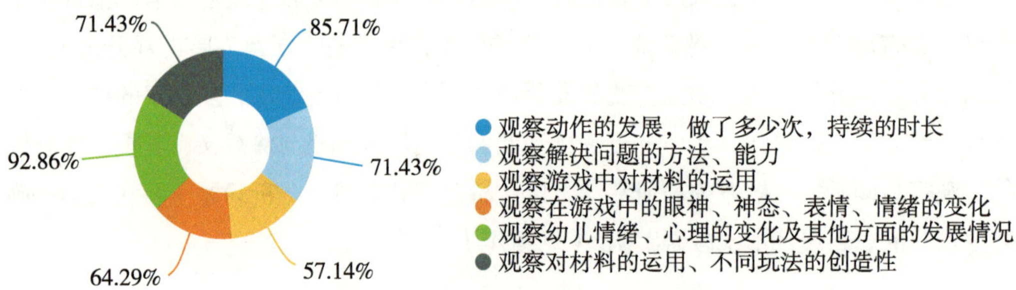

图 4-12　观察现状调查（多选题）

环节一：分析案例，发现问题所在

主持人：我们来看看身边的安吉游戏，请现场老师与视频拍摄者分别进行评析。

教师 1：视频中让我印象深刻的是有个小男孩在桥上走得很慢，但老师能在边上等待，让男孩用自己的方式玩游戏。

教师 2：我看到了幼儿的个体发展是不同的，有的幼儿比较大胆，他们是站在桥上面走的，有的是趴在上面挪过去的。幼儿通过高桥后开心地比"耶"，是与老师分享属于他们成功的喜悦。

教师 3：游戏中，幼儿的安全意识很强，有个孩子能提醒后面的小女生注意安全，互助的氛围挺好的。

拍摄者：游戏中幼儿用自己的方法去改善了长板不稳的状况，在保护好自己安全的前提下能提醒同伴注意安全，被他们的游戏安全意识震撼了。

主持人：结合实际，大家在观察和解读幼儿游戏时都遇到了哪些棘手问题呢?

教师 1：看不懂游戏，不明白幼儿动作的意义。

教师 2：解读的内容与幼儿实际想要表达的有出入。

通过案例分析情况反馈，共同存在的问题是教师解读幼儿行为困难，在游戏中重视游戏观察，但仍然看不懂幼儿，很大原因是在于游戏后分享不到位、没有真正听幼儿的想法。倾听幼儿的表达是教师读懂游戏的重要方式，通过多倾听来发现幼儿并不困难。

环节二：引入文件，学习一对一倾听

一对一倾听是教师走进幼儿内心世界的有效手段，能够有效提升师幼互动的质量，围绕《幼儿园保育教育质量评估指南》和教师们认真研读。（见表 4–11）

表 4–11 《幼儿园保育教育质量评估指南》中"师幼互动"板块内容

重点内容	关键指标	考查要点
A3. 教育过程	B8. 师幼互动	28. 重视幼儿通过绘画、讲述等方式对自己经历过的游戏、阅读图画书、观察等活动进行表达表征，教师能一对一倾听并真实记录幼儿的想法和体验。

教师 1：一对一倾听记录就是每个幼儿与教师单独地交流自己的游戏故事，教师借此来了解幼儿的能力水平、游戏需要和内心的想法，为他们提供更有效的支持。

教师 2：一对一倾听能唤醒幼儿的游戏记忆，是其体验、经历转化为知识的过程，促进思维和语言的发展，同时，也是教师读懂幼儿和洞悉幼儿思维水平的有效途径。

教师 3：在一对一倾听的过程中，教师是幼儿忠实的倾听者和记录者，不把自己的想法和想要听的意图强加给幼儿，充分尊重幼儿的意愿，幼儿想表达什么就表达什么。

主持人：听了发言，相信大家对一对一倾听记录及其意义有了一定的认识。做好一对一倾听，能了解每一个幼儿的经验、兴趣、需求，是研究儿童发展所需要的行动。

环节三：小组讨论，如何做好一对一倾听

主持人：了解一对一倾听内容以及意义后，现在分组讨论怎么做好一对一倾听。

问题一：什么时候倾听？

游戏中、游戏后分享环节，午点后、离园前等零碎时间都可以成为幼儿记录、表征与讲述的时间。

问题二：如何保障倾听反馈的质量？

教师 1：对小班幼儿在表征存在困难时，可以使用录音倾听的方式。

教师 2：视频可能完善记录幼儿在表征中的神情、动作、语言等信息，便于后期回顾以及自己在今日活动反思时再次观看、分析。

教师 3：制作一对一倾听表，并在幼儿游戏故事上配上幼儿的表达，鼓励幼儿完整地讲述故事情节。

通过教研讨论，教师一致认为可制作一对一倾听记录表（见表 4–12），并在幼儿游戏故事上配上幼儿的表达，鼓励幼儿完整地讲述故事情节，教师也为幼儿完整记录其讲述的内容。

表 4–12　一对一倾听记录表

<table>
<tr><th colspan="4">我的游戏精彩瞬间</th></tr>
<tr><td>姓名：</td><td>天气：</td><td>游戏时间：</td><td>好伙伴：</td></tr>
<tr><td colspan="4">我的游戏画面：</td></tr>
<tr><td colspan="4">我想说</td></tr>
</table>

问题三：如何保障倾听的覆盖面？

初步讨论后，大家共同制订了班级倾听计划，把幼儿按星期分组，然后把任务分派给班级教师，明确每位教师都需要开展倾听工作，且倾听与幼儿的一日生活有机融合的内容。（见表 4–13）

表 4-13　中一班一对一倾听安排表

安排表	星期一	星期二	星期三	星期四	星期五
刘老师	1 夏 ××	2 卢 ××	3 黄 ××	4 卢 ××	5 卢 ××
	6 卢 ××	7 卢 ××	8 谢 ××	9 卢 ××	15 卢 ××
	11 谢 ××	12 周 ××	13 卢 ××	14 卢 ××	20 卢 ××
谢老师	16 苏 ××	17 卢 ××	18 谢 ××	19 卢 ××	25 卢 ××
	21 谢 ××	22 夏 ××	23 李 ××	24 郑 ××	30 卢 ××
	26 卢 ××	27 谢 ××	28 卢 ××	29 李 ××	31 卢 ××

主持人：单凭教师对幼儿游戏的观察的教育是单向的，而游戏后倾听幼儿表达则是双向的。细心倾听、真实记录，让我们了解幼儿的游戏实录与过程，直击幼儿的内心世界，延伸发展水平，看见不一样的儿童。

2. 第二次教研

（1）主题：走近表征，倾听童“话”——让幼儿思维看得见。

（2）时间：2022 年 12 月 14 日。

（3）地点：礼堂。

进一步践行安吉游戏教育理念，一对一倾听并真实记录幼儿的想法和体验，发挥安吉游戏对幼儿成长和教师发展的价值，教研组向园内骨干教师发起教研的邀请函，以头脑风暴的形式进行“观察与倾听”的第二场教研。

环节一：了解情况，为下一步支持做准备

主持人：我们共同约定的安吉游戏一对一倾听开展研究有一个多月，实行的情况如何呢？请老师自由分享班级一对一倾听后的情况与感受。

教师 1：认真观察幼儿的游戏行为，倾听幼儿的心声和表达，走进幼儿的世界，当在幼儿分享表达上出现问题时可以适当地引导。

教师 2：在倾听的过程中发现幼儿存在个体差异，有的幼儿不知道怎么去表征。

教师 3：小班的幼儿年龄小，语言表达能力较弱，表达不完整，需要教师的引导。

教师 4：幼儿在玩游戏时不要打断他们，把游戏的主动权真正地给到他们。

教师 5：老师以平等的态度与幼儿对话，更能走进幼儿的内心。

教师 6：不打断幼儿的表述，将主动权还给幼儿，我们会发现我们看见的和幼儿想象的不一样，幼儿的想象力更为丰富。

小结：“一对一倾听”是解读、认识、信任、理解、支持幼儿的学习发展的重要途径，在一对一倾听中能唤醒教师的观察能力和发现能力，帮助教师树立正确的儿童观。

环节二：聚焦问题，深入研讨

主持人：从大家的讨论中，我们将大家的问题汇总、归类，发现了存在的问题（见图4–13），请老师以投票的形式选出最想解决的三个问题，我们面对这三个问题进行头脑风暴（见图4–14）。

☐ 问题1：如何引导幼儿进行表征？
☐ 问题2：幼儿不会讲，不愿意说怎么办？
☐ 问题3：如何撰写倾听内容？从什么角度？
☐ 问题4：一对一倾听记录和普通的绘画有什么区别？
☐ 问题5：小班幼儿绘画水平有限，是否一定要使用绘画的记录方式？
☐ 问题6：一对一倾听的方式有哪些？何时进行一对一倾听？

图4–13 一对一倾听问题汇总

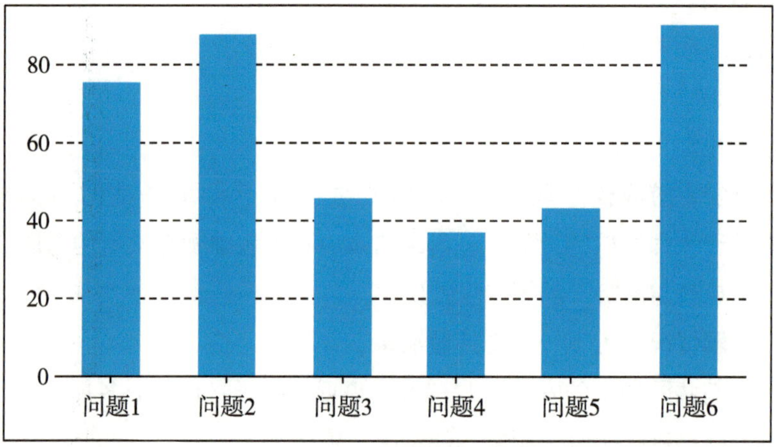

图4–14 问题选择

问题一：如何引导幼儿进行表征？

小班级教师：小班幼儿由于年龄比较小，语言表征较弱，但可以通过身体动作进行演示，表征则主要以线条涂鸦的形式来呈现。作为老师，我们要多观察幼儿，与幼儿进行交流，才能得知他们的想法。

中班级教师：中班幼儿语言表征能力逐渐增强，以身体和简单的作品表征为主，会使用替代物，想象力更加丰富。我们要及时捕捉幼儿兴趣点、了解幼儿发展水平、看到幼儿个别差异、发现幼儿真实问题，并根据解读到的信息提出有效的指导策略，帮助幼儿持续发展。

大班级教师：大班幼儿语言能力较强，能较完整地讲述自己的游戏过程。在游戏结束后，他们会用自己的方式记录游戏过程，幼儿在画面上会用符号、标点及简单的文字等进行表达，在图画表征上能明显看到其与同伴游戏不同阶段和对材料不同玩法的思考。

小结：幼儿表征是幼儿记录自己玩过的游戏故事等一系列的表征，但是小、中、大班由于年龄特点的不同，所表现的形式也是各不相同。每个幼儿都会用自己的方式表达自己的理解，会用自己的方式记录游戏的发展。我们要给幼儿一个充分表达、表现的机会，一起全心投入，成为幼儿游戏的支持者。

问题二：幼儿不会讲，不愿意说怎么办？

教师 1：平时和幼儿建立良好的师生关系，给幼儿多一些鼓励，多一些等待，慢慢让幼儿敢说、愿意说。

教师 2：对小班不太会表达的幼儿，我们需要语言上引导幼儿进行表达。班级小部分幼儿已经会进行一些简单的表征了，我们也会辅助幼儿进行记录，不断增加他们的词汇量。

教师 3：从幼儿感兴趣的地方多提问，像让他们表达喜欢玩的游戏，他们往往能说得更多。通过集体分享和请同伴互相补充后，还可以创设作品墙面展示，激发幼儿表达的欲望。

问题三：一对一倾听的方式有哪些？何时进行一对一倾听？

教师 1：幼儿有时说话语速较快，我们不能及时地写下来，可以采用手机录音的方式，记录下幼儿说的话，再次倾听记录。除了班级上的老师倾听记录外，还可以利用家园共育，亲子一对一倾听。

教师 2：一对一倾听记录不应该是在某一个固定的时间，我们老师可以充分地利用一日活动中的碎片时间，抓住每一次可以倾听的机会，活动与活动之间的过渡时间也都可以用来倾听。

教师 3：我们可以利用一日活动中的晨间谈话、餐后、睡前、梳头发等过渡时间进行倾听，可以用图画记录、照片和视频、录音、符号表征等方式。

环节三：分享交流，互相讨论

主持人：在实施了一段时间的“一对一倾听记录”后，请老师们“趣聊”在一对一倾听记录中的那些小发现与小美好。

教师 1：“沙区的调水工程”案例。（见图 4–15）

图 4–15 “沙区的调水工程”活动照片

教师 2：“隧道穿梭”案例。（见图 4–16）

图 4–16 “隧道穿梭”活动照片

小结：有实践必然有收获，老师们分享案例以及自己关于一对一倾听的思与行，由此引发大家对于共性问题的研讨。大家各抒己见，相互分享经验，提出自己的想法。教师的支持让幼儿感受到了被认可、被信任、被理解，从而想说、敢说、愿意说。

环节四：观察倾听对话，助力师幼成长

主持人：老师大胆放手让幼儿玩游戏，在观察后耐心倾听幼儿的心声、认真解读其游戏行为，用心看见幼儿、感受幼儿、发展幼儿、成就幼儿，从而由浅层次的观察逐步走向

深层次的解读，助力师幼成长。（见表 4–14）

表 4–14　一对一倾听的作用

幼儿	教师
感到被认可，被了解，被尊重。	建立相互尊重的、平等的师幼关系，改善、拉近师幼关系。
建立自信，激发幼儿的表达欲望。	改变以往集体教学中教师只知教教材，眼里却无儿童的现象。
有利于形成对学习和创造的开放心态。	教师走进每一个儿童的心灵，了解每一个儿童当下的经验、兴趣、需求，收集、研究、支持儿童发展所需要的行动证据。
幼儿的体验、经历转化为知识的过程，能唤醒幼儿的游戏记忆，促进思维和语言的发展。	教师从集体儿童形象向一个个具体的、个别化的儿童形象的建构。

三　教研活动的成效及反思

（一）教研案例成效

1. 教研形式多样化，构建师幼发展共同体

立足园所安吉游戏的实况，从游戏观察、引导、评价问题，围绕“问题—研训—发展”三部曲教研思路，基于幼儿游戏的实地考察与现场观摩，以每周的级部教研、半个月一次的教研组研讨、每月的园本教研活动组成的“三段一体”，针对教师在安吉游戏实施过程所遇到的困惑，从观摩体验、问题导向、讨论互动的教研中发现问题、解决问题，提升教师的游戏观察素养，从而促进幼儿的全面发展。

2. 遵循幼儿，一对一倾听促成长

在一对一倾听中，幼儿都有机会表达，能得到教师的充分关注与尊重，师幼互动次数增多、程度逐步深入，教师从不同的层面了解幼儿的心理、思维、意愿、想象、需要、情感表达等，促进教育公平的发展。一对一倾听可以促进幼儿词汇量的积累、锻炼抽象思维逻辑，帮助幼儿理解书面语言的作用与特征，培养书面表达的愿望和初步的技能，为幼儿实现从幼儿园到小学的科学过渡做好了进一步的入学准备，助力科学幼小衔接。

3. “1+N”可视化成长评价助推师幼发展

安吉游戏转变传统的单一评价模式，融合多元评价理念，从评价幼儿游戏的主体、方法及功能等多维评价幼儿的过程性成长。从观察记录、表达倾听、分析解读多方式了解幼儿游戏行为及其发展需求，注重幼儿个体差异，将质性评价法与量性评价法相结合，发挥评价诊断与提升、激励与调节的功能。在安吉游戏中，让幼儿成为游戏的主体，教师成为幼儿成长的推力，教研组成为师幼发展的导向，园所成为发展的平台，家社成为育人的延伸，以成长促进成长，建构“1+N”可视化成长评价体系（见图 4-17），助力幼儿全面发展与教师专业能力提升。

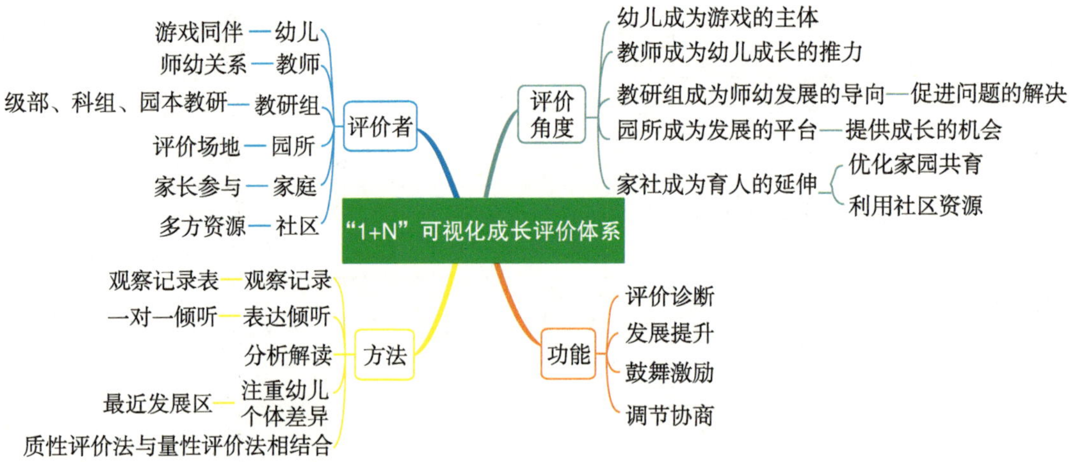

图 4-17 “1+N”可视化成长评价体系

（二）活动组织的反思与支持策略

1. 构建深度合作研讨模式，促进教师个性化成长

教研活动要保证“人人都参与，人人有事做”，发挥不同主体的积极性，使不同发展阶段的教师都有所收获。安吉游戏教研拒绝“观摩团”，采取主持人轮岗制、分工合作的协助模式，给每一个人都有机会说，有话说，大胆说，实现了真正意义上的参与合作。

2. 搭建家长的深度参与，优化家园共育同步共进

透过照片或视频看教师在幼儿游戏的“无为”，也许家长会担忧幼儿的安全及学习情况该如何保障，质疑游戏的价值。为了更好地开展安吉游戏，将通过家庭讲座、家长会、开放日活动等，邀请家长亲临幼儿游戏的现场，直观感受游戏，真正体验游戏对幼儿学习与发展的价值。同时，也让一对一倾听走进家庭，让家长在幼儿的游戏分享中同频了解其需求与发展。开展安吉游戏，实现家园共育，真正让幼儿在自主自由的氛围下全面发展。

【案例评析】

本教研活动以系列递进式开展，聚焦于幼儿自主游戏的观察与倾听，关注幼儿的兴趣点与发展点，于观察中发现、于倾听中支持，具有以下三个亮点：一是立足儿童本位，赋能教师成长，通过系统的教研活动，帮助教师树立正确的教育观、儿童观和游戏观，提升教师科学观察、正确解读、有效倾听幼儿言行的能力，以及支

持幼儿建构游戏的能力。二是聚焦于儿童视角，探寻育人途径，用观察与倾听的多元化系列的研讨，推进教师的思想在案例观摩中碰撞创新，在真游戏、真教研中实现师幼的真发展。三是追踪儿童需求，共研课程故事，在观察与倾听幼儿自主游戏的同时，教师善于捕捉幼儿的兴趣点、经验、需求和问题，思考新的教育契机，设计出更加丰富和生动的课程，使课程更加贴近幼儿的实际生活和兴趣。

案例 5

互联网 + 助力，线上线下联动教研

——以“高质量师幼互动下教师的观察与倾听”教研为例

东莞市厚街镇教育管理中心　曾衬华
东莞市厚街镇中心幼儿园　袁青、赵薇

一　教研背景与目标

（一）问题的来源

教育部颁发的《幼儿园保育教育质量评估指南》明确指出，师幼互动是学前教育过程中质量考核的一个重要指标。高质量的师幼互动要建立在高质量的观察与倾听的基础上，教师只有观察解读儿童行为，才能提供有效的支持，形成良好的师幼互动。2023 年，学前教育宣传月的主题“倾听儿童，相伴成长”，由此可见教师的倾听与观察对孩子的发展的重要性。

东莞市厚街镇通过前期调研得知：过半数的教师认为对幼儿开展观察分析支持有难度，70% 的年轻教师对如何开展幼儿观察、如何支持回应等缺乏有效的学习与指导。基于上述情况，厚街镇学前教育开展全镇幼儿园观察能力提升专题研训活动。

（二）分析与诊断

1. 对问题的分析

（1）教师重结果，轻过程，缺乏观察儿童的意识。

（2）教师理论基础薄弱，观察儿童的能力相对欠缺。

（3）教师解读儿童行为的能力有待提升，未能提供有效的支持策略。

2. 对问题的诊断

对幼儿行为开展观察和分析，需要教师树立正确的儿童观、游戏观，并具有扎实的理论知识和专业素养做支撑。但实际情况是：

（1）大多年轻教师的专业理论知识不能很好地转化为指导她们开展幼儿观察的有效经验。

（2）部分幼儿园没有开展针对新教师的定期培训学习，缺乏有效组织园本教研工作的能力和经验。

（三）教研重点和预期目标

1. 教研重点：帮助教师认识到观察与教育之间的关系，培养教师的观察意识，掌握观察的方法，促进其观察能力的提升和发展。

2. 预期目标：通过本次教研活动，让教师重视对幼儿行为的观察，掌握基本的观察方法和技巧，并能够通过观察、分析有效连接观察的结果与后续的教育行为。

二　教研活动设计与实施

（一）教研方案设计

围绕本次教研主题，考虑辐射全镇幼儿园，让更多的教师参与到本次教研活动，结合年轻教师的学习特点，教研组织形式采取线上线下联动教研形式，以线下为主，线上为辅，巧用应用，激趣强能，让活动效益最大化。（见表 4–15）

表 4–15　教研活动方案

教研主题	看见儿童，读懂儿童——高质量师幼互动下教师的观察与倾听		
活动时间	2023 年 6 月 16 日	活动地点	中心幼儿园音体室
参与对象	厚街镇幼儿园青年教师约 120 人		
教研目的	唤醒教师的幼儿观察意识、提升教师开展观察的能力和支持策略		
教研准备	材料准备：抽签纸条、A4 纸、剪刀、大白纸、12 色大头笔、组长胸牌 信息化准备：教研 PPT、现场互动二维码；现场直播设备 其他准备：准备三个实践案例，4 组研讨桌 24 个座位，100 张观摩教师座位		
教研流程	1. 分组、推选组长，游戏热身 2. 体验游戏：最美的风景 3. 实践案例：骨干教师的观察与教育行为的案例分享 4. 联动教研：线上 + 线下咖啡教研 5. 微讲座："如何对儿童游戏进行有效观察"线上同步直播 6. 总结评价及延伸		

（二）教研过程

1. 准备与导入

（1）抽签分组：主持人示意教研人员入场并抽取幸运图案，通过游戏分组并推选小组长。

主持人：老师们入场时都抽取了一张图案，请大家打开看看自己的图案，根据抽取的图案找到对应小组桌牌，重新入座。

（2）播放音乐，推选组长。

主持人：有了自己的团队，就需要找到团队的核心，请拿起桌面上的组长勋章，通过“击鼓传花”的游戏来产生自己队伍的组长，并为组长戴上明星勋章。

（3）介绍活动内容。

主持人开场介绍：在幼儿园教育中，师幼互动是教育的重要组成部分，直接关系到幼儿的学习和成长。教育部颁布的《幼儿园保育教育质量评估指南》对高质量师幼互动提出了明确的要求。2023 年的学前教育宣传月更是把“倾听儿童，相伴成长”作为主题，我们可以感受到教师的倾听与观察对孩子发展的重要性。

2. 体验游戏：“最美的风景”

（1）通过体验游戏，引起教师对开展幼儿观察的重视。

主持人：请大家跟着我的提示完成以下动作：

①每个人面前的桌上有一张 A4 纸，请在纸上任意地开一个任意形状的洞来作为取景窗。

②拿起你的手机，打开拍摄功能，透过取景窗去寻找你认为值得分享的任何事物，但是不能走出这个教室。拍好以后在照片一角备注一句话来描述你的分享。

③扫码上传作品。出示二维码，现场观摩和线上观摩的老师扫码点赞，点赞多的作品有奖励。

（2）教师操作，线上线下可共同上传作品。

（3）同步支持展现作品及点赞结果，引导教师发现观察的意义。

主持人小结：每个人都有一双善于发现美的眼睛，看到怎样的风景不仅取决于视野的大小，更取决于我们内心对世界和生活的感受和认知。作为幼儿老师，我们更要有一双善于观察的眼睛，倾听幼儿的心声，才能走进孩子们的内心世界。

3. 实践案例分享

（1）三位骨干教师依次分享她们开展幼儿观察倾听的案例。

主持人：近年来，幼儿园开展课程游戏化改革，教师的角色定位是观察者、引导者、支持者，教育必然离不开教师对幼儿在一日生活的各活动中开展的倾听与观察。让我们看一看几位老师带来的教育案例，看看他们如何通过倾听与观察，支持儿童的成长和发展。

（2）现场交流，教师谈谈对案例的感悟。

主持人：三位老师生动、鲜活地展现了各自通过观察倾听支持幼儿发展的案例和思考。接下来，我想请现场的老师们说一说分享中哪些细节让你印象深刻，哪些细节能够引发你的共鸣，或者说说你在倾听观察中遇到哪些困难。

教师 1：有时候观察到幼儿值得关注的行为瞬间，但是我不知道怎么去解读行为背后的意义，更怕自己错误地解读了幼儿的行为动作。也就是我观察到幼儿的行为，但是不能看到幼儿真正的内心世界，我的支持与回应不知道是否有效。

教师 2：我很少像三位骨干教师那样去观察孩子的行为，原来观察的学问这么大，三位骨干教师为我们带来了非常好的示范。

教师 3：平时活动的时候，我该去捕捉哪些幼儿行为表现呢？

主持人小结：从刚才的互动中，我们也看到教师在倾听与观察方面存在的问题与困难。很多教师重教学轻观察，有的年轻老师不知道如何观察，该观察什么？有的老师则是有观察但缺乏回应的技能。倾听与观察是帮助教师了解每一个儿童当下的经验、兴趣、需求的途径，有了观察我们的教育才有依据。教育行为不是凭空想象来，不是靠猜测、更不是在书本上照本宣科搬来的，而是通过搜集和研究去了解幼儿的真实信息，是一种师幼双向成就的行为，有助于建立和改善平等师幼关系，让幼儿在有意义的学习中拔节生长。那么今天我们就一起通过教研活动，帮助大家理清“听什么看什么？如何听如何看？教师该如何回应？”的问题。

4. 联动教研：线上 + 线下咖啡教研

（1）抛出问题（见表 4–16），并出示线上互动的二维码，线上线下同步开展教研。

主持人：儿童有一百种语言，一百双手，一百个想法，一百种思考、游戏、说话的方式，一百种倾听、惊奇、爱的方式。儿童总是千变万化的，那么，怎么走进儿童？做好观察与倾听，无比重要。

表 4–16　教研问题

问题一	在幼儿园一日活动中，教师的角色定位是什么？
问题二	在幼儿园一日活动中，教师观察倾听的内容有哪些？
问题三	作为教师，怎样才能做到高质量地观察和倾听？
问题四	基于观察倾听，教师可以从哪些方面支持和回应，帮助幼儿进一步学习和发展？

（2）线上线下联动教研：世界咖啡（见表 4–17）

四桌组长分别抽取一个话题，每一话题的讨论时间为 8 分钟，该桌的成员轮流发言，桌长负责组织并记录。铃响后，除桌长不必更换座位，其他的成员需要带上物品移动到其他桌参与话题讨论，每位教师要完成四个话题的讨论，当第五声铃响后，大家结束轮转回到第一次的位置，由桌长进行分享。（现场投放四个问题的二维码，供观摩教师老师同步互动。）

（3）组长通过“幸运大转盘”抽取顺序，依次分享本组教研成果，主持人通过“这个课堂有点酷”App 展示本话题收集的线上情况进行补充。

表 4–17　教研成果

问题	线下教研成果	线上补充反馈
在幼儿园一日活动中，教师的角色定位是什么？	观察者、支持者、引导者、陪伴者、记录者、合作者、保护者等	调节员、设计者、分析员
在幼儿园一日活动中，教师观察倾听的内容有哪些？	情绪、行为习惯、能力发展、愿望、精神状态、交往交流能力、解决问题的思维和能力、秩序和规则意识等	性格、遇到的困难、体能发展、好恶、学科发展等
作为教师，怎样才能做到高质量地观察和倾听？	1. 及时回应幼儿；尊重个体差异 2. 建立良好的师幼信任 3. 教师不随意介入干扰幼儿的活动 4. 要准确及时地记录观察内容，准确分析和判断幼儿的真实需求	1. 真诚地交流 2. 注重家园共育，积极和家长沟通；尊重幼儿的想法 3. 保证观察与倾听的充足时间
基于观察倾听，教师可以从哪些方面支持和回应，帮助幼儿进一步学习和发展？	1. 认真倾听，给予充分的表达机会 2. 鼓励和赞赏要具体、真诚 3. 提供平等、温馨的交流环境 4. 教师换位思考，在幼儿的角度去分析问题和提供适宜的支持 5. 创造良好的学习和发展环境，提供充足的材料等 6. 回应和支持要及时、有效，能够满足深度探究的需要	1. 与家长建立良好的合作关系 2. 为幼儿提供所需的知识和技能学习 3. 帮助幼儿建立自信 4. 教师加强学习，提高专业技能

主持人：教师要通过观察去发现儿童的经验、儿童的兴趣、儿童的想法，通过倾听去了解儿童的情绪、儿童的困难、儿童的需求等，才能真正了解孩子的内在需要和个别差异。要落实“幼儿为本”的理念，做到眼中有孩子，在倾听、观察、解读、分析、支持中看见儿童，读懂儿童，走进幼儿内心世界，了解真实儿童。教师可以通过营造良好的教育环境、提供多样化的教育活动、给予积极的评价和反馈、加强与家长的沟通和合作等方法为幼儿提供支持、实施教育，从而促进其身心健康发展。通过话题的讨论我们更加清晰倾听与观察是教师在成长路上的必修课之一，需要教师沉下心，保持好奇，带着尊重与孩子对话，耐心倾听他们内心的声音。

5. 微讲座：“如何对儿童游戏进行有效观察”

主持人：如何做一名敏锐的观察者？这里有方法、有技巧，为了切实提高教师开展幼儿观察与支持的能力，掌握观察的基本技巧，了解常用的观察记录的手段和方法，我们邀请了学前教育教研员曾老师开展微讲座“如何对儿童游戏进行有效观察”，深入浅出地教会教师运用观察工具有效观察儿童。

6. 教研总结

主持人：倾听与观察，对幼儿行为开展观察与分析是幼儿教育中不可或缺的环节。教师需要具备专业知识学习、观察技巧、行为解读、发展评估、支持策略、持续反思等方面的能力（见表 4–18），才能更好地支持幼儿的发展和学习。同时，教师还需要关注幼儿的个性和需求，不断调整自己的教育方法和策略，为每个幼儿提供个性化的教育和支持。

表 4–18　教师倾听与观察应具备的能力

专业知识学习	教师需要不断更新自己的专业知识，了解幼儿教育领域的新趋势和发展动态，不断学习和提升自己的专业水平。
掌握观察技巧	教师需要掌握观察和记录幼儿行为的方法和技巧。包括使用不同的观察工具，如观察表、视频记录和分析软件等，以准确记录幼儿的行为。
提升行为解读	教师需要了解幼儿行为背后的原因和动机，根据幼儿的发展水平、性格特点、家庭背景等因素，对幼儿的行为进行合理的解读。
熟悉发展评估	教师需要根据幼儿的年龄和发展阶段，制订相应的发展评估计划。这可以帮助教师了解幼儿在各个领域的发展水平和潜力，为教师提供指导和支持。
支持策略	教师根据观察了解幼儿的个性和需求，制定相应的支持策略。这包括制订教育计划、设计教学活动、提供辅导和支持等。教师需要根据幼儿的发展评估结果和行为表现及时回应，调整教育行为，以支持幼儿的发展和学习。
持续反思	教师需要对自己的观察、评估和介入策略进行反思和总结，了解自己的优点和不足之处，以便更好地支持幼儿的发展和学习。

结语：倾听鸟儿的叫声，我们能听懂鸟儿海阔天空任我飞的兴奋；倾听溪水潺潺的声音，我们能听懂山间丛林的欢快；倾听孩子的心声，我们才能走进孩子的心灵！孩子是社会未来的支柱，作为教育者，我们的责任是倾听儿童，陪伴他们成长。让我们做高明的倾听者、敏锐的观察者，走进孩子内心，为他们的成长、发展提供最好的支持和指导。

7. 活动评价

（1）播放学习剪影视频相册。

运用体验游戏的形式，拍摄现场教师的学习照片，制作成电子相册，作为本次教研活动的一种评价。

主持人：在活动开始，我们制作取景窗寻找了身边最美的风景，专注学习的老师们也是今天最美的风景，让我们同样用取景窗发现最美丽的自己、回顾今天活动的精彩片段，送给今天爱学习的你们和身边的同伴。

（2）发送问卷星问卷链接，对教研效果做问卷调查。

三 教研活动的成效及反思

（一）活动特点

1. 教研和培训有效结合，通过现场教研，让教师们领悟观察对儿童发展的意义，再通过分组研讨和专题微讲座的形式，让老师掌握观察的方法，教研效果明显。

2. 线上与线下教研有机融合，各种教研 App 的巧妙应用，符合现代教师学习特点，满足不同层次教师参与教研的需要，让教研效果 1+1>2。

（二）活动价值

1. 形成线上线下联动教研的新形式，改变园本培训、普通教研形式教师参与度不强、自主学习热情不足的现象，转为以研究型参与式教研为主，极大地调动教师教研内驱力和积极性。

2. 搭建了畅通无阻的教研环境，更大程度上实现教研资源共享。有利于形成大规模的研训平台，满足教师专业成长的需要。

3. 基本形成线上线下联动教研的新路径（见图 4–18），为周边镇街、园所开展教研提供了新思路和参考。

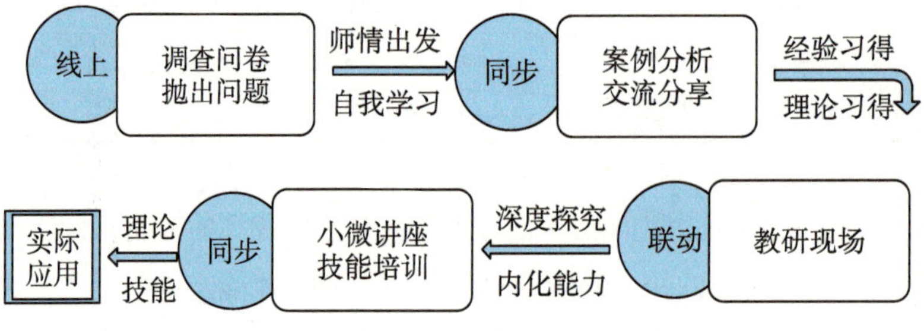

图 4–18　线上线下联动教研的新路径

（三）活动反思

1. 优点：能够充分发挥线下和线上教研的优势，避其劣势，灵活应用各种 App 功能，调动教师参与热情。

2. 不足：活动前要做好师情的调查摸底，可以先抛出教研内容，让老师们自行学习，打好教研基础，便于话题研讨部分的深入探讨。

（四）可能生成的教研契机

1. 可开展现场观摩交流活动，组织教师蹲点观察，运用观察评价表，现场记录、点评，并邀请专家现场指导。

2. 教研 App 功能强大，能很好地辅助幼儿园开展教研活动，提升教研实效，但是很多幼儿园、教师对软件应用不了解。接下来可以开展专题培训和分享交流活动，让大家熟悉并学会使用各种应用软件，作为线下教研的补充。

（五）进一步改进支持的策略

1. 活动前发放关于教师观察能力的调查问卷，了解幼儿园教师在观察儿童方面的具体情况。

2. 为更好地开展下一次全镇性的蹲点观察交流活动，可先分 7 个片区，组织组内的幼儿园开展读书打卡活动，掌握观察的方法，再在组内开展蹲点观察，初步培养老师点评游戏活动的技能技巧。

3. 中心幼儿园的老师能熟练使用应用软件，接下来可组织培训和分享活动，让更多幼儿园的教师学会使用这类辅助软件。

【案例评析】

此教研案例立足当下现实背景，多途径开展教研活动，具有以下三个亮点：一是线上线下联动，激发教研活力，此次教研活动采取互联网＋现场教研的形式进行，并在教研过程中灵活运用各种教研 App，激发年轻教师参与的兴趣，有效解决了线上学习教师之间缺乏互动的问题，App 辅助教研功能的加入，改变了园本培训、普通教研形式教师参与度不高、自主学习热情不足的现象，极大地调动教师教研内驱力和积极性，满足不同层次、不同地域年轻教师的教研需求。二是需求导向引领，凸显教研成效，围绕“观察的意义”“观察的内容”“观察的方法”等设计每一个环节，环环相扣，层层递进，让教师在轻松愉悦的教研氛围中积极参与研讨，掌握基本的观察方法和技巧。三是搭建网络平台，共享教研资源，利用互联网的力量，有利于形成大规模的研训平台，满足镇内外教师专业成长的需要，为周边镇街、园所开展教研提供了新思路和参考。

案例 6
基于建构区域体验式教学，提升游戏质量

东莞市樟木头镇实验幼儿园　蔡文华、蔡俊媚、戴佳珊

一　教研背景与目标

（一）设计意图

《3—6 岁儿童学习与发展指南》将幼儿的学习与发展分为健康、语言、社会、科学、艺术五个领域，由此可见，在幼儿教育阶段培养幼儿综合能力的重要性。而户外建构游戏活动正是通过不同主题的活动，使幼儿能够去体验积木、积竹、积塑、金属等材料。在建构游戏中，幼儿通过操作各种构造材料，能得到一种满足感和愉悦感，寓教于乐，在玩中掌握知识技能。实践表明，幼儿在操作各种材料的过程中，如果能够从陌生到熟练掌握其使用方法，那么便会得到很大的满足感，提升其动手能力和自信心。关于户外主题建构的研训活动，能够帮助本园所有带班教师了解如何根据本班幼儿的年龄特点，结合本班幼儿现有的建构水平，有效地进行游戏的组织和指导，从而规避错误的指导方式。研训活动的开展有助于使户外建构游戏做到日常化、精细化并且具有班本文化的特色。

（二）问题来源

建构游戏是一种创造性的游戏，是幼儿根据自己的生活经验，以想象为中心，主动地、创造性地反映周围现实生活的游戏，具有操作性、艺术性、创造性的特点。

东莞市樟木头镇实验幼儿园新购置了一套（共计 1500 多件）“砖筑大师”红砖搭建积木，让幼儿的户外自主建构区材料更丰富。同时，为了更好地引导幼儿在建构活动中乐于建构、主动探索、快乐游戏，教师能够更好地掌握红砖积木建构材料的使用方法技能，提升对红砖积木搭建游戏的指导能力，推进红砖积木建构游戏的有效开展，促进幼儿关键经验的达成，本学期幼儿园针对“砖筑大师”红砖积木建构游戏开展了一系列的实践和探索。

（三）对问题的分析和诊断

红砖积木是建构活动区中的新型“明星”材料。在这样的区域游戏中幼儿有着一定的

学习与发展，我们需要借助观察看见不同经验基础的幼儿在区域中具体的行为表现，并借助对话补充完善观察信息，借助常模分析核心经验，在此基础上精准把握每一个幼儿的学习与发展，兴趣与需求，进而有效地为不同的幼儿提供适宜的支持与帮助，让每一个幼儿在自主游戏的过程中建构经验，享受成长。

我们都知道幼儿对于周围世界的认识和理解是他们主动建构的经历，而非来自外部信息的灌输与复制。因此我们常常创设丰富的时间与机会，让幼儿直接运用多种材料表达自己的想法、观点，并在与材料互动游戏的过程中感知自我、感知世界、建构成长经验。而积木游戏所蕴含的丰富材料与经验知识，正是支持幼儿在玩中学，在玩中主动建构经验的理想活动。那么教师应该如何在积木活动区中借助观察解读，补充对话，支持跟进，最终实现积木游戏教育价值的落实以及推动幼儿向更高水平发展呢？

（四）教研重点和期望目标

此次我们的教研重点围绕“基于建构区域体验式教学，提升游戏质量”为主题开展，期望通过这一系列主题教研的实践和探索，能够达成以下目标：

1. 在搭建过程中，丰富搭建技巧，探索适合幼儿年龄特点的指导策略。

2. 以孩子的角度去探索，通过动手体验，提升教师组织、观察、指导和评价建构游戏的能力。

3. 通过实际操作、亲身体验，在实践中总结经验，进一步推动幼儿园建构游戏的深入开展。

4. 通过“六顶思考帽”教研法、团队列名法、小组讨论法、体验式教研法等研训方式，提升教师的想象力、动手能力和团队合作能力。

二　教研活动设计与实施

（一）研训对象

行政教师、幼儿园所有带班教师。

（二）教研地点

三楼会议室、一楼中厅、大二班班级。

（三）研训课时

2.5 小时（4 课时）。

（四）研训准备

1. 主持人教具：制作好的演示文稿、电脑、投影设备、摄影设备。

2. 教师用具：每组一张 A4 记录纸、一盒水彩笔。

（五）教研的方式方法

“六顶思考帽”教研法、团队列名法、小组讨论法、体验式教研法。

（六）研训过程

1. 第一次教研活动：研中议，解决问题

环节一：介绍教研活动主题，了解活动内容

（1）主持人对此次研训活动的内容及研训方式做大致的介绍，让教师有初步的了解，促使教师产生积极主动的学习态度。

主持人：近期，我园新购置了一套（共计 1500 多件）“砖筑大师”红砖搭建积木，让幼儿的户外自主建构区材料更丰富。同时，为了更好地引导幼儿在建构活动中乐于建构、主动探索、快乐游戏，教师能够更好地掌握红砖积木建构材料的使用方法技能，今天我们开展对红砖积木搭建游戏研讨活动。

（2）主持人抛出问题：建构游戏的发展价值和特点具体体现在哪里呢？

（3）教师根据自身的专业知识和工作经验，积极发表个人见解。

教师 1：建构游戏是孩子们最喜欢的游戏之一，它不仅能促进幼儿的创造力和想象力、艺术审美能力的发展，还能促进幼儿社会能力交往的发展。

教师 2：幼儿参与建构游戏时，还能促进他们的动手操作能力和一起解决问题的能力，在游戏的过程中还有同伴之间的交流合作互助等社会性交往能力的发展。

环节二：教师根据本班建构游戏开展的具体情况轮流发言。

教师们结合本班主题课程和自身实践经验，对标《幼儿园保育教育质量评估指南》分析自己班级建构区的优缺点，分享自己所在班级是如何开展主题式建构活动的，主要围绕主题的产生来源、游戏开展的现状及困惑所在、教师的指导策略等进行介绍。

教师 3 和教师 4 分别分享了幼儿用红砖积木进行“我的小学”“北京天安门”为主题的搭建活动。

环节三：“六顶思考帽”教研法

聚焦于班级建构区域的观察与分析，教师们基于“六顶思考帽”思维方式，每个小组代表两顶帽子，每顶帽子代表一种思维方式，各小组从不同的角度对活动进行评析，使教师把思维的方式集中在一个点上，从而使思考的空间更有广度和深度。

环节四：总结经验

教师们根据要求，在同一时间戴上同一颜色“思考帽”，集中思考同一维度、同一方面、同一观测点的问题，并在讨论区实时进行观点分享和思维碰撞。尤其是在进行“绿色思考帽”创新思考时，教师们共同聚焦于方案结构调整、环节实施的创意设计等内容进行深入讨论。

当教研戴上“六顶思考帽”，教师们在“同频共振”思维上协同研讨，观察和思考更加全面，能深入思考，积极参与讨论，让研讨提高效能、创生集体智慧！

2. 第二次教研活动：“团队列名法”研讨式教学

环节一：团队列名法教研，了解“砖筑大师”红砖积木的使用方式

（1）认识“砖筑大师”红砖积木的各种材料及工具用途。

（2）初步了解“砖筑大师”红砖积木在户外主题建构游戏中的使用方式。

①如何将幼儿的想法生成主题？

②在搭建前如何提供给幼儿经验上的支持？

③幼儿该如何通过主题建构游戏得到学习与发展？

④如何在户外主题建构游戏中融合五大领域的内容？

教师分成三组，小组讨论，提出研讨问题。

（3）小组研讨：研讨问题提出后，围绕问题教师进行相关理论的梳理。每人一张纸条写出内容，每人写一小点，轮流上来贴纸条。

（4）小组汇报由两个老师汇总。

环节二：汇报分享，共同交流探讨

由各组发言人向班级汇报分组研讨的整体情况，对聚焦的问题进行回答，对团队决策方案的形成进行解释说明，并尽可能全面地对分组研讨的情况作客观评价，指明本团队在查找问题、提出决策意见方面的优点、缺陷或不足。

环节三：教师点评，总结分析。

主持人对各小组研讨的情况作简要评述，归纳总结教师观点；表明教师的观点，指明进一步完善的方向；教师们应进一步加强对所研讨问题的全面研究，加深对该问题的认识与把握；加强协调，合理分工。

3. 第三次教研活动：现场观摩，反思总结

环节一：观摩幼儿的建构过程及幼儿搭建作品（见图 4-19）

大班级幼儿根据“我的小学”为主题，进行红砖积木的建构及搭建作品，教师们观摩，在主持人的带领下进行游戏的回顾与复盘。通过观摩分别从搭建的设计思路、方法技巧、教师介入方式与时机以及搭建过程遇到的困难和解决问题等进行了全面的阐述，并针对以下三个问题进行深入的研讨：

（1）围绕红砖积木还可以投入哪些辅助材料进行讨论。

（2）围绕教师在建构活动中如何进行观察记录和适宜的指导进行讨论。

（3）围绕搭建过程中的感受以及搭建后的完成情况进行讨论。可以将话题延伸到建构游戏后幼儿表征和分享的重要性上，从而更好地促进儿童的发展。

图 4–19　教师观摩幼儿的建构过程

环节二：教师反思，总结经验

（1）建构过程中，幼儿与同伴间协商合作、交流，建立计划与规则，拥有想象表达与分享的机会，让孩子在开放的空间里能获得多样的经验。可以锻炼幼儿垒高、围合、连接等建构技能，测量、对比等科学经验，堆砌平整等美术审美与手部力量等。

（2）建构游戏的初级阶段可以让幼儿充分接触所有材料，让他们熟悉和尝试利用这些材料，当幼儿逐渐掌握了材料特性和游戏规则，就可以将主题材料和配件材料分开放置，在培养他们游戏的目的性和条理性的同时，培养他们的逻辑思维能力。

（3）建构游戏对儿童的发展具有独特的教育价值，是融社会交往、语言、思维、操作、科学、健康、艺术、审美、创造为一体的综合活动，是幼儿阶段不可缺少的一种体验。通过建构游戏，幼儿可以在搭建过程中获得力、平衡、数概念等早期朴素的科学经验，为将来的认知学习做好铺垫。

环节三：线上教研，答疑解惑

建构是幼儿不可或缺的游戏之一，除了在幼儿园，幼儿居家建构是否也能顺利开展呢？我们与家长进行了有针对性的交流。老师们了解到，为了丰富儿童居家生活，多数家长同样鼓励孩子在家玩建构游戏，但家里游戏材料比较单一，不同年龄段的幼儿所用建构材料比较混乱。发现问题后，为了更好地支持儿童居家建构，教师们进行了交流研讨活动。

教师通过线上激烈的研讨后，对居家建构材料进行了梳理汇总。（见表 4–19）

表 4-19　适合幼儿的居家建构材料

小班	基本材料	单位积木、乐高、一次性纸杯、麻将牌、薯片桶、泡沫垫、大小不一的盒子、奶粉罐、易拉罐、木质积木、泡沫大积木、小管子、小纸棒
	辅助材料	草坪、轨道、玩具小人
中班	基本材料	木质积木、塑料积木、乐高、牙膏盒、药盒、薯片桶、纸板、卷纸筒、零食盒、整包的纸巾、木板、饮料瓶、易拉罐、奶粉罐、沐浴露瓶子、桶、麻将、扑克牌、床单、纸杯、椅子、筷子、木块、不用的书
	辅助材料	自然材料：树枝、竹子 高结构：毛绒玩具、交通玩具、交通标志植物小模型 废旧可回收材料：毛线、绳子、包装袋、塑料吸管 自然材料：水果、蔬菜、石头、树叶、树枝 其他：幼儿手工创作的材料、张贴画、硬币
大班	基本材料	单位积木、奶粉桶、纸杯、包装盒、纸板、乐高、鞋盒、麻将、篓子、硬币、瓶瓶罐罐、木板、纸板、椅子、塑料盆、垃圾桶
	辅助材料	自然材料：树枝、干花、石子、植物、蔬菜 配件材料：玩具、动物模型、KT 板、硬纸板、娃娃、筷子、灯笼、吸管、测量工具、垫子 书写材料：白纸、笔、记录表、建筑图书

本次教研活动后，教师不仅可以向家长更具体地推荐居家建构材料，还提升了自身的专业水平。

环节四：总结经验

此次体验式红砖积木建构游戏教研活动的开展，教师们通过观摩大班级幼儿的户外建构过程，回归实践，以幼儿的角度去探索红砖积木建构的玩法，感受幼儿在建构游戏中的快乐、困难和需求，探寻适合的指导方法，这也提高了教师对建构游戏的创设和材料的整体认知，在今后建构游戏的开展过程中，为更好地支持幼儿自主建构奠定了坚实的基础。

三　教研活动的成效及反思

（一）此次教研活动的优点

本次教研活动通过“六顶思考帽”教研法、团队列名法、小组讨论法、体验式教研法等研训方式，让教师深入了解户外主题建构对于幼儿发展的促进作用，引发教师从前期准备、全程观察、游戏追随、适时介入、合理帮助、观察记录、分析反思、再次支持等多个方面，对幼儿的游戏进行思考，并利用多种手段真实记录幼儿的游戏表现，做出有价值的分析与判断。

另外，在观摩幼儿户外主题式建构游戏后，教师能根据幼儿年龄特点，精准投放材料并进行指导。教研活动的开展让户外建构游戏日常化、精细化并且具有班本文化的特色。

（二）由此延伸的教研契机及支持策略

经过这次户外体验式建构游戏的教研活动，教师们积极研讨，受益颇多，基本达成预期目标。教师们通过观摩幼儿实践操作，为支持幼儿自主建构奠定了坚实的基础，提供了参考的榜样。同时，我们还可以在已有的教研经验上继续进行延伸和改进。教研小组认为教师可以在组织和指导建构游戏的过程中，尝试混班、混龄的合作建构，并进行观察记录。

“基于建构区域体验式教学，提升游戏质量”系列教研活动，从实际出发，教师们积极参与其中，共同讨论协商、不断尝试，让教研活动回归现场。教研不仅呈现了团队的创造力，也拓展了教师的建构思维，为今后有效地指导幼儿开展建构游戏奠定了良好基础。

【案例评析】

该案例选取了建构游戏作为教研主题，既符合《幼儿园保育教育评估指南》的精神，又切合幼儿教育的实际需求，具有以下三个亮点：一是选题务实促发展，理念全面育幼苗，通过具体的建构游戏活动，不仅关注幼儿的身体健康和社会交往，还注重培养幼儿的艺术审美与科学探索精神，体现了全面发展的教育理念。二是教研多样助成长，模式通用可推广，采用“六顶思考帽”、团队列名法等多种教研方式，鼓励教师们从不同角度出发，进行深入探讨与反思，可作为其他园所开展类似活动的参考模板，具有广泛的应用价值。三是流程清晰析案例，标准细化促提升，从问题提出到解决方案的实施，到最终的效果评估，环环相扣，逻辑清晰。特别是通过“砖筑大师”红砖积木的引入，既增加了游戏材料的多样性，也提升了教师的专业技能水平。

案例 7

乐学善"建"，"构"有深度

——以深度学习视角下幼儿园大班自主游戏支持策略

东莞市石碣镇中心幼儿园　陈平
东莞市石碣镇教育管理中心　成楚惠

一　教研背景与目标

（一）教研主题活动的问题来源

建构游戏作为幼儿园自主游戏中必不可少的一部分，不但可以促进幼儿精细动作和手部肌肉的发展，而且对幼儿空间思维能力和解决问题能力的发展都起到促进作用。幼儿在建构过程中能够自主选择材料进行游戏，并且在游戏的过程中初步有自己的想法。但是，建构游戏中的深度学习本质是螺旋递进的循环过程。当幼儿无法自主选择感兴趣的建构目标时，在应对具有挑战性的建构游戏问题上，他们既可以主动调用已有的知识经验，也可以借助教师指导或同伴合作，对游戏情境进行批判性思考，进而完成建构材料的精准筛选。这种深度学习促使幼儿持续运用复合型建构技能进行探索与尝试，并在作品完成后进行多维度的反思评价。值得注意的是，在主题建构游戏的后期阶段，幼儿虽历经多次实践探索，却普遍面临游戏材料与经验支持系统性的断裂问题。因此，教师要及时给予适当的引导，帮助幼儿顺利完成建构任务，走向深度学习。那么，作为教师，我们应该怎么做呢？教师围绕建构游戏中幼儿"走向深度学习的支持策略"进行探讨。

（二）对问题的分析与诊断

1. 从幼儿方面分析

由于幼儿年龄较小，建构游戏需贴近幼儿生活。考虑到幼儿的身心发展规律，显然与幼儿生活环境密切相关的游戏主题更有利于激活幼儿兴趣和促进幼儿深度学习思考、激发幼儿创造潜能。幼儿可以通过参与建构游戏活动积累经验，提升自己的高阶思维能力、问题解决能力、交际能力和语言表达能力。

2. 从教师的方面分析

建构游戏的主题关系着游戏活动的目标与方向，以促进幼儿深度学习为目标。

（三）教研活动重点

1. 根据幼儿需求，有效开展自主建构游戏等一系列活动，让幼儿有足够的时间去探索、玩耍和解决问题。教师不能直接干预，让幼儿有充足时间和机会自我探索。通过观察和了解幼儿的游戏过程，教师能够理解幼儿的需求，进而提供有建设性的指导和支持，促进建构游戏开展的有效性。

2. 让教师聚集儿童视角，在实践中感受建构游戏的内涵，通过自主搭建等方式寻找和引领幼儿走进深度学习的契机，支持幼儿在游戏过程中的发现、创新和学习。

3. 分析、总结出在开展本班建构游戏过程中支持幼儿深度学习的策略，划分不同维度的支持策略。

（四）教研活动的期望目标

1. 探讨建构游戏的适宜性与有效性，针对不足提出具体的改进方法，提升幼儿思维能力、交际能力和语言表达能力。

2. 让教师进一步明确建构游戏中以儿童视角引领幼儿深度学习的支持策略，划分不同维度的支持策略，积极有效地为幼儿提供促进他们发展的活动。

二 教研活动设计与实施

表 4–20 教研活动方案

教研主题	乐学善“建”，“构”有深度教研活动方案		
主持人	吴老师	形式	案例分析式教研活动、共享式教研
活动地点	音体室	时间	2023 年 6 月
参加人员	班级教师		
目的	解决老师在深度学习视角下幼儿园大班建构游戏中所遇到的困惑		
研究步骤及人员分工 · 问题的收集与整理：教研组长 · 教育案例的视频、讲述：陈老师 · 教研主题的传达及任务安排：教研组长 · 相关材料的收集：大班级教师 · 教研场地、设备、材料准备：黎老师 · 教研活动记录、总结：教研组长			

（一）实施过程

幼儿园教研活动既要立足幼儿园的长远发展，关注幼儿园自主游戏实施过程中的问题，又要满足教师自身专业发展的需要，对教师专业素养、实践能力等方面的发展起到积极的作用。因此，我们围绕幼儿园日常教研活动中的问题与教师需求，以共享的方式拓展幼儿园自主游戏教研活动的内容与形式，向教师传递先进、科学的幼儿教育理念，帮助他们解决实际工作中遇到的共性问题和难点问题，促进教师实现专业成长。（见图 4–20）

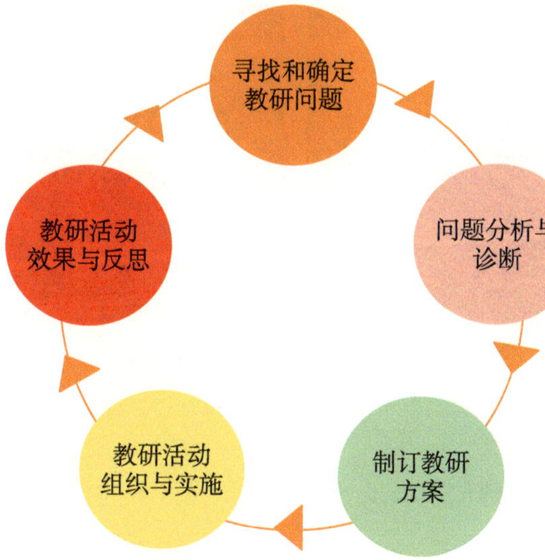

图 4–20　教研活动实施过程图

环节一：案例观摩，寻“真”问题

1. 方式方法

案例观摩。

2. 组织与实施

会议前，主持人让教师先解读分析建构游戏中的深度学习，紧接着，教师们扮演孩子角色聚焦建构游戏，通过亲身体验，对建构的过程中发现建构的空间、时间、材料与游戏经验抛出问题，以幼儿的视角感受建构游戏带来的快乐。（见图 4–21）教师自由思考并进行交流和探讨，畅所欲言。通过交流，教师们不仅深切感受到建构游戏中观察的重要意义，更深刻体会到教师支持与儿童发展之间的紧密关系，找出研究主题的核心：如何在构建游戏情境这一深度学习的螺旋递进与循环深化的过程中，使幼儿能基于兴趣选择建构目标，并在突破游戏难点的过程中，通过自主探索、师幼互动及同伴合作，灵活调用已有的知识经验去解决问题？如何创设契合建构主题的游戏环境，克服材料资源不足与经验储备欠缺的困境？需采用“案例分析”的模式，精准定位问题的本质。主持人抛出问题：“结合实际情况，幼儿在进行建构游戏时往往是经过多次探索。之后深度学习可能在什么时候发生？”让教师以自班情况进行讨论，并提出问题，针对各位老师提出的问题，记录人进行梳理并由主持人进行小结。

图 4-21　教师们进行建构游戏

3. 教研实录

（1）通过案例呈现，教师们积极发表本班孩子在区域建构游戏中出现的问题。（见图 4-22）

教师 1：在区域建构游戏中，我班部分幼儿不会选择相关主题的材料进入高阶思维。

教师 2：区域建构游戏中，幼儿深度学习指幼儿在教师的引导下，在较长的一个时段，围绕富有挑战性的课题，全身心地积极投入，通过同伴间的合作与探究，运用高阶思维，迁移已有经验，最终解决实际问题的有意义的学习过程。

教师 3：在区域建构游戏中，有哪些因素会影响幼儿走向深度学习？

教师 4：没有足够的建构材料，幼儿的建构作品完成度不高，这样的建构作品不但没有很好地体现幼儿在游戏中的思考与幼儿真实的建构水平，还会影响幼儿继续参与建构游戏的积极性。正如“巧妇难为无米之炊”，幼儿没有足够的建构材料，游戏几乎难以进行，更谈不上深度学习。

图 4-22　教师发表建构游戏中的问题

（2）梳理问题，发生在“同伴合作、反思与评价、游戏幼儿分享总结”交往之中。

主持人：通过刚刚的研讨得出，深度学习指向问题解决，而一个好的问题应具备复杂性、开放性，它不能只由独立的个体即某一名幼儿完成，必须以“同伴合作、反思与评价、游戏幼儿分享总结”的形式开展。建构游戏中的问题，往往是没有固定答案、条件不充分、有多种解决方案的现实问题，这些问题可引出思想的碰撞，并由此激发幼儿的深度学习。

关键词：深度学习、同伴合作、反思与评价、游戏幼儿分享总结。

4. 引导与评价

通过观看视频案例，引发教师的思维碰撞，教师们畅所欲言地提出自己的问题，将问题进行梳理，进一步明晰问题的核心。此次教研体现教师的主体化，有效地促进了教师的业务技能，提升了团队意识。

环节二：聚点讨论，广集众智

1. 方式方法

头脑风暴。

2. 组织与实施

在明晰关键性问题的基础上，教师们聚点讨论，广集众智，开展相关策略的探讨，如“让教师提前设计主题还是让幼儿自主设计主题？”“如何做个性化的指导？”等。在方法与策略的讨论中，教师们也进一步明确了建构游戏过程需要解决的问题，为后续的实践改进打下了坚实的基础。

3. 教研实录

（1）为深化幼儿建构游戏的指导策略研究，主持人提出：“在建构游戏中，哪些核心要素能有效引导幼儿进入深度学习状态？通过亲身体验建构活动，您认为影响因素是否存在层级差异？当幼儿经历多次探索后，教师应如何预判深度学习发生的契机？”进一步聚焦研讨重点：请分别剖析幼儿深度学习与建构游戏实践中的关键特征及现存问题。请全体教师分为三个研讨小组，并以表格的形式把这些点罗列出来。（见表4–21、表4–22、表4–23）

表4–21　教师的回答记录和投票表

影响因素	请选出最大和最小的影响因素（贴花纸）
建构材料的种类、性质和更新	
搭建环境的氛围、空间和时间	
教师指导的时机和内容	
同伴关系的形成和维持	
幼儿年龄和个体的差异	

表 4-22　幼儿深度学习的操作性表

一级维度	二级指标	具体行为表现
学习态度	积极主动	幼儿在游戏过程中表现为轻松愉快的情绪与高度投入的状态
	认真专注	幼儿在较长时间或整个游戏过程中一直坚持自己的游戏，不受环境等其他因素的影响
	不怕困难	在游戏过程中，幼儿面对困难与挑战时，积极思考，不断尝试，反复验证各种方法，致力于解决问题
问题解决	问题意识	幼儿在游戏过程中能够意识到自己遇到问题，并尝试自己解决或向同伴、教师寻求帮助
	迁移与应用	幼儿在解决问题的过程中，能联系到已有的知识经验并应用到该游戏情境中来
高阶思维	批判性思考	幼儿在游戏过程中清晰明确地表达自己的想法，并能阐述出其前后逻辑关系
	反思与评价	幼儿在整个游戏过程中，不断调整、改变探索的方式以尝试解决问题，表达对建构作品的遗憾与对下一次搭建的期许

表 4-23　建构游戏深度学习的操作性表

	积极主动	认真专注	不怕困难	问题意识	迁移与应用	批判思考	反思与评价
明确建构目标	幼儿踊跃发表自己感兴趣的建构主题	幼儿向游戏同伴描述自己感兴趣的建构主题时，能详细地说出建构作品的大小、形状及所需建构材料，以取得同伴的认可	幼儿提出的建构目标有难度有挑战，需要运用较高建构技能才能完成	当建构主题未达成一致时，幼儿有解决该问题的意识和尝试	幼儿根据先前搭建相似建构主题的完成度，确定符合自己水平的、具有可操作性的建构目标	对于同伴的想法，幼儿能符合逻辑地表达自己的意见并清楚地说明原因	相比同伴的想法，幼儿清楚自己提议的不足与长处
选择建构材料	幼儿乐意向同伴分享自己对不同建构材料的认识	幼儿根据当前建构目标挑选所需建构材料	探索不同建构材料的多种玩法、了解各种建构材料的特质	幼儿因使用不适宜的材料未能顺利搭建，而尝试使用其他的建构材料	幼儿根据在先前各游戏情景中使用材料时对材料习得的认知经验，选择搭建的建构作品所需材料的特质，选择能满足其要求的建构材料	幼儿明确知道各种建构材料的优缺点，为完成建构目标选择适宜的建构材料	幼儿为建构选择不同的建构材料出现分歧时，通过验证不同建构材料呈现的建构效果后，明白自己选材与同伴选材的不当之处以及原因

续表

	积极主动	认真专注	不怕困难	问题意识	迁移与应用	批判思考	反思与评价
运用建构技能	幼儿构建作品时乐于选用难度较高的建构技能	幼儿挑战有难度的作品，建构水平高的作品需要投入更多时间与精力	幼儿综合运用多种建构技能挑战多维作品的搭建	幼儿运用难度较低的建构技能，未出现期望的建构效果，而改用难度较高的建构技能	幼儿综合运用在先前游戏情境中习得技能经验解决此游戏情境中的问题	幼儿明确知道运用各种建构技能所能达到的建构效果	当自己与同伴为搭建共同的作品而采用不同的建构技能时，通过动手操作直观感受用不同建构技能达到的建构效果，明白不同建构技能的缺点与亮点
分享建构作品	幼儿大胆勇敢地表达出对同伴的建构作品的意见与看法	幼儿仔细倾听同伴、老师对自己的建构作品的意见与看法	幼儿敢于回应同伴、老师对其建构作品提出的质疑	幼儿感知到自己建构作品的不足，主动询问同伴、老师的建议	能通过列举班级先前与该建构主题相似的作品与游戏经验，评价自己与同伴的建构作品	能符合逻辑地评价同伴的建构作品，肯定同伴的优点，找出不足	敢于承认作品的不足，否定不成功的建构经验，乐于分享成熟的建构经验

（2）分组讨论

教师根据区域建构游戏情况进行研讨，提出对区域建构游戏的改进方法并由小组代表进行策略分享。

4. 策略小结

（1）客观环境维度的支持策略。（见表 4–24）

时间：建构游戏的时间影响着幼儿建构水平的发展，为保证作品的完整性，应给予幼儿充裕的游戏时间。

空间：建构游戏空间同样也是影响幼儿建构游戏质量的直接因素，教师需给幼儿提供良好的建构空间。

材料：建构材料是幼儿表达游戏想法的载体，建构材料的质量将直接影响幼儿建构游戏的质量，应避免建构材料影响深度学习的发生。

环境布置：为幼儿打造一个有准备的环境，支持幼儿在建构游戏中得到高水平发展。墙面布置的内容需要与幼儿建构主题相适应。

（2）班级文化维度的支持策略：由班级物质文化、班级制度文化、班级精神文化三部分组成。

（3）师幼互动维度的支持策略：游戏中有效的师幼互动是幼儿深度学习发生的关键。

关键词：维度、深度学习、支持策略。

5. 引导与评价

此次研讨活动中，教师们围绕不同主题有不同想法相互碰撞，实现了头脑风暴的最强效应。结合梳理的主要问题，教师阐述自己的观点和每一条思索成熟的见解，同时通过研讨策略，教师进一步改进游戏。

表 4–24　教师提供客观环境支持策略的编码示例

一级编码	二级编码	三级编码	教师具体支持行为
客观环境	建构时间	增加建构游戏总时长	利用餐前、餐后等碎片化时间，让幼儿提前确定建构主题与制订游戏计划
		保证建构游戏的完整性	灵活调整一日生活安排，将集体教学时间后移、第二段自主游戏时间前移，提供完整的自主游戏时间
	建构空间	提供适宜的建构空间	将拼插区移到幼儿生活区，调整纸杯区面积，扩大建构区空间
		空间设置具有开放性	取消建构区与其他相邻区角的隔板，提高建构区的开放性
	建构材料	保证建构材料的数量充足	从其他班级借积木，补给到班级建构区
		丰富建构材料的种类	将户外建构游戏使用的实心碳化积木搬进班级建构区里
		保证建构材料的大小具有科学性	和中班班级交换，满足幼儿建构需要的材料
		投放的材料以低结构材料为主	投入大量的牛奶盒、椰奶罐、奶粉桶等建构材料
		提供与建构主题相适应的辅助材料	当幼儿搭建好售票机后，教师请幼儿在美工区画出地铁票，投放到建构区中
		投放的建构材料具有挑战性	在材料区摆放两块使用率极小的三面体空心积木

环节三：策略共享，引领提升

1. 方式方法

实践观摩。

2. 组织与实施

问题的探讨与改进不应脱离具体的教育现场。为了进一步了解幼儿在区域建构游戏的现状，大班组老师在教研组长的组织下走进班级，实地观摩。通过实地观察，对大班级区域建构游戏的真实情况进行了解。

3. 教研实录

材料：各种大型积木建构材料，纸盒、骰子、聪明棒、多米诺骨牌、红色彩纸、白纸、勾线笔等。

（1）区域建构游戏前期经验观摩。

教师根据儿童的最近发展区为儿童提供支持、帮助，更有利于儿童的发展。

吴老师通过桌面小游戏的组织，激发小朋友们对建构游戏的兴趣。观摩中，教师们发现孩子们自发分组用乐高、多米诺骨牌等材料来做龙舟，他们打算分组拼龙舟，第一组的孩子首先用纸和笔一起商量，探讨如何做龙舟的设计图。教师们仔细观察，并认真记录孩子们的精彩时光。（见图 4–23）

图 4–23　建构游戏搭建实施

（2）观摩结束后，吴老师对自己班级的情况进行分享。

（3）主持人小结。

（4）教师们实地观摩后，进行记录和分享。

在理论学习的基础上，教师们针对班级的实际情况进行讨论，对建构游戏的支持策略作出相应的修改与调整。

关键词：经验观摩、策略共享。

4. 引导与评价

本次活动我们采用实地观摩的方法，切实解决在区域建构游戏中的一些问题，有针对性地优化建构游戏的支持策略，从教师引领的经验分享交流中提炼合理有效的策略。教师在探讨中看细节，在交流中相互促进。本次研讨以分享、交流促进成长为契机，以提高专业水平为目的，更好地关注每位幼儿的建构游戏问题，切实把“游戏即课程”的理念落实于行动，进一步提高幼儿建构游戏科学化水平和把自主权交给幼儿。

5. 总结

在本次教研中，我们以游戏活动中出现的真问题为起点，以解决建构游戏中的实际问题为教研活动的归宿。从案例观摩，寻真问题→聚点讨论、广集众智→策略共享、引领提升三个环节进行研讨，通过多样化的教研策略提升教师在教研活动中的积极性，层层递进，不断深入，使教研螺旋式上升。本次教研既促进了教师的教育教研的积极性，也围绕实际更有效地解决问题。

游戏是幼儿教育活动的主要形式，符合幼儿身心发展特点，全面体现了游戏精神在幼儿教育活动中的渗透。建构游戏以幼儿的操作为主，依靠一定的活动材料，再现生活场景，为幼儿提供了直接参与操作活动和情境体验的契机，对幼儿的社会经验发展和情感体验获得均有积极意义。

三 教研活动的成效及反思

1. 活动反思

本次教研活动只是游戏常规问题的开端，接下来的整改落实才是重中之重，教师们将认真梳理本次教研活动的重点，以年级组为单位，将教研与实际操作紧密结合，并在实际操作中分析策略的适宜性，做进一步的修改及完善。针对观摩建构游戏活动，教师们展开了详细、专业的研讨，同时，还挖掘出了建构游戏中所包括的如社会性教养——幼儿懂得互相服务、合作，行为习惯的养成——分享，语言的教学——沟通、表达，动手能力的训练——自我服务等的教育价值。通过思维和创作来反映现实的游戏，丰富了幼儿的主观体验，发展了幼儿的动手能力和建构技能，还使幼儿学会了分享与合作、尝试创新，体验了成功与挫折。幼儿无论在认识方面、创造力方面还是交往方面等都有很大的发展，各方面的能力都得到了提高。在这个过程中，每一位参与教研的教师既是投资者，又是获益者，投资的是个人的教育任职经验，获得的是群体的认知结晶，大家在合作和互动中共同成长、共同提高。

2. 不足之处

这次的教研活动比较简单，就像是一次集体反思，在研讨过程中，以幼儿为对象，教师们提出关于中、小班幼儿集体到小组建构游戏的问题，从而引发了教师的集体思考和关注。但由于不同年龄段的幼儿具有不同的建构游戏特征，所以，本次研讨的支持策略不一定适用于小班幼儿与中班幼儿。因此，对于如何支持不同年龄段幼儿在建构游戏中深度学习，是下一步研讨的问题。引导教师们搜集一些有关资料、准备案例，为下次教研活动做好准备。

3. 进一步的改进与支持策略

（1）抓住兴趣创设情境，增强活动的目的性。

兴趣是驱动幼儿深度学习的内在动力。教师在游戏过程中要善于抓住幼儿的兴趣点挖掘深度学习的契机，通过提问、布置任务、制订游戏计划等方式激发幼儿的兴趣，增强建构游戏的目的性。

（2）促进幼儿建立高效的同伴合作共同体。

教师不仅要积极引导幼儿主动选择游戏玩伴，而且可以尝试在建构游戏中通过恰当的干预促成良好的同伴合作，以促进幼儿深度学习的发生。首先，教师可以在幼儿做游戏计划时，引导幼儿设计恰当的活动流程，同时做好分工计划；其次，教师可以在游戏过程中通过言语鼓励、动作示范等方式促进幼儿的同伴合作；最后，教师可以在尊重幼儿意愿的基础上，协调幼儿能力、性格等因素，适当调整合作小组的幼儿构成。

（3）提升幼儿的迁移能力，推进活动中的问题解决。

教师可以通过提供直观形象的材料支持幼儿游戏，巧妙提问帮助幼儿迁移生活中的经验，促进幼儿建构活动中的学习迁移。

（4）提升幼儿元认知能力，推进活动的反思与建构。

首先，持续评价、及时反馈，是引导幼儿深度反思学习状况，并及时调整行动策略、实现深度学习的有效途径。其次，以评价的方式推进建构过程。教师需要抓住关键时刻对幼儿的行为进行评价，帮助幼儿及时发现问题，调整游戏发展的方向，深化游戏中的深度学习。最后，以评价反思的方式复盘建构流程。教师需要客观评价幼儿的建构作品，既不打击幼儿的信心又能让幼儿明确问题，这样才有利于幼儿深度学习的延续。

【案例评析】

本教研案例聚焦大班幼儿自主游戏，探索如何以深度学习理论重构支持框架，实践价值显著。具有以下两个亮点：一是立足实践，教研求真赋能。教师基于真实问题，深度内化深度学习理论精髓，并有效迁移至游戏支持实践，显著提升了自身的教学设计与问题解决能力，实现了理论与实践的深度互哺。二是策略普适，成果可迁移应用。研究所提炼的支持策略兼具较强的实用性与推广性，其核心思路与方法论可为其他幼儿园提供参照，助力其结合园本实际进行情境化调适与优化，从而提升自主游戏的质量与深度。

第五章

幼儿园一日活动
之学习活动

案例 1
三维导向，“项”上生长
——基于“项目式学习”的幼儿园非遗课程园本化教研案例

东莞市莞城中心幼儿园　冯湛敏、薛白杨、黄雨娴

一　教研背景与目标

（一）教研主题活动的问题来源

1. 基于政策导向的课程改革要求

作为优秀传统文化重要组成部分的非物质文化遗产（以下简称“非遗”）是赋能学前教育高质量发展的文化课程资源，但在幼儿园开展非遗教育有其特殊性，筛选符合幼儿身心特点的非遗资源并有效融入幼儿园课程，是园本创意课程实践中的重要问题。

2. 基于儿童立场的园本理念

幼儿园课程改革的发展趋势正在逐渐从传统的重视知识灌输转变为注重核心素养培养和个性发展，而“深度学习”是推动学龄前儿童核心素养发展的重要途径之一。幼儿园的教学没有课本，幼儿的学习也不在于照本宣科，而在他们的生活中，在他们的具体行动中，只有幼儿参与了、实践了才是真正的幼儿园课程。通过“深度学习”来开展幼儿园非遗课程，才是实实在以幼儿为本、有幼儿真实参与的行动课程。

3. 基于问题解决的实践需求

随着课程研究与实践的深入，幼儿园教师一直在探索“如何更好地支持幼儿的学习”，愈发关注幼儿学习过程中多个领域、多种经验的整合与运用，并重视幼儿的自主探究与深度学习。特别是本土非遗活动目标不应止于文化传承，更要创新，并让幼儿通过参与活动获得学习与发展的核心经验。教师困惑于用什么方式开展本土非遗课程，才能支持幼儿对本土文化的持续探究，支持幼儿的深度学习。

（二）问题的分析和诊断

东莞市莞城中心幼儿园的非遗教育主要围绕“主题活动”的形式开展，这类活动虽然体现学习的综合性、系统性，有助于幼儿获得全面的、系统的、可迁移的经验，但也存在

一定问题。首先，主题活动更多是教师的主观预设，导致内容相对固化，幼儿自主探究空间有限，难以满足幼儿的认知需求。其次，学习的过程缺乏探究性，幼儿按部就班学习，削弱了幼儿学习的自主性和能动性。再次，幼儿的学习经验构建相对零散，交流方式以教师提问、幼儿回答的封闭式对话为主，不利于经验的整体构建和深度提升。近年，幼儿园尝试基于本土非遗活动，确立了非遗教育目标，厘清了本土非遗资源、探索了本土非遗活动实施策略，但在实践中也发现了诸多问题，如学习表层化、经验碎片化、体验欠真实等，幼儿的学习止步于简单的任务，幼儿习得的经验是零散的、缺乏联系的，大部分是学习表面性的经验，导致幼儿对本土非遗的内涵理解不够深入。

基于上述层面的思考，我园从困惑与需求入手，结合时下最热门的项目制学习方法，以系统教研、难点教研、热点教研三维导向性的教研方式跟进，组成教师教研共同体，帮助教师拾级而上，找准非遗课程和项目制学习的契合点，最终助推幼儿园非遗课程园本化。

（三）教研重点

1. 立足本土非遗，逐步提高教师传统文化素养。
2. 深入探讨非遗、项目制学习、STEAM 教育（一种跨学科综合教育）的契合点。
3. 支持教师在教研中的深度学习。
4. 梳理幼儿在非遗探究中深度学习的方法。

（四）期望目标

1. 引导教师进一步转变观念，打破自身对传统非遗传承的固有认知，梳理构建本土非遗课程的知识体系。
2. 善用三维导向性教研形式，帮助教师厘清项目制学习、STEAM 教育的特点。
3. 基于项目制学习与 STEAM 教育的关系，从创新角度出发，将找准本土非遗、项目制学习、STEAM 教育的契合点。
4. 搭建教研展示和交流平台，支持教师思考和表达，构建高质量的教研共同体。

二　教研活动设计与实施

（一）教研活动方案

1. 做有准备的教研

（1）组织准备：组建项目结对小组（由小、中、大 3 个年级为单位，组建教研项目小组，共 3 个项目小组，每个小组 8 位老师）；教研主任为教研主持人。

（2）设备准备：无线网络覆盖、手提电脑、一体机、投影仪、音响。

（3）场地准备：二楼会议室、教师备课室、音体室等。

（4）资源准备：邀请国培专家叶教授，准备优秀传统文化绘本等。

2. 做有规划的教研

（1）制定教研实施架构

教研组瞄准问题，制定以系统教研、难点教研、热点教研三维导向式教研架构（见图5–1），扎实推进教研，提高教师支持幼儿参与非遗项目制学习活动的能力，促进幼儿深度学习。

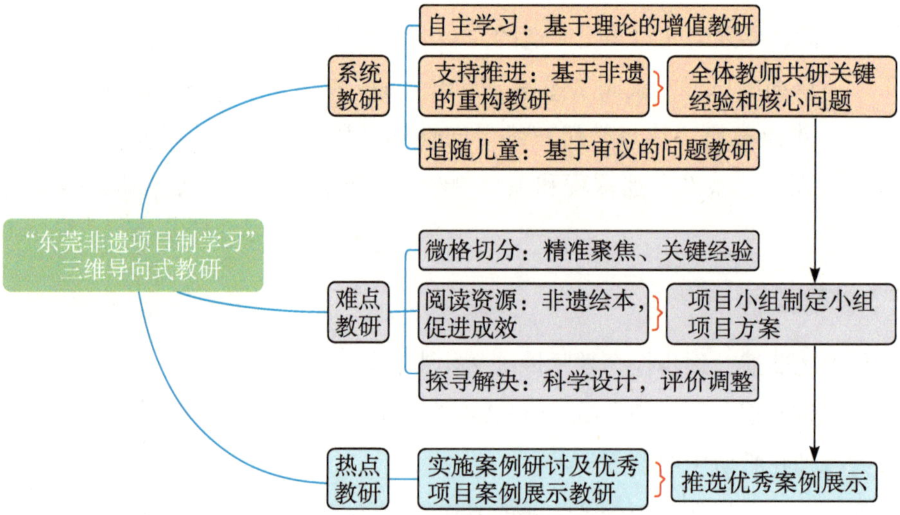

图 5–1　三维导向式教研架构图

（2）形成教研方案（见表5–1）

表 5–1　东莞非遗园本课程教研安排表

序号	时间	教研内容	主持人
1	2021 年至今	持续选派教师参加非遗讲解员培训	各年级教师
2	2023 年 9 月	教师阅读相关书籍并讨论	各年级组长
3	2023 年 9 月	审议课程，厘清问题	各年级组长
4	2023 年 10 月	"基于东莞非遗的幼儿园 STEAM 教育的实践研究"园本教研活动	国培专家叶教授
5	2023 年 11 月	"传统文化绘本分析"教研活动	教研主任
6	2023 年 11 月	"传统文化绘本与 STEAM 教育相结合"的活动方案设计的教研活动	国培专家叶教授
7	2023 年 1 月	实施案例研讨及优秀项目案例展示教研活动	教研主任

续表

序号	时间	教研内容	主持人
教研要求	1. 教研教师应准时出席，如有特殊情况需提前向教研主任请假并说明情况。 2. 参加教研的教师按年级组成小组，每组选出一名组长，组长负责组织本组成员进行研讨，各小组成员在组长的带领下，围绕主题进行讨论。 3. 在讨论过程中，教研主持人将在各组之间走动，对各小组的讨论情况进行指导、解答疑问。 4. 在讨论过程中，各小组要做好记录将研讨成果写在纸上，以作发布之用。同时，教师们做好笔记。 5. 在每一主题讨论完成后，各小组选派一名发言人上台发布本组研讨成果。 6. 每组发布研讨成果将进行点评互动。		

（二）教研活动实施过程

1. 系统教研

（1）自主学习：基于理论的增值教研

追随教师当下研究的问题焦点，主持人向教师推荐了相关理论图书《培养小小探索家——幼儿教育中的项目课程教学法》《STEAM 课例精编 · 幼儿园》等，并节选《3—6岁儿童学习与发展指南》中科学领域的章节的内容，组织教师集体研读、组长领读、小组分享的形式开展理论梳理（见表 5–2），为下一步的研讨和实践提供理论的框架。

表 5–2　非遗园本课程理论梳理

	教师梳理的幼儿问题	教师解读问题，确立教研目标
问题一	这些非遗作品是怎么做出来的？怎么产生的？看起来好复杂、好难。	如何帮助幼儿深入了解非遗项目的由来和过程。
问题二	我们可以到哪里看到更多的非遗？玩更多的非遗？如果遇到困难怎么办？	如何发掘多样化非遗活动资源，支持多元化的学习活动。
问题三	自己和同伴是否可以像非遗的叔叔阿姨一样做出那么厉害的东西？	如何满足幼儿的亲身体验。

（2）支持推进：基于非遗的重构教研

组织教师到非遗传习基地参加专业培训，通过充分的知识储备，培养教师的本土文化认同感，增强文化自信，打破自身对传统非遗传承的固有认知，梳理构建本土非遗的知识体系。通过前期充分的知识储备来指导具体实践开展的方式。

（3）追随儿童：基于审议的问题教研

①儿童会议

在每周的儿童会议中，教师利用晨谈时间或者一日活动过渡环节，组织大家围坐一起，鼓励幼儿说说对非遗课程的问题。

②教师审议

由级组长分别组织年级教师对当下的非遗园本课程进行审议，教师们提出了许多问题和困惑。（见表 5-3）

表 5-3　对非遗课程的困惑

	教师的困惑
困惑一	在以主题活动开展非遗课程后，幼儿更多了解的是非遗的浅层知识，如何激发幼儿的进一步探究兴趣？
困惑二	哪一种学习方式可以推进幼儿对非遗主题中问题的深度探究？
困惑三	非遗与项目制学习、STEAM 教育能碰撞出什么样的火花，是否符合幼儿的学习和生活水平，满足幼儿发展的需求？

2. 难点教研

（1）微格切分：精准聚焦，关键经验

“基于东莞非遗的幼儿园 STEAM 教育的实践研究”园本教研活动

【活动流程】

①引出话题

主持人：《努力成为世界主要科学中心和创新高地》一文强调，中国要强盛、要复兴，就一定要大力发展科学技术，努力成为世界主要科学中心和创新高地。首先要充分认识创新是第一动力，要营造良好创新环境，加快形成有利于创新人才成长的培养机制。

②明确定义

主持人：STEM 被认为是培养科技人才和创新意识的重要途径。它是关于科学（Science）、技术（Technology）、工程（Engineering）以及数学（Mathematics）的跨学科教育模式，后来新增了艺术（Art），变成了 STEAM。它是以孩子为中心，培养孩子创造力，以做中学、重实践、重创造的教育模式。

③强调方法

主持人：STEAM 强调项目式学习 PBL，（Problem-Based Learning），PBL 是一套设计学习情境的教学方法，强调以学生的主动学习为主，将学习与问题挂钩，设计真实性任务，强调把学习设置到复杂的、有意义的问题情景中，通过学习者的自主探究和合作来解决问题，从而学习隐含在问题背后的科学知识，形成解决问题的技能和自主学习的能力。

④提问反思

教师 1：3—6 岁年龄段的孩子在思考能力和行动计划性方面都处于启蒙阶段，缺乏解决实际问题的能力，他们真的可以进行 STEAM 教育吗？

⑤讨论分析

教师 2：3—6 岁儿童特征，喜欢动手、充满好奇、勇于探索、充满创意，而 STEAM 可以提升儿童的核心素养，它为儿童提供了动手实践的机会，将创意变成想法，挖掘了儿童的内在潜能，特别培养了创新能力和未来人才所需的综合素养。

⑥阶段小结

主持人：答案当然是可以的，关键在于教师要有 STEAM 素养意识，用 STEAM 思维去重新审视平常已经习惯的教育模式。例如我们可以思考：在幼儿的生活和游戏中，有没有可能通过“创作”来解决的问题？

⑦举例分析

主持人：我以广州市第二幼儿园的园本课程“二十四节气如何与 STEAM 结合”进行案例分析，梳理出一个 STEAM 活动的所包含的流程是：提出问题—独立思考—实验对比—得出结论—原理应用—寻找材料—动手创作。

⑧引发思考

主持人：提到东莞非遗文化，你们首先想到的可能是？

教师：粤剧、舞龙狮、龙舟、千角灯、舞麒麟……

主持人：请选择一个非遗项目，以小组为单位，根据以上 STEAM 活动的流程来设计方案。

教师小组研讨后把结果记录在白纸上，并进行现场分享。

⑨小组研讨分享

小班级部教师代表分享非遗“粤剧 +STEAM”项目“粤来粤爽”的设计方案。

· 第一步：提出问题

如何让粤剧服装在夏天轻便凉快？化妆过程太复杂如何在短时间速成？

· 第二步：解决问题

把布料变轻薄；用微型风扇；把冰宝宝贴身上。

· 第三步：制作方案

科学 S：电能转化为动能工程；

技术 T：空气流动产生风学；

工程 E：制作微型电风扇艺术；

艺术 A：作为装饰放在头饰上；

数学 M：轻重、数据。

· 第四步：构建场景

中级部教师代表分享非遗“醒狮 +STEAM”项目“舞动的狮子”的设计方案。

·第一步：提出问题

如何让醒狮动起来？

·第二步：解决问题

利用磁铁的特性让狮子动起来；利用马达、轴轮的方法带动醒狮动起来。

·第三步：制作方案

科学 S：磁铁相吸相斥的原理（马达、轮轴原理）；

技术 T：组装磁铁与舞台框架结合起来；

工程 E：安装马达、轮轴、电池、开关等；

艺术 A：用轻黏土制作狮子造型，树枝、布、涂画等方式丰富外形；

数学 M：狮子大、轻重、材料数量。

·第四步：构建场景。

大班级部教师代表分享非遗“茶山公仔 +STEAM”项目“茶山公仔来演戏”的设计方案。

·第一步：提出问题

如何让茶山公仔动起来？茶山公仔可以演戏吗？

·第二步：解决问题

用电船或弹簧或马达让茶山公仔动起来；用音箱或齿轮让茶山公仔来演戏。

·第三步：创作方案

解决“茶山公仔动起来的问题”；

选择材料及材质的原因（3D 打印耗材、轻黏土、旋转底盘）；

动力来源（电能、弹簧、齿轮、马达、电线、开关）；

结构设计（人体结构、头身关节）。

·第四步：构建场景

科学 S：动力原理；

技术 T：工具材料；

工程 E：制作故事场景，人体结构；

艺术 A：用轻黏土制作狮子造型，用树枝、布、涂画等方式丰富外形；

数学 M：图形、轻重、方位。

⑩教研总结

主持人：今天教师们已走出第一步，能基于东莞本土的非遗，运用项目式学习方式，尝试把非遗和STEAM教育相结合，大家对STEAM教育和项目式学习模式有了更深入和清晰的认知和理解，学以致用，将理论落实到活动，更新了教育理念，学会了用项目思维、STEAM思维重新审视平常已习惯的幼儿园科学教育模式，也进一步明确了要让孩子将所学知识运用于解决实际问题。但这只是基于教师的水平而设计的方案，但是孩子的想法是什么？用什么来激发孩子的兴趣呢？我们还需要进一步的教研。

（2）阅读整合：非遗绘本，促进成效

“传统文化绘本分析”园本教研活动

【活动流程】

①组内研讨

各年级教研小组根据本年级幼儿已有经验和学习水平，结合年龄特点和幼儿兴趣，对传统文化绘本进行绘本分析。

②园内分享

三个教研小组集中分享交流绘本分析案例。

小班级部教师代表进行《饺子和汤圆》绘本分析；

中班级部教师代表进行《舞狮》绘本分析；

大班级部教师代表进行《放风筝》绘本分析。

③教研总结

主持人：绘本分析考验到教师很多方面的能力：文本分析的能力、筛选重点的能力、画面分析的能力、绘本设计方面的知识等。教师们能够从各个方面去分析绘本，从而回归到教学当中去，在这个过程中，相信对于教师们在绘本分析方面的专业能力是有很大的帮助和提升。更重要的是，大家能以绘本的形式来作为非遗项目式学习一项重要的启动和引入内容，很符合幼儿的年龄特点和学习方式。下一步我们将以各项目小组为单位，根据绘本分析的内容来预设非遗项目“传统文化绘本与STEAM教育相结合”的活动方案设计的教研活动。

（3）探寻解决：科学设计，评价调整

“传统文化绘本与STEAM教育相结合的活动方案设计”园本教研活动

【活动流程】

①专家讲座

专家：之前我以讲座的形式，结合以东莞非遗为内容的STEAM教育课程实例“龙舟”，为教师们厘清了东莞非遗、早期阅读与STEAM教育之间的关系，明确了幼儿园STEAM教育的相关要点及课程实施的路径、步骤、方法，启发教师们思考如何将东莞非遗、绘本与STEAM教育相结合。接下来，由教师们按原先分好的项目教研小组，根据你们上一次的传统文化绘本分析，分组进行“传统文化绘本与STEAM教育相结合”的活动方案设计的教研活动。

②小组研讨

现场的教师分组分别基于绘本分析，进行了小班的《饺子和汤圆》、中班的《舞狮》和大班的《放风筝》三本绘本的STEAM教育活动方案设计，随后线下每组推选出一位教师代表现场分享各组的研讨成果。

③教研总结

专家叶教授在肯定教师们的活动方案设计高效和具有指向性的同时，也给予教师们完善方案的意见，对细节问题提出修改建议。叶教授还与现场教师进行了亲切交流，并指导了各个课题、项目下一阶段的教研方向，让全体教师受益匪浅。

3. 热点教研

（1）实施案例研讨及优秀项目案例展示教研活动

在经过一段时间的实践后，教师们整理形成了一些非遗项目制学习案例，教研主持人选取其中一个案例作为典型案例，组织教师开展案例研讨。

①头脑风暴

主持人提问：请大家思考几个问题，在案例中，教师提供了哪些支持来满足幼儿深度学习的需要？

教师1：有调查表，有环境的创设和材料的投放。

教师2：我认为最重要的是教师的观察和引导，特别是每当幼儿有疑问的时候，教师及时反应，组织大家讨论，让幼儿对问题感兴趣才有进一步探究的欲望。

主持人小结：是的，教师们思考得很细，教师在环境、材料、师幼互动（基于观察、倾听、提问）一步步引发幼儿的思考是深度学习的保障。

主持人提问：在案例中除了教师给予的支持，还有什么支持幼儿的探究？

教师3：除了教师，在案例中家长和非遗传承人也是幼儿项目式学习的参与者和支持者。家长带孩子到非遗基地、文化馆参观调研；非遗传承人进课堂让幼儿亲身感受舞狮该如何配合鼓声节奏进行舞狮的动作等，还有家长利用自身科技特长，把电感控制技术带到课室，萌发幼儿探究非遗和STEAM融合活动的兴趣。

主持人小结：是的，在项目开展的过程中，教师应该尽可能地引入更多的参与主体，整合园、家、社三方面的资源和力量，帮助学龄前幼儿的自主探究和深度学习。

②教研复盘

主持人提问：如果是你，你会在哪方面来调整这个案例的推进，促进幼儿的深度学习？

教师4：我将帮助幼儿充分构建背景知识，项目启动阶段和家长的沟通必不可少，虽然教师提供了调研表，但是如何使用？有没有和家长说明其使用方法和目的呢？另外调研表的设计是否有孩子的参与，还是教师的主观设计呢？这是我要考虑的地方。

教师5：当孩子明确了自己要探究的是“会动起来的狮子”，过程中也运用了多样化材料来尝试，教师是否可以引导孩子尝试以学习小组的形式去讨论制作，再小组间对比，这样的话可最大化满足幼儿每个人的参与感和体验感。

主持人总结：老师们讲得非常好，正如大家所言，我们在开展非遗项目制学习活动时，关注到幼儿是活动的主体，教师在后，跟着幼儿的问题走，扎根儿童本位，立足于非遗园本课程的生长点。同时，经过系列研讨后，大家明白如何借力项目式学习，逐步找到非遗园本课程实施路径的对接点。接下来，我们还需要进一步探究项目式学习中如何提出高质量的驱动性问题，如何进行项目管理。

三　教研活动的成效及反思

（一）活动特点

1. 分析“真问题”，反映教研导向

本教研针对教师在非遗课程园本化实践中捕捉的现象展开了问题分析：尝试透过现象看本质，基于教师与幼儿的讨论、教师与教师的研讨，发现在实际中非遗课程中学习表层化、经验碎片化、体验欠真实等问题。

2. 跟进“真研究”，呈现教研逻辑线索

教研过程中，摒弃一言堂模式，教研组织者更注重参培教师的感受与参与程度，教研活动具有层次性，教研活动有准备有规划，以三维导向——系统教研、难点教研、热点教研的统整推进整个教研活动，激发他们在自审、反思基础上的自评，倡导教师间的合作与交流，从而形成相互学习、共同探讨的学术氛围，促进教师的深度学习。

3. 收获“真实效”，积淀教研成果

通过一步步推进和落实，促进教师对非遗知识重构梳理，厘清非遗的教育价值和课程资源，掌握了项目制学习与 STEAM 教育的基本方法，优化了教学与指导过程。

综上所述，“真教研”就是捕捉一个真问题、分析其背后原因、构建解决问题的逻辑框架、及时提炼研究成果的过程，以此帮助教师解决真问题，助力教师获得真成长。

（二）活动价值

1. 促进教师个体深度的学习卷入

（1）加深教师对非遗核心概念、教育价值的认识。

（2）提高教师尤其是年轻教师开展非遗项目制学习的能力水平。

（3）促进教师教育思想和教育行为的转变。

2. 强化教师团队教研实践能力

教研以小组形式开展，小组分工，集合智慧，激发了彼此思想碰撞出火花，稳固和发展了学习共同体。

3. 助推了幼儿园办园水平

教研的推动，营造了良好的学习氛围，形成了以基于本土非遗的园本课程的教育成果，如案例、课程设计、实践成果等，提升了教师教学水平，幼儿的综合素养得到发展，创新了对非遗的传承与创新模式，提升了幼儿园社会影响力。

（三）反思

1. 活动优点

（1）关注过程

在教研的过程中，我们重视教师思想的变化，这比教研结果现场的呈现更重要，教师专业成长的提升是教师自身内需的、对专业的及时反思和调整。以小组式的三维导向教研，使得教师主动接受，能扎扎实实将教师深层的想法挖出来，成为园本教研中最可贵的素材与力量。教师们反复的实践、辩证、反思，实现教师教育理念的真正转变。

（2）注重持续探究

从教研方式上看，教师的学习探究是持续的，从系统教研到难点教研，再到热点教研，每次重点解决当下的问题，从教研目的上看，此次教研还有继续深化的空间。

（3）聚焦于瓶颈与支架

在此次教研中，教师知道非遗园本课程的难点和瓶颈，也知道解决问题的重点应落脚到项目式学习和 STEAM 教育上，但想改变又不知从哪开始，想操作又不知从哪动手。遇到瓶颈期，教研就是要及时地给予各种支架，通过引导教师思考，拓宽视野，给予抓手，落实行动。

2. 活动不足

（1）教研过程性资料的积累和整理能力有待提升。

（2）教研资源略显单一化，资源共享平台搭建欠缺。

（3）教研过程中对问题挖掘不够深入。

3. 生成教研契机

（1）探索信息化技术教研模式，提升教师信息化素养，促进教研实效性。

（2）以问题式延伸教研，开展“高质量的非遗项目式管理”专题研修。

4. 进一步改进及支持策略

（1）利用 UMU（互动学习平台）、问卷星等信息化互动平台进行教师教研问题调研和资料收集。

（2）重视教研前的教研备课，搭建梳理园内数学教研资源共享库。

（3）完善教研激励机制。

（4）我们拟在我园的“校际结对”幼儿园、“对口帮扶”幼儿园中进行结对教研，使教研成果在实践检验的过程中不断完善。主要实践的内容包括本土非遗项目制学习的教学实践、项目制学习环境创设等。

【案例评析】

本案例紧扣国家政策，创造性推动非遗文化融入幼儿园课程，实践价值突出。具有以下三个亮点：一是政策响应与文化育人深度融合。积极响应国家弘扬传统文化的号召，将非遗资源转化为适宜幼儿的丰富文化课程内容，奠定文化认同根基。二是儿童立场与素养发展有机统一。立足幼儿视角，通过深度学习路径，有效促进其核心素养的培育与发展。三是整合创新与实践效能显著提升。以问题解决为导向，创新融合项目式学习（PBL）与STEAM教育理念，有效破解幼儿学习中整合性、探究性与深度学习的实践难点，同步提升了幼儿学习品质与教师教学实效。后续建议深化教师专业支持，系统开展非遗文化内涵、PBL及STEAM教育专项培训，并配套建设优质教学资源库；构建长效机制，支持教师将先进理念与方法园本化、常态化实施，最大化赋能幼儿全面发展与文化传承使命的达成。

案例 2

幼儿园数学区域材料投放“三步走”的教研案例

东莞市寮步伟翔幼儿园　梁丽仪、邓行郎、刘巧仪

一　教研背景与目标

（一）问题来源

1. 数学区域活动是个别化学习的重要途径，但其教育目标常因材料投放缺乏层次性而难以有效实现。数学区域活动时间充裕，没有集体时间和空间的局限，是发展幼儿数学思维、学习品质的重要途径。但幼儿园各班级在此区域开展的活动普遍不能满足不同发展水平的幼儿的个体需求。

2. 数学区域的材料投放失衡。数学区域材料的投放缺乏全面性，多数以数概念、分类、排序内容居多，涉及测量、比较、几何图形及空间方位很少；材料种类不齐全、同质类材料过多，如拼插类玩具过多。

3. 幼儿操作水平处于浅层，无法引发其兴趣及深度探究。部分材料结构性程度高，不耐玩。幼儿随意摆弄情况多，持续操作的少。

（二）对问题的分析与诊断

1. 教师对数学领域核心经验缺乏认识。教师对幼儿数学能力发展水平缺乏认识，也对数学领域核心经验概念不清晰，以致材料结构失衡，无法全面覆盖幼儿数学发展全部内容。

2. 教师对创设区域材料及有效投放缺乏策略与方法。数学区域材料玩法过于单一，未有效引起幼儿的兴趣；材料层次性缺乏，无法满足幼儿个体发展差异性的要求。

（三）期望目标

1. 了解并能参考数学核心经验投放数学区域材料。

2. 借助案例，掌握有效投放材料的方法。

3. 能够分析和反思材料，有效优化材料。

二　教研活动设计与实施

（一）教研活动整体规划（见表 5-4）

表 5-4　教研活动整体规划

阶段	活动内容	时间	解决问题	准备	形式
1	聚焦于材料投放的失衡性，整体地认识数学领域核心经验	4 月第 2 周	克服无意识投放材料的问题，优化区域材料结构	教研员了解数学核心经验、《3—6 岁儿童学习与发展指南》数学认知目标	集中学习：数学九大核心经验的内容 查漏补缺：材料是否全覆盖核心经验 材料分析：核心经验具体化 智慧碰撞：小组研讨优化材料结构
2	聚焦于材料的趣味性，探讨投放的策略	4 月第 4 周	掌握有效投放材料的策略，减少幼儿随便摆弄材料的行为	不受欢迎的数学材料、优质材料视频	提问思考：材料不受欢迎的原因 体验式操作：通过具体案例或材料了解增强材料的趣味性和层次性的具体方法
3	聚焦于材料的探究性，支持幼儿深度学习	5 月第 2 周	聚焦于材料的探究性，梳理支持幼儿深度学习策略方法	提供观察工具、深度学习视频	现场观摩：各年级数学区域活动 对照工具：小组观摩研讨材料如何支持深度学习的视频 集中研讨：典型案例如何优化支持幼儿深度学习

（二）教研的实施过程

第一次教研：聚焦于材料投放的失衡性，优化区域材料结构

数学区域材料是引发幼儿数学探究和自主体验的重要载体。理解幼儿数学发展核心经验，能够支持教师有目标、系统地投放材料。班级材料投放存在失衡的问题，以数概念、排序、分类的内容材料居多，甚少涉及其他数学内容。我们开展了第一次教研活动。（见表 5-5）

1. 教研方案

表 5-5　第一次教研活动方案

主题	聚焦于数学核心经验，优化区域材料结构。
目的	1. 明晰数学的核心经验。 2. 能够分析数学材料的目标指向和适宜水平。 3. 基于核心经验设计数学材料或对班级不适宜的材料进行优化更新，提升教师设计有价值的数学个别化学习活动的能力。

续表

准备	经验准备：阅读《3—6 岁儿童学习与发展指南》《学前儿童数学学习与发展核心经验》。 物质准备："数学核心经验及儿童表现性水平"表（对照核心经验）若干份，班级数学区域材料清单表、小中大班数学操作材料各一份，记录纸、记号笔若干。
过程	1. 抢答游戏：了解儿童数学核心经验。 2. 查漏补缺：数学区域材料对照核心经验。 对照班级材料，是否全覆盖数学核心经验的内容。 3. 材料分析：看材料定位核心经验和适宜水平。 4. 智慧碰撞：小组研讨如何优化区域材料。 以年级为单位各准备一份数学区域材料，分析材料的核心经验并优化材料。核心经验是什么？材料可能存在什么问题？如何调整？ 5. 教研总结。

2. 活动实施

（1）抢答游戏，快速了解儿童数学核心经验。（见表 5-6、表 5-7）

依次呈现《3—6 岁儿童学习与发展指南》中数学的学习与发展目标、幼儿数学核心经验及儿童表现性水平的思维导图，请教师以年级为小组进行抢答，补充缺少的具体内容。

表 5-6 《学前儿童数学学习与发展核心经验》结构框架

数学内容	九个核心经验
集合与模式	集合与分类
	模式
数概念与运算	计数
	数符号
	数运算
比较与测量	量的比较
	测量
几何与空间	图形
	空间方位

表 5-7　各年龄段学前儿童数学教育内容与要求

	小班	中班	大班
集合与分类	1. 能根据物体的某一外部属性特征进行匹配。 2. 能按照物体的某一种外部显性特征（颜色、大小、形状、种类等）给物体分类。 3. 能对数量差异明显的两个集合进行多少的比较。	1. 能按照功能给生活中常见的物体分类。 2. 能从不同角度给同样的物体进行分类。 3. 能尝试说出分类的理由。 4. 能对数量在 10 以内的两个集合进行多少的比较。	1. 能按照给定的标准（概念水平）给熟悉的物体分类，如给蔬菜和水果分类。 2. 能按照物体的两种及两种以上属性特征给物体分类。 3. 按照某一特征的肯定与否定进行分类。
模式与排序	1. 能识别所提供物体的排列模式。如 ABABAB 模式、ABBABBABB 模式等。 2. 能对所提供的简单模式（如 ABABAB 模式）进行复制。	1. 能识别相对复杂的排列模式，如 ABCABCABC 模式、AABAABAAB 模式、ABBABBABB 模式等。 2. 能对所提供的相对复杂的模式进行复制和扩展。 3. 能发现并说出环境中事物排列的简单规律，如衣服上的条纹是按红绿红绿的规律排列的。	1. 能认识构成模式的单元，如出示一排 ABBABBABB 的模式的物品，能指出该模式的核心单元是 ABB。 2. 能运用不同的方式和材料（图画、实物或动作等）表征有规律的模式。 3. 能运用所提供的材料自己创造一定的模式规律。
数概念与运算	1. 能进行 10 以内的唱数。 2. 能通过点数说出 10 以内物体的数量。 3. 能采用目测的方式直接说出 3 以内物体的数量。 4. 能根据所出示物体的数量（5 个以内）从一堆物体中取出数量相等的物体。 5. 能认识 10 以内的数字。	1. 能进行 20 以内的唱数。 2. 能进行 10 以内的倒着数，接着往下数。 3. 手口一致点数 15 以内物体的量。 4. 理解 10 以内基数的含义，会按物取数和按数取物。 5. 能运用图画或其他符号表示 10 以内的数量。 6. 能指出一排物体（10 以内）中任意一个物体是第几个。 7. 理解日常生活中常见的数字符号所表达的意义，如电话号码、门牌号码、星期几等。	1. 能不受物体摆放形式的影响，通过点数说出 20 以内物体的数量。 2. 能按群计数，如用 2 个 2 个数或 5 个 5 个数的方式。 3. 能用书面数字符号正确表示 10 以内的量。 4. 理解日常生活中数字符号所表达的不同意义，如年月日、钟表上的时间、温度计、纸币等。 5. 能够用算式来表示生活中遇到的数量变化和加减问题。如用 2+3=5 表示 2 个糖果和 3 个糖果放在一起的事情。 6. 能对一定数量的物体进行等分，如二等分和四等分。

续表

	小班	中班	大班
量的比较与测量	1. 能用直接比较的方法判断两个物体的大小、长短、高矮。 2. 能在比较的基础上给3—4个物体按照量的差异特征（如大小、长短、高矮）排序。	1. 会用直接比较的方法判断物体的粗细、轻重、厚薄、宽窄等。 2. 能在比较的基础上给5—6个物体按照量的差异特征（如粗细、轻重、厚薄、宽窄）排序。	1. 能在比较的基础上给7—8个物体按照量的差异特征（如高矮、宽窄、粗细等）排序。 2. 能在比较过程中体验量的相对性，如记号笔比铅笔粗，比胶棒粗。 3. 能在比较过程中，体验量的守恒，如一块方形的橡皮泥搓成长条后，重量不变。 4. 能用生活中的物体作为工具进行简单的测量。如用绳子、扭扭棒、手指等作为量具测量桌子的长度。
几间与空间	1. 能认识并区分圆形、正方形和三角形。 2. 在提供一种几何形状轮廓图的情况下，用至少3块几何形状拼板拼出这个简单图形。 3. 能正确区分上下、前后、里外的方位。 4. 能按含有方位词（上下、前后、里外）的指令行动。	1. 能认识并区分正方形、椭圆形、半圆形和梯形。 2. 能借助几何形状组合范例图，用拼板拼出这个组合图形。 3. 在提供一种几何形状轮廓图的情况下，用至少5块几何形状拼板拼出这个简单图形。 4. 能辨认简单图形（如长方形、三角形、梯形等）改变方位后还是同一种图形。 5. 能区分远近、中间、旁边的方位。 6. 能按远近、中间、旁边的指令行动。 7. 能用简单的方位语言描述位置，如小鸟在树的上面；我站在红红面前等。	1. 能认识并区分球体、正方体、长方体和圆柱体。 2. 能认识并找出平面图形和立体图形之间的关系，如圆形和圆柱体。 3. 能用小几何图形（正方形、长方形、三角形等）拼成一个大几何图形。 4. 能以自身为中心区分左右的方位。 5. 学习用方位语言描述简单的路径。如向前走到玩具店，往左拐，再往前走，就到学校了。

（2）查漏补缺，班级数学区域材料对照核心经验。

阅读核心经验材料，对照班级数学区域材料，是否全覆盖数学核心经验的内容。

（3）材料分析：看材料定位核心经验和发展水平。（见表 5-8）

选择 2—3 个材料图片进行分享，丰富教师对数学区域材料的具体认识，参照核心经验的儿童表现性水平判断适合的年龄阶段。

表 5-8　幼儿数学核心经验与发展水平

材料	核心经验	发展水平	适合阶段
	数字符号的意义 + 点数	L2. 数量合集与数字匹配	小班下学期
	图形变换	L3. 能够熟练地将图形平移、反转和旋转	中班下学期
	几何图形分解组合	L4. 创造新的图形	大班下学期
	量的测量技能	L3. 能够选用统一大小单位物品进行测量	大班下学期
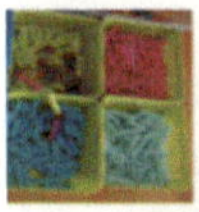 	模式与排序模式识别	L2. 能够复制出与原有模式具有相同结构的模式	小班下学期
	集合与分类多样性	L1. 能够根据物品简单特征进行分类	小班上学期
	数运算分解与组合	L3. 能够根据要求将一定的数量分成部分	大班上学期
	空间方位感知方位	L2. 能够以自己为中心区分上下前后	中班上学期

（4）智慧碰撞：小组研讨如何优化区域材料。（见表 5-9）

以年级为单位各准备两份数学区域材料，分析材料的核心经验并优化材料。

讨论：材料的核心经验是什么？材料可能存在什么问题？如何调整？

表 5-9　分析材料核心经验并优化

材料	核心经验	调整建议	参考范式
	模式识别：L3. 能够在模式识别的基础上对模式发展或变化进行预测。	1. 每片木块编上数字，支持幼儿顺数叠起来。 2. 增加记录单：得到积木的数量、积木塔不倒下的方法。	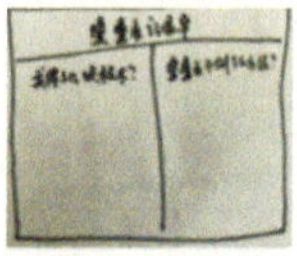
	数的分解与组合：L3. 能够根据要求将一定的数量分成部分。	1. 增加珠子的数量，支持 2—3 人游戏。 2. 增加分解记录单，记录多种分解方式，发现规律。	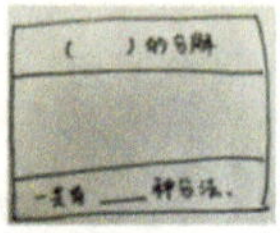
	感知方位：L3. 能够以自己为中心区分左右。	增添不同难度的参考图：对称图形、汉字等。	 
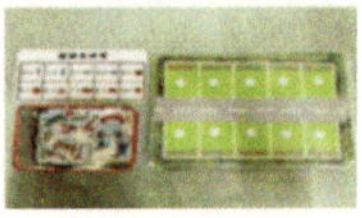	模式多样性：L1. 能够运用视觉表征范式进行模式排序。	增加纸和笔，支持幼儿对图形车牌和数字车牌转换。	纸张、笔
	图形的组合与分解：L3. 能够通过平移、翻转和旋转等方式构造图形。	1. 方块与表情卡分别用盒子分开存放。 2. 减少表情卡，各色 2—3 张即可。（小班） 3. 增加碰铃，进行竞技快慢游戏，增加挑战性。（中班）	—
	数数：L3. 能够手口一致点数并说出总数。	1. 投放如小方块等单元物品。支持幼儿探究不同物品的轻重。（小班） 2. 记录单，记录游戏探究结果。（中班）	—

（5）主持人总结：数学核心经验是数学材料投放的重要参考，能够支持我们有目标、系统地投放材料，依据集合与模型、模式与排序、数与运算、测量与比较、图形与空间等九大维度内容，各自调整班级数学区域材料的结构。另外，材料设计要依据数学核心经验，有教育价值、有趣味性和支持幼儿深度学习。

第二次教研：聚焦于材料趣味性，探讨材料投放的策略

经过数学核心经验学习，班级数学区域材料投放基本上涵盖了九大核心经验的内容。在区域活动中，即使调整材料了依旧存在部分材料受欢迎、部分材料却无人问津的情况。高结构材料存在玩法单一和无趣，无法激发操作的愿望，开放性材料玩法多样，结果具有不确定性，能够激发幼儿深度探究的动力。本次教研寄望通过对幼儿喜欢材料的分析，引导教师发现数学区域材料投放的有效性策略方法。（见表 5–10）

1. 教研方案

表 5–10　第二次教研活动案例

主题	聚焦于材料的趣味性，探讨投放的策略。
目的	1. 了解幼儿不喜欢的材料的原因。 2. 借助材料案例，知道降低材料结构、创设开放性问题情境是增强材料趣味性和层次性的有效方法。
准备	“不受欢迎”材料 4 份、案例视频 2 个、“动物排队”材料若干
过程	1. 感同身受：这个游戏不好玩。 2. 自主分析：为什么幼儿不喜欢玩它? 3. 体验式操作：幼儿喜欢怎样的材料? 案例一：毛毛虫钻洞洞（5 以内的点数）——降低材料的结构化水平 案例二：彩色串帘（按规律排序）——提供多种零散材料 案例三：动物排队（高矮比较）——创设开放性的问题情景 4. 教研总结。

2. 活动实施

（1）感同身受：这个游戏不好玩。

从跳圈圈到圈圈音乐游戏，从不好玩到好好玩，改变的是增加了音乐元素。

（2）材料分析：为什么幼儿不喜欢玩它？（见图 5–2）

主持人总结： 高结构的玩具材料，因玩法单一、欠缺趣味性和深度探究的可能性，所以幼儿不喜欢。

多图形拼贴
原因：目标规则不明确

叠叠乐
原因：单纯垒高，游戏价值低

几何套圈圈
原因：玩法单一，幼儿操作兴趣不足

盖杯捉迷藏
原因：层次性不够，幼儿持续时间短

图 5–2　分析玩具材料不好玩的原因

（3）体验式案例研讨：怎样的材料幼儿才喜欢？

①播放案例操作视频：毛毛虫钻洞洞（5 以内的点数，见图 5–3）

教师 A： 骰子的加入使游戏结果增加了随机性，从而提升了游戏的趣味性，激励幼儿不断地重复。

教师 B： 骰子卡片可替换的设计提升了幼儿游戏的层次性，幼儿可以根据自己的意愿（当前发展的经验水平）选择适宜的卡片。

教师 C： 利用生活中的闲置玩具，增加一个骰子和数学目标，耐用好玩，也是幼儿喜欢的重要原因之一。

图 5–3　毛毛虫钻洞洞

②播放案例视频：彩色串帘（按规律排序，见图 5–4）

教师 D： 投放的各色小吸管，各种形状的小珠子、小卡片等都是零散材料，能够激发幼儿进行多种模式的探究。

教师 E： 丰富的材料支持了模式的多样化，材料目标明确，结果却有很多，能够调动幼儿多次尝试。

图 5–4　彩色串帘

③体验式案例操作：动物排队（高矮比较，见图 5–5）

主持人：（每人发放各种动物纸条）小动物排队。

问题 1： 请将这些小动物按照从高到矮（从矮到高）排队，应该怎样排？

问题 2： 4 只小动物按照高矮顺序排队，小兔子排在第二个。可以怎样排呢？

教师 A：第一个提问就控制了幼儿的思维，答案唯一，缺少挑战性和趣味性。

教师 B：第二个问题的排队结果有多种。

教师 C：创设开放性的情景问题，可能性更多，更加有趣和有挑战性，促使幼儿数学思维发展。

图 5-5 小动物排队

（4）教研总结

幼儿喜欢操作的材料偏向于：降低材料的结构化水平（如增加一个“机关”让操作结果不确定）、设置开放性问题情境的材料，使它们更加富有趣味性和层次性。

第三次教研：聚焦于材料的探究性，支持幼儿的自主学习

前两次教研大家围绕教研主题，对数学区域活动是幼儿发展数学能力的个性化实施路径的价值认可，对幼儿数学学习与发展的九大核心经验有全面的了解，如何根据核心经验设计和投放材料有了实践性的探索。本次教研我们将走进数学区域活动的现场，一起基于观察分析来反思数学材料的有效性。

1. 教研方案（见表 5-11）

表 5-11 第三次教研活动方案

主题	聚焦于材料的探究性，支持幼儿深度学习。
目的	通过数学区域学习活动观摩和典型案例的研讨，提升教师观察分析以及针对问题优化材料的能力。
准备	多媒体设备、研讨视频“数的组成快乐多”。
过程	1. 解读工具：“个别化活动观察表”。 2. 现场观摩：走进数学区域活动现场。 3. 诊断分析：定格行为，有理有据进行研讨。 4. 聚焦案例，集体研讨：聚焦幼儿在操作过程中的三个镜头，引发教师分析讨论。 5. 梳理建议，提升策略。

2. 活动实施

（1）教研导入：解读观察工具“个别化活动观察表”（见表 5-12）

共同解读“个别化活动观察表”四个维度的观察指标，了解每个指标的核心要素，帮助教师有目标地进行观察和分析材料的有效性。

表 5–12　个别化活动观察表

观察要素	核心要素
满足不同水平幼儿的需求	材料定位的最近发展区
个体自主构建	学习方法
实现有效学习	领域经验、思维发展、学习品质
整体发展情况	自我认知、情绪管理、人际交往

（2）现场观摩：走进数学区域活动现场

教师以年级分成三组，分别走进数学区域活动现场，根据表格的维度对幼儿和材料的互动进行观察，拍摄视频或照片记录与分析。

（3）诊断分析：定格行为，有理有据进行研讨

各小组根据幼儿与材料互动情况，推选出一份材料进行分析分享。

小班：好玩的方块（见图 5–6）

教师 A：这份材料能够满足不同的水平的幼儿需求：核心经验是集合与分类、计数与数符号及空间方位，能够进行多种玩法，如颜色排队、按数取物、按数量及颜色取物、对应摆放等。幼儿有自主建构的行为，选取不同颜色进行分类，自己摆空白方位卡，让同伴一起操作等。

教师 B：我觉得自主建构行为比较限制，小班第二学期的孩子可以进行 5/6 以内数与量点数。

教师 C：整体发展的亮点是幼儿合作行为萌芽，3—4 岁幼儿的自我中心模式比较强，可以着重分享和表现。

图 5–6　好玩的方块

中班：拉马车（扑克牌，见图 5-7）

为车头牌的相邻数时收起来，核心经验为理解三个相邻数之间的等差关系。调整后材料能够满足不同水平幼儿的发展需求，在车头牌确认上有自主构建的空间，有效掌握从等量数—相邻数—三个相邻数的核心经验，实现幼儿专注力、合作能力和反应能力发展。

教师 C： 对于大班幼儿，这份材料也可以调整为“两个数相加为 5 时之间的牌收起来”“两个数相差为 4 时之间的牌收起来”，核心经验为大班 10 以内数的加减，对于大班幼儿制定游戏玩法更多，规则的生成过程就是幼儿对数学经验综合运用的过程。

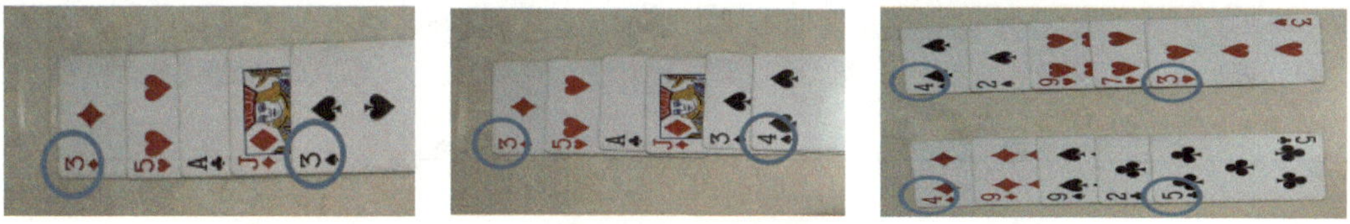

图 5-7　拉马车

大班：手指对对碰（10 以内的加法）

教师 D： 这是一个竞赛性的规则游戏，个体自主建构很高，结果输赢不确定，这就刺激幼儿不断重复游戏，在重复中越来越熟练地掌握 10 以内的加减。

小结：现场老师基于观察工具表的四个维度对幼儿的学习行为展开分析与解读。我们逐渐从单纯的研究材料转变为对幼儿行为的观察与研究，我们正试着去了解幼儿，以便做出更为准确的识别，进而优化学习材料来真正推动不同幼儿的发展。

（4）聚焦案例，集体研讨

①教师观看《数的组成快乐多》幼儿学习视频

观察要求：聚焦于幼儿操作的三个镜头，基于幼儿的学习行为来分析材料如何调整。

②讨论实录

教师 E： 不同数的分解，使用的骰子面值需要不同，被分解数越大，骰子各面要设置较多的大面值才能让幼儿拥有更多棉球可分配，更有效支持幼儿生成防守和进攻策略。

教师 F： 个别化学习的核心要素提到，帮助幼儿回顾自己的探索过程，所以记录非常重要，我们的记录纸只记录过程，没有记录一下子获得四格棉球的策略，起不到支持回顾和发现的作用。

③梳理与归纳（见表 5-13）

表 5-13 幼儿学习视频梳理与归纳

镜头	幼儿学习行为	材料有效性分析	材料如何调整
镜头一：骰子的面值	5/6 分解时使用骰子的面值偏小，骰到小面值的概率很高。	材料设置不当，不能支持幼儿获取更多棉球进行支配。	①骰子面值要向大的数倾斜。②分解数牌与对应骰子颜色匹配，能快速配套，不混淆。
镜头二：棉球点数环节	幼儿一个一个进行点数，耗时长。	减少各色棉球的数量。	投放提示卡片。
镜头三：幼儿的记录	幼儿在记录纸上记录了数的组成，并没有记录自己获取多个棉球的方法。	记录表无法支持幼儿的回顾与发现。	记录增加“我的发现”一栏，支持幼儿记录策略。

3. 教研总结

（1）调整结构，数学核心经验材料全覆盖

依据《3—6 岁儿童学习与发展指南》在“数学认知”各年龄段的目标，结合数学九大核心经验，细化各个目标，并且物化为区域材料，支持幼儿数学逻辑思维的均衡发展。

（2）材料多样，满足不同幼儿的探索需求

材料投放时，考虑幼儿发展的差异，提供有层次、更多元的探究材料。多样化的材料更具开放性，有多种组合探索的可能，能支持不同幼儿用自己的方式操作和改变，从而满足不同水平幼儿按自己的经验和发展速度进行自主探究。

（3）材料可变，激发幼儿进一步的探索欲望

材料的可变，能诱发新问题的产生，生成更多的探究机会，从而能引发幼儿深层探究。

（4）记录表征，支撑不同幼儿回顾与发现

过于开放的观察记录，无法支撑不同幼儿回顾与发现。因此，要提供不同层次的记录纸，为幼儿在探究发现时搭建不同的阶梯。

三 教研活动的成效及反思

（一）活动特点

循序渐进，逐点优化。本次教研的三步走分别聚焦于数学区域材料投放的失衡性、趣味性与探究性的三个层面，从认知层面了解数学核心经验和实践层面，了解有效投放的具体方法和理念层面的动态优化，帮助教师提升数学区域活动的质量。

（二）活动成效

1. 数学核心经验有助于教师为理解而“教”，为理解而“投”

数学核心经验的价值帮助教师了解在数学领域的教学内容、幼儿数学发展轨迹及数学教学策略等，即“教什么”“教谁”以及“怎么教”的知识。通过本次教研，教师清晰明了地了解学前数学是什么、儿童数学学习的年龄特征等问题，能够明确投放目标，涵盖全面的数学学习内容，用合适的方式投放材料。

2. 发现真问题，解决真困惑

幼儿在数学区域操作材料处于低水平阶段，材料投放不能支持幼儿深度探究，是每个班级都存在的普遍性问题，本次教研提供丰富的数学区域材料案例资料参考，对教师创设包含九大核心经验的数学材料有直接指导意义。通过收集与借鉴优秀案例分析，教师掌握了降低材料的结构程度、提供零散的结构材料等策略，对教师有直接参考意义。

（三）活动反思

1. 细化维度，共研共长

本研究需要继续细化数学核心经验各个内容，通过“观察—研讨—调整—发现—再调整”的方式，生成优质的数学区域材料。

2. 制作样板，沉淀资源

教研员可以制作出数学区域材料名片，呈现材料核心经验、组成部分、基本玩法等内容，整理出各年级的数学区域材料投放清单，为教研成果的展示推广以及新教师培训积累资源。

【案例评析】

该案例聚焦于数学区域活动在学前教育中的作用，强调了个性化学习在幼儿数学思维发展中的重要性，具有以下三个亮点：一是有针对性的问题分析，对存在的问题进行了深入分析，从教师认识、材料投放策略等多个角度进行了诊断，这为问题的解决提供了清晰的方向。二是有明确的期望目标，为教研活动提供了具体的指导。三是案例驱动的学习方法，通过案例分析，教师直观理解问题，学习有效的策略和方法，有助于教师将理论知识转化为实践技能。后续建议建立持续的反馈和评估机制，并据此迭代优化材料和教学策略，确保持续有效促进幼儿数学思维发展。

案例 3
以深度学习为导向的绘本项目课程的生发与实施路径
——以大班绘本项目课程“大话西游”为例

东莞市长安镇上沙幼儿园　何小玲、孙福娣、王金兰

一　教研背景与目标

（一）教研主题活动的问题来源

幼儿园的绘本项目课程是跟随着幼儿共生共长的，它是基于幼儿经验、兴趣、需求，由师幼共同建构的，是当下幼儿园课程实施的重要方式之一。东莞市长安镇上沙幼儿园近几年一直坚持绘本特色课程，把绘本融入五大领域中，与游戏巧妙结合，让绘本课程在幼儿的学习与发展中发挥作用。但在革新的绘本项目课程实施的过程中，很多教师出现“看不见儿童”“挖不出深度”“找不到生发”等问题。在教研前期，针对问题，我们开展了教师对幼儿园绘本项目课程的问卷调查，将教师在课程实施中存在的困惑进行梳理，发现的问题是：

1. 伪儿童视角。绘本项目课程的开展，教师们为完成任务，想快速出成果，认为儿童能力有限，便自己来架构课程内容，设置实施路径，造成课程并非真正源于儿童视角。

2. 缺深度学习。教师们有时候过于积极收集，与主题相关的内容都想传达给幼儿，导致信息和内容很多，使课程有广度但缺深度。

3. 少动态生成。教师很难在课程实施中形成因儿童兴趣、需求生发的课程内容，导致课程无法呈现出幼儿的动态探索轨迹，以至于他们在课程学习中逐渐失去兴趣。

（二）对问题的分析和诊断

基于上述问题，我们组织教师立足于已有经验，对绘本项目课程活动进行研究与实践，发现教师对绘本项目课程存在以下问题：

1. 课程生发中，缺乏基于儿童视角，寻绘本项目课程的生发点。

2. 课程路径中，缺乏基于幼儿关键性问题，探深度的绘本项目活动。

3. 实施过程中，缺乏可持续的探究，审动态绘本项目课程。

（三）教研重点

本主题教研活动拟从转变教师视角出发，遵循幼儿发展规律，聚焦于项目化学习推动幼儿主动学习、积极探索。基于绘本课程特色的实施基础，探索绘本项目课程的生发与实施路径，通过案例分享、课程生发、交流分析、共同梳理，形成可以让教师们借鉴的、以深度学习为导向的绘本项目课程的实施路径。

（四）教研期望的目标

1. 基于园本绘本课程特色的现状，进一步明确绘本项目课程的认识与理解，分析与提炼课程的生发点和价值点。

2. 以绘本故事《大话西游》为例，通过沉浸式的教研方式，梳理在不同活动背景下绘本项目课程的有效实施路径。

3. 立足幼儿发展，帮助教师更精准、更全面解读幼儿学习与发展的维度，促进教师专业能力的发展。

二 教研活动设计与实施

（一）教研活动方案的整体规划

参与本次主题教研活动策划、组织和实施的团队成员主要包括幼儿园的副园长、教研主任、绘本特色课程组及其他教师。围绕本次主题教研活动的策划与实施等工作，团队规划了一系列连续性的相关活动，具体安排见表 5-14。

表 5-14 教研活动方案

序号	活动内容与要点	教研方式	活动时间
1	基于园本课程，调查与分析，形成学年度教研主题。	问卷调查	9 月
2	什么是基于幼儿视角的绘本项目课程？	集体培训	9 月
3	基于幼儿兴趣，制订绘本项目课程计划及课程框架。	集体培训	10 月
4	基于课程实施的典型事例，撰写绘本项目课程故事。	园本教研	11 月
5	以深度学习为导向的绘本项目课程的生发与实施路径。	课程审议	11 月
6	基于儿童发展，探索绘本项目课程的多元评价。	园本教研	12 月
7	继续提炼课程实施的深度，打造精品绘本班本课程，形成园本绘本课程特色。	案例整理、入册	12 月

（二）本次教研活动的设计

1. 目标与内容

本案例介绍的主题教研活动是这一系列活动中的第八次教研活动，将围绕“以深度学习为导向的绘本项目课程的生发与实施路径”四环节的教研现场来开展，具体安排见表5-15。

表5-15　教研活动的设计

<table>
<tr><td>活动主题</td><td colspan="5">以深度学习为导向的绘本项目课程的生发与实施路径</td></tr>
<tr><td>活动目标</td><td colspan="5">1. 以大班绘本项目课程“大话西游”为例，引导教师挖掘绘本中能促进幼儿深度学习的生发点，提炼项目课程，共享教育智慧。
2. 基于儿童视角，探析绘本项目课程的有效实施路径，支持幼儿主动学习，解决教师开展课程中产生的困惑。</td></tr>
<tr><td>活动时间</td><td>2022年11月29—30日</td><td>活动地点</td><td>大三班</td><td>学段 / 学科</td><td>学前教育</td></tr>
<tr><td>设计团队</td><td colspan="5">幼儿园绘本特色课程组</td></tr>
<tr><td>参与对象</td><td colspan="5">幼儿园的副园长、教研主任、绘本特色课程组、共同体教师</td></tr>
</table>

2. 活动准备（见表5-16）

表5-16　教研活动准备

资料准备	·教研活动主题预告单，征集“绘本项目课程的实践困惑” ·现场教研活动PPT ·大班绘本课程故事《大话西游》 ·KWL（已知知识、想知问题、所学内容）或KWH（已知、想知、如何）讨论表 ·便利贴 ·路径图 ·《3—6岁儿童学习与发展指南》
经验准备	·熟悉《3—6岁儿童学习与发展指南》 ·了解园本课程特色革新后的绘本课程实施的7种模式 ·查阅项目课程的相关文献及资料
流程设计准备	·开场：主持人介绍主题，音乐互动，抽签分组。 ·以大班绘本项目课程“大话西游”为例，开展三环节教研活动。 ——聚焦于项目生成，提炼核心价值。 ——聚焦于绘本项目路径，探7种变式组合。 ——环“绕”童趣，共探有故事的环境。 ·主持人总结性发言。 ·预告下一次教研活动的主题，教研反思。 ·教研评价，反思成效。

（三）教研活动实施过程

以革新园本特色课程为契机，聚焦于项目化学习，推动儿童主动学习、积极探索。基于园本课程的实施基础探索绘本项目课程，根据教师前期实施经验及问题需要，本次教研活动将开展主题系列教研。

1. 教研片段一：聚焦于项目生成，提炼核心价值

研讨任务：围绕绘本项目的发现点、价值点，开展“聚焦于项目生成，提炼核心价值”绘本项目课程第一次教研，为绘本项目活动的生发提供支持。（见表 5-17）

表 5-17 教研实录（一）

观点对话：什么是绘本项目课程？	
引言	“项目化学习、项目课程、项目活动”多种项目体系的术语纷繁复杂，给教师带来了实施上的困扰。它们是一样的吗？它们之间有什么关系呢？今天老师们一起来学习与分析。
主持人	结合调研，分析“项目化学习、项目课程、项目活动”的意义与内涵。基于幼儿园绘本课程特色的革新，请老师们谈谈什么是绘本项目课程。
教师 A	是幼儿在教师的支持、引导和帮助下，围绕某个感兴趣的故事主题而展开的活动。
教师 B	是强调“儿童为本”的课程意识，突显幼儿在项目课程中的主体地位，关注幼儿在项目课程中的经历、探索、交流和分享。
教师 C	是一种基于真实问题，分支生成多元化的课程。
课程故事案例分析：绘本项目课程如何生成？	
主持人	绘本项目课程是基于儿童立场，将项目化学习融入绘本课程，依据自身兴趣生发的绘本项目活动，让儿童主动参与，建立以儿童为本的绘本探索新路径。基于对课程的理解，接下来请孙老师分享课程故事“大话西游”，看看她们班的绘本项目课程是如何生成的？
教师 D	基于幼儿对绘本《西游记》的兴趣而捕捉教育生成的点。
教师 E	抓住传统文学的教育价值，在儿童视角下进行深入的实践探究。
教师 F	基于幼儿对绘本《西游记》人物特征的关键问题生发课程。
现场实操：如何梳理核心目标和价值？	
主持人	现在请老师们自由组合，以绘本项目课程“大话西游”为例，围绕 KWL 或 KWH 表分析关于西游记已知、想知道、所学到或怎么可以知道的内容，挖掘项目价值点与发展点，明确后续学习目标和方向。
现场分享：核心价值分析与问题链梳理	
主持人	请老师们分组交流关于《西游记》我已经知道……，关于《西游记》我想要知道……，关于《西游记》怎么可以知道或可发展……的问题
A 组	已知道《西游记》里的孙悟空有金箍棒会七十二变。 想知道西游记中其他人物的武器与本领以及取经的过程中发生了什么有趣的事情。 学会了理解故事情节，主动愉悦地参与，会用动作、语言、图画和符号表现故事，会用自己的方式表现和创造美的环境。

续表

B组	已知道《西游记》的主人公是孙悟空，他的金箍棒会变小，西游记中的长安是我国现在的西安。 想知道为什么孙悟空被压在五指山下，唐三藏的白马是怎么来的，猪八戒和沙和尚的本领是什么，故事是否真实发生。 学会了主动表达问题，续编故事，制作简单的服饰和道具。
C组	已知道《西游记》的人物及其武器和本领，已知道师徒四人一起西天取经。 想知道唐僧的白马的由来，沙和尚的武器是什么，取经路线及大唐在现代的位置。 可以通过梳理问题、亲子调查、小组讨论、分享经验、动手操作、亲身体验来了解绘本。
主持人	本次教研的有效性首先表现在人人参与；其次表现在教师在沉浸式的教研中对绘本项目活动的生发有了更多经验。
小结	本次教研激发了教师对绘本项目课程的深层思考，为项目生发、价值提炼等提供了可行的实践策略，增强了教师实施的信心。下一片段教研，我们将聚焦在问题链接的设计及实施上，探讨绘本项目实施的多维变式路径，推进幼儿的深度学习。

2. 教研片段二：聚焦于绘本项目路径，探 7 种变式组合

研讨任务：走进课程，分组研课，聚焦在问题链接的设计及实施上，探讨绘本项目实施的多维变式路径，推进幼儿的深度学习。（见表 5-18）

表 5-18　教研实录（二）

思辨：绘本项目“两阶段”路径探索	
引言	在第一次绘本项目课程教研的基础上，围绕“如何打破教师绘本课程固有路径模式，让绘本课程路径推进更深入、更灵活”的核心问题，开展“聚焦绘本项目路径，探 7 种变式组合”的第二次教研，为教师后续项目的开展提供思考和操作的具体框架。
主持人	基于前测调查中教师普遍存在的困惑，我们来探讨：项目化和传统教学有什么不同？路径有什么不一样？
教师 A	传统的教学限制了幼儿的思维，没法拓宽幼儿的视角。
教师 B	根据目前的发展趋势，项目化的活动更利于幼儿的主动学习。
教师 C	项目化学习，是基于幼儿的兴趣点产生的，所实施的路径都是因幼儿的某一个点而产生的，这种组织形式更能以幼儿深度学习为导向。
提炼：绘本项目 7 大模块拓展	
主持人	通过绘本项目实施的 7 大模块，利用便利贴提炼法，分组讨论，链接实践经验，梳理“说·故事”“赏·故事”“玩·故事”“唱·故事”“跳·故事”“画·故事、演·故事”模块的项目形式，进行多元建构。

续表

<table>
<tr><td>A 组</td><td>“说·故事”“和赏·故事”两者都是体现幼儿语言的学习与发展，培养幼儿倾听与表达，以及对《西游记》故事情节的阅读理解与梳理。</td><td rowspan="3">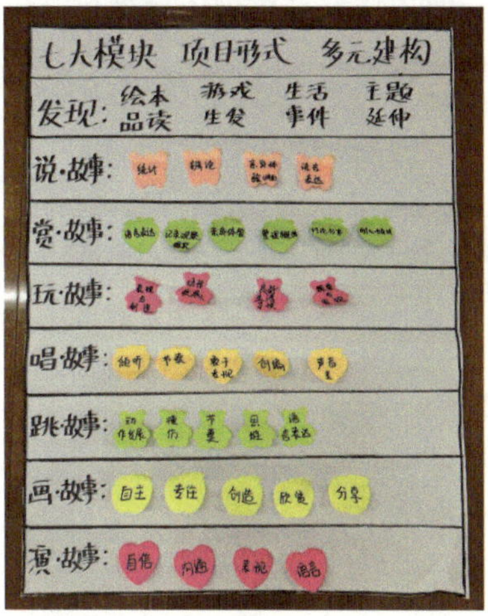
</td></tr>
<tr><td>B 组</td><td>“玩·故事”体现《西游记》取经之路游戏的设计与创造、动作发展、探索与发现、图画表征。画·故事体现幼儿的自主、专注、欣赏、创造、分享。</td></tr>
<tr><td>C 组</td><td>“唱·故事”“跳·故事”“演·故事”是艺术的体现，通过《西游记》中的经典童谣、歌曲及故事情节剧本，让幼儿感受与欣赏、表现与创造，积极参与艺术活动，运用多样艺术形式大胆表现与创造。</td></tr>
<tr><td colspan="3">互动：绘本项目“7 种变式”运用</td></tr>
<tr><td>主持人</td><td colspan="2">儿童的经验和兴趣会随着项目探索不断变化和增长，教师该如何更好地跟进绘本项目课程呢？结合大班绘本项目课程“大话西游”，利用路径图的形式展开思考，结合幼儿关键问题，探讨路径变式的深度设计。</td></tr>
<tr><td>A 组</td><td colspan="2">“赏·故事”（你想知道什么？）——幼儿自主讨论，画圈记录想知道的《西游记》故事，自主调查孙悟空、沙僧、猪八戒的武器与本领，并分享调查结果。
“画·故事”（我心中的《西游记》）——以区域分组开展，通过欣赏绘本，分组自主创造与合作（《西游记》人物画、《西游记》手工作品、《西游记》连环画、《西游记》剧场），创作区域环创并分享。
“玩·故事”（探索取经之路）——幼儿集体或小组看地图讨论取经之路，以投票方式选取取经场景，设计户外游戏计划，自主搭建游戏场景，体验取经之路，一路降妖除魔，最终到达取经点，最后画出游戏故事并分享。</td></tr>
<tr><td>B 组</td><td colspan="2">“说·故事”（喜欢谁？谁的本领大？是否需要猪八戒？）——幼儿自主讨论喜欢的人物，通过投票统计的方式筛选《西游记》中谁的本领大，分两组开展辩论赛，辩论《西游记》是否需要猪八戒。
“跳·故事”（真假美猴王）——分组讨论，创编角色动作，两组美猴王从动作、表情、音乐匹配上进行 PK 游戏。
“唱·故事”（唐僧骑马咚那个咚）——幼儿自主选取童谣，进行节奏与内容的学习，将跳皮筋与童谣结合。
“演·故事”（我想演什么？）——幼儿自主选剧本进行讨论，进行角色竞演，分工制作背景与武器道具，集体布景进行《大话西游》童话剧表演。</td></tr>
<tr><td>小结</td><td colspan="2">老师们相互讨论，分工合作，在沉浸式的教研中对绘本项目课程多位变式路径的运用有了更加深入的理解。在接下来的教研环节，我们将围绕“有故事的环境”，探索儿童立场下的项目课程班级区域环境的创设。</td></tr>
</table>

3. 教研片段三：环“绕”童趣，共探有故事的环境

研讨任务：走进区域现场，以“有故事的环境”为切入口，探索儿童立场下的项目课程班级区域环境的创设，推进幼儿的主动学习。（见表 5–19）

表 5–19　教研实录（三）

“零距离”现场观摩，遇有故事的环境		
引言	在第一、二次教研中，我们分别解读了绘本项目课程“大话西游”，从不同角度分析了不同背景下活动实施的路径。在接下来的第三次教研环节，我们以“有故事的环境”为切入口，探索儿童立场下的项目课程班级区域环境的创设，支持幼儿开展持续的探索活动。	
主持人	幼儿的学习是以直接经验为基础的，现在我们走进大三班“零距离”现场观摩，感受环境中所隐藏的故事。	
教师 A	给孩子营造了轻松自主的阅读环境，创设了“听说读写”四方面的区中区及语言材料，为幼儿幼小衔接的阅读能力与前书写做好了准备。	
教师 B	让我直观地感受到“有故事的环境”这把钥匙对幼儿的重要意义。在“大话西游”这个项目活动中，儿童在前，教师在后，幼儿是环境的主人，整个环境凸显活动开展的过程。	
教师 C	创设了“大话西游”绘本项目课程区域，展示的泥偶、绘本书卷、人物角色小书、场景道具等，处处显现孩子是环境最大的主人，能将课程很好地融入生活中。	
“近距离”经验交流，墙、角、区遇儿童		
主持人	儿童作为幼儿园环境的主人，如何体现他们对环境的决策、实现对环境的表征、参与环境改造。以“大话西游”绘本项目活动为例，结合已有经验，我们“近距离”分析与探讨，在墙、角、区中看见儿童的学习。项目课程活动开展非常深入，能清晰地看到幼儿主动学习的轨迹。	
A 组	孩子成为环境的主人，充分体现以幼儿为本的教育理念，在无声的环境中幼儿不断巩固对《西游记》的已有知识，提高语言表达能力，在区域中善于用故事人物及情节感知美、表现美、创造美。	

续表

B 组	充分体现了“大话西游”活动开展的连续性，看到了幼儿主动学习的活动痕迹，幼儿对故事有了深入的了解，发展了思维能力，提高了语言表达能力，提升了对艺术的审美能力。
C 组	结合大班幼儿的学习目标，幼儿以扫码倾听的方式进行自主阅读，善于用思维导图对故事进行梳理和归纳；投放故事表演的剧本及道具，有效地支持幼儿在语言“听说读写”中主动学习，促进幼儿语言表达能力的发展。
D 组	在区域中，给幼儿提供低结构的材料，让幼儿发挥自主性和创造性。将故事人物孙悟空、唐僧、猪八戒、沙和尚以及师徒四人去西天取经的故事情节在区域中展现，让幼儿学习到处都在生发，让爱绘画与制作的幼儿有了表达故事的机会，也让幼儿感受走进文学项目课程的快乐。
主持人	区域环境创设的实践与复盘，实现了从一面墙、一个区域发展到区域空间课程的探索，幼儿以小主人的身份参与空间打造，创设出了富有特色的绘本故事空间。
小结	本次教研活动围绕“有故事的环境”开展现场观摩及经验分享，让老师对环境创设有了进一步的思考，同时也为后续探索提供了策略支持。相信通过本次活动，老师们能学以致用，和幼儿共创有故事的班级环境。

三　教研活动的成效及反思

（一）活动的特点

1. 教研从当前大班绘本项目课程“大话西游”的生发出发，针对教师实践中的问题，开展系列教研活动，目标明确，环节安排有序，核心话题设计清晰，使教研层层推进，逐步解决问题，促进绘本项目课程中幼儿的深度学习。

2. 整个教研都以参与式的教研方式展开，用 KWL 表的方式展现并进行梳理，让参与的每一位教师都能置身教研之中，对教研探讨的内容更加清晰明确。

3. 本次教研扎实有效，真实展现了组内不同年龄教师的专业水平，通过交流分享将个体经验化为共同经验，每一位教师在教研过程中都有收获。

（二）教师能力水平的发展及教育质量

以绘本项目活动引发幼儿深度学习的课程，有利于教师儿童观、教育观、课程观的转变与完善，生动诠释“发现即成长”的专业进阶路径与成效，突出体现在以下方面。

1. 发现儿童。教师在解读幼儿学习特点和行为方式的过程中不断增强自身的儿童意识和专业判断，追求真实地学、整合地学。

2. 发现资源。教师逐渐打破固有的思维定式，不断拓宽对课程资源的认识，从分析幼儿身边的生活、环境、人际资源等出发，多角度发掘现有资源蕴含的教育价值。

3. 发现方法。教师从片段到整体、从零散到聚焦、从模糊到清晰对幼儿学习的整合性、阶段性、差异性、创生性等特点有了更深的认识。

4. 发现自己。教师发现了更有力量的自己，观念的转变提升了教育理解，经验的丰厚激发了行动智慧，明晰了自己专业能力提升的方向。

（三）问题与分析

绘本项目课程是本学期中绘本特色课程革新的新做法，教师的教育经验不够丰富，对以儿童视角背景下的课程观的认识欠缺，对幼儿的学习方式的理解还不够全面，形成的实施策略和方法还不够灵活、不够具体，指导策略还需在实践中不断梳理与提炼，以便教师在今后的实践中迁移运用。

（四）完善与推进

根据我们的问题和特色课程组成员的总结，随着项目课程教研的进一步深入，我们还将继续努力完善与推进。如借鉴优质园的一些项目课程案例与分析工具表，帮助教师不断进行反思，提升教研的敏锐度和专业性；继续开设绘本项目课程，收集课程故事案例、视频以及幼儿深度学习的活动记录表及课程环境图等，为教研积累实证资料做好充分准备。

【案例评析】

本教研案例以“深度学习为导向的绘本项目课程的生发与实施路径”展现了其独特价值，具有以下三个亮点：一是根植文化传承，精选《大话西游》经典绘本为载体，巧妙融入园本课程，为幼儿播下文化认同的种子。二是课程生发与实施精妙契合深度学习理念，以奇幻故事激发幼儿兴趣，合理地将复杂故事简化；教师精心设计递进式路径，从基础认到深度体验，通过情境浸润、多元活动（小组活动与集体活动相结合）与启发式引导，充分激活幼儿主体性，保障其沉浸探索与深度交流。三是模式普适，推广价值显著，所采用的策略（如角色扮演、手工制作等）常见易行，课程框架灵活可调，为传统文化园本化提供了优质范例，兼具课程开发参考与师资培训双重价值。

案例 4

基于儿童视角幼儿园自然课程的开发与实施

东莞市黄江镇中心幼儿园　黄爱英、骆映玉、叶桂珠

一　教研背景与目标

（一）教研主题活动的问题来源

课程建设是幼儿园内涵发展的核心，是实现其教育目的的有效手段之一，且课程的质量直接影响幼儿教育的质量。为认真贯彻落实《幼儿园教育指导纲要（试行）》《3—6 岁儿童学习与发展指南》和《幼儿园保育教育质量评估指南》中有关于园本课程建设的精神，目前，东莞市黄江镇中心幼儿园正在尝试建设适宜自己的园本课程。然而在实施的初级阶段，我们发现如下问题：一是教师对园本课程的概念认识模糊，课程理论水平偏低，缺乏课程资源开发的知识与能力。二是教师现有的课程观念陈旧，课程意识淡薄，课程思维固化。三是教师对园本课程建设工作热情不高，缺乏动力。有效建构适宜本园的园本课程，以促进幼儿的身心健康、全面发展，这是一个非常切合我园现实、解决实际问题的教研内容。我们通过对全体教师进行“基于自然教育园本课程的构建”的调研，确立了关于园本课程构建的教研活动内容，见表 5-20。

第一阶段：网上研修“幼儿园园本课程游戏化背景下园本课程的构建与实施研修班”，通过理论学习，掌握园本课程整体架构及课程研究路径；通过案例分享了解园本特色课程从无到有的建设过程；通过主题分享、专家讲座，了解目前园本课程实施现状以及有效实施策略。

第二阶段：通过世界咖啡园本教研活动，聚焦于“基于儿童视角幼儿园自然课程的开发与实施”，细化幼儿园自然课程资源内容和实施策略。

第三阶段：邀请专家来园指导课程体系建设，让“设计—实践—反思—调整—再实践”成为构建园本课程的方法。

本次教研活动属于第二阶段。

表 5-20　园本课程构建的教研活动

模块	培训时间	培训专题	授课专家
专家讲座	10 月 20 日 9：00—12：00	▲“幼儿园课程建构策略研究” ▲互动交流：学员与专家围绕培训主题研究交流（30 分钟）	孙文云（广东技术师范大学学前教育系系主任）
主题报告	10 月 27 日 14：00—15：00	▲循道返本—创见未来一幼儿园“返本”课程的构建与探索 ▲互动交流：学员与专家围绕培训主题研究交流（30 分钟）	王翔（深圳市教育幼儿园园长）
特色课程案例分享	10 月 27 日 9：00—12：00	▲案例分享“特色课程——民间艺术中心” ▲互动交流：学员与分享嘉宾围绕案例交流探讨（30 分钟） ▲专家点评	胡振军（深圳市教育幼儿园骨干）
	10 月 27 日 14：00—15：00	▲案例分享“特色课程——走班活动” ▲互动交流：学员与分享嘉宾围绕案例交流探讨（30 分钟） ▲专家点评	陈菲菲（深圳市教育幼儿园骨干）
学员案例研磨	10 月 31 日 9：00—12：00	学员案例研磨 ▲园本课程建设与实施方案研磨 ▲互动交流：学员围绕案例交流探讨（30 分钟） ▲专家点评	学员点评

（二）对问题的分析和诊断

教师的专业水平直接影响园本课程开发的质量，因此，开发过程中教师专业性非常重要，在课程建设中教师应积极主动地发挥作用，才可以让园本课程不断发展、完善、创新。但目前我园的教师课程意识比较淡薄，尚未达到园本课程开发的素质要求。主要成因如下。

1. 幼儿园近年侧重专业知识培训，缺乏课程开发专题学习，以致我园教师欠缺理论修养，观念较陈旧，对课程资源分类的概念和层次不清晰、不明确，资源利用比较浅显，教师对课程利用开发意识也淡薄。

2. 教师依赖现有教材，缺乏课程开发能力，有这种现象的原因主要包括两个方面：一是幼儿园教师工作比较繁忙，每天上班时间需要看管孩子，对接家长工作，责任心重，承受的压力相对大，参与园本课程开发动力不足。二是教师习惯了重复的教育经验，已形成了固有的教学模式，所以改变必然需要投入大量的时间和精力。因此他们参与园本课程建设的热情不高。

（三）教研重点

细化幼儿园自然课程资源内容和实施策略。

（四）期望目标

1. 通过世界咖啡教研来提升教师的课程素养，在开发和实施自然教育背景下，提升园本课程建设的能力。

2. 结合本园自身的课程基础与现状，充分利用幼儿园生态相关资源，形成有效、适宜的自然生态课程体系。

二　教研活动设计与实施

1. 教研设计方案（见表 5-21）

表 5-21　教研设计方案

教研重点及目标	1. 通过世界咖啡教研来提升教师的课程素养，在实施和开发自然教育背景下，提升园本课程建设的能力。 2. 结合本园自身的课程基础与现状，充分利用幼儿园生态相关资源，形成有效、适宜的自然生态课程体系。
教研时间	2022 年 12 月 14 日
教研活动地点	幼儿园小礼堂口
教研参与群体	幼儿园园长、教研主任、全体教师
教研活动准备	1. 环境布置 2. 视频 3. 搜集关于有效构建自然教育园本课程的相关资料 4. 教育案例；教研活动的 PPT、记录纸、笔、多媒体设备
教研活动流程	环节一：热身游戏 以趣味游戏“小松鼠与大树”迅速点燃现场氛围，为后续教研活动奠定轻松、愉悦的交流基调。 环节二：教研导入 巧妙引入教研主题，自然衔接，激发参与者对研讨内容的关注与思考。 环节三：世界咖啡教研 1. 规则阐释：详细解读世界咖啡研讨规则，明确活动目的。 2. 角色确立：各小组推选桌长，桌长现场抽取研讨问题，确定研讨方向。 3. 首轮研讨：小组成员围绕抽取问题展开首轮深度探讨，碰撞思维火花。 4. 跨组交流：除桌长外，组员轮换至其他组别，与新桌长交流观点，原桌长负责汇总信息。 5. 深化研讨：换桌交流重复 2—3 轮，梳理思路形成思维导图，凝聚集体智慧。 6. 成果共享：小组代表汇报研讨发现与创新点，全体参与者共同回顾总结。 环节四：教研小结 对本次教研活动进行全面梳理，提炼关键要点，巩固研讨成果。 环节五：园长进行专业引领 园长结合自身专业经验，对教研内容进行指导，提升活动深度与实践价值。

2. 教研活动实施过程

环节一：热身游戏，活跃气氛

主持人通过开场热身游戏“小松鼠与大树”，活跃现场氛围，激发教师教研的积极性。

环节二：教研导入

主持人：通过上一阶段为期四天半“幼儿园课程游戏化背景下园本课程的构建与实施研修班”的学习，相信老师们对园本课程已经有了进一步的了解。下面我们一起来观看视频《自然与孩子，本来就是天生一对》，观看后我会邀请三位老师结合我园现有的自然生态资源，谈谈自己的感受。

黄老师：“玩”是孩子童年最重要的事，是孩子的天性。其实远足就是一个很不错的自然教育课程。我们可以利用身边可见的自然资源，就比如我们幼儿园里随处可见的果树、宽敞的户外活动场地等，再挖掘一些社区资源，让孩子们可以在玩的过程中认识和探索世界，从而发展个性。

范老师：“溪竹间”这个自然教育课程，让我看到我们生活的自然环境到处都充满教育的契机，这些教育契机的价值取决于老师的发现和引导。视频中的活动充分利用了户外的自然资源，追随幼儿的生活、经验和需要，让孩子们以最舒服的姿态走进自然和自然游戏。这既有效促进他们全面且富有个性的发展，也建立了他们的责任心和爱心，学会理解并尊重环境，与大自然和谐共存！

张老师：这个视频让我获得了大量的自然教育信息。视频中由第一天“石头创意画石头”引发，后面几天拓展和生成了“寻找软宝贝和硬宝贝”“找松软的泥土”“制作陶土”“探索山林的奥秘”，让我看到自然教育课程是可以由一个点，然后连绵不断生成更多。这个活动不仅让我开辟了新视野，还让我的观念和思维也得到了更新。

主持人小结：感谢三位老师的精彩分享，在视频当中，我们能感受到大自然的魅力，它神秘而美好，深深地吸引了幼儿。我们都知道孩子们天性开朗乐观、淳朴自然，对万物充满了好奇，面对大自然，他们有着强烈的好奇心和探索欲。我们会发现，开展自然生态课程，让孩子走进自然，亲近自然，拥抱自然，会大大促进孩子身心的健康成长。

环节三：世界咖啡教研

（1）规则阐释：详细解读世界咖啡研讨规则，明确活动目的。

主持人：幼儿园园内户外面积大，园内种植了多种果树、四季花卉；孩子们有参与水果、蔬菜收成的经验。幼儿园也拥有园外自然环境资源：人民公园、农家田园等。幼儿园在课程开展中已经积累了一定的自然生态教育经验，那如何把我们的资源、经验进行整合，开发出适合我们幼儿园、老师和孩子的园本课程呢？我们围绕“基于儿童视角的幼儿园自然课程的开发与实施”的主题进行研讨，本次教研活动将以世界咖啡的形式进行。

（2）角色确立：各小组推选桌长，桌长现场抽取研讨问题，确定研讨方向。

大班组：基于园本课程目标与实施需求，如何改造与丰富自然环境？

中班组：基于幼儿园的自然生态环境，可开发和利用的课程资源有哪些？

小班组：基于一个年龄段，聚焦一种资源或一个问题，思考如何深入班本课程？

（3）首轮研讨：小组成员围绕抽取的问题展开首轮深度探讨，碰撞思维火花。

（4）跨组交流：除桌长外，组员轮换至其他组别，与新桌长交流观点，原桌长负责汇总信息。

（5）深化研讨：换桌交流重复 2—3 轮，梳理思路形成思维导图，凝聚集体智慧。

（6）成果共享：小组代表汇报研讨发现与创新点，全体参与者共同回顾总结。

小班组老师：我们小班组，聚集我园的荔枝树资源，设计了“荔荔在目”的班本课程。课程主要围绕五个方面来开展：乐研荔枝、乐观荔枝、乐品荔枝、乐存荔枝、乐售荔枝。（见图 5-8）

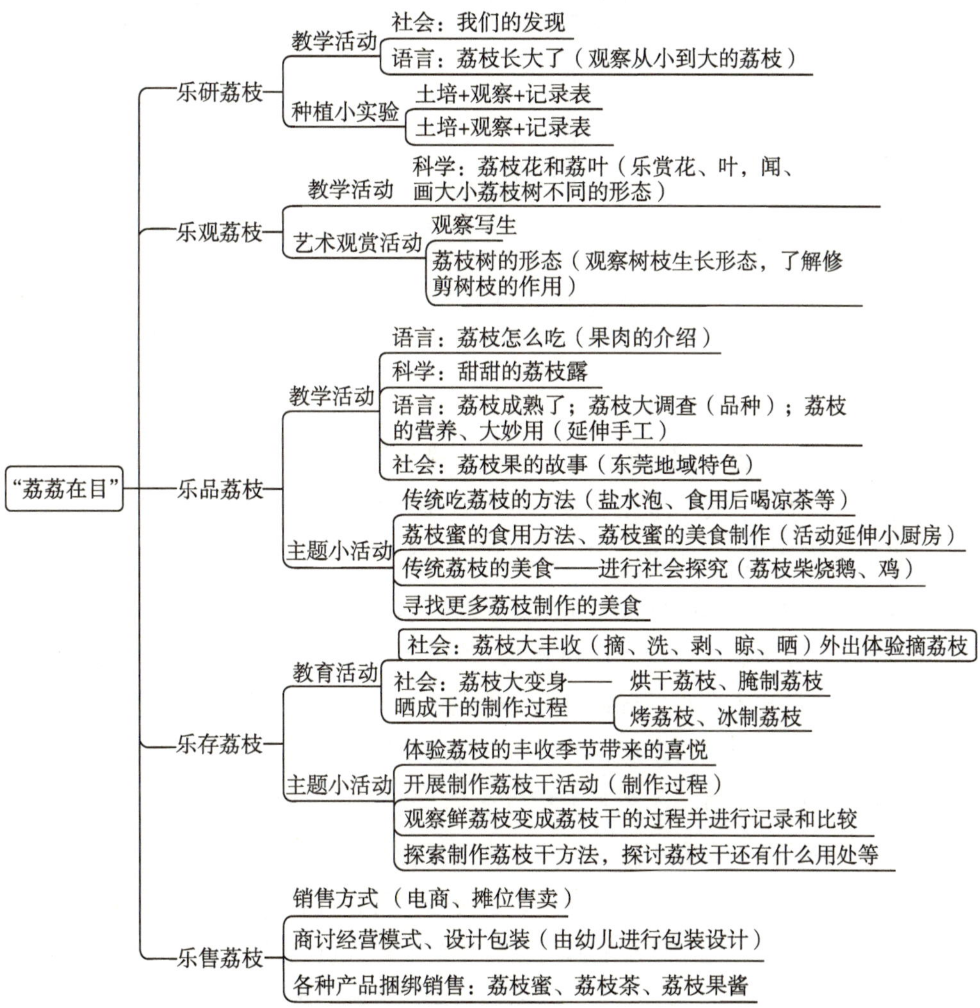

图 5-8　“荔荔在目”班本课程

中班组老师：我们中班组基于我园的自然生态环境，梳理出可开发和利用的课程资源，有以下方面的内容：①植物（蔬菜、果树、花草、树木、瓜菜）。②季节（春、夏、秋、冬）③自然（石、沙、树枝、雷、水、风、云、泥）④动物（家禽、家畜、昆虫）⑤社区（市场、超市、荷花池、花店、公园、菜地、果园）等。（见图 5-9）

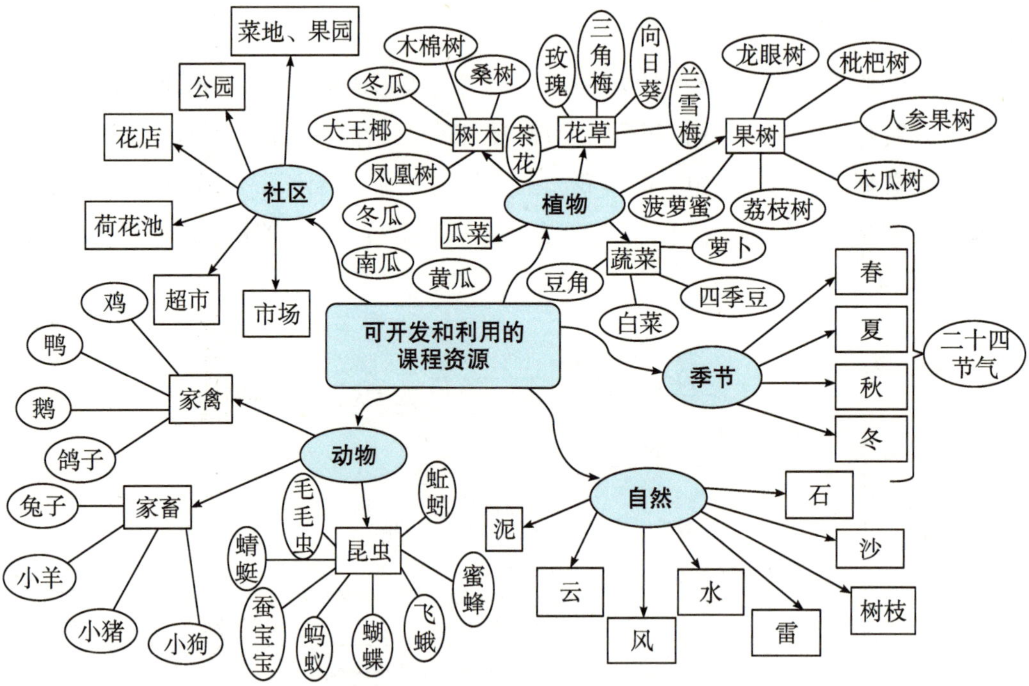

图 5-9　可开发和利用的课程资源

大班组老师：基于园本课程的需要，我们大班组的老师觉得可以从以下方面改造与丰富自然环境：①室内（主题课程的更换、优化各级植物角、结合室外环境文化逐渐改造）②室外（明确校园文化、种植园的更新、改善全园土壤、创设中心果园、设计户外休闲区、停车场环境改造、校门添设自然元素、更换园区户外洗手设施）等。（见图 5-10）

主持人小结：非常感谢三位桌长的分享。小班组老师结合了小班级幼儿的年龄特点设计了“荔荔在目”的班本课程，玩在自然、学在自然，充分发挥了荔枝的教育价值。从借鉴别人的课程到确定自己的班本课程，很多老师表示无从下手，但是我们会发现只要锁定一个内容来开展，慢慢会有很多源源不断的资源，我们一起做中学，学中成长。中班级老师结合我们幼儿园可开发和利用的课程资源进行整合，从园外的公园、菜地、果园到园内的家禽、家畜、昆虫、树木、花草、蔬菜、果树等，再到自然与季节等课程资源，园本开发利用的教育智慧，在一次次课程实践与反思中产生。大班组基于我园园本课程的需要挖掘了我园可以改造和丰富的环境资源，从室内的主题课程、植物角、环境文化到室外种植园、全园土壤、中心果园打造、休闲区、停车场改造、大门更新、洗手设施更换等方面进行分享，我们会发现我们幼儿园除现有的资源外可以更新改造的方面还有很多，相信接下来我们自然生态课程的开展，园长会给予我们充分的支持。再次感谢大家的分享。

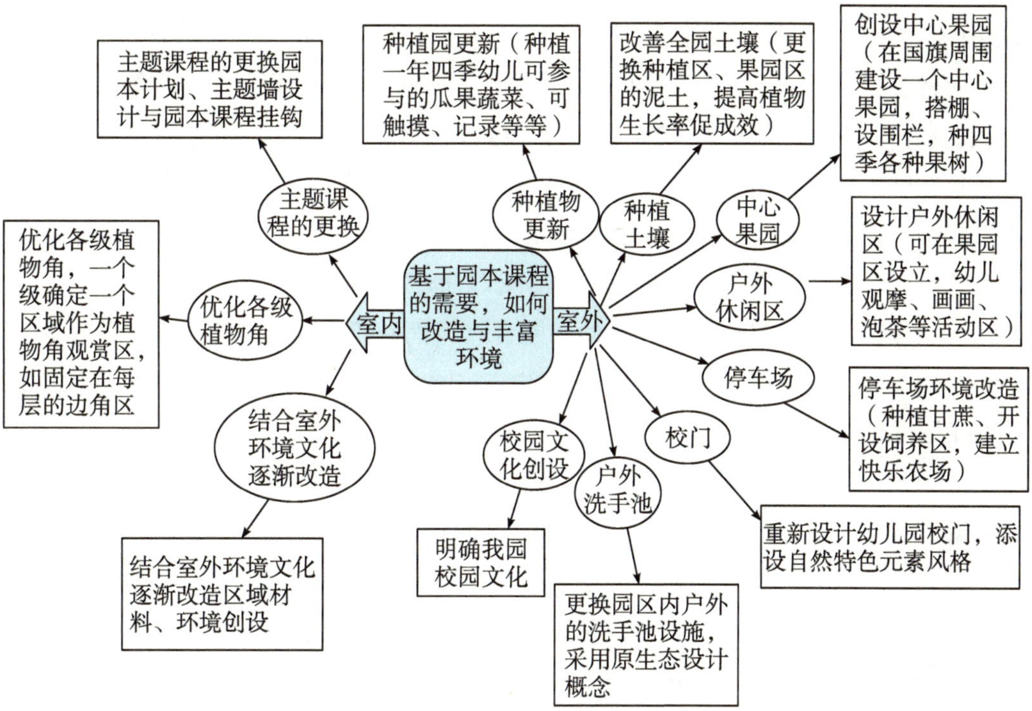

图 5–10　改造与丰富环境

环节四：教研总结

主持人：老师们在整个世界咖啡研讨活动的过程中所表现出来的主动、热情、专注、投入实在令人感动，正因全身心投入，必定会有很深的感悟。本次教研提高了老师们的教研水平。此外，我惊喜地发现老师们挖掘课程资源的能力。我们幼儿园得天独厚的地理优势是实施自然课程的重要基础，接下来老师们需充分挖掘资源价值力，让我们的孩子亲近自然、感受生命、培养良好的品质。相信我园的自然课程能够汇聚教师们的集体智慧，生根发芽、落地开花。

环节五：园长进行专业引领

主持人：在我园，园长在促进教师的专业发展提供支持和帮助的同时，也肩负着保证教研活动质量和实施的关键任务。最后，请黄园长进行专业的引领。

黄园长：本次活动营造了轻松、温馨的研讨氛围，教师们都能以饱满的精神投入教研活动中。活动中人人都是研讨者，通过研讨老师们对自然教育资源的开发和实施有了新的认识，有效帮助教师从实际出发，回归自然、回归生活，挖掘和利用身边的自然、社区、人力和家长资源，构建出适合我园的自然资源课程内容。同时也认识到课程园本化应立足儿童全面发展的基础，面向儿童的发展需求和真实资源实施，让课程更贴近幼儿的真实生活。基于儿童立场的班本课程是一种全新的理念和学习方式，它从幼儿当下的兴趣、需要出发，由小及大，由一点到多元，形成连续、灵活、渗透的呼应式课程，促进儿童的整体发展。本次教研活动让老师们再次明晰了如何开展班本课程，为我们接下来的课程之路更好地指引了方向。“如果说课程是一场旅行，那我想，以前的我们只是一个旅人，我们走过了、路过了、看过了，但是并没有真正地认识，而通过第一阶段的学习和第二阶段的研讨，我们在向‘行者’靠近。”希望在这场“旅行”中，大家不但认识了课程是什么，为什么要这么做？更是真正地走进了它。我们需要做的就是不断地在幼儿园的实践中，去完善、去提升、去更好地促进孩子画好底色的同时，做出一抹亮色。第三阶段我们还会开展微课程故事分享交流活动，接下来对开展班本课程时提出三点建议：

第一，今天我们通过研讨细化了幼儿园自然课程资源内容和实施策略，希望老师从“设计—实践—反思—调整—再实践”的方法实施园本课程，努力争做有温度、有深度的班本化主题活动。

第二，老师们在推进课程的过程中，追随儿童的兴趣点和需要，聚焦于每一个阶段时，带着思考完成每一个步骤，以儿童观带动课程观。

第三，实事求是的精神和科学的态度是园本课程构建的关键，实施园本课程应紧密结合本园教师、幼儿、资源等实际，我们期待用我们的专业能力和实际行动给孩子一个快乐且有意义的童年。在实施过程中坚持“儿童为本”“回归真实的生活”“自然中的教育”“关照文化传统”四个原则。

园本课程的构建没有我们所想象的那么难，只要每个人都付出一些，做一些思考，做点儿实践，做一些努力，它就能够真实地发生。

主持人结束语：学习是一场向美而行的遇见，成长是一道不期而遇的风景。本次教研活动到此结束，感谢大家的参与。

三　教研活动的成效及反思

（一）教研活动的成效

1. 通过世界咖啡教研的研讨、分享及交流，有效帮助教师把理念转化为具体的行动。

2. 本次的活动人人都是研讨者，老师们在研讨中对自然教育资源的开发和实施有了新的认识，学会从实际出发，挖掘和整合自然、社区等各种资源，初步生成适合我园的自然资源课程内容。

3. 通过教研，教师自然资源开发和利用的能力得到了提升，进一步推动和完善我园园本自然课程的建构，形成乐学、善思的教研氛围。

（二）教研活动的反思

获得的经验：

1. 这次教研活动是理论与实践相结合。因有第一阶段研修活动做经验铺垫，教师在本次研讨中积极发表见解、发现问题，将理论联系实际，把理念融合到实践中，共同答难解惑，产生了丰富的思维碰撞。

2. 世界咖啡研讨活动，营造了良好的研讨氛围，教师们都能以饱满的精神投入活动中。活动以直接参与为体验，通过轮桌方式，建立了一个充满生机的集体会谈的基地，激发了参与者积极主动参与的热情，为提升教师的专业素养、创新教研形式提供了新样态。

3. 这是以教师为主体的真实问题教研，教研活动的内容源于教师的现实需要，真正解决教师遇到的问题和学习所需。

4. 通过教研反馈表调查结果分析，本次教研活动满意度为 100%，教师们都喜欢体验式的世界咖啡教研模式，大家在自由走动，彼此交流、分享和互动中，迸发集体创造的智慧。

存在的不足：

1. 教师在聚焦于一种资源如何深入开展班本课程时，课程预设得很丰富，但如何以儿童为本考虑得还是不够周全。

2. 视频拍摄没有处理好镜头防抖和光线明暗，成品没能达到预期的效果。

（三）可能生成的教研契机

此次教研为下阶段更好开展班本课程积累了丰富的经验，有效促进班本课程实现真正价值。由此，可生成以下教研契机：

1. 追随儿童·发现课程——幼儿园微课程故事分享交流活动。以分享微课程故事为契机，帮助教师不断更新课程理念，让教师在课程实施过程中对课程故事的如何开展、推进、反思和总结提升有了进一步的感悟、理解与思考。

2. 开展课程审议，审视预设的课程实施路径是否和幼儿学习发展的轨迹一致，是否能激发幼儿新的学习兴趣和需要，并做出优化与调整，促使课程更科学、更适宜且有效开展。

（四）改进、支持策略

1. 继续加强教师培训，提升自然教育课程开发的意识和能力。

2. 针对本次分享活动发现教师以儿童为本考虑不周全的问题，可组织教师学习理解儿童、让教育回归本真的课程，再次引发教师思考：在实施自然教育过程中，教师如何遵循儿童自然天性的身心发展规律，站在儿童的视角发现和引领儿童？如何从幼儿的兴趣出发，思考和生成更深入的课程？

【案例评析】

该案例选题符合幼儿园课程建设是幼儿园内涵发展的要求，具有以下亮点：一是通过世界咖啡教研的研讨、分享及交流，有效帮助教师如何把理念转化为具体的行动。二是注重全体教师的参与性，老师们在研讨中对自然教育资源的开发和实施有了新的认识，学会从实际出发，挖掘和整合自然、社区等各种资源，初步生成适合我园的自然资源课程内容。三是教师的专业提升成效显著，通过教研，教师自然资源开发和利用的能力得到了提升，进一步推动和完善园本自然课程的建构，形成乐学、善思的教研氛围。

第六章

幼小衔接之身心准备与适应

案例 1

童真童趣同游戏，“四式”教研破难题

——幼儿园幼小衔接亲子游戏的设计、实施和评价

东莞市清溪水霖胜皇幼儿园　王海燕、陈宣蓉、罗才维、黄月群

一　教研背景与目标

本教研案例是依托某教师工作室和工作站（以下简称“工作站”），于 2022 年春季学期开展的。参与教研活动的主要对象是工作站的成员、学员和其关联幼儿园的教研骨干、家长代表、对应衔接小学的教师代表。教研主要解决的问题是：如何落实 2021 年 3 月教育部印发的《关于大力推进幼儿园与小学科学衔接的指导意见》(以下简称《指导意见》)，通过幼小衔接亲子游戏的开发、实施和评价，促进家园共育，科学做好幼小衔接，顺利帮助幼儿做好入学准备。整个教研活动经历了四个月、四个阶段，运用了问题式、项目式、案例式、开放式四种教研形式，取得了良好的效果。

（一）教研主题活动的问题来源

1. 政策的导向：《指导意见》指出，要完善家园校共育机制，引导家长共同做好衔接工作；2022 年学前教育宣传月的主题——“幼小衔接，我们在行动！”这些政策均指向幼小衔接。

2. 现实的需求：家长对幼小衔接的认识与教育观念存在偏差，教育方法不当。幼儿居家生活学习，家长的科学育儿指导，尤为重要。

3. 教研的现状：目前幼儿园对幼小衔接亲子游戏的研究不够重视和不够深入，形式较为单一。

（二）对问题的分析和诊断

1. 家长问题的分析和诊断：通过调研发现，不少家长认为幼小衔接就要少玩、少游戏、学拼音和多算数，认为游戏就是“无用地玩”，担心玩游戏浪费时间，导致幼儿入小学后学习跟不上，故而过度重视幼儿的知识准备，提前给幼儿灌输小学的知识，导致

幼儿压力过大，甚至产生厌学情绪，此类状况反映出家长对幼小衔接教育的认知有偏差。“孩子这也问那也问，就像十万个为什么，真不知如何应对！”“亲子之间吃喝玩闹就‘父（母）慈子孝’，学习教导就‘鸡飞狗跳’”“接不住孩子抛过来的球，将手机交给他（她），就不烦了”……家长易产生教育焦虑，或让孩子长时间看电视、玩手机，消磨时间等状况，这些状况反映出家长缺乏组织亲子游戏的知识经验或方法欠妥当。

2022 年 1 月 1 日颁布和实施的《中华人民共和国家庭教育促进法》指出，幼儿园应组织开展家庭教育指导服务和实践活动，促进家庭与学校共同教育。因此，幼小衔接亲子游戏活动的教研对更新家长的教育观念、丰富家长的家教知识、指导家长创设条件和环境、丰富游戏材料和内容、延长亲子有效交往时间从而实现家园共育，为幼儿做好入学准备具有现实意义。

2. 教研问题的分析和诊断：幼儿园常规开展的幼小衔接亲子活动多是参观一下小学，组织一场演出汇报、运动会、开放日等重形式、轻实质的活动，幼小衔接亲子游戏也只是为现场活跃气氛、娱乐而设计和实施，活动过后，不再有人持续跟进、实施；幼师个体自主研究开发的幼小衔接活动，其统筹规划性不强，内容不深入，呈散点状、形式较为单一，也缺乏持续优化的教研机制和评价体系。因此，探索幼小衔接亲子游戏的开发、实施和评价，创新园本教研，建立教研机制，落实《指导意见》精神，指导家长科学家教，合作共育，促进幼儿身心全面发展，顺利进入小学，是我们幼教工作者的责任。

（三）教研重点和期望目标

1. 教研重点：通过问题式教研、项目式教研、案例式教研、开放式教研，切实解决幼小衔接亲子游戏开发、实施与评价的问题，形成幼小衔接亲子游戏开发、实施与评价的一系列策略和方法。

我们以工作站为教研室，以幼儿教师和小学教师为教研员，以幼儿园、家庭为实施基地，通过分层分类的传帮带，深度融合相关的培训、教学、教研和科研，提升教研的针对性、持续性、实践性和实效性。

2. 期望目标：

（1）有机整合工作站、家庭、幼儿园、小学四方资源，联合教研，解决幼小衔接亲子游戏中“教”与“学”的突出问题，推动幼小衔接家园共育，促进幼儿做好入学准备。

（2）通过问题式、项目式、案例式、开放式教研，提升教师幼小衔接亲子游戏活动的开发设计和实施、评价能力，探索符合本区域幼师的教研模式，为幼师的专业发展提供专业引领和支持。

（3）指导家长树立科学的教育观和学习观，并通过推进亲子游戏的实施，纠正家长过度重视知识准备，超标教学、超前学习、重结果轻过程的不当家教行为。

二 教研活动设计与实施

（一）教研活动方案（见表 6-1）

表 6-1 教研活动方案

时间	地点	教研形式	教研主题	教研目的	教研准备	参加人员	活动过程
2022 年 3 月	工作室	问题式教研	如何设计幼小衔接亲子游戏?	形成幼小衔接亲子游戏活动设计的方案，明确设计的基本原则、基本框架、基本环节	活动方案及通知、场地布置及后勤保障	工作室成员和学员、幼儿园教研骨干、家长代表、小学教师代表	围绕“为何做?”“做什么?”“怎么做?”三个问题进行研讨，达成教育共识，明确教研核心，确定亲子游戏活动设计框架
2022 年 4 月	线上钉钉	项目式教研	如何实施幼小衔接亲子游戏?	形成幼小衔接亲子游戏实施的策略，明晰教师指导的核心要素以及家长的角色定位	网络操作技术、项目负责人及成员的双向选择	主持人、项目负责人、项目组成员（均由工作室成员和学员、幼儿园教研骨干、家长代表、小学教师代表组成）	分亲子角色游戏、亲子体育游戏、亲子智力游戏、亲子音乐/表演游戏四个项目小组进行汇报，通过讨论达成共识
2022 年 5 月	线上钉钉	案例式教研	如何评价幼小衔接亲子游戏?	形成评价量表，明确评价的主体、内容和方法	视频案例、评价指标框架	主持人、项目负责人、项目组成员（均由工作室成员和学员、幼儿园教研骨干、家长代表、小学教师代表组成）	明晰目的；研讨如何评价幼小衔接亲子游戏；播放视频案例；出示评价指标框架，带着问题进行分析评价；设计评价量表

续表

时间	地点	教研形式	教研主题	教研目的	教研准备	参加人员	活动过程
2022 年 6 月	工作站 + 线上钉钉	开放式教研	如何示范幼小衔接亲子游戏？	形成本次教研的基本经验，找出存在的问题及今后努力的方向	场地布置、成果展示	专家、主持人、项目负责人、项目组成员（由幼儿园教研骨干、家长代表、小学教师代表组成）、姐妹园园长教师	分项展示；集中研讨；专家指导；形成经验；展示成果

（二）教研活动实施过程

第一轮：线下研讨如何设计幼小衔接亲子游戏（问题式教研）

第一轮教研活动聚焦的问题是如何设计幼小衔接亲子游戏，围绕“为何做？”“做什么？”“怎么做？”三个问题进行研讨，达成了教育共识，明确了教研核心，确定了幼小衔接亲子游戏活动的设计框架。具体按以下三个环节展开。

环节一：为何做？（解析政策，提高认识）深入研读《指导意见》及相关政策方针，结合现实需求，通过问卷调查、走访交流、约谈沟通等途径了解目前幼小衔接工作中的困惑，并进行问题聚焦、综合归纳，开展针对性的理论培训学习、文献查阅，并达成共识：家、校、园联合开展幼小衔接教研与实践，合力共育，能更科学地促进幼小衔接。

环节二：做什么？（基于“童趣”，研“教”研“学”）基于幼儿的年龄特征及学习特点研讨：教师如何设计幼小衔接亲子活动，才能使幼儿更感兴趣并能从游戏中获得知识和经验？家长如何实施？如何观察幼儿？如何家、校、园联合教研，合作共育？最终确定了本次的教研活动主题——幼儿园幼小衔接亲子游戏的设计、实施和评价，并决定按亲子角色游戏、亲子体育游戏、亲子智力游戏、亲子音乐 / 表演游戏四种形式进行教研开发。

环节三：怎么做？（联合教研，形成框架）工作站组织各成员幼儿园教师、小学教师、家长一起开展教研，总结出亲子游戏设计的基本流程和框架：

1. 自主选题设计，制作课件，撰写说课稿（确定活动名称，列出关键目标及支撑的理论、核心内容、流程、重难点，梳理课程架构）。

2. 园内说课磨课（以问题为导向，从“解决什么问题—逻辑思路—具体解决方法”三个方面进行说课，园内同事进行互评、教研和优化）。

3. 工作站内点评优化（主持人及项目组负责人进行活动点评，提出优化建议）。

4. 园所和家庭组织实施，观察幼儿行为、情绪及反应，并进行反思和反馈。

5. 活动评价及成果提炼，宣传推广。

第二轮：研讨如何实施幼小衔接亲子游戏（项目式教研）

根据幼小衔接亲子游戏总的设计方案，我们确定以亲子角色游戏、亲子体育游戏、亲子智力游戏、亲子音乐 / 表演游戏四种形式，分项目进行教研，研讨如何从设计到实施层层推进，步步优化，具体过程有三个环节：

环节一：分项教研。我们按游戏类别分成四个项目组分别进行教研，讨论各项目主题如何更好地落实设计方案，做好教师专业指导，帮助家长定位，更好地落地实施幼小衔接工作，助力幼儿顺利过渡。

环节二：达成共识。分组讨论后，集中将各组的策略方法进行汇总、梳理、分析，并达成共识，形成了由教师制作游戏示范视频推送给家长参照实施的策略，确定了“选定游戏类别—确定游戏名称和目标—视频示范推广”的流程模式，制作示范视频及视频的模板规格。

环节三：聚智优化。项目组就如何优化、如何实施、常见问题的应对策略等再次进行深入交流研讨，聚众人之智，厘清幼小衔接亲子游戏实施的核心点，并为下一次教研活动选定方向，奠定基础。

第三轮：研讨如何评价幼小衔接亲子游戏（案例式教研）

我们从工作站收集的四类游戏中各选一个视频案例（角色游戏“宅家快乐购”、体育游戏“探索纸杯”、智力游戏“猜猜乐”、音乐表演“剪刀石头布”），进行案例分析评价，并结合一个月来持续推出的亲子游戏活动课程的家长反馈（从 10 所幼儿园分别跟踪调查了 5 名幼儿，共计 50 名幼儿家长反馈）意见，研讨如何评价幼小衔接亲子游戏的效能。确定了“基于教师视角的幼小衔接亲子游戏活动评价指标量表”（见表 6–2）和“基于家长视角的幼小衔接亲子游戏活动评价指标量表”（见表 6–3），明确了评价主体和方法。具体内容如下：

表 6–2　基于教师视角的幼小衔接亲子游戏活动评价指标量表

一级指标	二级指标	三级指标	综合评价		
			A ★★★	B ★★	C ★
基于教师视角的幼小衔接亲子游戏活动评价	树立正确的观念	学习《关于大力推进幼儿园与小学科学衔接指导意见》及相关理论知识并贯彻落实			
		本人乐于参与教研，积极研讨相关专业知识			
		主动承担指导家长科学育儿的职责，促进家园共育			
		“亲子游戏”可促进家长、幼儿、教师共创共享共成长			

续表

一级指标	二级指标	三级指标	综合评价		
			A ★★★	B ★★	C ★
基于教师视角的幼小衔接亲子游戏活动评价	创设适宜的环境	关注幼儿和家长的需求点，注重师幼互动和家园沟通			
		统合资源，有序推进幼小衔接亲子游戏活动的组织与开展			
		引导家长正确定位，有效陪伴幼儿、观察幼儿游戏过程			
		引导家长创设家庭环境，制作游戏材料			
	提升活动的效果	亲子游戏的设计、内容的选择、开展的形式是否符合幼儿年龄特点和发展水平			
		有效沟通，指导家长合作共育			
		及时总结提炼、反思优化			
		听取有关幼小衔接亲子游戏的反馈和建议			

表 6-3　基于家长视角的幼小衔接亲子游戏活动评价指标量表

一级指标	二级指标	三级指标	综合评价		
			A ★★★	B ★★	C ★
基于家长视角的幼小衔接亲子游戏活动评价	亲子游戏的价值	对亲子游戏活动教育价值的评价			
		激发孩子的积极性和学习兴趣			
		提升孩子的综合适应能力			
		促进亲子共成长，家园携手共育			
	亲子游戏的质量	亲子情感较以前融洽程度			
		亲子游戏内容选择满足家长关注点和需求点			
		家长智慧鼓励孩子完成游戏任务			
		家长对孩子喜好的了解，对环境的创设			
	影响效果的因素	家长的亲子陪伴时间、参加亲子游戏活动的频率			
		家长对教师亲子游戏活动的理解			
		教师指导家长的意识和态度			
		家长是否愿意将活动推荐给其他家长			

第四轮：成果展示分享与反思（开放式教研）

第四轮的研讨着重解决如何示范的问题。本次召集了幼儿园园长、教师、家长、小学教师，还邀请了专家进行点评指引。大家就示范的时间、地点、人员、活动流程安排、示范的细节等内容畅所欲言，形成了成果展示分享活动安排表。具体框架见表 6–4。

表 6–4　成果展示分享活动安排

时间	地点	项目	具体内容	主要负责人
上午（8：30—10：30）	钉钉群（线上）	幼小衔接亲子游戏视频案例展示	亲子角色游戏（5 例） 亲子体育游戏（5 例） 亲子智力游戏（5 例） 亲子音乐 / 表演游戏（5 例）	工作站主持人、助理、项目负责人
上午（10：30—12：30）	钉钉群（线上）	“幼小衔接，我们在行动”理论讲座	幼小衔接的理论评析与实践策略 幼小衔接家庭教育误区指导	工作站主持人、助理、项目负责人
下午（15：00—16：30）	工作站（线下）	研讨总结	如何设计幼小衔接亲子游戏？ 如何实施幼小衔接亲子游戏？ 如何评价幼小衔接亲子游戏？ 如何示范幼小衔接亲子游戏？	工作站主持人、助理、项目负责人
下午（16：30—17：30）	工作站（线下）	专家指导	总结点评 梳理提炼成果 提出优化建议	工作站主持人、导师、助理

三　教研活动的成效及反思

（一）成效及价值

我们的系列教研活动开展了四轮，持续了四个月，“四式”教研有效破解了幼小衔接的难题，取得了如下成效。

1. 优化了幼小衔接教育资源，促进了家园共育

通过教研工作的层层推进、逐步落实，开发实施了一系列幼小衔接亲子游戏，编撰整理了《幼小衔接亲子游戏集》和“幼小衔接，我们在行动”系列讲座课件两项成果资料，指引家长科学开展幼小衔接教育活动，缓解了家长的家教焦虑，促进了幼儿的身心健康及亲子感情。家长由“不知从何入手”到主动与教师共同分析教育策略和方法，提出教育意见与建议，家园之间形成良好的互动合作氛围，实现了家园共育，幼小衔接工作“减负增效”，且家园对幼儿形成了一致性的教育影响，为幼儿后继学习和终身发展奠定了良好的素质基础。

2. 丰富了幼小衔接的内涵，推进了《指导意见》的实施

本系列教研活动的构建和实施，极大地丰富了家庭教育的内涵。同时，通过网络视频共享，帮助家长和教师更深入地了解孩子的年龄特点和发展规律，更懂得尊重和保护幼儿的好奇心和学习兴趣，注重培养习惯、品质、语言表达能力、社会交往能力、生活自理能力等，有效地杜绝了揠苗助长式的超前教育和强化训练，推进了《指导意见》的实施。

3. 转变了家长观念，更新了家长的教育观和学习观

微信公众号推送、视频号推送、荐读以及专题讲座分享活动，帮助家长深入了解入学准备教育指导要点，了解了幼小衔接的科学方法。家长开始注重创设良好的家庭环境，有意识地实施亲子游戏、衔接教育等活动，促进幼儿身心健康成长，家长的教育观和学习观发生积极转变，幼儿素质明显提升。

4. 培养了儿童适应能力，提升了儿童综合素质

我们组织 10 所幼儿园与对口衔接的 3 所公办、民办小学和 50 组家庭进行沟通对接，就本期进入小学的儿童适应情况进行摸查了解，发现儿童均能较好适应小学的生活和学习，尤其是在时间安排和沟通交流能力等方面比往届幼儿进步明显，所以进入小学时能无痕过渡。

5. 丰富了园本教研的内容与形式，提高了教师教研水平

组织教学、教研、培训、实践、反思、优化、收集梳理、汇整总结、提炼归纳等一系列教研活动，有力推动了工作站成员所在园的园本教研，问题式、项目式、案例式、开放式这四种教研形式得到广泛有效的运用。教师逐步提高观察、分析、解读儿童的专业水平，并能够融合文件要求，科学评价游戏活动，且对幼小衔接课程的把控力更强，在与家长幼儿共创共享的同时，教师也获得了专业成长和职业成就感。

（二）反思及优化

幼小衔接亲子教育系列教研工作及家园共育机制的建构与实施虽然取得了明显成效，但离《指导意见》的要求还有一定的差距。今后，将着重在以下几个方面进一步优化改进。

1. 进一步提高教师的亲子游戏设计及指导能力。从亲子游戏活动的教育价值、活动质量、影响因素等方面，针对性进行理论培训学习和实践探究，并进一步深化教研，提高幼师的亲子游戏设计及评价能力，提高幼师指导家长的能力。

2. 进一步促进家长主动参与幼小衔接家园共育。虽然线上网络共享活动不受时间、空间、地域的限制，但家长参与感、体验感也不强。因此，继续保留线上共育活动优势的同时，融合线下的家园活动、访谈沟通、互动互促等方式推进家校园的资源整合，更新家长的教育观和学习观，促进家长主动参与家园共育，共同推进幼小衔接依然是要持续努力地工作。

3. 进一步优化教研策略和“头雁”的示范引领。此系列教研成果在一定范围内取得较好的效果，但要产生更大的辐射效果，引领更多的家庭科学开展幼小衔接工作，仍然要充分发挥工作站“头雁”（成员、学员、学科带头人和园所骨干教师）的主导、引领、示范、带动作用，并不断优化教研策略，提炼教研成果，为他园提供经验样本，提供参考借鉴，共同推动课程改革，确保《指导意见》的顺利实施和推广。

【案例评析】

本案例聚焦家园共育视域下的幼小衔接质量提升，通过系列化教研活动，取得显著成效显著。具有以下三个亮点：一是构建资源体系，优化共育模式。历时四个月的教研，深度开发了亲子游戏资源，系统编撰《幼小衔接亲子游戏集》并形成配套讲座课件，有效缓解家长的教育焦虑，促进良性家园互动生态形成。二是深化政策内涵，落实科学衔接。借助网络视频共享，增进家校互信，引导家长与教师尊重幼儿发展规律、摒弃超前教育，切实推进《关于大力推进幼儿园与小学科学衔接的指导意见》落地，保障幼小衔接教育的科学性。三是实现双向赋能，共促成长。显著增强了幼儿入学适应性，助力其实现向小学的无缝过渡；同时，多样化教研有效提升了教师的专业能力，尤其在幼小衔接课程开发、游戏活动观察评价等核心领域取得长足进步。

案例 2

幼小体能双衔接，梯度运动保健康

东莞市寮步镇香市幼儿园　徐华凤、周敏军、赵春如
东莞市寮步镇河滨小学　胡进帮

一　教研背景与目标

（一）教研主题活动的问题来源

近年来在对幼升小的一年级小学生调查反馈中发现，一年级小学生每天都有体育家庭作业，作业自选项目中首要的两项是一分钟跳绳与坐位体前屈。其中，跳绳每分钟达到100次及以上为优秀；坐位体前屈要求手掌前伸超前脚掌，男同学达到15—16厘米为优秀，女同学达到17—18厘米为优秀。一年级第一学期（每年10月），学生还需要接受国家体质健康测试。由于幼儿在幼儿园阶段很少参加一分钟跳绳与坐位体前屈专项练习，且缺乏每日家庭体育锻炼，短期内难以适应体育作业强度，出现未坚持完成或质量不达标的情况。同时，小学体育老师虽通过钉钉群打卡、期末评优等措施激励，但因家长监督不足，作业完成率仍偏低，期末国家体质健康测试部分学生的测试结果也不尽如人意。为解决一年级小学生体育活动的适应问题，幼儿园协同小学共同开展“幼小体能双向衔接”教研活动，为幼儿制定幼儿园大班至小学一年级体育运动梯度渐进活动方案，帮助幼儿在体能锻炼方面做好幼儿园—小学学段衔接过渡。

（二）对问题的分析和诊断

幼儿园阶段，依据《广东省幼儿园一日生活指引（试行）》要求：“幼儿每天户外活动不少于2小时，其中体育活动不少于1小时，高温天气可酌情减少。”幼儿通过晨间锻炼、早操、体育活动课程、体育游戏、体能大循环等多种形式完成每日不少于1小时的体育锻炼，在身体控制和平衡能力、身体移动能力、器械（具）操控能力等方面得到锻炼，因此幼儿初入小学一年级时，已具备一定体能与运动能力基础。

在小学阶段，一年级学生每周有4节体育课；每周安排4次“阳光体育”大课间，每次35分钟，一年级大课间运动项目包括跳绳、拉伸运动和慢跑；每天有校内自由运动时

间与校队训练活动。另外，小学结合“校内运动 1 小时、校外运动 1 小时”要求，每日布置家庭体育作业，并提供“运动菜单”供学生自主选择。

两个学段体育教育活动模式差异较大，幼儿园更侧重于综合体能锻炼，小学结合国家体测要求，分类训练及专项测试相对更为突出。由于幼儿园阶段未有专门的预备或过渡性训练，因此一年级新生在体育活动中表现出了一定的不适应：一是体育家庭作业完成情况不理想，不做、少做或者不达标现象较多；二是体育项目表现不突出，尤其在跳绳项目中初期表现为器械操控灵活度、速度不够，在坐位体前屈项目中身体拉伸能力仍然有较大的提高空间。

（三）教研重点和期望目标

针对“小学一年级体育作业完成率不高、完成质量不达标”的问题，幼儿园、小学拟通过“幼小体能双衔接”教研活动，加强两个学段教师的交流与互通，研究设计幼儿园大班至小学一年级体育运动梯度渐进活动方案，优化幼儿园大班、小学一年级体育活动课程设计，既保障幼儿园“每日体育活动不少于 1 小时”，也帮助幼儿梯度渐进式适应小学一年级体能锻炼要求，在自然过渡中达到一年级国际体质健康测试要求，并保持对体育活动的积极兴趣，养成良好的体育锻炼习惯，做好幼儿园—小学学段体育衔接过渡。

二 教研活动设计与实施

（一）教研方案（见表 6-5）

表 6-5　教研方案

教研主题	幼小体能双衔接，梯度运动保健康
教研总体目标	通过幼儿园与小学双向走访，观摩体育活动、研讨分析交流活动，寻找幼小学段之间体育课程的模式与差异，在符合双学段教育要求下，寻找体育课程实施共同路径，研究设计形成幼儿园大班至小学一年级体育运动梯度渐进活动方案，促进幼儿园—小学学段体育课程衔接过渡。
教研准备	场地准备：幼儿园、小学活动场地 物资准备：摄录设备、纸、笔
参加人员	幼儿园大班教师、小学一年级班主任、小学体育科组教师
教研过程	（1）第一次教研：双向观摩，突破学段认知盲区 幼儿园与小学双向走访，观摩体育活动，相互了解各学段体育活动教学要求。 （2）第二次教研：研讨交流，对标分析活动现状 对标纲领性指引，研讨两个学段体育教育达标程度、当前体育教育优势与不足、未来发展方向等，寻找学段之间的体育教育衔接路径。

续表

教研过程	（3）第三次教研：调整方案，双向靠拢模糊边界 以感统训练为切入点，拟定体能教育双向合作路径；同时以幼儿园为靠拢调整主体，设计幼小体育衔接方案，促进两学段双向衔接。 （4）第四次教研：回归实践，研磨方案无缝衔接 通过实践研磨，优化体育活动时间安排与活动设计。

（二）教研过程

1. 第一次教研：双向观摩，突破学段认知盲区

（1）教研目标：通过幼儿园与小学双向走访，观摩体育活动，相互了解各学段体育活动教学要求，突破学段认知盲区，求同存异，寻找学段衔接突破口。

（2）教研准备：活动记录设备（照相机、录像机、观察记录表）。

（3）教研设计

①双向跟岗一日生活，记录体育活动时间及安排。

②双向跟岗观摩体能大循环、“阳光体育”大课间，了解活动场地规划与活动安排。

（4）活动过程

第一步：双向了解体育活动时间及安排

①小学教师赴幼儿园在大班开展一日跟岗，了解和记录幼儿园一日生活中体育活动时间及安排。（见图 6–1）

经过观察和沟通了解，小学教师记录幼儿园一日活动体育锻炼活动安排表。（见表 6–6）

表 6–6　幼儿园一日活动体育锻炼活动安排表

	活动时间	活动内容	活动类型
幼儿园	7：45—8：15	晨间锻炼、早操	体能常规锻炼
	9：00—9：30	体育专科活动	体能专项训练
	15：00—16：00	体能大循环 / 户外体育活动	体能综合训练
家庭	—	—	—

图 6-1 小学一年级班主任、小学体育科组教师观摩幼儿园体能大循环现场

②幼儿园教师赴小学在一年级开展一日跟岗，了解和记录小学课程安排中体育活动时间及安排。（见图 6-2）

经过观察和沟通了解，幼儿园教师记录形成了小学体育锻炼活动安排表。（见表 6-7）

表 6-7 小学体育锻炼活动安排表

	活动时长	活动内容	活动类型
小学	每天 35 分钟	阳光体育大课间	跳绳、拉伸运动和慢跑
	一周 4 节，40 分钟 / 节	体育课	体能专项训练
	每天 16：30—18：00	自由运动 / 校队体能项目训练（篮球、足球、武术、乒乓球、田径等）	体能综合 / 专业队训练
家庭	每天 1 小时	家庭体育活动	1 分钟跳绳、坐位体前屈

图 6-2 幼儿园教师跟岗小学一日生活、观摩大课间现场

教研分析：小学每日有家庭体育作业，而幼儿在家庭体育方面的指导几乎是空白的。家庭亲子体育活动指导，是幼儿园向小学靠拢，形成幼小过渡衔接的一大突破口。

第二步：双向了解体育场地使用规划及项目安排

①幼儿园体能大循环时间，小学教师赴幼儿园进行实地观摩，了解幼儿园体能大循环

的场地使用规划及项目安排。（见图 6-3）

②小学“阳光体育”大课间时间，幼儿园教师赴小学进行实地观摩，了解小学大课间场地使用规划及项目安排。（见图 6-4）

图 6-3　幼儿园体能大循环场地使用规划

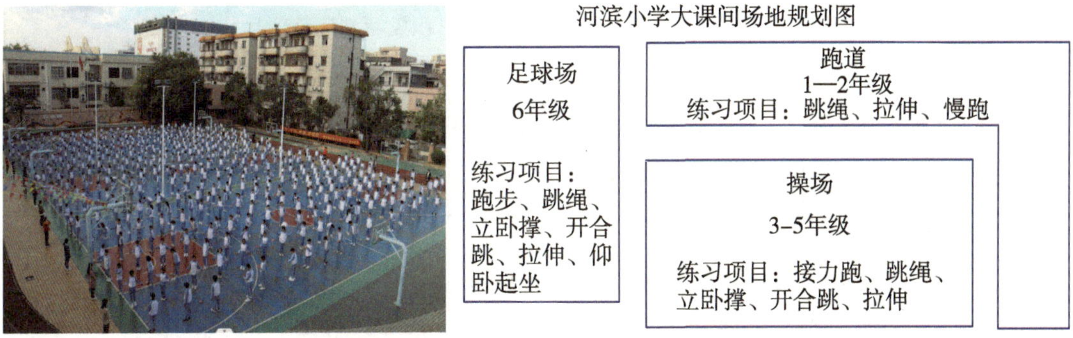

图 6-4　小学大课间场地使用规划

教研分析：幼儿园体能大循环活动中，体育场地使用规划及活动设计以综合体能锻炼为主，通过体能器械的多样组合，分别设置了走跑区、跑跳区、钻爬区、力量区、平衡区等区域。小学“阳光体育”大课间结合小学体育课程要求，一年级在指定活动区域内组织开展跳绳、拉伸运动和慢跑三个锻炼项目。相比而言，幼儿园的体育教育活动更具综合性，小学体育教育活动更具针对性。因此，对幼儿园来说，综合性体育锻炼活动中可适当融入针对性项目延展训练；对小学来说，针对性项目锻炼中融入综合性练习，双向靠拢可以成为幼小过渡衔接的又一大突破口。

2. 第二次教研：研讨交流，对标分析活动现状

（1）教研目标：通过对标幼儿园阶段《3—6 岁儿童学习与发展指南》、小学阶段《义务教育课程方案和课程标准》中《义务教育体育与健康课程标准》的指引要求，进行双学段体育教育活动现状分析，研讨两个学段体育教育达标程度、当前体育教育优势与不足、未来发展方向等，寻找学段之间的体育教育衔接路径。

（2）教研准备：幼儿园阶段《3—6 岁儿童学习与发展指南》、小学阶段《义务教育课程方案和课程标准》文件。

（3）教研设计

①研读双学段纲领性文件，理解各学段体育教育要求。

②检验两个学段体育教育达标程度、当前体育教育优势与不足、未来发展方向等，寻找学段之间的体育教育衔接路径。

（4）活动过程

第一步：研读双学段纲领性文件

开展集体学习活动，研读双学段纲领性文件。（见表 6-8）

表 6-8　小学阶段体育教育水平目标

课程总目标	水平一	水平二	水平三	水平四
掌握与运用体能和运动技能，提高运动能力。	积极参与各种体育游戏，感受体育活动的乐趣。 学练和体验移动性技能、非移动性技能、操控性技能等基本运动技能。	积极参与多种运动项目游戏，感受运动乐趣。 学练体能和多种运动项目的知识与技能，能进行体育展示或比赛。 运用所学知识观看体育展示或比赛。	积极参与运动项目学练，形成运动兴趣。 体能水平显著提高；掌握运动项目的基本知识，学练运动项目的技能战术，并能在体育展示或比赛中运用。 运用比赛规则参与裁判工作，观看体育比赛并能进行简要评价。	形成对所学运动项目的兴趣和爱好。 体能获得全面协调发展；理解运动项目的相关原理、历史和文化，能运用知识与技能分析和解决体育展示或比赛中遇到的问题，掌握 1—2 项运动技能。 经常观看国内外重大体育比赛，并能作出分析与评价。

教研分析：《3—6 岁儿童学习与发展指南》中，“具有一定的平衡能力，动作协调、灵敏”“具有一定的力量和耐力”是幼儿动作发展的两项重要目标。幼儿园阶段的动作发展目标正好对应小学阶段《义务教育体育与健康课程标准》中的第一项课程总目标——“掌握与运用体能和运动技能，提高运动能力”。大班幼儿体能发展状况接近课程标准中水平一目标，包括“积极参与各种体育游戏，感受体育活动的乐趣”“学练和体验移动性技能、非移动性技能、操控性技能等基本运动技能”。因此，幼儿园阶段与小学低年级的体育教育目标具有一致性与系统性，易于学段之间的衔接与过渡。

第二步：开展集体研讨，对标分析双学段活动现状

开展集体研讨，对照双学段纲领文件分析体育教育活动现状，研讨两个学段体育教育达标程度、当前优势、发展方向。（见表 6–9）

幼儿园教师 1：对照《3—6 岁儿童学习与发展指南》健康领域“动作发展”目标要求，幼儿园大班孩子的体能发展是达标的。

幼儿园教师 2：我们是市级融合教育推广园，我们在体能大循环的活动设计中融合了感统训练活动，这也是我们的亮点和优势。

幼儿园教师 3：我认为可以结合小学一年级的体测项目，适当调整体育活动安排，比如晨间锻炼融入身体拉伸方面的运动项目。

幼儿园教师 4：目前我们幼儿园阶段关注得比较少的是家庭体育锻炼。一年级有家庭体育作业，我们幼儿园可以指导家庭每日开展亲子运动，养成运动习惯。

小学教师 1：我们小学阶段有《义务教育体育与健康课程标准》以及体测的要求，我们的体育教育一定是达到学科的标准和要求的。

小学教师 2：另外，我们体育科组也正在研究一项课题，也是关于感统训练的。我看到幼儿园也关注感统训练，刚好是我们共同关注和研究的主题。

表 6–9　两个学段体育教育现状分析

	达标程度	当前优势	发展方向
幼儿园	达到《3—6 岁儿童学习与发展指南》健康领域目标要求	融合教育特色：感统训练	加强专项练习，如跳绳、拉伸运动。关注家庭亲子运动指导
小学	达到《义务教育体育与健康课程标准》课程目标要求	课题研究：感统训练	提高体育活动的丰富性和多样性
交集	感统训练		

3. 第三次教研：调整方案，双向靠拢模糊边界

（1）教研目标：

①以感统训练为切入点，拟定体能教育双向合作路径，形成交流互通，达到共同提高。

②以幼儿园为主，通过设计幼小体育衔接方案，促进两学段双向衔接。

（2）教研准备：纸、笔。

（3）教研设计

①形成幼小研学共同体，共同参加感统训练专题培训。

②以幼儿园为主，通过研究调整，设计幼儿园大班至小学一年级体育运动梯度渐进活动调整方案，促进幼儿园—小学学段体育课程衔接过渡。

（4）活动过程

①幼儿园教师赴小学，共同参加感统训练培训。

②幼儿园、小学优化调整感统训练活动设计。

幼儿园教师 1：本体觉训练，我们可以加强翻滚训练，包括前滚翻、侧滚翻，让每位小朋友活动中至少有 5 次翻滚的机会。

幼儿园教师 2：前庭训练主要是练习前庭平衡，我们可以设计多种平衡组合，如走平衡木、绕障碍物走平衡木、攀爬平衡组合。（见图 6–5）

幼儿园教师 3：我们要充分利用速度梯进行前庭训练，请小朋友练习跳，如单脚跳、双脚跳，鼓励小朋友连续向前跳。（见图 6–6）

图 6–5　前庭训练——攀爬组合（训练前庭平衡）

图 6–6　前庭训练设计——速度梯（单脚跳、双脚跳）

③幼小双学段教师共同调整体育活动时间安排表。（见表 6–10）

小学教师 1：小学有既定的课程标准，加上国家体测要求，所以我们在体验活动类型方面有一定的指向性，专项练习也相对多一点。我们争取提高活动的丰富性和多样性，提升学生参加体育运动的兴趣。

幼儿园教师 1：我觉得双向靠拢，幼儿园需要调整的方面比较多。比如，针对一年级跳绳、坐位体前屈、慢跑的专项练习，我们可以在晨练当中适当融入这些项目的预热练习，如晨练前先做好慢跑热身和身体拉伸运动，在拉伸的过程中融入坐位体前屈的练习；在晨练过程中，将原先的自由跳绳调整为 1 分钟跳绳。

幼儿园教师 2：家庭体育教育指导也非常重要。我觉得幼儿园大班阶段可以每天倡议家长开展亲子运动，也提供“运动菜单”供家庭选择，优先建议的项目是 1 分钟跳绳、坐位体前屈、慢跑。

表 6-10　幼儿园大班至小学一年级体育运动梯度渐进活动调整方案

	活动时间	活动内容	活动类型	活动调整
幼儿园	7：45—8：15	晨间锻炼、早操	体能常规锻炼	1. 将常规锻炼的“跳绳”活动调整为“1 分钟跳绳”。 2. 增加身体拉伸运动项目。
	9：00—9：30	体育专科活动	体能专项训练	—
	15：00—16：00	体能大循环 / 户外体育活动	体能综合训练	优化感统训练活动设计。
家庭	17：30—19：30	家庭亲子运动	体能常规锻炼	建议运动项目：1 分钟跳绳、坐位体前屈、慢跑。

4. 第四次教研：回归实践，研磨方案无缝衔接

（1）教研目标：通过实践研磨，优化体育活动时间安排与活动设计。

（2）教研准备：准备“体育活动安排反馈表”。

（3）教研设计：向幼儿园教师、家长发放“体育活动安排反馈表”，收集各方对体育活动调整方案的意见与建议。

（4）活动过程：收集教师、家长“体育活动安排反馈表”，整理反馈意见。

三　教研活动的成效及反思

（一）教研活动价值：聚焦双学段体育教育衔接

根据教育部《关于大力推进幼儿园与小学科学衔接的指导意见》（以下简称《指导意见》），幼小衔接需要从四个方面做好入学准备与入学适应，包括身心、生活、社会和学习。《指导意见》中指出：“建立幼小协同的合作机制，加强在课程、教学、管理和教研等方面的研究合作。”本次教研结合《指导意见》要求，以“小学一年级体育作业完成率不高、完成质量不达标”的问题为导向，驱动幼儿园、小学教师共同思考“体育作业完成难”的背后原因，推动幼小双向协同教研。教研聚焦于幼小衔接阶段幼儿身体运动能力的准备与适应基础，通过协同教研与学习，深入了解双学段体育教育的差异，找出共同合作路径，调整体育活动教育方案，通过体育预备活动让幼儿在体能锻炼方面有梯度渐进的适应过程，有效解决小学一年级学生体育作业问题，保障双学段体育教育系统性和科学性。

（二）教研活动成效：促进校（园）与教师发展

一是促进了幼儿园、小学体育活动的衔接与过渡。教研前，幼儿园、小学均从各自的教育需求安排体育活动，并未考虑衔接性问题。此次教研以儿童为中心，科学认识到儿童的发展是连续的、系统的过程。因此，从儿童健康体能发展视角，幼儿园、小学突破以往的各自分离式设计，在遵循学段教育要求的基础上合作共研，共同设计渐进性、梯度式体育活动方案，使儿童在渐进式的过渡中获得自然发展。

二是提高了幼儿园、小学教师协作教研意识。此前“小学一年级体育教育完成率不高、完成质量不达标”的问题出现，幼小双方均未曾深入思考问题出现的根本原因。通过本次双向教研，双学段教师认识了学段衔接的重要性，树立了合作教研意识，增强了双向的教育沟通与协作。

（三）可能生成的教研契机：提炼经验加强推广

本次以“小学一年级体育教育完成率不高、完成质量不达标”为导向问题，形成了体育教育幼小梯度衔接方案。目前，方案认为初步框架需要在实践中继续研磨，使衔接方案更加具体化、科学化。在下一步的教研中，有待形成可推广普及的实践经验成果，为幼小双向衔接工作提供一定的参考。

【案例评析】

本次案例重视科学的体育与健康教育以实现幼儿园到小学的平稳过渡。该案例不仅关注儿童的身体发展，还注重幼儿、家庭和学校之间的共同衔接，形成了一个全面的支持系统。案例具有以下三个亮点：一是选题具有价值，聚焦于幼小衔接阶段，通过科学的体育与健康课程设计，有效促进儿童身心发展，具有重要的现实意义和社会价值。二是精准定位问题，案例通过观察和分析不同学段儿童的运动需求和能力差异，采用联合教研的形式，促进了幼儿园和小学教师之间的交流与合作，提升了教学效果。三是助力教师专业成长，通过共同研讨和实践，提高了教师的专业素养和教学能力。

案例 3

自主打开课间十分钟

——幼小共话，科学衔接

东莞市樟木头镇蓓蕾幼儿园　肖桃芳、钟辉婷

东莞市樟木头镇中心小学　谢丽珍、刘秀萍

一 教研背景与目标

（一）教研主题活动的问题来源

大班的孩子从幼儿园进入小学，作息时间会发生许多变化，其中课间十分钟是一项比较大的变化。小学生活中，一节课结束和下一节课开始的时候，都会响起一段音乐，这两节课之间的时段就是课间十分钟。这十分钟虽然短，却对孩子们有着重要的意义，考验着孩子的时间概念、自理能力、计划与执行力以及自制力等等。

根据《关于大力推进幼儿与小学科学衔接的指导意见》和《小学入学适应教育指导要点》，为了让幼儿初步体验幼儿园与小学作息时间与课程模式，适应小学生活做好各项准备，我们有计划地开展了“课间十分钟”这个衔接内容，有目的、有计划地进行身体适应性、学习适应性、社会适应性和心理适应性等方面的教育，可以帮助孩子们顺利适应小学的学习和生活。我们积极引导孩子们学习安排课间活动的内容、做事的顺序，以培养孩子们自我计划、自我负责的意识和自我调控的能力，同时这也是教导孩子们及时完成作业、自主安排学习和课余活动的有效途径。

（二）对问题的分析和诊断

1. 小学课间十分钟的现象

（1）有些孩子在下课铃声响起后，仍呆呆地坐在座位上等待老师的新指令。

（2）有些孩子跟小伙伴追逐打闹，在校园里“疯玩”。

（3）有些孩子在上课铃声响起后，仍不愿意回到教室上课，或者这个时候想上厕所，要喝水，影响下一节课正常开展。

2. 学情分析

（1）幼儿园阶段孩子的分析：

幼儿园的孩子有吃水果时间、喝水时间、上厕所时间，会有老师一直陪伴在孩子身

边，老师会告诉孩子们现在应该做什么，不能做什么，遇到危险时老师能及时处理。很多幼儿已经习惯被照顾、被提醒。

（2）小学阶段孩子的分析：

刚进入小学后，课间十分钟是属于孩子们的时间，没有教师的干预，他们可以自由选择休息、盥洗、运动或娱乐。但对于长期以来已经习惯被照顾、被提醒的孩子，这时变得不知所措。另外有一些比较调皮捣蛋的孩子，课间没有老师时刻的监管，就如脱了缰的马般玩耍，存在很大的安全问题。

3. 待解决的问题

（1）如何引导幼儿园大班孩子了解课间十分钟？

（2）如何培养幼儿在课间十分钟的自主意识？

（3）幼儿如何合理规划自己的课间十分钟？

（三）教研重点和期望目标

以儿童的视角搭建适宜的支架，以问题为导向，从对时间概念的模糊到大致感知，从对课间十分钟计划的混乱到自主计划，从课间管理的无序到有序，循序渐进地引导幼儿做好自主的准备，之后给幼儿充分选择的权利，满足他们的自主需要，培养幼儿的自主性，使幼儿的自我分配、自我管理、按计划做事的能力得到锻炼。小学的课间十分钟，既是上一节课结束后的休息，又是后续课程的准备时间，需要主次分明合理规划。小朋友首先应解决生理需要，合理安排好如厕、喝水、收拾、整理；其次应做好课前准备，如整理书包，把下节课的课本放在课桌上；再者可以适当放松，跟同学聊天，画画，玩一些简单的游戏，会更从容、不忙乱。

二 教研活动设计与实施

（一）教研活动设计

1. 教研主题：自主打开课间十分钟——幼小共话，科学衔接。

2. 参与人员：幼儿园大班、小学一年级教师。

3. 教研地点：幼儿园音体室、小学电教室、幼儿园教室、一年级教室。

4. 主持人：肖老师（幼儿园）、刘老师（小学）

5. 记录员：钟老师（幼儿园）、谢老师（小学）

6. 教研活动时间：初期实地考察、中期探究教研、后期检验实效。

7. 教研活动方法：主要运用了小组讨论法、阶梯思维法、幼儿园老师走进小学与小学老师走进幼儿园现场探究法。

8. 教研活动的主要环节，见图 6–7。

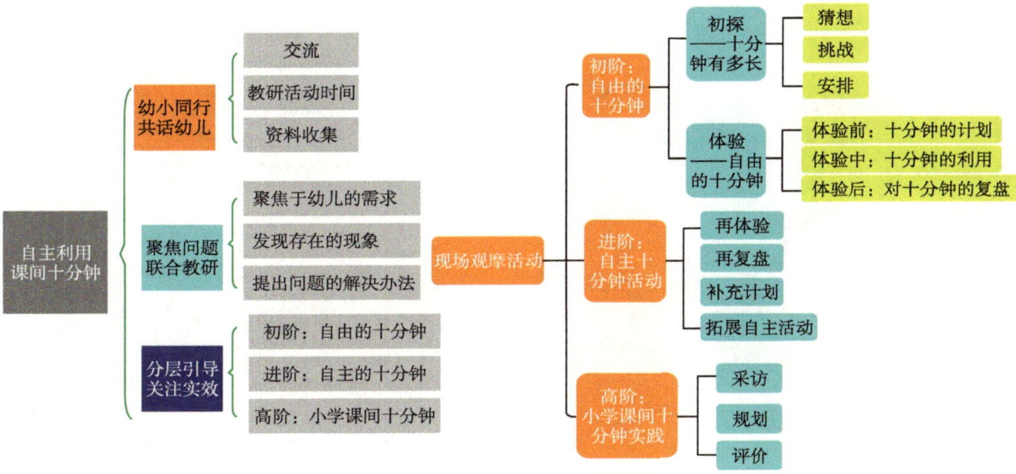

图 6–7　教研活动的主要环节

（二）教研活动实施

环节一：幼小同行，共话幼儿

1. 交流活动

构建对话平台，开展幼小教研活动，促进幼儿园教师、小学教师相互交流。幼儿园和小学开展同课异构的教学观摩活动；小学主动与幼儿园衔接，向幼儿园教师坦诚展现开学阶段小学生的真实生活；幼儿园教师观摩小学大课间、课前准备等环节。

2. 教研活动时间

将教研活动的启动选择在新学期刚开始的阶段，并设计小学和幼儿园教师共同使用的学生表现观察工具表，对刚入学学生的真实状态深入感知并尝试分析。（见表 6–11）

3. 资料收集

通过实地考察，收集第一手资料，了解学生真实的学习和生活状态，分析学生的发展以及可能的需求，建立共同的对话平台，推动幼儿园和小学教师各自思考，后续真正基于幼儿入学适应实际问题，提出更有针对性的解决方案。

表 6–11 “幼小同行，共话幼儿”教研活动安排

<table>
<tr><td rowspan="2">前期</td><td></td><td>填表人：<table>
<tr><th>观察内容</th><th>观察点</th><th>儿童行为描述</th><th>衔接反思与建议</th></tr>
<tr><td rowspan="5">教学活动</td><td>1. 倾听习惯：专心听讲、能理解教师、同伴的表达</td><td></td><td></td></tr>
<tr><td>2. 积极思考：独立思考问题，有自己的观点或想法，并能验证自己的观点，有初步的判断推理能力和概括能力</td><td></td><td></td></tr>
<tr><td>3. 表达表现：大胆自信、清晰完整地表达自己的想法</td><td></td><td></td></tr>
<tr><td>4. 自我控制：在集体互动的学习情境中参与讨论，轮流发言，不随意打断别人说话，能跟随活动的要求和节奏</td><td></td><td></td></tr>
<tr><td>5. 自我保护：注意读写姿势、用眼卫生</td><td></td><td></td></tr>
<tr><td rowspan="3">大课间</td><td>1. 团队意识：感受精神饱满、动作协调、队形整齐带来的美感。体验个体和团体之间的关系</td><td></td><td></td></tr>
<tr><td>2. 规则意识：理解、遵守活动规则：感受遵守规则的重要性</td><td></td><td></td></tr>
<tr><td>3. 情绪管理：情绪愉快、能控制不良情绪、不发脾气</td><td></td><td></td></tr>
<tr><td rowspan="5">课前准备</td><td>1. 问题解决：运用各种方法处理解决交往中的矛盾与问题</td><td></td><td></td></tr>
<tr><td>2. 情绪管理：觉察自己与同伴的情绪，调节自己的情绪，友好地沟通表达：适时调整自己的想法与行动</td><td></td><td></td></tr>
<tr><td>3. 时间观念：感知课前时间，会自主安排与利用时间，及时处理个人生理需要</td><td></td><td></td></tr>
<tr><td>4. 自我计划：有计划地安排自己的活动</td><td></td><td></td></tr>
<tr><td>5. 能有序整理、收纳自己的物品：积极参与班级清洁和收纳</td><td></td><td></td></tr>
</table></td></tr>
<tr><td>交流活动</td><td>学生表现观察工具表</td></tr>
<tr><td rowspan="2">中期</td><td>
</td><td></td></tr>
<tr><td>幼儿园课堂观摩</td><td>小学课堂观摩</td></tr>
<tr><td rowspan="2">后期</td><td></td><td></td></tr>
<tr><td>小学体验课</td><td>做课间观察记录</td></tr>
</table>

环节二：聚焦问题，联合教研

1. 入学一个月就开展幼小衔接的教研活动，聚焦于幼儿真正成为小学生的需求，从各自的角度进行思考。

2. 在研讨中发现小学课间十分钟的现象。

3. 针对现象，幼儿园、小学的教师聚焦于“课间十分钟”这个主题展开研讨，共同商讨合适而有效的策略，锁定解决的问题。（见表 6–12）

4. 现场观摩活动。

表 6-12 “聚问题，联合教研”研讨策略

小学课间十分钟的现象		解决的问题
①孩子在下课铃声响起后，仍呆坐在座位上等待老师的新指令。 ②有些孩子跟小伙伴追逐打闹，在校园里“疯玩”； ③到了上课铃声还不愿意回到教室上课，或者这个时候想上厕所，要喝水，影响下一节课正常开展。		①如何引导幼儿园大班孩子了解课间十分钟？ ②如何培养幼儿在课间十分钟的自主意识？ ③幼儿如何合理规划自己的课间十分钟？
组织研讨		
小组讨论策略		
代表发言汇报		

（1）初阶：自由的十分钟（见表 6-13）

①初探——十分钟有多长

a. 孩子们对十分钟的猜想

大班的孩子在参观小学时，听见一个声音响起时，这些戴红领巾的哥哥姐姐们纷纷走出教室，走到走廊上，他们对这一场景充满了疑惑。于是老师提出了一个问题：“如果给你十分钟，你觉得自己能做些什么呢？”围绕以上问题，孩子们进行了猜想与记录。孩子们将自己的想法记录到纸上，老师将孩子们的猜想进行了分类与汇总。

b. 孩子们应对十分钟挑战

十分钟有多长？在钟表上会怎样呈现？孩子们在科学活动“一分钟有多长”中，已初步了解一分钟的时间长短，老师和孩子们一起回顾了钟表的结构，分享了十分钟的时间规律：比时针长且比秒针走得慢的针是分针，分针在钟面上走两格，就是十分钟。

接着引导孩子们联想以前的实践体验活动，如 1 分钟可以拍 90 个球，1 分钟可以跳 30 下绳……那么十分钟有多长？十分钟可以做哪些事情？带着这些疑问，孩子们进行了亲身体验，在十分钟里他们各自做一些挑战。

在挑战过程中孩子们有了新发现：十分钟能够完成一幅简单的绘画和粘贴作品；十分钟不仅能绕草坪跑 2 圈，剩下的时间还够绕着操场慢走 3 圈；连续跳绳 1 分钟已经非常累了，剩下的时间需要休息、喝水……原来，十分钟比孩子想象的要长，孩子们能够在十分钟里尝试很多、体验很多！

c. 孩子们对十分钟的安排

挑战了十分钟之后，孩子们对课间十分钟更加感兴趣。有孩子说：“我们幼儿园能不能有一个课间十分钟。”于是，老师提出了新的问题：“如果每天我们可以有一个老师退出的‘自主十分钟’，你们想安排在什么时候？”

孩子 1：可以在上完集体活动后，在玩区域游戏前。

孩子 2：可以在放学前。

孩子 3：可以在吃完简餐后。

孩子们有很多意见、想法。通过投票，孩子们决定在上午集体活动后、区域游戏前进行自由十分钟活动。

②体验——自由的十分钟

a. 体验前：十分钟的计划

小朋友们继续围绕着“如果你有十分钟，你想要做些什么呢？”再次修改了自己的 10 分钟计划和记录，这次的计划事项明显丰富起来。但这里遇到一个挑战，没了老师的提醒，小朋友该怎样判断十分钟什么时候结束呢？小朋友们继续脑洞大开地讨论着。

孩子 1：“我们可以看表呀！”

孩子 2：“在平时的区域游戏时间，我们听到音乐就知道收玩具。10 分钟到了，可以放音乐提醒呀！”

十分钟结束时，孩子们能不能整理完玩具，并坐到椅子上呢？我们拭目以待！

b. 体验中：十分钟的利用

有计划，会看时间，“自由的十分钟”的体验正式开始！

场景一：有的孩子在图书区静静地看书。

场景二：有的孩子在美工区做手工、画画。

场景三：有的孩子和同伴一起做角色扮演的游戏。

场景四：有的孩子整理书包和文具后，就在教室里转来转去。

十分钟到了，只有个别小朋友在老师的提醒下，坐到了座位上。

c. 体验后——对十分钟的复盘

活动后的复盘时间，一场“十分钟沙龙”的活动开始了，小朋友们七嘴八舌地展开了讨论：

孩子 1：十分钟好快啊，我的计划还没完成呢！

孩子 2：刚和好朋友一起找到喜欢的材料准备开始游戏时，10 分钟就到了。

孩子 3：我看时间了，我在十分钟没到的时候就坐下来了，我觉得我的时间浪费了！

孩子 4：我整理书包用不了十分钟，接下来的时间我不知道该做什么，然后我找人聊天了。

表 6-13 “初阶：自由的十分钟”总结

初阶：自由的十分钟			
初探	十分钟有多长		
体验	体验前	十分钟的计划	
	体验中	十分钟的利用	
	体验后	对十分钟的复盘	

续表

	初探的思考	体验的思考
思考	教师思考：了解小学生活对于幼儿来说，是萌发向往小学的积极情绪的有利条件。幼儿直观感受到小学和幼儿园作息差别之一是“课间十分钟”，同时产生了“想要尝试”的积极情感。 孩子们对于十分钟有多长概念比较模糊，通过对十分钟的猜想、挑战，填充进具体生活事件，如：搭积木、绘画、跑步、跳绳等，把时间具体化。心理方面，采取循序渐进的方式，给孩子一个接受适应的过程，从事事跟着老师做再到可以尝试有计划地做事。	教师思考：自由的十分钟，是幼儿逐步树立时间观念的过程，孩子通过初步体验感知时间的长短，培养时间观念之余，也进一步加深了对自己能力的认识。过程中，教师以协助者的身份陪伴参与孩子的活动。在讨论活动中，孩子们充分表达自己的想法，在这些想法的相互碰撞中，孩子们的建议更趋于合理化，也就能够更为合理地安排自己的活动。

（2）进阶：自主十分钟活动（见表 6–14）

①再体验

上午集体活动后，区域游戏前进行自由十分钟活动，正式加入孩子们的一日活动。这一次老师特意没有提醒孩子们喝水、上厕所，而是退出孩子们的自主十分钟活动。

当开始铃声响起的时候，孩子们迫不及待地离开座位进行游戏，只有 7 名孩子将小椅子送回了座位。在自主的十分钟里，记得上厕所、喝水的孩子只有两个。

综合统计，自主的十分钟里，既享受了过渡的自由时间，又自主做好过渡准备的孩子有两名。

②再复盘

十分钟复盘沙龙到了。老师引导孩子们把刚刚在十分钟里做的事情记录下来。接着孩子们进行了一场有图有真相的复盘沙龙活动。

孩子 1：我和淘淘下棋，水都还没喝，时间太短了。

孩子 2：我想先看书，再上厕所，但我没来得及上厕所呢，十分钟就到了。

③补充计划

老师引导：“除了想玩的游戏，当集体活动结束后，孩子进行分组游戏前，哪些事情是必须做？请说一说理由。”

孩子 1：要去上厕所，我今天等铃声结束再去的，差点憋不住尿裤子了。

孩子 2：要喝水，因为要及时补充水分。

孩子 3：区域游戏时间到了，我还没上厕所呢。等我上完厕所，别人已经玩了好一会儿呢。

孩子 4：“我们除了玩游戏，还要记得喝水、上厕所这些必须做的事。”

老师引导孩子们对照画好的十分钟记录表，再把刚刚谈到的必须做的事补充进去。在之后自主十分钟过程中，大多数孩子都能够在自由游戏之余做好自主准备了。

④拓展自主

有哪些力所能及的小事，是可以在自主十分钟里做完的呢？于是，在自主十分钟活动中，孩子们在自由游戏、自主准备的同时，能自主分配时间完成写自己的名字、整理书包、整理小橱柜等力所能及的小任务！

当大多数孩子能够自主利用过渡阶段的十分钟后，我们惊喜地发现：一部分孩子会有意识地充实自己的十分钟，比如完成没完成的作品、主动整理没有摆好的椅子……

表 6–14　“进阶：自主十分钟活动”总结

进阶：自主十分钟活动	
再体验	
再复盘	
补充计划	
拓展 自主活动	
思考	教师思考：在没有教师提醒的前提下，教师不再统一安排一日生活中如厕、喝水等过渡准备，幼儿需要独立了解时间、自主安排时间，也需要一定的自我管理的意识。幼儿在自由十分钟的体验活动中，感受到了守时、不拖沓的重要性。在复盘讨论活动中，孩子们再次充分表达自己的想法，思维碰撞下，孩子们的建议更趋于合理化，尤其是在交流的过程中，孩子们逐渐意识到一定要先把重要的事情做完。

（3）高阶：小学课间十分钟实践（见表 6–15）

幼儿园大班孩子在下学期参观小学、体验小学课程时，到小学实地体验课间十分钟。通过实地采访小学生，结合大手拉小手的活动，进一步完善自己的规划。而幼儿园、小学的教师通过观察，进一步关注孩子们能否合理规划课间十分钟，能否发挥它最大的效益。

表 6-15 “高阶：小学课间十分钟实践”总结

高阶：小学课间十分钟实践

1. 采访小学生

记录员：

小学生课间十分钟的采访

序号	可以做的事情	不可以做的事情	备注

2. 课间十分钟的规划

玩法：

（1）每一格代表 1 分钟。

（2）想想课间需要做哪些事？

（3）分别用不同的颜色填色。如：上厕所，需要 3 分钟，就连着涂三个 1 分钟的格子。

规划自己的课间10分钟

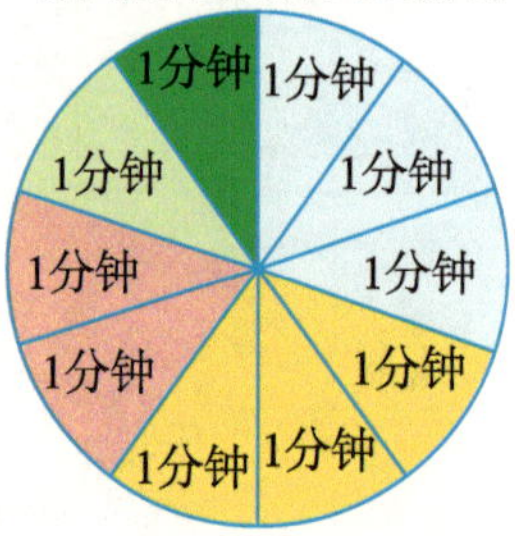

颜色	几分钟	做什么事
	3分钟	准备下节课的书
	3分钟	上厕所
	3分钟	玩游戏
	2分钟	画画
	1分钟	休息 准备上课

3. 课间十分钟的评价

幼儿园

小学

“下课我该这么做”

班级：________ 姓名：________ 得星数：________

行为和习惯	观测点和评价标准	评价方式和结果	
自理安排	下课铃响，能主动上厕所、喝水、准备下节课的学具（三者不分先后）得★	自评	师评
	在老师或同伴的提醒后马上做好准备活动得★		
	预备铃响，能够马上中止游戏，进入教室得★		

评价等级说明：5—6★为优秀 3—4★为良好 0—1★为需努力

自评

教师的观察记录

（1）在下课铃声响起时，有 8 个孩子会收拾整理桌面的东西再离开座位。

（2）课间十分钟时，孩子们基本能文明玩耍，不玩危险游戏，不追逐打闹；上厕所时不推挤，有秩序；有些孩子会在座位上画画、看书，有些孩子会做手工，有些孩子会跟同学聊天，有些孩子跟同伴玩一些小游戏。

（3）当下一节课上课铃声响起时，大部分孩子会回到自己的座位上，等待上课。只有 2 个孩子因没有做课前准备而在找书，1 个孩子因贪玩没有在课间解决生理需求，导致上课时想去上厕所。

教师的思考

大班的孩子从幼儿园进入小学，环境设施、作息时间、学习生活等会发生变化，其中课间十分钟是一项比较大的变化。课间十分钟虽然短暂，但对于幼儿来说是一个宝贵的时间段。到小学实地检验幼儿的课间十分钟实效，可以帮助孩子更好地适应小学的学习和生活。

三　教研活动的成效及反思

大班幼儿即将奔赴小学，课间十分钟是小学课堂的重要过渡环节，如何合理地利用这段时间并发挥它最大的效益，是每个准小学生必须具备的良好习惯，同时也是教导孩子们日后在小学阶段及时完成作业、自主安排学习和课余活动的有效途径。以下从两个方面阐述教研成果。（见图 6–8）

（一）教师的收获

这次教研活动，教师通过到小学实地考察，对幼儿上小学的现状进行分析，聚焦于问题；再到探究教研、检验实效。立足于课间十分钟这一重大作息时间的变化，教师有目的、有计划地引导幼儿从身体适应性、学习适应性、社会适应性和心理适应性等四大方面做好准备。教师在前期、中期、后期，分别以“观察者”“协助者”“旁观者”的身份，循序渐进引导幼儿做好自主的准备，从引导到陪伴，再慢慢退出，达到培养幼儿自主的目的。

（二）孩子的收获

通过一次次的体验，幼儿从了解十分钟是什么、体验十分钟有多长、探索十分钟做什么，再到自主进行课间十分钟活动，幼儿在真实的经历当中逐步学会更加周全地去考虑一件事情，对于自己认为的十分钟进行了重新审视，建立起事件与时间的联系，时间管理能力有所提升，能度过有序、安全、快乐、有意义的课间十分钟。相信进入小学后，孩子们定会更从容、更自信、更快、更好地适应小学的学习生活！

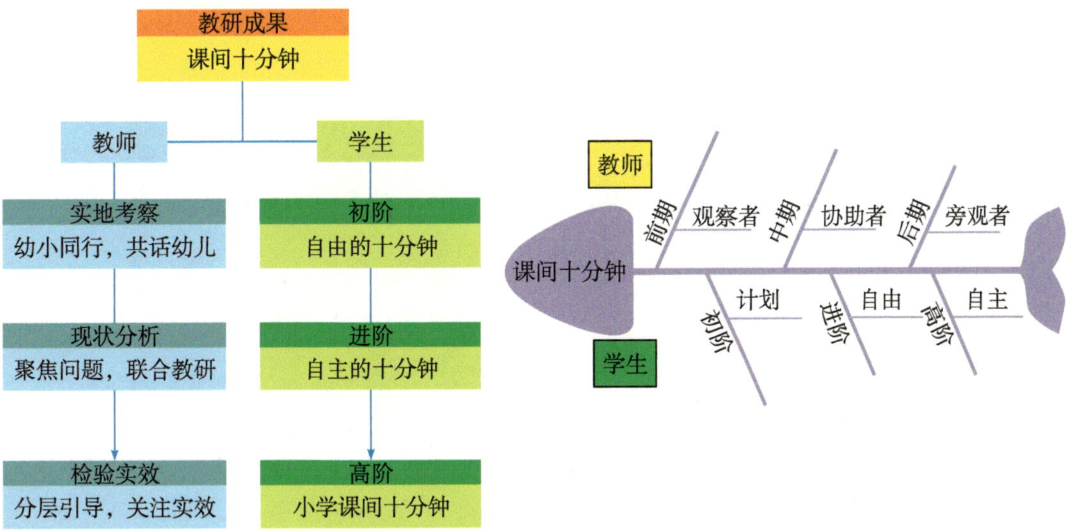

图 6–8 “课间十分钟”教研成果

（三）不足的地方

1. 教师在引导幼儿实现自主、合理规划课间十分钟方面下了很大功夫，但在解决幼儿发挥课间十分钟的最大效益这方面做得不够多。短暂的课间十分钟，结合小学生的实际情况，除了解决上厕所、喝水、做课前准备，还能用来做其他事，过得快乐又有意义，并能保证有序、安全。

2. 在收集素材和现场观摩时，评价和量表可以更多样化。

【案例评析】

本案例精准聚焦“幼小衔接”关键环节——课间十分钟，为幼儿顺利过渡小学提供具体而关键的支持策略。具有以下三个亮点：一是教研方法多元，综合运用观察、访谈、问卷调查，深入诊断幼儿需求与困惑，奠定扎实研究基础。二是以幼儿发展为中心，通过进阶式活动设计，引导幼儿自主规划课间安排，切实提升其自主性与责任感，所生成策略兼具可操作性与实效性，易于园所推广。三是创新协同教研机制，组织小学教师深度参与，共研共策，双向赋能“课间十分钟”，有效推进入学适应教育，为幼小衔接工作提供了可借鉴的优秀范例。

第七章

幼小衔接之生活准备与适应

案例 1

幼小衔接联合教研活动的设计与实践

——以"从观察、指导到支持，助力幼儿良好习惯的养成"教研活动为例

东莞市莞城中心幼儿园　李仙丽、廖艳
东莞市莞城中心小学　刘艳、刘梅兰

一　教研背景与目标

幼小衔接教研活动是科学贯通幼儿园与小学的重要方式，除了定期开展相关的研讨会和交流活动，还可以通过有针对性地设计和实施联合教研活动来促进幼小衔接教育的深入发展。本文以幼儿刚入小学一个月为研究契机，借助观察法，具体探讨如何更好地开展幼小衔接联合教研活动，以此深化幼小衔接相关工作。

（一）教研主题活动的问题来源

2021 年，《关于大力推进幼儿园与小学科学衔接的指导意见》的颁布，从政策上强调了幼儿园和小学要为幼儿的学习过渡和衔接提供更好的支持。尽管幼小衔接相关政策已经推行了很多年，但是从实际实施情况上来看存在不少问题，幼儿园、小学之间缺少真实的对话，小学主动衔接的实践活动较少，更多的是幼儿园单向靠拢，或者是幼儿园、小学各自为政，缺乏协同。而国家所倡导的幼小衔接是双向的、科学的衔接，也就是说当前的幼小衔接工作并不符合国家教育所倡导的内容，小学与幼儿园之间的协同实践较少。

有些幼小衔接工作的开展也停留在表面上，多为幼儿教师与小学教师在教学实践、教学心得体会等方面的交流，是关于教师教学方法、教学活动、教学设计等方面的讨论，对于幼儿自身的关注来说并不多，更是难以深入到幼儿真实状态；或是在联合教研活动中，小学、幼儿园都站在各自的立场上，去探寻和解释合理性的状态，缺少换位思考、缺少用共同的视角去探寻。这也就导致幼小衔接联合教研工作缺少可操作性、实效性，需要通过有针对性地设计和实施联合教研活动来促进幼小衔接教育的深入发展。

（二）相关问题的分析与诊断

造成幼小衔接联合教研工作深度不够、形式单一等问题，主要是由三个方面原因所造成的：

一是幼儿教师对幼小衔接联合教研工作认知不够，理解存在偏差。很多幼儿教师在开展幼小衔接工作之后，更多的是凭借主观意识去判断、评价对幼儿入小学之后的生活，对幼儿的实际适应情况了解甚少，以致在后续工作中难以实现对于幼小衔接相关活动设计的真正的反思。

二是幼小衔接联合教研工作更多的是侧重于研究前期与中期，对于后期的探索较少，尤其是对幼儿进入到小学之后的真实状态缺乏具体了解，或者依靠主观判断，或者是从家长、学校处获取间接信息。

三是小学教师对刚入学的幼儿的基本情况了解不够，缺少具体数据来给予针对性关注，这就容易导致小学教师经常以小学生的标准来片面要求刚入学的幼儿，要求标准过高。

（三）教研主题活动的选择理由

针对幼小衔接教育工作中存在的问题，本文选择“从观察、指导到支持，助力幼儿良好习惯的养成”为教研主题活动。这个主题既符合幼儿园、小学教育的实际需要，又能够围绕幼儿的生活习惯和行为管理展开深入探讨，有利于促进幼小衔接教育工作的深入发展。通过观察，可以更好地了解幼儿的行为习惯和生活习惯，从而有针对性地支持和助力幼儿习惯培养，为幼儿健康成长奠定良好的基础。

（四）教研重点

本次教研重点主要侧重于小学向幼儿园的倾斜，真正实现双向奔赴，具体来说教研重点可以分为四个方面：

一是强调小学的主动性，要主动向幼儿园衔接，将相关教研实践工作重心放到小学，以便更为真实、客观地向幼儿教师展示小学生活，真正改变以往以“教学观摩”为主的教研活动，将观摩延伸到大课间、课间准备等环节，充分展示小学的主动探索与改进情况。

二是将教研活动的时间选择在新学期刚入学时，并且根据实际情况设计学生观察表，让所有参与人员尤其是小学教师、幼儿教师对刚入学的幼儿真实状态进行填写与分析，以便更好地开展接下来的反思与协同工作。

三是搭建小学教师、幼儿教师双向沟通的平台。为了有效促进小学、幼儿园的双向沟通，避免各自空谈，需要搭建共同沟通的平台，促进小学教师、幼儿教师的交流，以及双方的合作与共同探索，为后续教研活动中幼儿是否真正适应小学生活以及幼儿良好习惯的培养提供更有针对性的数据。

四是在参与对象上要有针对性地选择。教研组在选择幼儿教师时可以以生源关系为切入点，在对口片区的选择幼儿园的园长和教师参与，毕竟他们是幼儿过去三年间最为信赖的伙伴，因此能够及时发现幼儿在升入小学后的一些变化或者遇到的棘手事件，自然在相关教研活动中能够提供更为真实的发展数据以及对比信息。

二　教研活动设计与实施

（一）教研活动方式

“从观察、指导到支持，助力幼儿良好习惯的养成”教研活动方式坚持从问题出发，具体问题具体分析，通过相关课例以及教学活动的观摩，填写观察信息（见表7–1），相关教研活动参与人员在一起交流讨论，并且针对观察到的问题进行分析。

表7–1　教研活动观察信息

观察内容	观察点	儿童行为描述	衔接反思与建议
教学活动	1. 上课期间幼儿听课情况，主要包括是否认真听讲；能否与教师、其他小伙伴正常交流，并且理解其表达的内容。 2. 积极思考：能否根据教师的提醒，进行相应的思考，且形成自己的观点或者想法，拥有初步的判断能力以及概括能力。 3. 表达表现：能够把自己的想法大胆、完整地表达出来。 4. 自我管理能力：在集体学习活动中，能否做到自我情绪的控制与管理，不轻易打断他人谈话，跟得上教师日常教学进程。 5. 自我保护：读书、写字姿势是否正确；个人卫生是否讲究。	1. 在活动中，孩子非常好奇观察甲骨文，通过其特征猜测现代汉字。孩子对甲骨文感兴趣并积极参与其中。 2. 在环节二，孩子对屏幕上出现的汉字都认识，而且能准确地认读出来，大班的孩子平时阅读量大，对于汉字的认识能有效地衔接小学。 3. 在摆字环节，孩子能通过不同的材料独立摆出课堂中所看见的汉字和象形字以及生活中常见的汉字，孩子观察能力强并且喜欢动脑筋。 4. 孩子对最后连线环节能大胆根据自己的判断进行象形字与现代汉字的匹配，精细动作的协调很好地体现孩子的前书写准备。	1. 保护幼儿的好奇心和主动性，接纳、鼓励幼儿对新事物的观察、体验等探究行为，避免简单打断或否定幼儿的奇思妙想，如：观察甲骨文时把幼儿有浓厚兴趣的问题作为集体讨论的话题，鼓励幼儿分享自己的发现和观点，支持他们进一步的探究想法和行动。 2. 支持幼儿后续的探究行为，分析幼儿在探究活动中可能获得的发展，提供充足的时间、丰富的材料，支持幼儿持续、深入进行探究，寻找答案。 3. 保护幼儿的前书写兴趣。如：鼓励幼儿用图画、符号、文字等方式记录生活中的汉字。 4. 养成阅读习惯，在日常生活中培养前书写的能力。

续表

观察内容	观察点	儿童行为描述	衔接反思与建议
课间活动（主要指大课间运动）	1. 团队意识：在课间操活动过程中，幼儿是否做到动作协调、精神饱满，感受个人在班级中的作用。 2. 规则意识：能否理解并且按照规则进行相应的活动。 3. 情绪管理：在与小伙伴在玩耍过程中，是否情绪愉快，不对他人乱发脾气。	1. 儿童喜欢在户外活动，积极参与其中，雄赳赳、气昂昂。 2. 课间操中，儿童能找到自己的位置，认真听音乐，动作准确、统一。 3. 儿童能与同伴互动，在同伴请假或缺席的情况下，能自主找到新朋友进行互动玩耍，并能在游戏中分享自己的想法和游戏规则。	1. 和儿童共同设计、学习动作，难度适宜，趣味性强，肢体动作运动量达标。 2. 鼓励幼儿大方与同伴互动，为其准备丰富的游戏、体育器材。游戏前，幼儿可自由分组，设计游戏后，自主选择器材与同伴共同游戏，并在游戏中做到互帮互助。
课前准备	1. 问题解决：能否运用合适的方法解决情绪问题；在上课前是否有足够的休息和良好的精神状态，能否保持清醒的头脑，集中注意力，积极参与学习。 2. 时间观念：能否做好时间规划，完成个人生理需求的解决以及相应的活动安排。 3. 整理能力：能否在课前做好自己的物品整理，如书包、文具等，以便在课堂上更加专注地学习。	1. 活动前，幼儿自主如厕、喝水，在听到指令后，能迅速坐回座位，课中思维集中，专注学习。 2. 在教师给出指令的时间范围内，大部分幼儿可以完成自己的事情，如收拾画本、水彩笔；运动后收拾器材、更换衣服，个别孩子在做事情的过程中，喜欢跟同伴聊天、玩耍，导致事情延误，整洁力度不够。	1. 以“指令”为要求，如设计统一的音乐为做某项目的提示，幼儿在听到音乐后，形成条件性的回应，从而过渡到小学听到上课铃声后做好课前和课后的准备。 2. 为养成整理和收纳的习惯，可与家庭合作，共同设定目标和时间，学习和练习整理习惯和技能，做到自己服务于自己，有服务集体的良好品质。

（二）教研活动基本流程

1. 教学课例和现场活动观摩

教研活动所有参与人员全程参与到现场活动的观摩中来，填写事先准备的观察记录表，将自己的观察内容记录到相应表格中去，有针对性收集信息。

活动时间：10月12日。

活动地点：大一班教室。

活动目的：观摩教学课例和现场活动，以便了解幼儿在日常生活中养成良好习惯的情况，获取最为真实的真实状态和行为表现。

2. 观点交流和分析

所有参加者根据自己的观察以及相关记录信息，围绕参与者结合观摩和记录信息，围绕“从观察、指导到支持，助力幼儿良好习惯的养成”主题开展讨论，并且提出看法。

活动时间：10 月 13 日。

活动地点：会议室。

活动目的：通过交流与讨论，分析存在的问题和改进的可能性。

3. 问题分析和讨论

由专门的人员对观察记录表进行搜集与信息整理分析；由小学教师做教研活动的主题分析和开展情况总结；由幼儿教师做相关教研活动的分析，并且提出相应的建议。在本次教研活动中，强调全员参与，聚焦观察过程，不仅要有相关观察信息的记录，还要有针对性地表达，继而进行更为深入的思考。

活动时间：11 月 13 日。

活动地点：会议室。

活动目的：通过共同设计改进方案，为幼儿良好习惯的养成提供有效支持和指导。

（三）现场教研活动的过程和重要环节

现场教研活动主要分为三个环节：

1. 信息的搜集工作

幼儿园和小学教师使用幼儿习惯观察表，在课堂、课间活动（主要指大课间运动）、课前准备等三个时间段进行观察，幼儿教师主要侧重于观察记录自己曾经带过或者比较熟悉的幼儿，小学教师则要观察记录自己所教授的学生。观察过程中，要注意记录幼儿行为特点、习惯、表现等，尤其是与目标习惯相关的行为。这样方能获得幼儿在幼儿园、小学不同环境下的习惯表现以及发展变化情况，为教研活动提供必要的数据支持，且使得数据的搜集更具有针对性。

2. 交流与沟通

为了提高教研活动的有序性和时效性，在观察过后，教研组（教研主持人）就要求幼儿教师、小学教师基于幼儿现场表现汇总观察结果，形成相应的观点。在现场，教研参与人员秉持着自愿、公开的原则进行分享，这样每个参与人员都能有极大的空间去输出自己的观察内容与想法。经过讨论与交流，我们发现幼儿园教师能够根据幼儿在园内成长情况，有针对性、有目的性地搜集其入学状态的相关信息，对幼小衔接相关教育工作有了更加感性的认识，对幼儿全面培养有了更深的体会。而小学教师则把观察重点放在幼儿身上，尤其是学习习惯以及行为习惯上，这样在和幼儿教师进行沟通过程中更容易产生共鸣，继而实现科学衔接。

3. 梳理教研内容

在交流与沟通的基础上，教研组会对搜集到的信息进行分类、归纳、分析，通过主题梳理、点拨和分享启示，提出进一步的研究方向，提出相应的改进措施和实施方案，以期能够更好地助力幼儿良好习惯的养成。

三 教研活动的成效及反思

（一）教研活动特点

本次教研活动在幼小衔接工作中最为重要的一个月中开展，聚焦于当前幼小衔接工作中被忽略的幼儿成长与发展需求，通过观摩、讨论、实践等方式开展教研活动。故本次教研活动具有三个方面的特点：

1. 聚焦性强。本次教研活动聚焦于幼小衔接工作中最为重要的一个月，针对幼儿成长与发展需求进行研讨和实践，使教研活动更具针对性和实效性。

2. 多元化形式。教研活动以观摩、讨论、实践等多种形式进行，使教师们能够通过多种方式参与和体验，促进教学理念和方法的交流和碰撞，提高教学水平。

3. 实践性强。本次教研活动注重实践操作，使教师们能够在真实的教学环境中，通过观察获取幼儿真正发展需求，及时解决幼儿刚进入小学中的不适应问题，将所学到的理论知识转化为实际教学能力，提高教学质量和效果。

（二）成效

这次教研活动不仅提高了教师们的专业水平，也促进了幼小衔接工作的开展，为幼儿良好习惯的养成提供了更加有效的支持和指导，也为未来的教学实践提供了宝贵的经验和借鉴，促进了教育教学工作的不断创新和发展。

一方面，本次教研活动是在幼儿园与小学科学衔接工作方针指导下进行的一种工作创新，是基于有生源关系的小学和幼儿园而开展的。围绕幼小衔接矛盾最为凸显的入学一个月之内开展，对幼儿能否真正融入小学生活这一关键适应阶段进行切实观察分享，有助于让幼儿教师、小学教师基于幼儿自身实际发展需求，从各自教育角度出发，思考如何更加合理地推动“双向衔接”这一教研活动的深化以及改进，而非是形式上的教研活动，给其他区域开展幼小衔接有关工作提供了实践范本。

另一方面，本次教研活动还有助于深化小学教师、幼儿教师对于幼小衔接工作的认知，为各位教师指明了工作方向，引导他们在日常生活中认真观察幼儿的表现，并且根据相应的观察内容形成自己的思考，提升了教师对幼儿在小学发展需求、发展特点等方面的感性认知，纠正了原有的一些错误认知，使得他们能够根据日常工作进行深刻反思，不断推进日常工作。更为重要的是，本次教研活动激发了小学教师产生主动衔接的意识，培养教师多方面观察学生发展表现的意识和能力。

（三）教研活动反思与建议

本次教研活动取得了一定的成效，但也存在一些不足之处，需要在今后的教研活动中加以改进和完善，促进教育教学工作的不断创新和发展。对于本次教研活动的反思主要集中在四个层面：

一是提高教研组成员的参与程度。通过对本次教研活动的反思，可以看出在教研活动的设计和实施过程中，需要注重教研活动整体框架搭建和设计意识培养，优化教研组成员的参与方式，让他们有更多的表达和发挥影响力的机会。

二是各个教研组成员的沟通与交流时间、机会相对较少，相对缺乏表达和发挥影响力的机会，建议优化交流范围，聚焦核心对象，推动小范围深度沟通。

三是和幼儿园教师相比，小学教师对幼儿的整个观察以及分析不够深入，更多停留在表面，在分享上也是缺少针对性、组织性，想到什么说什么，故建议加强小学教师对幼儿观察和分析的培训，提高他们对幼儿发展的敏感度和深度观察能力；加强教师的分享能力培训，让他们能够有针对性、有组织地分享自己的观察和分析成果。

四是本次教研活动的成果整理和总结较为简单，没有形成有效的文件和资料，建议在今后的教研活动中加强成果整理和总结工作，形成详细的教研成果报告和资料，以便于更好地推广和应用。

【案例评析】

该案例立足实际，基于问题导向开展真教研，具有以下两个亮点：一是聚焦于观察支持，赋能习惯养成，此案例以“从观察、指导到支持，助力幼儿良好习惯的养成”为主题，让小学老师和幼儿园老师能通过细致的观察来理解幼儿行为背后的需求。以儿童为中心的教研方式有助于教师更准确地把握幼儿的发展特点，从而更有效地促进幼儿良好习惯的形成。二是教研思路清晰，可应用及推广，结合理论与实践的方式极大地提升了教研的实际价值，活动的流程、策略和方法具有很强的实用性、推广性，通过观察和支持，还能应用在其他的评价类教研活动。建议接下来细化观察指标，开展家园合力共育，共同促进幼儿良好习惯的培养。

案例 2

学会自理　以劳育德

——幼小衔接专题教研活动

东莞市厚街镇三屯小学　莫卫玲、郭畅、陈雯静

一　教研背景与目标

（一）问题来源

我们通过对开学初始两周一年级新生的观察发现：孩子们还没从幼儿园被服务、被照顾转变到小学的自我服务角色，出现很多因为缺乏劳动意识、劳动习惯和一定的生活自理能力而导致生活、学习混乱的现象，如个人物品丢三落四，书桌和抽屉乱七八糟，书包里杂乱无序，用餐时卫生习惯不佳；午休后不叠被子、不收拾床铺……为改变种种现象，我们开展有针对性的教研活动，研究主题是“学会自理　以劳育德”，依托劳动教育课培养一年级孩子的生活自理能力，养成热爱劳动的美好品德，从而实现以劳育德。

（二）教研问题分析和诊断

针对孩子们存在的问题和教师们的困惑，我们认真学习理论和加强实践研究。《幼儿园教育指导纲要（试行）》中明确指出，要培养幼儿具有基本的生活自理能力。教育家陈鹤琴先生提出“凡是儿童自己能做的，应当让他自己做”的教育原则。同时，新课程方案指出“注重幼小衔接，科学评估学前教育结束后孩子在健康、语言、社会、科学、艺术等领域的发展水平，合理设计学校一、二年级课程，注重活动化、游戏化、生活化的学习设计”。加强与劳动和社会实践的结合，凸显探究方式的学习，倡导“做中学”“用中学”“创中学”。基于以上的认识，我们结合实际，选取一系列的劳动实践活动，让教师通过参与、体验等方式更加深入地了解孩子，走进孩子，期望通过这样的教研方式激发教师多角度思考，从而探索出更多维、更有效地培养孩子生活自理能力的策略。

（三）教研重点和期望目标

1. 教研重点

结合劳动教育课程来研究和制定一年级新生自理能力培养的活动方案和要求，并制定

相应的评价机制。

2. 期望目标

通过一系列活动，教师能依据相关文件要求，结合一年级孩子的学习方式和特点，设计形式多样的劳动教育活动和教学方法，帮助一年级的孩子更好地掌握一定的劳动技能，养成一定的劳动品质和劳动习惯，形成美好的品德修养。

二 教研活动设计与实施

（一）教研活动方案（见表 7-2）

表 7-2 教研活动方案

时间	2022 年 9 月
地点	多媒体教室
目的	本次教研活动通过具体的情境分析，了解孩子行为背后的原因，并结合劳动教育课程来研究和制定一年级新生自理能力培养的活动方案和要求，并制定相应的评价机制。
准备	物资准备：电脑、纸、颜色笔、展示板。 经验准备： 1. 在观看视频之前，主持人介绍此次教研的目的，使教师能够带着目的进行观察。 2. 活动前，对幼儿园大班孩子家长进行“孩子自理能力”的问卷调查。
参加人员	学校校长、教学副校长、低年段教师共 18 人。
活动过程	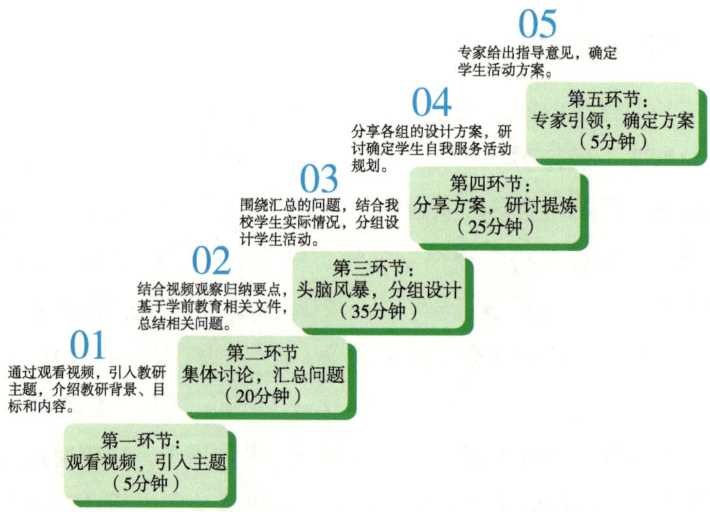

（二）实施过程

1. 观看视频，引入主题

主持人：大家好！幼小衔接是孩子早期成长过程中的一次重要转折，帮助新生顺利适应小学生活是学校的重要任务。今天我们在此举行幼小衔接的专题教研活动。在活动之初，我们先来观看一段视频。

主持人：观看完一年级小朋友刚入学时的校园生活视频，请谈谈孩子在校的表现。

教师 1：从这段视频可以看出一年级小朋友的自理能力有待提高。

主持人：小学生活对孩子的自理能力提出了更高的要求，该如何以劳动教育为契机培养孩子们的生活自理能力呢？这就是我们本次的教研活动的主题——“学会自理　以劳育德”。

2. 集体讨论，汇总问题

主持人：下面是集体讨论环节，请各位老师具体说一说，在视频中，你观察到了什么？

教师 1：视频中大多数孩子没有主动整理书桌的意识，座位四周也比较凌乱。

教师 2：我观察到有些孩子把课本文具杂乱地填进书包里。

教师 3：视频里很多孩子在午休结束后，没有叠被子、整理床铺的意识和习惯，甚至有的不太掌握叠被子的方法。

教师 4：我发现有些孩子的就餐礼仪不到位，吃饭过程中脸上、身上会有饭渣，用餐后没有清理桌面和收纳餐盘。

主持人：各位老师观察真细致，针对一年级孩子生活自理能力的现状，我们特意对幼儿园大班孩子进行了一个问卷调查，下面请王校长介绍本次调查情况。

王校长：按照《义务教育劳动课程标准（2022 年版）》的要求，第一学段的劳动教育目标是孩子能够完成比较简单的个人物品整理与清洗，居室、教室等卫生保洁，整理与收纳，形成“自己的事情自己做”的意识，要具有初步的个人生活自理能力。基于这项要求，以调查问卷数据为支撑，请大家进行下一步的探究。

主持人：从问卷结果反馈可以知道，部分孩子在幼儿园大班时，需要家长提醒与要求才会进行相关劳动。他们进入小学一年级后，自我服务的劳动意识就相对薄弱，因此也就出现了视频中的现象。如何尽快纠正孩子的行为，我们应该在哪方面努力呢？

教师 1：我认为孩子在一年级时应树立自我服务的意识。

教师 2：没错，不管在家里还是学校，都应有自我服务的意识和能力，老师和家长也应引导孩子喜欢劳动，使孩子具有主动劳动、积极参加劳动的愿望。

教师 3：其实很多小朋友是愿意主动参与劳动，只是缺少劳动的方法。

教师 4：另外，有些孩子会等着老师或家长替他们完成自己的事情。

教师5：在教育部《关于大力推进幼儿园与小学科学衔接的指导意见》中的“小学入学适应教育指导要点”中提到，“生活适应”是孩子进入小学所需的关键素质，积极探索有效的教育衔接，帮助他们逐步适应小学生活。

主持人：各位老师的发言有理有据，要提高一年级学生劳动能力是我们的共识。有什么样的理论支撑呢？请大家用多种方法找一找。

教师1：按照《义务教育劳动课程标准（2022年版）》的要求，劳动课程应以培养孩子的核心素养为导向，围绕日常生活劳动、生产劳动和服务性劳动，以任务群为基本单元，构建内容结构。

教师2：在教育部《关于大力推进幼儿园与小学科学衔接的指导意见》中，小学入学适应教育应当具备生活适应的能力，其中包括“自理能力”和“热爱劳动”的能力。

教师3：根据本次教研主题，我们应集中讨论日常生活劳动中的清洁与卫生、整理与收纳这两个任务群。清洁与卫生任务群要求应开展简单的清洁劳动，如扫地、拖地、擦桌椅等。

教师4：在劳动中，孩子养成讲究个人卫生的意识和习惯，感受劳动的快乐，愿意参加劳动。

教师5：整理与收纳任务群要求是根据需要，孩子整理自己的生活用品、学习用品。能按照物品类别、形状等整齐摆放，初步建立及时整理与收纳的意识，初步感知劳动的辛苦和乐趣。

教师6：根据这些要求，老师可以指导孩子在劳动课程学习与实践中掌握整理与收纳的基本方法。同时应引导家长督促、鼓励孩子在家中不断练习整理与收纳并长期坚持实践，养成习惯。

3. 头脑风暴，分组设计

主持人：理论知识让我们对于如何安排和设计第一学段孩子的劳动课程有依据可循，保证接下来的活动设计具有合理性、科学性。接下来请说一说我们的活动规划可以从哪些方面进行设计，大家有什么好建议？

教师1：大多数孩子在生活自理方面存在一定的困难，比如午休后很多孩子不会叠被子，所以我建议可以开展这方面的活动。

教师2：我注意到孩子整理书包、收纳文具的意识比较薄弱，我认为可以开展整理与收纳方面的活动。

教师3：可以开展班级打扫活动，让孩子感受劳动的快乐。

教师4：另外，我建议从“八礼四仪”中的餐饮之礼开展相关的活动。

主持人：大家的建议非常棒，我们综合各位老师的想法归纳出整理、收纳、清洁、餐饮这四个方面是必要且可行的活动角度。请大家结合一年级的实际情况，分组设计四个相关的活动方案，并以图文结合的方式进行分享。在此之前我们先明确几个问题：

第一，一切活动设计以孩子的安全为首位，活动中不得存在安全隐患。

第二，活动应考虑是室内还是户外，要结合学校的实际情况开展。

第三，活动规划要切合实际，实操性强，且能预判孩子在活动中所习得的内容。

接下来请各位老师自由分组，每组 4 人，其中 1 人为队长，35 分钟后进行分享。要求有团队名称、组员姓名、活动名称，并用图文结合的方式将活动规划呈现出来。

4. 分享方案，研讨提炼

（1）各抒己见，分享方案

主持人：各位老师都非常积极主动，创意满满，每张大图都精彩无限，凝聚了团队的智慧，下面请各个小组依次来分享你们的活动规划。

第一组：收纳（见表 7-3）

表 7-3　收纳活动规划

活动名称	做书包的小主人——整理书包活动
活动目标	1. 了解书包的结构和各部分的用途，爱护小书包。 2. 学习整理书包，培养有序整理文具、书本的好习惯。
活动准备	每人一个书包、一个小筐（内放课本、作业本、文具等）
活动时间	第 5 周星期五下午
活动地点	各班教室
活动人员	各班孩子
活动过程	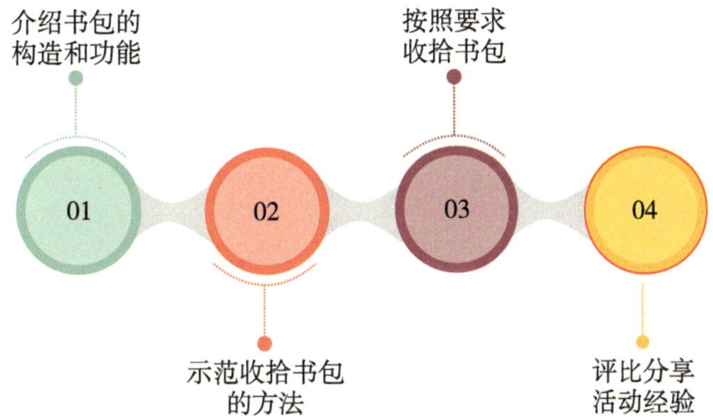
选评细则	1. 文具盒内物品摆放整齐，关紧文具盒；能熟练地把课本、作业本按照一定顺序并方向一致地放入书包内，拉上拉链。 2. 水瓶摆在固定位置，并拧紧瓶盖，最后将书包拉链拉上。 3. 迅速地完成任务，书包里面的物品有序整洁。

第二组：餐饮（见表 7–4）

表 7–4　餐饮活动规划

活动名称	巧手用筷子，趣味夹夹乐——使用筷子比赛活动
活动目标	通过比赛活动，使学生掌握使用筷子的技巧，学会正确使用筷子，懂得简单的餐饮礼仪。
活动准备	筷子 12 双、乒乓球 60 个、玻璃弹珠 60 个、橡皮擦 60 个、碟子 25 个、计时秒表 2 个
活动时间	第 7 周星期三下午
活动地点	电教室
活动人员	每班 4 名孩子
活动过程	
选评细则	1. 正确的姿势：用右手执筷，大拇指和食指捏住筷子的上端，另外三个手指自然弯曲扶住筷子，并且筷子的两端要对齐。 2. 按要求使用筷子把五个物品夹到指定位置，计时加分。0—20 秒内完成加 50 分，20—30 秒内完成加 35 分，30—40 秒内完成加 20 分。

第三组：整理（见表 7–5）

表 7–5　整理活动规划

活动名称	小小巧手，精彩“被”出——叠被子比赛活动
活动目标	通过活动让孩子们掌握叠被子的方法，养成起床叠被子的良好生活习惯。
活动准备	孩子午休床铺，要求被套大小合适，整齐铺平。
活动时间	第 9 周星期三下午
活动地点	一楼大堂
活动人员	每班 6 名孩子

续表

活动过程	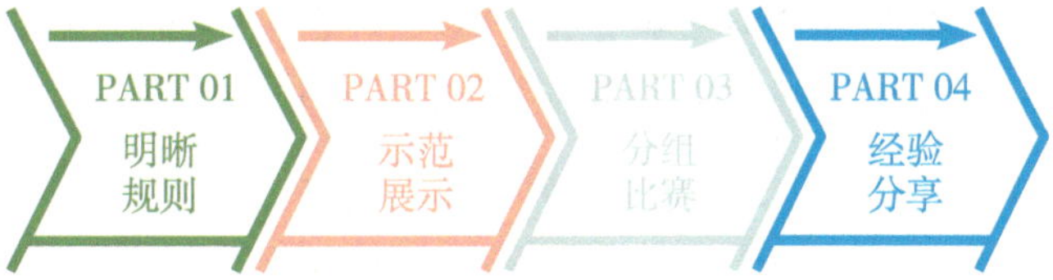
选评细则	1. 要求被子整齐无褶皱，整体对称，美观大方。 2. 摆放合理、整齐。 3. 在规定时间内完成任务，有条不紊。

第四组：清洁（见表 7–6）

表 7–6　清洁活动规划

活动名称	教室清洁勇争先，勤劳少年在行动——教室清洁大比拼活动
活动目标	通过参与教室清洁劳动，掌握各种清洁（如扫地、拖地、擦桌子、擦玻璃等）的劳动技能，体会劳动的好处，品尝劳动成果。
活动准备	每人一块抹布，扫把、垃圾铲、拖把、水桶
活动时间	第 11 周星期五下午
活动地点	各班教室
活动人员	各班孩子
活动过程	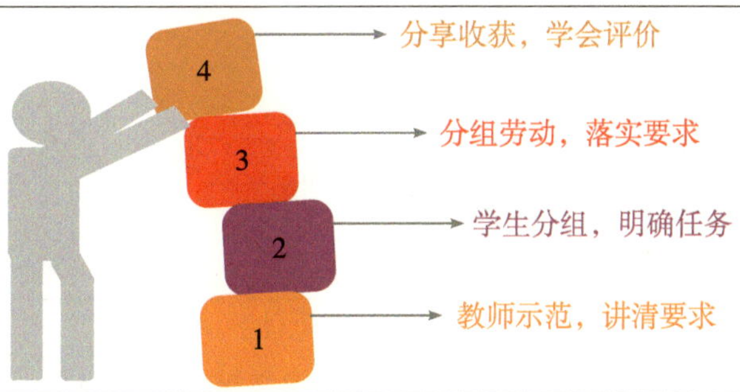
选评细则	1. 桌面干净、整洁，无灰尘，无乱涂乱画。 2. 走廊、地面无废纸、杂物。 3. 书包、书本、文具摆放整齐。 4. 窗台、窗户干净、明亮。 5. 垃圾及时倾倒。

（2）研讨提炼，完善方案

主持人：各个小组分享的活动方案精彩纷呈，请大家各抒己见，说说有哪些亮点，也可以提出你的建议。

教师 1：我认为“巧手用筷子，趣味夹夹乐——使用筷子比赛活动”很有趣，能够激发孩子的兴趣，提高孩子的参与度。教师能在活动中潜移默化中引导孩子正确使用筷子，一举两得。但由于活动是计时算分，所以要特别注意孩子的安全问题。

教师 2： 我觉得“做书包的小主人——整理书包活动”很符合劳动教育课程标准。这样的活动，能够促使孩子有意识、有方法地整理个人物品，养成劳动的习惯。

教师 3： 我认为“教室清洁勇争先，勤劳少年在行动——教室清洁大比拼活动”很适合一年级孩子。这样日常化的劳动活动可以让每个孩子都参与。

教师 4： 我认为叠被子活动非常有趣，而且符合我们学校的实际情况。但是我建议先在班级内初赛，做到人人能参与。

教师 5： 我建议改革学生评价机制，重视过程性评价，形成学生的劳动教育评价机制，每次活动后分别对学生的劳动观念、劳动能力、劳动习惯和品质、劳动精神进行评价，如表 7-7。

表 7-7　一年级学生生活自理能力评价表

班级：					
评价项目	具体内容	评价等级			
		自评	小组评	教师评	综合评价
劳动观念	1. 会劳动，喜爱劳动 2. 懂得劳动者的艰辛	☆☆☆☆☆	☆☆☆☆☆	☆☆☆☆☆	☆☆☆☆☆
劳动能力	1. 能正确使用常用的劳动工具 2. 积极参与活动，交流策划方案	☆☆☆☆☆	☆☆☆☆☆	☆☆☆☆☆	☆☆☆☆☆
劳动习惯和品质	1. 安全规范操作 2. 团结合作，珍惜劳动成果	☆☆☆☆☆	☆☆☆☆☆	☆☆☆☆☆	☆☆☆☆☆
劳动精神	1. 不怕苦、不怕累精神 2. 积极探索，追求创新精神	☆☆☆☆☆	☆☆☆☆☆	☆☆☆☆☆	☆☆☆☆☆

主持人： 对，评价非常重要，我们要重视每次活动对每一位孩子的评价。感谢大家分享，接下来学校会细化四个小组的劳动方案，切实开展相关的学生活动。幼小衔接工作离不开专业的指导，下面有请蔡校长为本次活动做总结性发言。

5. 专家引领，确定方案

蔡校长： 老师们，今天的研讨活动非常成功。通过一系列的探究活动，我们找到了做好我校的幼小衔接工作的理论与技术支撑，以劳动教育为引入点，以劳动竞赛和相关活动为途径，提升孩子的自理能力，尽快让孩子适应小学生活。在本次研讨活动中，老师们都非常积极，大胆提出自己的想法，为成功策划活动方案出谋献策，给出了很多很好的建议。我建议大家在实际操作过程中，不应片面追求活动的形式或孤立地开展活动，可以有机融合不同方面的内容开展活动。另外，活动开展中不能忽略孩子的真实需求，要让孩子通过直接感知、实际操作和亲身体验等方式适应小学的生活。老师们继续更加细致地研读教育部《关于大力推进幼儿园与小学科学衔接的指导意见》，明确活动的方向，坚持儿童为本的原则开展活动。教师应制定和完善劳动活动的评价方案，根据孩子身心发展的连续性和阶段性探索出更优化的活动，培养孩子会自理、爱劳动的美好品德，让他们更好地适应小学生活。

主持人：谢谢蔡校长的点评与指导！在幼小衔接的道路上，我们需遵循孩子身心发展规律和教育规律，继续思考和探索更适合孩子身心发展的劳动活动方案，共同为做好我校的幼小衔接工作贡献自己的力量！

三　教研活动的成效及反思

幼小衔接是一年级新生成长历程中一个重要的转折点，在这个过渡阶段，一年级新生将面临生活方式、学习方式等多方面的变化，为了让孩子顺利地适应小学生活，我校开展了“学会自理　以劳育德”的幼小衔接专题教研活动。

本次教研活动，是基于对一年级新生的校园生活自理能力和行为表现分析，通过调查问卷和对孩子日常生活的观察发现问题，在教研活动中，通过教师头脑风暴和小组探究，不断优化活动方案，最终确定了方案。在设计方案的过程中，丰富了学校教师幼小衔接的理论知识，提升了学校教师的专业发展水平，为孩子顺利适应小学生活奠定了坚实的基础。本次活动得到学校领导和教师的大力支持，在教研活动中，学校领导积极统筹与指导，教师根据一年级新生的学习特点和身体发展规律不断地优化活动的方案，为幼小衔接的系列活动提供支撑。在教师的不断鼓励、指导、帮助下，一年级新生通过亲眼观察、亲耳聆听、亲身体验，养成了良好的生活习惯，提升了生活自理能力。教师以此次教研培养了学生爱劳动、勤劳动的美好品德，取得了较好的教研活动成果。

本次活动还有一些不足之处，需要教师们继续研究。劳动技能的形成是一个反复的过程，如何使孩子的良好自理习惯得到不断的强化，逐步形成自觉的行为，需要孩子、教师和家长的共同努力。家校的协同合作是促进孩子成长的共同力量，通过家、校等多方联动，紧密联系，增加交流，收获更多的宝贵建议，使幼小衔接工作向更加科学有效的方向迈进。为了孩子的未来发展，我们还可以思考如何通过家校合作来锻炼孩子的自我服务的能力，独立完成自己应该做的事，从而更好地推动科学衔接、有效衔接，实现从幼儿园到小学两个不同阶段教育的平稳过渡。

在学校领导的专业引领下，学校也将继续做好校本课程的教研，在接下来的实践中创设更适宜孩子探索和发展的环境，支持学生获得身心全面发展，科学地做好幼小衔接，关注孩子发展的连续性和阶段性，做有温度的衔接，让衔接有序过渡，让成长有章可循，为孩子终身学习发展奠基。

【案例评析】

本案例以教研为引擎，精准聚焦幼小衔接中的“生活自理能力”培养。基于对幼儿园大班幼儿自理能力的问卷调研及一年级新生校园生活表现的观察分析，学校对标《小学入学适应教育指导要点》，将“指导儿童有序整理学习用品”等关键能力作为入学适应重点。教研中，教师通过头脑风暴、小组合作深度探究，持续优化活动方案，创设多元趣味活动（如整理小竞赛），引导幼儿在实践中增强劳动观念、提升自理能力。该案例既紧扣幼小衔接核心任务，又有机融入劳动教育理念，其“教研驱动、问题导向、实践赋能”的模式，为区域内学校破解衔接难题提供了可复制、可持续、可参考路径。

案例 3

“衔之有道　接之有方”

——区域推进幼小科学衔接教研活动

东莞市桥头镇教育管理中心　陈丽婷、邓细琴、赖玉英

一　教研背景与目标

推进幼儿园与小学科学有效衔接是当前深化基础教育课程改革的重要内容之一，依据教育部《关于大力推进幼儿园与小学科学衔接的指导意见》和《广东省推进幼儿园与小学科学衔接攻坚行动方案》的文件精神，只有坚持儿童为本、坚持双向衔接、坚持系统推进和坚持规范管理，才能全面推进幼儿园和小学实施入学准备和入学适应教育，减缓衔接坡度，帮助儿童顺利实现从幼儿园到小学的过渡。

（一）问题来源

问题一是全镇共 30 所幼儿园、12 所小学，镇内幼儿园和小学教育存在分离的状况，小学老师未建立一年级零起点教学的观念，引发了家长的焦虑；幼儿园因生源的压力，顺应家长的需求，出现超标教学、超前学习的状况，未能遵循儿童身心发展规律开展保教活动。儿童未做好身心、生活、社会和学习等准备，难以适应小学学习的快节奏。问题二是各校（园）未落实文件精神，依然按原来的经验开展教育教学活动，衔接科学性亟须提升。

（二）问题的分析和诊断

幼儿园出现超前教育的问题，从社会原因角度分析是生源竞争导致的，而从专业角度分析是因为园长和老师未建立正确的课程观、儿童观和教育观。但从宏观的角度也不能只把问题放在社会层面和教师层面，导致这样的现象还是有很多因素的，如幼儿园没有统一的教材，民办园老师流动性大，很多的园所在落实课程的时候找不准定位。因此，解读政策、深化课程改革才能科学做好幼小衔接工作。

（三）教研重点和期望目标

本次教研活动的重点是以区域的层面大力推进幼儿园与小学科学衔接，解读政策，更

新观念，扎实开展系列的教研活动。做到坚持以儿童为中心，站在儿童的立场，以儿童的需求为基础，有目的、有计划地逐步实施幼小衔接教育，让儿童做好身心、生活、社会和学习四大方面的准备，也从这四方面开展适应教育课程，让儿童获得可持续发展的学习品质和能力，促进儿童德、智、体、美、劳全面发展。

二 教研活动设计与实施

区域推进幼儿园和小学科学衔接的教研活动，我们是从试点先行到全面铺开，本案例重点介绍全面铺开的第一阶段的教研活动。我们将全镇30所幼儿园和12所小学以学区划分了7个幼小衔接教研小组，各小组设定组长，明确教研小组组长职责，落实行动，同时，制定了整学年的教研活动安排计划，具体见表7–8。

表7–8　教研活动安排计划

阶段	时间	地点	目的	准备	参加人员	负责人
第一阶段（明确方向，制订方案）	2022年10月27日	东莞市桥头镇中心幼儿园	各校（园）明确全面推行入学准备和入学适应教育的重要性	通知文件、发文、试点校（园）做好分享准备，各校（园）参会人员自主解读文件	教管中心基教组相关人员、全镇各校（园）负责幼小衔接工作的行政人员	教育管理中心学前教研员和幼教干事
	2022年10月28日—11月11日	各教研小组的学校或幼儿园	研讨和制订本小组联合教研活动方案	教研场地的安排、各校（园）幼小衔接现状分析	各教研小组负责幼小衔接工作的行政人员和老师	各教研小组组长
	2022年11月11—30日	30所幼儿园和12所小学	研讨和制订本校（园）入学适应和入学准备活动方案	本校（园）负责幼小衔接工作的老师认真解读文件	各校（园）负责幼小衔接工作行政人员和教师	各校（园）负责幼小衔接工作的行政人员
第二阶段（联合教研，深度合作）	2022年11月11日—2023年6月30日	各教研小组的学校或幼儿园	开展联合教研活动，提高入学准备和入学适应教育的科学性和有效性	根据教研活动的需要准备场地和材料，制定和细化各活动方案，落实活动负责人	各教研小组负责幼小衔接工作的行政人员和老师	各教研小组组长
	2023年6月	东莞市桥头镇中心小学	经验交流，及时总结各校（园）做法，树立科学导向	发送通知，发文，遴选典型案例进行推广	教管中心基教组相关人员、全镇各校（园）负责幼小衔接工作的行政人员	教育管理中心学前教研员和幼教干事

（一）幼小科学衔接，全镇联合教研活动

遵循“计划在前，行动在后，明确责任，找准方向，精准研讨和以研促进”的教研思路，我们开展了第一场教研活动。本场教研活动由桥头镇学前教育教研员主持，教管中心基教组组长及语文教研员，全镇幼儿园、小学负责幼小衔接工作的行政共56人参加了本场教研活动。

1. 发布教研预告，做好教研准备

教研前一周，以镇教育管理中心的署名发布教研活动通知，预告教研活动的目的、教研活动的流程以及教研活动要研讨的话题等，建立教研工作群，分享幼小衔接资源。同时，要求每一个参加教研活动的行政老师必须自主学习和解读《广东省推进幼儿园与小学科学衔接攻坚行动方案》，做有准备的教研活动。

2. 聚焦指导要点，共研幼小衔接（见图 7-1）

（1）学习政策，高度重视

2022年10月27日，第一场教研活动开启。教研主持人首先解读了教育部、广东省教育厅以及东莞市教育局的文件，引领全体教师明确教研目的。镇教育管理中心基教组组长提出，各学校、幼儿园要充分认识到幼小衔接工作的重要性，认真学习和领会文件精神，全面推进幼儿园入学准备和小学入学适应教育，落实双向科学衔接文件要求。要实现幼儿园和小学双向衔接，幼儿园做好“准备课程”，小学做好“适应课程”，把“短坡”变成“缓坡”，顺利推动幼小科学衔接。

（2）试点先行，经验分享

紧接着，试点园和试点校分别做分享交流。先由试点园镇中心幼儿园副园长作“乐享童年，全面准备”的主题分享，他们认真解读入学准备教育指导要点，引领全体教师观念转变，指出最重要的是做好课程准备，将入学准备教育贯穿在小、中、大班三年的活动中，开展多元的活动，促进幼儿的全面发展；同时，聚焦于教育智慧，积极主动与周边的小学开展联合教研活动，学习借鉴科学衔接的方法；发挥家园校合力，共同谱写精彩篇章，助力孩子的成长。

随后，试点校镇中心小学副主任作“科学衔接共筑成长梦，荷品育人乐走未来路”的主题分享。幼小衔接是幼儿园和小学两个教育阶段平稳渡过的教育过程，也是儿童成长的一个重大转折。幼儿园时期主要是以游戏和能力发展为主，而小学教育主要以正规课业和静态知识学习为主，两者教育方式的不同需要儿童身心的调整来适应。他们重点分享儿童刚进入小学的第一个学期，通过家长调查问卷的情况制订课程实施方案，关注孩子的心理需求，让孩子喜欢上小学。

（3）细化研讨，开拓思路

为了促进小学与幼儿园幼小衔接教育的融合性和科学性，活动前，我们已将全镇的幼儿园和小学划分为7个小组，每一组选一个话题进行讨论。为了让大家在愉悦的气氛下

研讨，我们开展了破冰小游戏，帮助大家进入热烈的研讨中。各小组不仅围绕话题进行研讨，还为自己组起队名、队号，进行展示，教研现场气氛非常好。小学和幼儿园的老师们根据自己组的话题，就教育性质的差异与儿童的实际情况进行探讨，并通过思维导图等形式向大家展现。

在各小组轮流进行分享时，不仅展示了小组的团队精神，还展示了各小组的智慧，将他们实际工作的经验融入不同的话题中，让大家都产生共鸣，收获了很多的方法。

活动后，为了让老师进行自主复盘，教研主持人把各小组的分享图整理上传到交流群，鼓励大家进行一次回顾，认真思考下一步的工作。

（4）专家引领，携手并进

本场教研活动的最后，邀请了镇教育管理中心督导黄老师对本场活动进行点评和引领。黄老师提出，教研活动很真实、很实在，从试点园（校）的分享到交流分享沙龙，能看出大家都在开展幼小衔接教育。因此，小学、幼儿园的老师都必须认真研读指导要点，把看似简单的几句话，用研究的态度去实践。在幼小衔接工作中，幼儿园要始终基于儿童视角，植根教育现场，以游戏为基本活动，既努力保障一日生活各环节有序进行，又审慎思考幼儿园与小学的差异。根据幼儿即将进入小学的特殊需要，围绕身心、生活、社会以

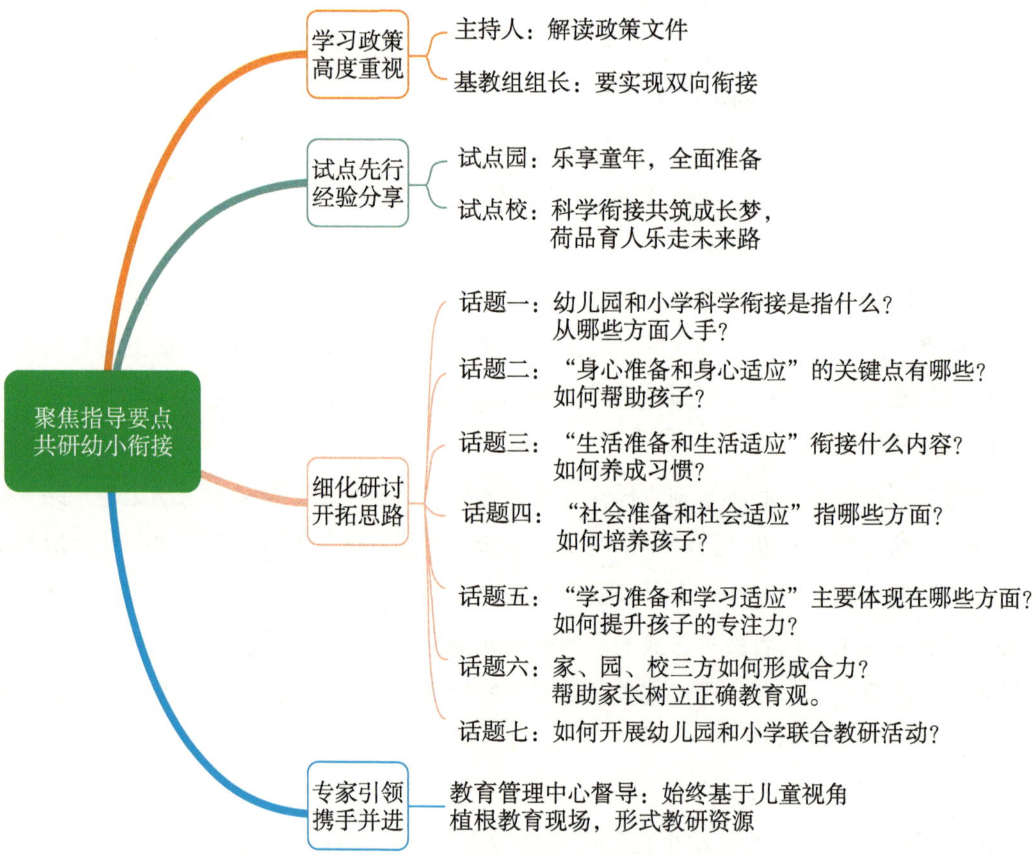

图 7–1　共研幼小衔接活动实施

及学习四个关键要点，开展“适性教育”。同时，必须以文件为依据，每一个方面要做什么、如何做、做的成效怎样等，要有清晰的思路。黄老师建议半年后每个小组都要做一个经验分享，通过收集每一个小组的经验，形成镇的教研资源。

（5）教研感悟分享，明确行动方向

教师 1：参加幼小衔接教研活动，试点园和试点校在幼小衔接方面的尝试与成效，给我很大的启发。比如前书写能力的培养，试点园以兴趣为出发点，让幼儿在游戏中发展小肌肉、精细动作、手眼协调等能力，让幼儿一天天得到发展。同时，我更加明确入学准备教育是贯彻于三个年龄段，幼小衔接不是只有大班的事，要从小班就开始培养孩子各个方面的能力。入学准备教育是全方位的准备，应注重身心准备、生活准备、社会准备和学习准备等方面的有机融合，不应片面追求某一方面或几方面的准备，更不应用小学知识技能的提前学习和强化训练替代全面准备。

教师 2：参加幼小科学衔接教研活动之后，我对幼小衔接有了更深刻的认识。作为幼儿园老师，正如主持人和黄老师强调的，我们要认清形势，认识到国家进行系统教育改革的意义、决心、力度。实现“幼小科学衔接”是深度落实《3—6 岁儿童学习与发展指南》的有效途径，幼儿园推进落实“幼小科学衔接”工作不是想不想做，需不需要做，而是必须做的一件事。

教师 3：幼小科学衔接的教研活动，为以后的教育教学工作指明了方向，让我受益匪浅。我们研讨的是幼小科学衔接，而不只是幼小衔接。科学指的就是专业，专业的衔接就是科学的衔接，它是我们工作的目标和任务。幼小科学衔接的是儿童的能力，我们要重新思考、重新出发，站在儿童的立场，遵循儿童成长的规律，帮助儿童顺利衔接。

教师 4：从教二十多年，关于幼小衔接的问题，这次教研是收获满满的。在过去，每当小学老师和幼儿园老师在一起探讨幼小衔接的话题的时候，都是各执一词，双方都不融洽，都会把责任推给对方。而今天的研讨，我们都有明确的指引，不再争论责任归谁，而是互相分享自己的经验和智慧，共同为孩子的成长出谋献策。我觉得这是特别好的现象，也特别感谢教管中心组织本场教研活动，让全镇的小学和幼儿园都有了清晰的方向，共同朝着目标出发。

（二）幼小科学衔接，小组联合教研活动

我们根据镇区小学和幼儿园所在的位置，成立 7 个幼小衔接联合教研小组（见图 7–2），采用公民办为一体的合作模式，每组设 1 所小学和 1 所幼儿园当组长，在两个组长的引领下，各小组在参加完镇级的联合教研活动后，立刻开展小组联合教研活动，并于 2022 年 11 月 11 日前制订了本组的联合教研方案。我们也将 7 个小组的方案均放到我们钉钉交流群的文件夹里，实现资源共享、信息共享，从而让各小组在实践过程中不断优化本小组的联合教研方案（见图 7–3），让行动更有效。具体的联合教研安排见表 7–9。

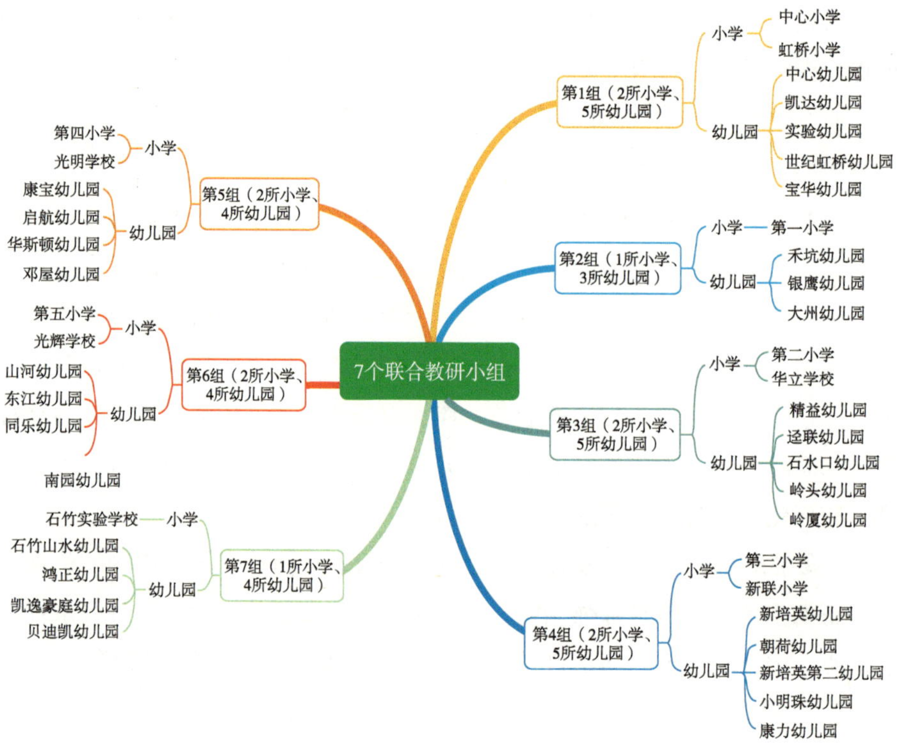

图 7–2　7 个幼小衔接联合教研小组

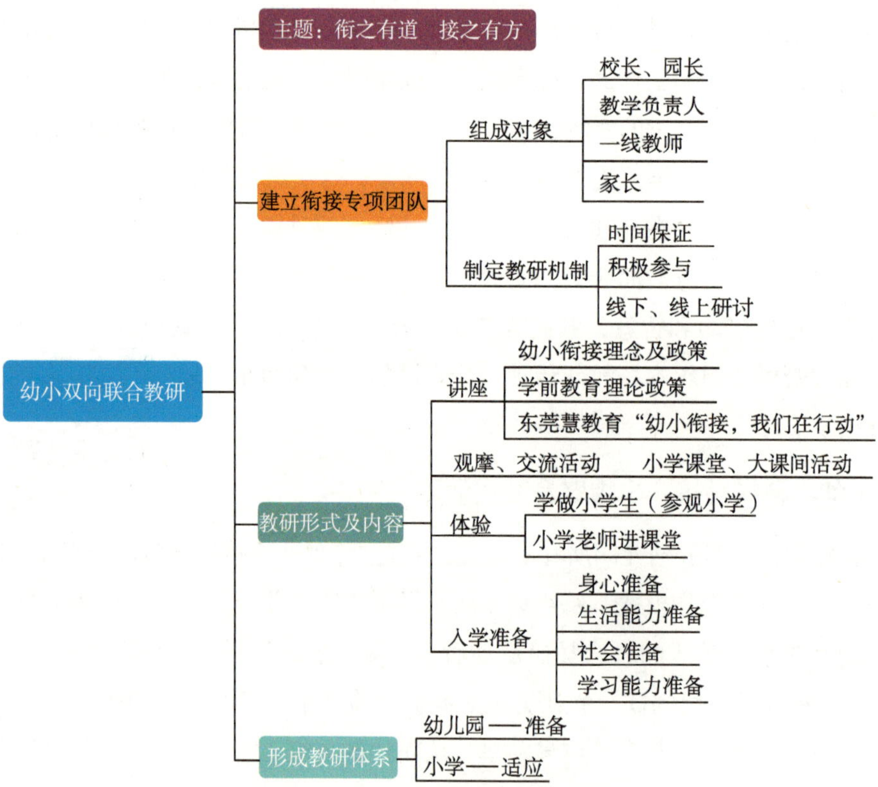

图 7–3　幼小双向联合教研图

表 7-9　联合教研安排

<table>
<tr><th>阶段</th><th>时间</th><th>内容</th><th>实施</th><th>负责单位</th></tr>
<tr><td rowspan="3">第一：政策细解读</td><td rowspan="3">2022 年 11 月—12 月</td><td rowspan="2">各小学和幼儿园成立本校（园）幼小衔接专项工作领导小组。
深入学习《幼儿园入学准备指导要点》及《小学入学适应指导要点》，领会文件精神，明确目标要求。</td><td>11 月 25 日前，各校（园）自行组织工作领导小组研读文件，把本校（园）学习文件的相关简讯发送在小组群</td><td>实验幼儿园</td></tr>
<tr><td>12 月 8 日，在宝华幼儿园开展小组联合教研活动。主要分享各校（园）解读文件后的所思所行，探讨幼儿园和小学如何从身心、生活、社会、学习全方面为儿童搭建好过渡的阶梯</td><td>宝华幼儿园</td></tr>
<tr><td>全面了解家长在幼小衔接过程中存在的疑问与困惑，向家长宣传正确的幼小衔接观念</td><td>11—12 月期间，采用集体座谈、个别访谈、问卷调查等方式，组建由教研员、教师、心理辅导员、家长代表等组成的宣讲团，通过政策宣传、主题宣讲、专题讲座、育儿咨询、网络答疑等形式，有针对性地进行指导，消除家长焦虑情绪，倡导正确的价值取向和科学的教育理念</td><td>镇教管中心、各小学和幼儿园</td></tr>
<tr><td rowspan="3">第二：交流促衔接</td><td rowspan="3">2023 年 1 月—3 月</td><td rowspan="2">小组园校间实地交流沟通</td><td>1 月 6 日，在中心幼儿园开展小组联合教研活动。观摩中心幼儿园户外活动，了解幼儿园每天户外活动的目的和意义，从而了解幼儿园课程与小学课程实施的差异</td><td>中心幼儿园</td></tr>
<tr><td>3 月，开展小组校园联合教研活动。分别走进小学课堂和幼儿园，开展语言领域的集体教学活动，通过同领域不同阶段的教学活动，深入了解幼儿园和小学在组织形式方面的差异，使幼小衔接工作符合儿童身心发展规律，目标明确，方法得当</td><td>虹桥小学虹桥幼儿园</td></tr>
<tr><td>家长云参观小学和了解小学一日生活与学习</td><td>2—3 月，各园以线上形式开展“云游小学”，了解儿童入学应具备的基本能力，三方携手为儿童顺利过渡共同发力</td><td>中心小学和虹桥小学</td></tr>
<tr><td rowspan="2">第三：反思促成效</td><td rowspan="2">2023 年 4 月—6 月</td><td rowspan="2">小组园校间实地交流沟通，各园校阶段性小结</td><td>4—6 月，小学老师带着课例走进幼儿园大班，让幼儿体验小学老师的课堂，拉近幼儿与小学老师之间的距离。各园进行入学准备的阶段性小结，分析本园在做好入学准备方面的做法和成效，选好的经验在小组分享，调整下一步计划</td><td>中心小学和虹桥小学</td></tr>
<tr><td>6 月，各校分析在 2022 年秋季第一学期，在小学一年级教育工作中的优点和不足，从而不断细化本校制定的入学适应教育活动方案</td><td>中心小学和虹桥小学</td></tr>
</table>

（三）幼小科学衔接，各园（校）教研活动

各园（校）结合实际，在本园（校）开展园（校）本教研活动，制订幼儿园大班下学期入学准备活动方案和小学一年级上学期入学适应活动方案。

1. 以主题教育为契机的入学准备教育活动

选取一所幼儿园，将入学准备活动贯穿在整个大班年段，让幼儿园在这个过程中做好全面充足的准备，而且每一个主题活动都围绕《幼儿园入学准备教育指导要点》的发展目标，全面细致。（见图 7–4）

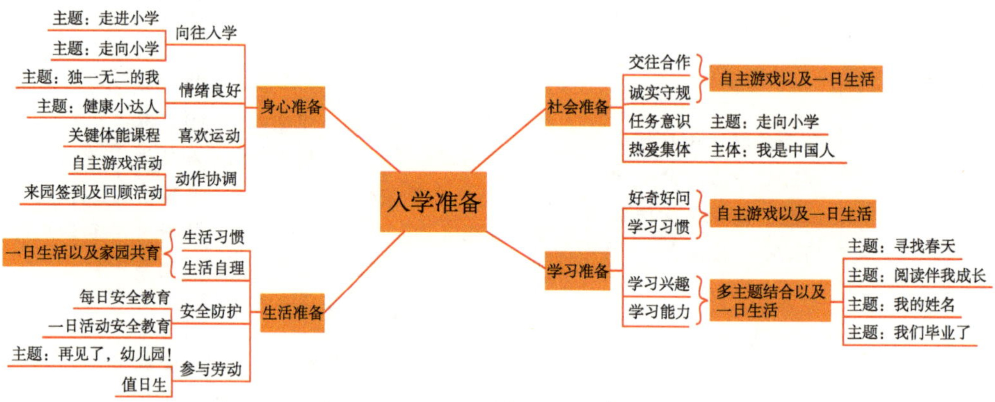

图 7–4　入学准备教育活动

2. 以主题教育为契机的入学适应教育活动

选取一所小学的“大手拉小手”“小手拉小手”的上学第一周活动，站在儿童的立场去思考制订入学适应教育活动方案。（见表 7–10）

表 7–10　一年级适应教育“大手拉小手”“小手拉小手”主题活动安排

时间	主题	活动内容
周一	人际交往：小手拉小手，我的新朋友	五年级同学示范行走路线，单行靠右，进校门走黄线；站队要求快静齐（备注：周一开学典礼后启动）
周二	生活自理：大手拉小手，我是小学生	1. 进出门打招呼；自己书包自己整理；走出校门自己背书包，不让家长接； 2. 所有行政进入班级与一年级个别新生手拉手
周三	环境适应：小手拉小手——我们的校园	五年级同学向弟弟妹妹介绍校园文化（有讲解员，有领队）
周四	环境适应：小手拉小手——我们的校园	熟悉校园环境，五年级同学领着弟弟妹妹熟悉各专用教室
周五	安全自护：“小手拉小手”“大手拉小手”——我能行	竞赛展示：课前准备、整理书包；安全知识；文明礼仪、行走规范等，邀请家长代表参加

三　教研活动的成效及反思

1. 活动特点及教师能力水平发展：本教研活动改变了教师衔接意识薄弱的问题，从镇级层面—小组层面—园所层面三个梯度推进，整合多方教育资源，善于挖掘线上已有的优质资源，让参加教研活动的教师都做好充足准备，并以教育管理中心引领和推进，行政、教科研、幼儿园和小学统筹联动等方式，形成合力，让幼儿园和小学教师的教育观与教育行为明显转变。他们更关注儿童发展的连续性、整体性和可持续性，不断优化课程和教学方法，不断提升教师的专业素养。

2. 教育质量的价值：全面推进幼儿园和小学实施入学准备和入学适应教育，减缓衔接坡度，帮助儿童顺利实现从幼儿园到小学的过渡。同时，基本建立幼小协同的有效机制，科学衔接的教育生态得以改善。

3. 活动组织的优点：以本镇在幼小衔接工作方面的实际问题作为切入点，通过层层推进的方式，让每一场教研活动的目的都不一样，每所园（校）都重新梳理了幼小衔接工作的情况，制订了新的活动方案，合理做好入学准备和入学适应，做好科学衔接。

4. 生成的教研契机以及进一步的改进、支持策略：本教研活动从准备到第一个阶段经历了将近 4 个月时间，个别小组已根据小组联合教研方案，开展线上与线下相结合的联合教研活动。本教研活动还在进行中，我们会继续为他们提供充分的教研工作保障，形成科学、氛围积极的系统化联合教研制度，不断指导他们不断优化联合教研方案，引领他们善于梳理经验，形成可推广的资源，形成优质教研资源，共享共用。我们还要把家长作为重要的合作伙伴，充分发挥家长委员会的作用，建立有效的家园校协同沟通机制，为家长之间的教育经验交流提供平台，也通过收集线上优质的幼小衔接资源在镇教育公众号、各幼儿园（学校）公众号平台推送，多渠道构建家长学校的培训资源，形成合力，全面提高教育质量，促进儿童德智体美劳全面发展和身心健康成长。

【案例评析】

本案例是在镇域推进幼小衔接的层面开展的教研活动，具体有以下三个亮点：一是试点先行辐射示范，活动过程从试点园校经验分享到各联合教研小组的研讨交流，为全镇幼儿园和小学进行示范，全面铺开教研活动。二是以研促教，区域推进幼小衔接的教研活动下，教师的幼小衔接观明显转变，幼儿园和小学都围绕入学准备教育和入学适应教育指导要点制订教学活动方案。三是机制完善，常态推进，发挥家庭、幼儿园、小学三位一体的协同的合作机制，共推学前教育和幼小衔接工作高质量发展。

第八章

幼小衔接之社会准备与适应

案例 1

打造独特的“蒙学园”

——聚焦小学低年段班级环境创设的幼小协同教研

东莞市寮步伟翔幼儿园　梁静、黄色菊
东莞市寮步镇西溪小学　莫柳清、陈林静

一　教研背景与目标

（一）教研的问题来源

“小学一年级上学期作为幼小衔接适应期，要关注新生的身体和心理需要，创设与幼儿园相衔接的班级环境，适当调整作息安排，提供一定数量的图画书、玩具和操作材料，帮助儿童逐步适应从游戏活动为主向课堂教学为主的转变。”这是教育部印发的《小学入学适应教育指导要点》（以下简称《指导要点》）中提到的内容，明确了小学要将环境的改变作为双向衔接的重要举措。

某小学校长非常重视入学环境的衔接，他多次走进幼儿园与园长交流，双方首先将环境调整作为重点。在走访中发现，幼儿园教室布置符合幼儿的心理特点，富有儿童情趣，有各类活动区角、丰富的游戏材料；而小学的教室环境除了桌椅外，多为评比栏、黑板报、班训等展示性环境，区角只有图书角。这两种环境过渡坡度大，容易让刚入学的幼儿在心理上感到不适应。在与小学教师的交流中也发现，教师认为环境适应标准是刚入学幼儿能做到“端坐和静听”。如何借鉴幼儿园区域环境布局经验，合理利用一年级教室？小学、幼儿园就发起幼小衔接协同教研达成共识。

（二）问题的分析与诊断

1. 认识不足，观念陈旧

要求刚入学的幼儿做到“端坐静听”来适应环境，是强调儿童对环境的顺从，忽视了环境对支持儿童连续性发展的作用。小学教师普遍认为幼小衔接的环境适应主要是习惯养成训练，还专门安排第一周为“入学常规训练周”，视为适应的过程，这些做法都是对幼小衔接环境适应的误解。教师应当根据入学幼儿身心需要，合理地创设环境并有效利用，开展“适性教育”活动，帮助幼儿建构起初步应对环境变化的情感和态度。

2.“幼儿视角”意识欠缺

《指导要点》高频使用“在游戏中学习”“在生活中学习”“创设丰富的环境”“提供丰富的操作材料”等小学教学方式措辞，并强调实施方式的游戏化、生活化、综合化。这一点与《3—6岁儿童学习与发展指南》强调幼儿的探究性、体验性学习是相同的。小学重“教”，幼儿园重“学”，搞好幼小衔接不是小学效仿幼儿园，而是要看见“幼儿园化”背后的儿童观，看见园、校间的密切联系，找回小学教师的“儿童视角”。

（三）期望达成的目标

1. 观察和分析幼儿园与小学低年段教室环境的差异，探究环境创设对儿童主动学习的作用。
2. 分析研究支持儿童持续主动学习的环境要素。
3. 基于幼小衔接需要以及儿童的学习和发展，不断跟进与调整环境。

二　教研活动设计与实施

（一）教研活动方案（见表 8–1）

表 8–1　教研活动方案

教研主题	园校联动，共话环境。小学教师理解幼儿园教室环境的教育内涵。	走进小学，共商策略。小学教师掌握从幼小衔接角度出发调整教室环境的方法。	观摩环境，再次优化。通过观察—审议—改进的步骤优化教室环境。	成果梳理，建资源库。教研员提供样表，建立小学低年段教室环境资源库。
教研时间	第 1 阶段教研：7 月	第 2 阶段教研：8 月	第 3 阶段教研：11 月	第 4 阶段教研：12 月
解决问题	整体认识幼儿园教室环境创设对支持幼儿主动学习的作用，解决“如何借鉴幼儿园区域建设经验？”的问题，获得小学教室环境创设新思路。	共享智慧，学会设计班级环境、区角布局，解决“小学低年级教师如何从幼小衔接角度出发做好环境创设？”的问题。	通过观察和研讨，理解儿童学习的连续性与环境之间的关系，帮助教师把支持儿童持续主动学习的环境要素呈现出来。	沉淀环境资源，共享经验，为幼小衔接双向联动教师成长沉淀培训内容。
内容与形式	小学教师参观幼儿园大班教室环境后，集中解读案例，进行研讨。	走进小学教室，各抒己见，分享想法，集体研讨。	三方协同参观“蒙学园”教室，双方教师边看边研，研讨改进策略。	教研员说明环境资源库的沉淀方法。
参与人员	幼儿园大班教师、小学低年段教师、教研员	幼儿园大班教师、小学低年段教师、教研员	幼儿园园长、小学校长、镇学前教研员、大班教师、小学低年段教师代表、教研员	小学低年段教师、教研员

续表

教研准备	物资准备： 记录表、纸。 经验准备： 1. 预先告知主题“环境与主动学习”，教师提前查阅资料，进行充分的了解和思考。 2. 幼儿园教研员准备环境与学习的典型案例 PPT。	物资准备： 1. PPT。 2. 以往低年段教室环境布置的照片。 经验准备： 小学教师提前对自己的班级环境规划进行思考。	物资准备： “发现环境中的学习”记录表。 经验准备： 1. 小学教师使用“发现环境中的学习”记录表，在一个周期内观察并记录学生的活动情况。 2. 教师提前做围绕“持续的主动学习与环境中的支架作用”的主题，查阅资料，并思考。	物资准备： 教研员准备班级环境资料库样例。
教研过程	1. 看现场 幼儿园教师解说班级环境，小学教师观察并记录。 2. 转视角 分享“自主签到那些事”案例。 3. 抒己见 “我看到了什么？我习得了什么新认知？我有什么困惑？” 4. 理思路 分享“我会做出什么改变？”	1. 看以往 呈现以往低年段教室环境布置的照片，并分析。 2. 明原则 读《指导要点》文件，再次明确幼小环境衔接的重点。 3. 想当下 分享自己班级的环境布置设计规划。 4. 说建议 对教师的布置规划提出建议。	1. 参观小学 三方协同，参观小学蒙学园。 2. 持表观察 利用日常时间观察记录学生对班级环境的探究情况。 3. 分析讨论 按照观察—分析—提炼—判断的模式来逐条分析，研讨优化策略。 4. 总结提炼 归纳支持主动学习的环境要素，形成教研共识。	1. 教研复盘 静心冥想，回顾专题教研过程。 2. 介绍样例 ①教研员分享幼儿园资源库建立的方法。 ②介绍本次班级教室环境资源库样例的填写方法。 3. 审议修改 对样例进行审议，确定最终样板。

（二）教研过程

阶段一：小学教师理解幼儿园教室环境教育的教育内涵。

1. 思考：长期以来，幼小衔接以“幼小”为主，缺失“小幼”。小学教室环境的适当改造、教学方式的改革、课程的内容等均可向幼儿园取经。第一步需要从改变空间环境的角度来做好入学适应，重点是帮助小学教师理解幼儿园教育环境的教育内涵。

2. 策略：先参观幼儿园教室环境，观摩幼儿游戏，再解读典型案例，使用表格梳理思路，在分享交流中梳理新的认识，改变观念。

3. 教研实录

（1）看现场

小学教师持表（见表 8–2）进入大班教室，聆听幼儿园班主任对教室区角、环境创设的解说，观察并记录。

表 8–2　园校联动　共话环境——观摩幼儿园环境

记录人：________　　　　记录时间：________

看	理	思	做	碰
“我看到了什么？”	“我习得了什么新知识？”	“我有什么困惑？”	“我会做出什么改变？”	我的收获

（2）转视角

教研员分享案例“自主签到那些事”，分析学习连续性与环境之间的关系。

教研员：请老师们说说幼儿在其中的学习与发展，还有自己的感受。

教师 1：在自主签到中涉及的核心经验有：在数学中，认识数字、一一对应点数；在健康领域中发展小肌肉精细动作，培养时间管理意识。在语言中，幼儿能够倾听表达，具备书写的能力；在社会中，懂得关心集体和他人，拥有归属感。

教师 2：教师对自主签到设定了各个阶段的目标，逐步推进，动态调整材料上的支持，幼儿从开始不会看时钟到后面学会排序、统计，说明了持续不断地学习是源于不断变化的环境支持。

教研员：案例中教师基于细致的观察解读，及时有效地回应，并提供了动态性环境支持，才会有幼儿呈现得越来越丰富的学习。

（3）抒己见

教研员：请小学老师就表格内容谈谈自己的所见所感。

教师 1：大班的教师和孩子们共同创设的图文流程图让我印象深刻。各类自主活动中的计划书体现了孩子的主动规划。教师用一日生活流程图帮助幼儿理解时间、合理安排作息，用小学一日作息时间图来揭示幼小一日活动的不同，以值日生体现自我管理……这些做法巧妙地将幼小衔接的关键点渗透于孩子在园的日常生活中。

教师 2：幼儿园创设了丰富多彩的区域游戏环境，投放了便于操作、数量充足、环保绿色、具有挑战性的游戏材料。刚入小学的幼儿还是形象思维为主，环境环创要借鉴这个思路。

（4）理思路

教研员：回校后你会做出什么改变？

教师 1：首先把班级区域划分、布置起来。

教师 2：门口的走廊也可以像幼儿园一样创设棋类游戏，让孩子课间十分钟进行游戏。

教师 3：把教室的环境、植物角、黑板报等交还给孩子，让孩子参与布置。

教师 4：布置一些有互动性的墙面环境，比如幼儿园的“系红领巾”非常适合一年级新生。

4. 教研共识

教研员：今天的交流让我们对幼儿园班级整体规划布局、材料选择、区域设置等方面有了新的认识：一是幼儿园教室有各种区角且材料丰富，体现游戏化。二是环境支持幼儿的多种学习方式，如集体、小组、个体学习等，还会动态调整，连续性支持幼儿的主动学习。三是将幼小衔接教育的需要融入环境或材料中去。我们也有了新思考——“小学低年级的教室如何自然地做好衔接？”小学教师要充分认识两种环境的差别，读懂幼儿园的环境理念才能转变观念，为儿童建构主动探索、主动发现、主动建构的学习环境。

阶段二：小学教师掌握从幼小衔接角度出发调整教室环境的方法

1. 思考：经过第一次教研，小学教师真实地感受到幼儿园环境的教育性、操作性、整合性和自由性，借鉴幼儿园“幼儿视角”的经验运用到低年级的班级环境布置中，同时满足课间游戏服务于教学目标的需求，这是本次教研的重点。

2. 策略：通过观察以往低年段教室环境布置的照片，发现问题，学习《指导要点》文件的实施要求，研讨班级环境的规划。

3. 教研实录

（1）看“以往”

教研员：对比幼儿园以及以往低年段教室环境照片，你有什么想法？

教师 1：小学教室只有一个区角“阅读角”，就一个书架。

教师 2：小学教室都是墙面环境，只能看。还有小红花评比栏，幼儿园里都没有这种横向评价。

教研员：从中我们看到幼小两种不同的空间环境存在较大差异。幼儿的发展是连续的，但两种环境“陡坡”式过渡，挑战太大，因此，我们要树立“儿童为本”的理念，从“备课”转变为先“备人”，发现环境中儿童被忽略以及儿童主动学习理念缺失的问题。

（2）明“原则”

教研员：结合参观，以及阅读完《指导要点》后，你认为环境衔接的实施要点应把握什么？

教师 1：《指导要点》提到“入学初期，创设与幼儿园相近的班级环境”，可以借鉴幼儿园区角游戏经验，在一年级教室设一些区角，如棋类、自由游戏区、种植区等。

教师 2：课桌也可以灵活摆放。墙面张贴要图文并茂，如儿童化的规则温馨提示。学校公共区域也可以创设各种区角。户外也可以设活动区域，提供与幼儿园相近的器械与设备。

教师 3:《指导要点》也提到“尊重个体入学准备的差异性”“提供丰富、可操作的材料”，幼儿园区域活动中很强调材料支持幼儿的个体学习。因此，儿童入学准备的差异性不同，在区角材料除了满足自由活动的需要，也可以与教学目标相扣，有层次地提供材料，如数学教学分解为材料游戏等。

教师 4:《指导要点》中提到“给予儿童缓解情绪的时间和空间”，这一点也很重要。

（3）想“当下”

教研员：你对自己班级的环境有什么规划？

教师 1：我的班名是“百花园”，我主要以花为主题，投放千姿百态的花的材料，让学生置身于一个百花齐放的环境，也寓意学生“百花齐放，争奇斗艳”。

教师 2：除了结合班名进行班级环境布置，我将会在班级进行这几个区域设置，分别是活动区、展示区、评价区、情感交往区。活动区可以分为阅读区、创意区、种植区；展示区可以分为“我们的小学生活”“我们的作品”；评价区可以分为“每日评价”“每周评价”；情感交往区可以投放心愿瓶，把孩子的开心和不开心以心愿的形式倾诉。

教师 3：我也很赞同幼儿园建立心理健康区，我们班有几个特殊的孩子，一生气就半天不说话，我想创设一个情感私密角，投放像幼儿园“呐喊箱”这样的材料，让孩子将心里话与小动物悄悄地说。

教师 4：我们每个班有班名，那是否可以给一年级教学区起一个统一的名字呢？例如：“巴学园”“蒙学园”这样的，再创设一些公共区角，就是独特的风景。

教师 5：赞同。

教研员：这些想法太棒了。

（4）说“建议”

教研员和幼儿园教师对小学教室的环境布置规划提出建议。

教师 1：刚才有教师讲到评价区，我认为这个要思考呈现方式，不能对儿童用统一要求进行横向比较，张榜公示，以免挫伤儿童入学的积极性。幼儿园做的是“个人奖励收集卡”，可以借鉴。

4. 教研共识

教研员：在本次教研中，我很惊喜地看到大家都能从幼儿的意愿与生活这样的“幼儿视角”去考虑环境规划，我将大家的观点梳理如下：一是给一年级教学区统一命名，例如“蒙学园”。二是在教室环境布置上，既要有衔接的共性，又要有班级的个性。围绕“一班一特色、一班一品味”来创设主题墙饰、生活环境、区域环境、幼儿作品展示栏等。三是区角创设可以关注幼儿的多种学习方式，同时满足集体学习与个体学习的需要。四是设置情感小区，让刚入学的幼儿园在心理上有一个可以自由抒发的小天地，切实为入学儿童提供接纳、包容的支持性环境。五是让孩子成为环境的主人，将入学准备期儿童发展的核心经验与领域教学知识物化为活动材料和活动情境，使孩子与周围环境的积极互动，不断发现探索、主动学习，帮助他们获得不同程度的发展。

阶段三：通过观察—审议—改进的步骤优化教室环境

1. 思考：受前期教研活动成果的启发，小学教师创设教室环境的目的性、拓展性、灵活性增强了，儿童的自主性、投入性也在发展着。巡视发现“有些环境元素并没有持续发力”，教师对“如何判断和确定所创设的环境是否发挥作用？”“是否支持儿童主动学习？”等问题有困惑，提升专业水平是本次教研重点。

2. 策略：教研员提供对教室环境支持作用的外部管理性评价表，教师通过自我验证，形成对环境作用的动态性评价。

3. 教研实录

（1）参观小学

镇学前教研员、幼儿园园长、小学校长，三方一起参观西溪小学一、二年级教室“蒙学园”，校长介绍从幼小衔接角度出发改造学校及教室环境的成果。（见图 8–1、图 8–2）

①专门给一、二年级学生打造了独特的专属空间——“蒙学园”，有文化标识。

②教室里规划了班级学习区和个人学习区。既有幼儿园的学习场地，又有小学教育的学习场地。

③座位改变借鉴了幼儿园的 U 型活动形式，用 U 形座位取代传统的排列式。

④墙柜基于“为书包减负”而调整，柜子是彩色的，每个孩子都有一个书包柜和材料盒。

图 8–1　西溪小学幼小衔接环境创设

图 8–2　扫码察看西溪小学环境创设内容

（2）持表观察

为了支持小学教师看见“幼儿园化”背后的儿童观，接下来幼儿园大班班主任带着表 8–3 的问题走进小学教室现场。教研员鼓励小学教师在一段时间内，尽量观察到所有环境元素。

表 8–3　发现环境中的学习

记录时间：　　　　　　　记录人：

序号	环境中的学习支架有哪些？（区角、材料、展示、墙饰）	可能发生的学习是什么？	是否发生？	预期学习没有发生的原因是什么？	没有发生的学习是否有必要发生？	如果有必要发生，可以对环境做出哪些调整？

（3）分析讨论

教研员组织大班班主任和小学教师进行研讨，根据表格前三项的记录来逐条分析判断，围绕第四项的原因进行分析和分享。

教研员：你是如何判断的？

教师 1：我发现我班象棋投放在自由游戏区里，下棋的人不多，或是摆弄一下又放回去了，没有发挥作用。

教师 2：纸结构的游戏材料，如翻花绳、拍纸板等则非常受欢迎。

教师 3：我看到展示区基本都是绘画类作品，有可能孩子绘画材料、工具比较单一。

教师 4：我观察过几个教室，发现共性问题：磁性墙面都是花哨的花边，上面粘贴的作品、图片等，学生关注度很低，驻足谈论的人少，几乎没有互动，学习的发生更没有。

教研员：从大家的反馈中，我们可以看出两个问题：一是教师缺乏教育期待，创设环境前未明确预期激发何种学习行为。二是教育策略欠缺，不思考创设什么样的环境才能激发学习。

教研员：请大家对照第六项“可以对环境做出哪些调整？”说说想法。

教师 1：可以请一个会象棋的孩子作为小老师。

教研员：很好，孩子成为新的环境资源。

教师 2：绘画区可以增加剪刀、绳子、胶水等材料，增加一个“最创意作品”展示区，能激发他们的创作热情。

教师 3：用墙饰支持孩子的探究和学习，如把墙饰与教学目标紧扣。

教师 4：要从大量制作装饰材料的环境创设做法中走出来。

教师 5：这个表格特别好，对我们的思维也起了支架作用。

教研员：是的，我们通过表格来检验环境的支架作用，大家也提升了对环境的观察、反思、调整的意识。创设—预期—验证—调整，这种自我评价思维模式也是行为方式，为创设支持幼儿主动学习提供了依据。

（4）总结提炼

①发挥墙饰的互动性。墙饰内容追随儿童的学习兴趣，支持儿童的探究和学习，能让他们有效互动，达成经验共享，引发进一步的学习。

②环境要素互补互促。可以通过表格来验证环境的作用，随学习目标投放一些高结构材料，动态调整，共同支持儿童的主动学习。

③拓展多样化的资源。同伴、成人、家庭、话题、活动等都是环境的支架，更是引发学习发生的资源。

阶段四：教研员提供样表，建立小学低年段教室环境资源库

1. 思考：经过三个阶段的教研后，小学入学适应期的教室环境有了质的改变。如何保留优质环境留，以便给其他教师提供优质资源的借鉴，并且梳理研究成果是本阶段重点。

2. 策略：教研员制作教室环境存档表单，包括区域分布表和活动材料表。

3. 教研过程

（1）教研复盘

教研员播放轻音乐，全体教师闭上眼睛，教研员用语言引导大家回想本次教研内容，整理已知，建构新知。

（2）介绍样例（见表 8-4、表 8-5、表 8-6）

表 8-4　一年级教室区角分布图

区域名	环境布置说明	材料投放说明	参考照片	备注

表 8-5　一年级教室墙饰参考样例

墙饰名称	教育目标	环创说明	照片

表 8-6　一年级游戏材料参考样例

材料名称： 发展目标： 所需材料： 具体玩法： 衔接要点：

（3）审议修改

教研员：对于以上表格，大家有什么看法？

教师 1：将优质区角、环境样例或材料进行存档。

教师 2：表 8-6“衔接要点”可改为“指导策略”。

教研 3：表 8-4 增加教室布局图更直观。

教研员：梳理成果建立资源库，能为更多老师提供参考。善用表格法教研，会帮助我们形成研究型思维。此专题教研为学校幼小衔接工作的环境改造和课程衔接提供了参考。

三　教研活动的成效及反思

（一）教研活动的效果

1. 幼小协同教研，双向衔接同发展

本次教研层层递进，体现了“发现—思考—梳理”的思路，实践伴随思考。本次教研达到了幼小共同建构、提升教育研究能力的目标，达成了环境衔接教育上的共识，助力幼儿更好地应对入学适应。教研后，小学教师观念发生转变，基于“贴近一年级小学生的认知和感受”对本班环境做出了适宜性调整，帮助其建立归属感，从环境和幼儿感受上建立良好的衔接。

2. 提供表格辅助，建立教师思维支架

教研中多次使用各种表格，如问题表格、观察表格、经验表格等。教研员提供的表格辅助，帮助教师发现幼儿学习目标与发展目标之间的差距，及时调整，使环境能支持幼儿的主动学习，建立了教师对环境检验的思维支架，教师不仅获得“鱼”，还收获“渔”。

3. 转变观念认识，环境支持主动学习

很惊喜地看到小学教师对一年级教室环境的调整，他们打造出了独特的适合低年段学

生的“蒙学园”，步入“蒙学园”里，可以看到公共区角、班级的棋类区、温馨的阅读区、卡普乐建构区、绿植区、手工展示区等，还有各种互动墙饰。这些变化是教师思想观念转变带来的，他们发现了环境中幼儿被忽略以及幼儿主动学习理念缺失的问题，在实践—反思—调整—实践—再反思的循环行动中，实现了专业能力的提升。

（二）教研活动的反思

1. 本次教研聚焦于幼小衔接的环境适应，从学校环境到教室环境都做了调整。教师还应当关注班级规模、座位编排、作息时间安排等时空环境的衔接，以及校园公共环境、人际交往社会环境、教育环境等各方面的衔接。同时关注幼儿的心理适应，提高认识，构建包容、友好、适宜的过渡环境，为每个儿童搭建入学适应的阶梯。

2. 在幼小协同教研中，园、校间需要建立长期联系，通过交流、研讨，明确幼小衔接共建的目标和方向，有效实现双向衔接。

【案例评析】

该教研案例是有关幼小衔接过程及其主体的教育对话，通过研究对儿童进入小学前的准备以及进入小学后的入学适应，从环境、认知、情感、社会性行为等方面为儿童从幼儿园向小学的过渡及其终身发展奠定基础。案例有以下三个亮点：一是聚焦于教研问题，从“环境创设”问题出发，提出基于园、校的调研，对比衔接意见中的要点发现小学低年段幼小衔接班级环境存在的问题，设计教研方案，分四个阶段层层推进。二是扩散思维列表，给教师一个系统的思维来支撑思考行为层面的问题，既是教师的自我反思，又是教研主持人的教研引领。三是教研达成共识，架起了幼儿园与小学协同合作的桥梁，开拓了幼儿园教师和小学教师的视野，是优质的双向奔赴。此教研案例有一定的推广价值，建议将教研资源库成果进一步优化，汇编“蒙学园”环境文化图书。

案例 2

做好特殊儿童幼小衔接，让星星之花绽放

东莞市樟木头镇实验幼儿园　帅梦、胡恩恩、颜谷珊

东莞市樟木头镇实验小学　张媛媛

一　教研背景与目标

（一）设计意图

幼儿园教研活动是以促进幼儿全面发展和教师专业进步，以解决教师在工作中遇到的实际问题为目的的实践性研究活动。特殊儿童幼儿园到小学阶段的顺利升学与衔接（即幼小衔接），是保障义务教育阶段特殊教育质量和水平的重要条件。东莞市樟木头镇实验幼儿园是融合教育的推广园与示范园，自成立推广园以来，幼儿园接纳了 5 名特殊儿童，随着时间的流逝，他们毕业在即，将告别幼儿园，迈入小学。本次教研活动，利用幼儿园与小学紧紧相连的地理优势以及姐妹情深的园校情谊，结合融合教育理念，让教师们坐在一起共同探讨如何做好融合教育背景下特殊儿童幼小衔接，让星星之花绽放，同时也提升教师的专业能力。

（二）问题来源

本幼儿园作为融合教育推广园和示范园，接纳了不少特殊儿童，而今有好几位特殊孩子即将面临幼升小的转折点。从总体上来说，他们对幼儿园的学习与生活已经基本适应，小学对他们来说又是一个巨大的挑战。在小学里面的学习、生活对特殊儿童来说是一个全新的局面，他们比普通孩子要付出更多的努力重新去记忆环境、适应教师、学会上课、懂得融合。因此，教师需从孩子的需求出发，助力顺利做好幼小衔接；从家长的角度出发，要缓解他们对孩子上小学的焦虑与担忧；从小学的角度出发，要认识到特殊儿童的表现与需求以及后期的应对策略，都尤其重要。因此，我们急需对融合教育背景下特殊儿童幼小衔接进行深入科学的研讨。

（三）问题分析和诊断

在研讨会上，针对现今即将面临幼升小的特殊幼儿的在园表现，教师普遍表示“我

班那个小孩各方面都表现很好，就是情绪方面不会自我调节，激动起来会无意识去动手”“我们班那个比较弱，不会开口交流，也做不了事情，一整天都处于目光呆滞的状态，这种怎么办哦？”……每一位特殊儿童的表现都不一样，能力也有所差异，而这些问题都需要我们通过教研去一步步解决，做好升小学前的幼小衔接准备。

目前存在的问题有：

1. 幼儿园班级教师针对特殊儿童幼小衔接实施的策略不够具体。

2. 特殊儿童家长面对孩子上小学内心充满焦虑，而对于幼小衔接方面怎么做又不太了解。

3. 幼儿园教师不太了解如何在幼儿园的基础上融入小学元素，制定适合融合背景下特殊儿童的幼小衔接实施方案。

（四）教研重点和期望目标

此次我们的教研重点围绕“做好特殊儿童幼小衔接，让星星之花绽放”为主题开展，期望通过持续开展系列主题教研，达到以下目标：

1. 制定融合教育背景下特殊儿童幼小衔接策略，促进特殊儿童全方面发展，提高他们日后在小学的适应能力。

2. 与小学共同研讨，让小学教师对特殊儿童有初步了解，并结合小学的基本情况给出建议，共同完善适合融合教育下特殊儿童的幼小衔接方案。

3. 通过融合教育背景下特殊儿童幼小衔接策略的制定与实施，为特殊儿童进入小学打下坚实的基础，减缓特殊儿童家长面对他们步入小学的焦虑，增强对孩子顺利步入小学的信心。

4. 提高教师的综合素质与专业能力水平。高效与高质的教研活动不仅能够及时发现教学活动存在的问题，而且能够有效推进幼儿园教师队伍的良好发展，因此，幼儿园将每周一下午接园后的时间段固定为教师们教研活动的时间。这既可以让教师们畅所欲言，释放工作压力，也可以让教师们在思想碰撞中成长。

二 教研活动设计与实施

（一）教研活动设计

1. 融合教育背景下特殊儿童幼小衔接教研活动

（1）教研主题：做好特殊儿童幼小衔接，让星星之花绽放。

（2）参与人员：幼儿园和小学融合教育负责人、幼儿园融合班级教师、小学专职特殊教育教师、小学低年段教师。

（3）教研地点：幼儿园（会议室、教研室）、小学（大教研室）。

（4）主持人：帅老师（幼儿园）、颜老师（幼儿园）、柯老师（小学）。

（5）记录员：李老师。

2. 教研活动的主要环节

（1）主持人发言。

（2）引出研讨问题。

（3）老师们分享特殊儿童在幼小衔接中遇到的实际情况和困难，以及自己的做法。

（4）共同讨论合适的策略。

（5）如何实施有效策略。

（6）本次教研总结。

考虑到融合教育背景下特殊儿童幼小衔接是一直以来最难突破的难题，因此我园根据实际情况，决定将这次特殊儿童幼小衔接的主题教研活动开展为一系列教研活动，在一个月内进行持续的、循序渐进的教研活动，将从时间与维度上分为第一次教研活动、第二次教研活动、第三次教研活动、第四次教研活动。

教研活动主要运用了小组讨论法、树状思维法、头脑风暴法、现场探究法（幼儿园老师走进小学与小学老师走进幼儿园）。

（二）教研活动的实施过程

第一次教研活动：融合教育背景下，特殊儿童幼小衔接困难，寻根问底（教研地点为幼儿园）

首先，情景导入幼儿园胡老师遇到的融合教育背景下特殊儿童幼小衔接的问题——特殊儿童接受能力较弱，普通的幼小衔接活动也引不起他的兴趣，参与度低。会议开始后，胡老师分享了自己遇到的案例。

接下来，主持人帅老师宣布本次的教研主题为“融合教育背景下，特殊儿童幼小衔接困难，寻根问底”，老师们将自己平时在进行幼小衔接时特殊儿童遇到的问题和困难一一罗列，分类归纳，例如，哪些问题是特殊儿童能力不及导致的，那些问题的原因是教师幼小衔接措施做得不足。

然后，所有的老师分成若干小组进行教研，帅老师将收集到的问题进行分类后，分派给各小组进行讨论，各研讨小组对本组的问题进行深层次的分析，找出原因，并且研讨相应的有效策略。问题如下：

第一小组：特殊儿童与普通儿童能力不同，接受能力不同，应该怎么办？

第二小组：在进行幼小衔接活动中，特殊儿童不感兴趣怎么办？

第三小组：特殊儿童动手能力太差怎么办？

第四小组：特殊儿童上课突然闹情绪怎么办？

在主持人热情饱满的引导下，各小组成员纷纷派出小组代表阐述小组总结的观点及策略。例如，我们可以根据特殊儿童目前的表现能力，制订一对一的幼小衔接方案，一步步引导；在幼小衔接内容的表达形式上，可以从他们的兴趣角度出发，吸引他们的注意力；关于动手操作能力方面，要不厌其烦耐心教导，从最简单的开始，一点点慢慢来；如果遇到孩子闹情绪的情况，第一时间要进行安抚，如果情绪波动确实很大，可以尝试待孩子情绪稳定下来以后，再慢慢一步步引导，要保持初心与恒心，不轻言放弃。具体策略如下：

策略一：根据孩子的身心健康、表现，建立特殊儿童成长档案。

策略二：追踪特殊儿童各方面的发展情况，建立个别化教育计划，即 IEP 报告。

策略三：密切关注特殊儿童在园表现，每周进行个案追踪观察记录。

策略四：以学期为单位，制定特殊幼儿综合能力评估表。

策略五：根据 IEP 报告、个案追踪、综合能力评估表开展一对一生活、学习、社会交往方面的引导。

第二次教研活动：设计问卷调查，了解大众对特殊儿童的包容度（教研地点为幼儿园）

第二次教研活动的实施过程主要分为 5 个步骤：

1. 分享上周特殊儿童幼小衔接工作进展。
2. 讨论特殊儿童幼小衔接面临的新问题有哪些。
3. 设计调查问卷，全面了解大众对特殊儿童的包容性。
4. 研究调查问卷的发放形式与统计方法。
5. 对本次教研进行点评与总结。

经过上次教研，老师们解决了一部分特殊儿童在幼小衔接方面的问题，在特殊儿童幼小衔接方面取得了一些进步。在老师们的不懈努力之下，特殊儿童都取得了进步：在自理能力方面，会自己穿脱衣服、鞋袜，懂得如何服务自己；在课堂学习方面，会和其他小伙伴坐在一起认真听课、参与互动；在游戏方面，会参与进去，和小伙伴友好相处，共同游戏；在情绪调节方面，生气的时候基本能控制自己的情绪，慢慢缓解下来。但是，升小学后，他们面临的是一个新的环境，面对新的人群。而对普通人来说，他们可能从未接触过特殊儿童，也未曾了解过特殊儿童。为了深入了解大众对特殊儿童的包容性，得到最真实的数据，在本次教研活动中，老师们设计了一份“给小星星一个拥抱”调查问卷，罗列了 10 个问题，大众采用匿名方式进行评价。为了让老师真实了解评价，此次的调查问卷由幼儿园、小学统一发放、收集，行政领导统计结果并公布数据，全程秉承公开、公平、公正的做法。（调查问卷见图 8–3、图 8–4）

除此之外，老师们还采取多种方法了解大众对特殊儿童的看法与接纳程度，例如，以电话、访问、约访、微信沟通、家访等，对特殊孩子的幼小衔接起到了积极的作用。

调查问卷数据显示，大部分人均能接受特殊儿童，少部分人则表示不赞成特殊儿童和普通孩子同处一间课室学习和生活。究其原因，他们担心特殊儿童情绪不稳定，可能会干扰到正常的课堂秩序，从而影响普通孩子的学习与生活。

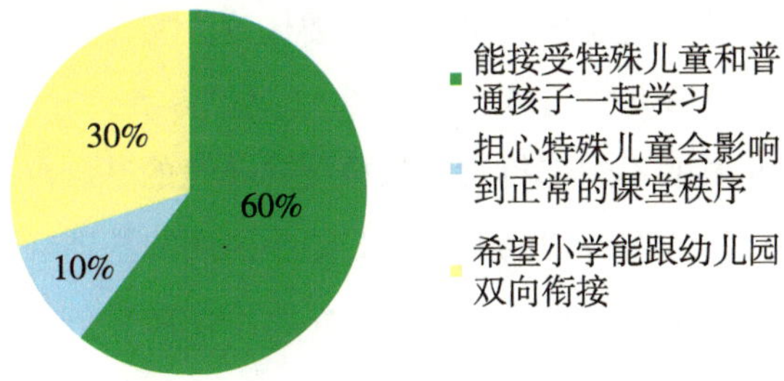

图 8-3 “给小星星一个拥抱”关注特殊儿童调查问卷数据（一）

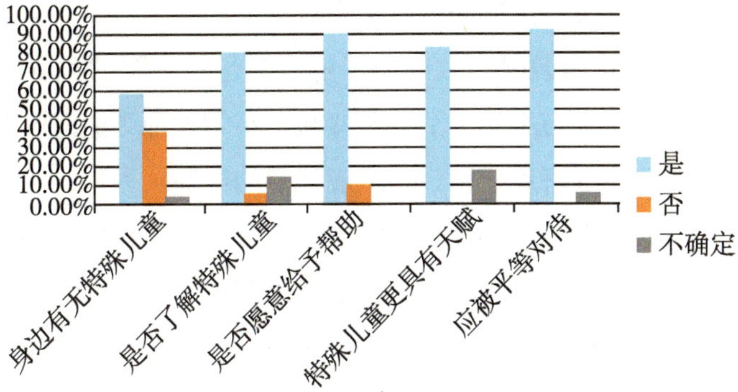

图 8-4 “给小星星一个拥抱”关注特殊儿童调查问卷数据（二）

第三次教研活动：“衔有温、接有度”——特殊儿童走进小学双向衔接活动（教研地点为小学）

针对统计数据反映出来的情况，为了让特殊儿童能和普通幼儿一起正常步入小学，做好特殊儿童的幼小衔接，幼儿园和小学开展一场“小学老师走进幼儿园，特殊儿童走进小学双向衔接”活动，以便更好制定幼小衔接的措施与策略。

经过研讨，本次活动主要包括 4 个问题。

问题一：幼儿园与小学环境有较大不同，小学应该采取哪些措施帮助特殊儿童适应新的环境？

问题二：针对特殊儿童的不适应行为，应该如何进行干预帮助特殊儿童充分参与到小学生活与学习中？

问题三：幼儿园与小学课程设置与课程目标差别较大，幼儿园更注重“玩中学”，小学更注重“学中玩”，前者重“玩”，后者重“学”，应该如何设置衔接课程帮助特殊儿童适应课程侧重点的转变？

问题四：根据调查显示，幼儿园的家长担心孩子无法融入，小学家长担忧影响到孩子的生活与学习，应该如何做好家长工作，缓解家长的焦虑？

幼儿园教师与小学教师根据座位分成 3 组，每个问题讨论 8 分钟，依次进行分享，主持人对提出的策略进行小结。

策略一：在小学课室营造温馨的环境，同时要体现人文关怀，让特殊儿童感受到温暖与关爱，用环境氛围帮助特殊儿童适应小学校园。（见图 8–5）

策略二：针对特殊儿童的不适应行为，根据特殊儿童的基础能力及行为表现，结合小学生活与学习的特点，培养他们多种能力，打好幼小衔接的基础。

策略三：根据特殊儿童的表现及基础能力，结合小学教学的基本目标，制定适合特殊儿童的衔接课程。

策略四：根据特殊儿童的实际表现，缓解家长对孩子升小学的焦虑，为家长提供咨询服务与教育支持，并开展家长陪读活动、亲子活动。

经过多次的幼小衔接双向教研，教师们了解小学与幼儿园的差异。幼儿园大班教师适当地调整教学方法，使儿童与小学生活逐渐接轨；小学教师则通过吸收幼儿园教师的经验，了解初入小学儿童的心理特点，使教学适应儿童的需要。另外，小学创设了温馨的星星班环境，让幼儿感受到温暖，用环境氛围缓解特殊儿童上学焦虑。小学教师还结合教学目标，多方组织丰富多彩的实践活动，如讲故事、做游戏、朗读课文、角色扮演等，尽可能提高课堂教学的趣味性，真正帮助特殊儿童实现幼小衔接无障碍。

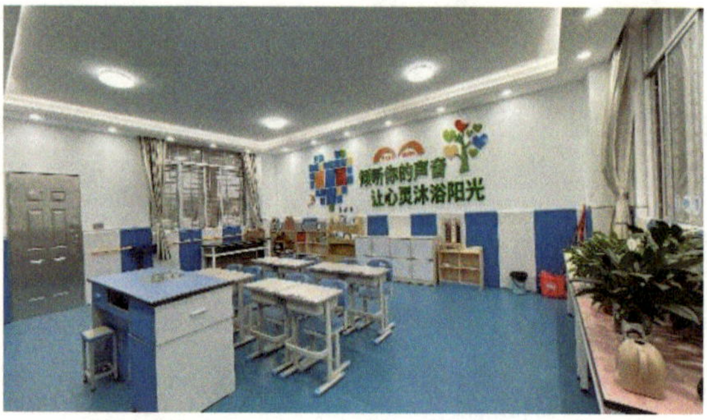

图 8–5　在课室营造温馨环境

第四次教研活动：对融合背景下特殊儿童幼小衔接系列教研活动进行评价与总结，提出延伸计划

第四次教研活动在一片轻松愉悦的氛围中开始，融合教育负责人带领着教师们一起对这个月连续开展的融合教育背景下特殊儿童幼小衔接活动进行反思与点评。作为幼儿园教师，我们对幼儿的成长与生活要起到引导与启蒙的作用。特别对待特殊儿童，更要以扎实的理论基础和丰富的教学经验，加以耐心、细心、恒心进行循序渐进的引导，让他们适应幼儿园学习生活的同时，也帮助他们为日后的小学生活打下坚实的基础。

除此之外，帅老师还对此次教研活动进行了客观的评价，她认为这样的教研活动氛围浓厚，研讨的问题一针见血，应该持续下去。她表示，每周的教研活动就应该研讨教学中遇到的问题，研讨某个细节问题，研讨教师们普遍关注的问题，而且只有研讨的气氛活起来，教师们才敢畅所欲言，问题才能得到切实的解决。

三　教研活动的成效及反思

（一）对教师而言，高效有质量的教研活动促进教师的专业能力水平发展

一场高效有质量的教研活动能给教师带来全新的体验，能让教师们相互取长补短，共同面对、解决问题，有利于增加教师队伍的凝聚力。胡老师认为，本次教研让她深深地感受到来自同事的关爱和帮助，让她觉得自己不是一个人在面对这些问题，而是背后的整个团队一起努力。另外，通过这次教研活动，教师们更加清晰地认识到教师作为幼儿校园学习生活的引领者与引导者，作用更加重要，不仅要让特殊儿童适应幼儿园生活，更要为他们升小学做好幼小衔接的前期准备，帮助他们渡过幼升小的难关。

除了本次活动，其余的教学教研活动也在陆续开展，为教师们提供职业指导和输送养分。

（二）对孩子来说，有效的教研活动助力特殊儿童的健康成长

一场好的教研活动，是助力特殊儿童健康成长的基石。有温度的教研聚焦幼儿全面发展需求，贯通过去、当下与未来的教育探索，凝聚精神与智慧的碰撞，推动教师形成“回望成长脉络、立足发展现状、展望衔接路径”的思维共振。对融合教育背景下的特殊儿童而言，针对性的幼小衔接教研意义尤为深远：通过定制个别化学习目标与一对一辅导策略，帮助孩子提升自我适应能力，在进入小学前筑牢发展根基，为顺利衔接提供保障。

（三）对家长来说，做好融合教育之下特殊儿童幼小衔接有利于科学育儿

父母是孩子的第一任教师，而特殊儿童家长对孩子“顺利适应小学”的期待更为迫切——陌生环境、同学与老师，叠加学业压力，极易引发焦虑。做好特殊儿童幼小衔接，从知识储备、能力培养到心理建设构建系统支持：既为迷茫家长指明科学育儿方向，缓解教育压力，更让家长在孩子的成长中，切实看到“顺利步入小学”的希望，重建教育信心。

（四）此次教研活动的优点

本次教研活动从实际出发，挖掘教师在幼小衔接过程中特殊儿童遇到的问题，并根据这个点延伸出更多的关于融合教育背景下特殊儿童幼小衔接的问题，使教研不再泛泛而谈，而是落实到每一个痛点，及时解决教师面临的困境。

另外，此次教研活动采取了小组讨论法、情景表演法、分析讨论法、图表记录法等方法进行研讨与记录，使教研的各个环节能够清晰有序地进行与呈现。

（五）由此延伸的教研契机及支持策略

在本次活动中，教师们根据融合教育背景下特殊儿童幼小衔接面临的问题，增加了特

殊儿童与教师的互动环节，加强特殊儿童家长与教师的交流，促进两者的情感交流。教研小组认为很有必要就融合教育背景下特殊儿童幼小衔接的困境，开展“小学教师走进幼儿园，特殊儿童走进小学双向衔接”活动。此外，还要针对每位特殊儿童的不同表现整理幼儿成长档案，制定个案追踪观察记录、IEP 报告、幼儿综合能力评估表等，以便后期教师根据特殊儿童的表现开展具有针对性的幼小衔接活动。

“做好特殊儿童幼小衔接，让星星之花绽放”系列教研活动中，经验丰富的融合教育学科带头人、专职特教老师，带领年轻的教师们从实际出发，解决迫在眉睫的问题，共同寻求有效的解决方法，让如何做好融合教育背景下特殊儿童幼小衔接的难题迎刃而解，教师们的成长收获甚多。

【案例评析】

随着特殊儿童的成长，开展多元活动，联动多方力量，助力特殊儿童正向发展是实现融合教育高质量发展的重要途径，该教研案例提供了助力特殊儿童发展的有效举措，具体有以下三个亮点：一是从“融”前行，党的二十大报告指出“强化特殊教育普惠发展”，该案例是实现融合教育、特殊教育更加公平更加高质量发展的实践引领。二是“融”合渗透，教研过程中不仅关注儿童的学业成就，还注重他们的心理健康、社会适应能力和生活技能的培养，使教研立足实际。三是“融”合专研，实现教师专业化成长，让教师积累专业的知识和制定灵活的教学策略，应对每一个独特个体的需求。此外该教研案例也具有一定的推广价值。接下来，建议教师要考虑特殊儿童的困境，同时也要考虑家长、社会和其他群体的角色困境和责任困境，强化特殊教育学校、家庭、社会多方面问题的系统研究，与各方合作共同培养特殊儿童。

案例 3

互动式联合教研案例：聚焦深度教研，赋能幼小衔接

东莞市万江中心幼儿园　吴丽珍、魏少平、陈文艳
东莞市万江中心小学　胡健茵

一　教研背景与目标

（一）问题来源

联合教研是促进幼小科学衔接的有力途径。《关于大力推进幼儿园与小学科学衔接的指导意见》中明确强调，要推动幼儿园和小学深度合作，加强业务指导，及时研究解决教师在幼小衔接实践中的困惑问题；全面推进幼儿园和小学实施入学准备和入学适应教育，减缓衔接坡度，帮助儿童顺利实现从幼儿园到小学的过渡。但在幼小衔接联合教研的实施过程中，我们发现存在以下问题：

1. 幼儿园与小学缺少深入合作交流，教研各自为政，主体分离，很少互通。

2. 没有聚焦于幼小衔接的关键问题与核心内容，教研主题零散，内容浅表不聚焦。

3. 幼小衔接教研流于形式，过程缺活力。

（二）问题分析和诊断

1. 教师衔接的意识比较薄弱。很多教师认为幼儿园教育与小学教育是两个完全不同的独立的学段，因此在开展教研活动时，两者也是分别站在各自学段的角度展开教研活动，导致联合教研无法真正展开。

2. 教师对幼小衔接教研的内涵理解不到位。幼小衔接教研没有聚焦于幼儿入学准备或入学适应的某个点进行连续系统的推进性研讨，缺乏系统性和延展性，导致教研内容零散不聚。

3. 教师没有深入思考联合教研的价值。教师对于为什么要进行联合教研以及联合教研要解决幼小衔接中的哪些问题、如何开展等问题没有深入思考，出现行动先于思考、教研流于形式的状况。

（三）教研重点和预期目标

1. 教研重点

本次教研活动通过互动式联合教研模式，帮助小学教师更好地了解幼儿的学习特点及发展水平，为小学制定一年级衔接适性教育课程提供有力依据。

2. 预期目标

（1）通过互动式教研模式，推动幼儿园与小学的深度合作。

（2）通过展示、观摩、分享等互动方式，让小学教师进一步了解幼儿的学习特点及发展状况，为小学制定一年级衔接适性教育课程提供有力依据。

（3）进一步提高教师教研能力和水平，提升幼小衔接教育质量，共同推动区域幼小衔接工作的开展。

二 教研活动设计与实施

（一）教研活动设计

1. 目标与内容（见表 8-7）

表 8-7　教研活动目标与内容

<table>
<tr><td>活动主题</td><td colspan="3">互动式联合教研案例：聚焦深度教研，赋能幼小衔接</td></tr>
<tr><td>活动时间</td><td>2023 年 4 月 25 日上午
（时长约 2 小时）</td><td>活动地点</td><td>东莞市万江中心幼儿园
音体室幼儿园操场</td></tr>
<tr><td>活动主持人</td><td>东莞市万江中心幼儿园教学主任吴丽珍</td><td>活动形式</td><td>线下互动式教研</td></tr>
<tr><td>参会人员</td><td colspan="3">东莞市万江教育管理中心邝副主任、东莞市万江中心小学吴校长、东莞市万江第一小学何副校长以及万江街道小学、幼儿园教师代表共 80 余人</td></tr>
<tr><td>活动目标</td><td colspan="3">1. 通过互动式教研模式，推动幼儿园与小学的深度合作。
2. 通过展示观摩、交流分享等互动形式，让小学教师进一步了解幼儿的学习特点及发展状况，为制定一年级衔接适性教育课程提供有力依据。
3. 进一步提高教师教研能力和水平，提升幼小衔接教育质量，共同推动区域幼小衔接工作的开展。</td></tr>
</table>

2. 活动准备

（1）前期工作准备

①反思存在问题。通过调查问卷和与小学校长、小学一年级教师面对面交流，观察与反思，梳理总结出幼儿进入小学一年级初期入学适应方面存在的问题。

②确定教研主题。幼小双方共商并确定本次教研的主题目标，并在以往教研形式的基础上，突出互动式的教研价值。

③制定教研方案。根据教研目标制定教研方案，并跟进落实每个环节的准备。

（2）教研活动准备

①设备准备：电脑、投影仪、户外音箱等。

②场地准备：场地布置、参观路线规划等。

③其他：背景音乐、微讲座 PPT 等。

（3）流程设计准备

①基于问题，明确主题。介绍研讨主题，明晰教研目的。

②课例展示，交流互动。让小学教师感受幼儿园课程的"游戏化"和"生活化"。

③体能展示，加深了解。展现大班幼儿的运动发展水平，为小学制定一年级体能适性课程提供依据。

④环境观摩，亲身感受。让小学教师对幼儿园一日活动的内容和形式有更深入的了解，对下阶段幼小衔接工作重新定位。

⑤经验分享，互学共进。梳理和分享幼小衔接的实施策略。

⑥交流互动，思维碰撞。基于问题导向，聚焦于课堂教学衔接，总结有效策略。

⑦教研评价，活动小结。

（二）教研活动实施过程

环节一：基于问题，明确主题

在前期的调查问卷和跟小学校长、小学一年级教师面对面交流过程中，我们了解到幼儿进入小学一年级初期在入学适应方面还存在一定的问题，也发现除了幼儿园大班的教师和小学一年级的教师，其他很大一部分教师的幼小衔接意识仍比较薄弱，两个学段的教育分离状况也迫切需要解决。基于以上问题，我们确定了本次教研主题，进一步强化幼儿园与小学的联动，推进幼儿园与小学的深度合作，实现"帮助儿童顺利过渡"的目标。

环节二：课例展示，交流互动

1. 李老师执教数学活动"挑战一分钟"。

2. 魏园长执教语言活动"小老鼠的探险日记"。

3. 交流研讨。

此环节的设计意图：让小学教师进一步了解幼儿的学习特点及幼儿园课程"游戏化"和"生活化"的特点，对比小学的教学方式，引发小学教师对调整小学一年级儿童的教学内容和教学方式的思考，推动幼小学段互通、内容融合的联合教研。

环节三：体能展示，加深了解

1. 大班孩子给老师展示跳绳、篮球和早操活动。

2. 幼儿园大班老师和小学体育科组的全体成员进行深入交流。

此环节的设计意图：大班幼儿向小学教师展现运动发展水平，为小学体育科组的老师制定一年级体能适性教育课程和每年国考提供有力依据。随后小学体育科组的教师就每年的国测要求向大家进行了介绍，为我们接下来制定大班幼儿体能适性课程提供了有效的参考价值。

环节四：环境观摩，亲身感受

园长带领参会老师参观并介绍大班的活动室，重点介绍自主探究的区域环境支持幼儿持续、深度学习的实施策略。

此环节的设计意图：丰富多元的游戏材料、衔接有度的生活环境、充满童趣的幼儿记录等，让小学教师看见幼儿的学习，并对幼儿的学习方式和幼儿园一日活动的教育内容和形式有更深入的了解，对下阶段幼小衔接工作重新定位。

环节五：经验分享，互学共进

教学主任吴老师跟大家分享幼儿园在生活中渗透、在多元课程中助力、在三方合力下助推幼小衔接的实施策略。

1. 经验分享一：幼儿园幼小衔接工作的“1234 定位”。

一个核心目标：帮助儿童顺利实现从幼儿园到小学的过渡。

两个工作导向：一是以上级政策精神为指引，明确幼小衔接的目标定位；二是以幼儿的发展需要为指引，根据幼儿原有经验水平，探索幼小衔接的方式方法。

三方携手助力：家庭、幼儿园、学校三方合力，争取“1+1+1>3”的效果。

四个方面准备：幼儿园与小学的衔接问题，实质上是主体的适应性问题，我们从儿童视角出发，关注幼儿的持续性发展，从幼儿身心、生活、社会和学习四个维度进行入学准备的指导。

2. 经验分享二：分享幼儿园幼小衔接的具体实施措施。

（1）**教师层面**：以转变教师教育观念和教育行为为目的。具体做法：

①调查摸底。通过问卷调查、教师座谈，了解本园教师对幼小衔接的认识和困惑。

②组织学习。基于调查结果，组织教师反复学习，以专业引领转变教师教育观念。

③专题研讨。聚焦于幼小衔接真实问题进行思维碰撞，进一步探讨和优化实施策略。

④课题引领。结合本园“深度学习视角下幼儿项目式探究课程的实践研究”的课题研究，进一步激发幼儿内在的学习动力，支持幼儿持续的探究行为，培养幼儿进入小学所需的关键素质。

（2）**家长层面**：为家长答疑解惑，缓解家长的焦虑。具体做法：

①问卷调查。了解家长最关注和比较担心的问题，找到焦虑根源。

②创设机会，搭建经验交流平台。

③加强宣传，营造良好衔接氛围。

（3）**幼儿层面**：多元活动助力幼儿做好入学准备。具体做法：

①把幼小衔接教育渗透到一日生活中。

②把幼小衔接融入教育教学中。（根据幼儿的年龄特点，有计划、有侧重地设计幼小

衔接项目方案。）

小班幼小衔接项目，侧重生活能力和生活习惯的培养。

中班幼小衔接项目，侧重自我服务能力、社会交往能力、学习兴趣的培养。

大班幼小衔接项目，侧重学习品质的培养。（见图 8-6、表 8-8）

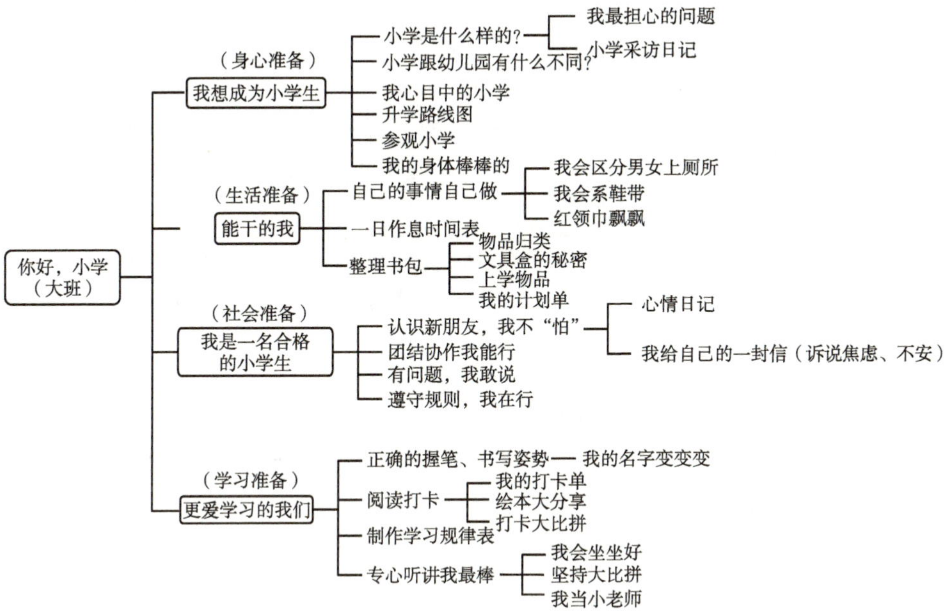

图 8-6　大班幼儿幼小衔接项目（侧重幼儿学习品质的培养）

表 8-8　2023 年春季大班幼儿衔接主题活动

活动时间	活动安排	活动形式	活动负责人
二月	主题活动： 趣味野餐（社会准备）	师幼一起策划、筹备和开展野餐活动，培养良好的交往和合作能力	大班班主任
三月	主题活动： 我是整理小能手（生活准备）	通过小组比赛等形式，进一步培养幼儿生活自理能力	大班班主任
	家园联动： 大班开放日活动	体验式家长会和亲子开放活动	大班班主任
	竞赛活动： 1. 早操比赛（身心准备） 2. 跳绳比赛（身心准备）	集体和分组展示	大班班主任
四月	幼小联动活动（一） 小学生进课堂	邀请在本园毕业的一年级小学生走进幼儿园，给大班幼儿介绍小学学习	大班班主任
	幼小联动活动（二） 1. 小学教师进课堂 2. 小学教师送教	小学教师进课堂，观摩大班幼儿的阅读活动，深入了解幼儿的学习方式	大班级长
	幼小联动活动（三） 走进小学	通过走进小学，让幼儿零距离感受和体验小学的生活与学习	各班教师

续表

活动时间	活动安排	活动形式	活动负责人
五月	主题活动： 我的毕业纪念册（社会准备）	幼儿参与策划与筹备自己的毕业纪念册	大班级长
	主题活动： 我是时间小主人（学习准备）	通过任务清单、课间十分钟活动，引导幼儿有计划地做事，做好学习的准备。	大班班主任
	主题活动： 我要上小学（社会准备）	通过讨论、辩论、调查、记录的形式深入开展活动，激发幼儿对小学的期待	大班班主任
	主题活动： 不一样的签到表（学习准备）	让幼儿通过图画、文字的方式制作签到表，激发对前书写的兴趣和做好必要的书写准备	大班班主任
六月	主题活动： 毕业典礼我作主	幼儿参与策划和筹备自己的毕业典礼	大班班主任
	1. 毕业典礼 2. 毕业画展		

③多元活动助力幼儿成长

对大班幼儿开展“五个一”活动：小学生进课堂宣讲一次；小学教师进课堂助教一次；体验小学课堂一次；参观小学一次；毕业庆典一次。（见图 8–7、图 8–8）

图 8–7　体验小学课堂

图 8–8　小学生进课堂宣讲

环节六：交流互动，思维碰撞

基于问题导向，聚焦于课堂教学衔接，研讨、提炼有效策略。

主持人：经过调查调研以及小学老师的一些反馈，发现孩子刚进入小学时存在规则意识不强、上课注意力不够集中等现象。

主持人：我们想向小学老师了解一下，孩子在课堂上的规则意识薄弱，具体会有哪些表现？

小学教师 1：

1. 不能按照铃声提示回教室，上课铃响后不及时回座位，在课室内走来走去。

2. 教学时间打断别人说话，不停插嘴。

3. 上课时间随意离开座位，突然去洗手间。

小学教师 2：面对这些现象，我们建议幼儿园老师可以在大班第二学期加强对幼儿规则意识的培养。请问幼儿园老师在幼儿规则意识培养方面有什么举措？

幼儿园教师 1：

1. 让孩子参与班级管理，一起协商制定班级公约。

2. 在教室设置一些规则标语、标识线等。

3. 借助绘本故事，引导孩子了解“规则”的重要性。

4. 通过评选“规则小天使”进行鼓励。

主持人：对于小学老师刚才提出的问题，请问在座的幼儿园老师有没有补充？

幼儿园教师 2：孩子在课堂上的规则意识差，我觉得跟幼儿园与小学在学习环境、学习内容、学习形式、学习时长方面存在差异是有关系的。例如，在学习内容上，幼儿园是以游戏、操作、探索为主，小学是以学习学科知识为主；在学习时长方面，幼儿园小班15—20 分钟，中班 20—25 分钟，大班 25—30 分钟，小学课堂时间是 40 分钟。

幼儿园教师 3：针对其他老师所提到的几个方面可以做以下调整，例如，逐渐延长大班幼儿集体活动时长，向小学迈一步；条件允许的情况下，创设一个小学课堂体验班，让孩子在认知上、体验上都能更好地衔接。

主持人：听了幼儿园老师的做法，我们也想听听小学老师在幼儿规则意识培养方面有哪些好的做法，可以跟我们分享吗？

小学教师 3：刚才听了园方老师的分享，幼儿园在学习时长、学习方式上做调整，进一步向小学靠近的想法非常好。为了让课堂教学顺利衔接，作为小学方，我们也可以适当地退一步，给孩子一个适应期。一是缩短授课时长。在入学第一个月，我们可以把 40 分钟的授课时间缩短为 35 分钟左右，或者是在一节课中设置 10 分钟游戏互动的时间。二是放慢教学进度。教学进度和内容做适当的调整，放慢教学进度，减少每节课的教学内容。三是开展适应性培训。为了让新生尽快适应新的教育环境，我校会对一年级新生进行入学适应性培训。每天安排德育、学科培训、适应性课程三大方面的培训内容。

主持人小结：在孩子规则意识培训方面，需要校方和园方相互配合、共同努力，幼儿园进一步，小学退一步，其实就是在进与退之间做出合理的安排。

主持人：今天我们的研讨主题聚焦于课堂教学衔接，请问小学老师，孩子在课堂中还会存在哪些不太理想的表现？

小学教师 4：在课堂中，刚入小学的孩子会存在注意力不够集中，喜欢插话等学习习惯方面的一些问题。我们想了解一下幼儿园老师在孩子的学习习惯培养上会有哪些举措?

幼儿园教师 4：我跟大家分享下我班在阅读培训和倾听习惯养成方面的一些做法：一是阅读方面的培养。除了平时的听故事、看绘本，我还会经常带孩子进行图书制作，让幼儿把自己想说的事画成一页一页的故事，再通过幼儿口述、教师记录的方式，培养孩子的阅读习惯。二是倾听习惯的培养。在每天教学活动开始前安排“晨谈活动”，鼓励幼儿分享自己的游戏计划等，在幼儿自己讲述和倾听别人讲述时，有意识渗透倾听习惯的养成教育。

主持人：在入学准备知识储备方面，请问小学老师有什么建议?

小学教师 5：坚持阅读，陪孩子多读书，从小养成好读书、读好书的习惯。

小学教师 6：我们不建议幼儿园老师教孩子学拼音，但可以给孩子听拼音。

小学教师 7：我们建议孩子在入学前学会写自己的名字，会辨认“上”“下”“左”“右”“前”“后”这几个方位字。

主持人总结：感谢老师们的积极交流互动，在大家分享自己的观点和经验的同时，也提出了很多针对性、可操作性强的策略，为下一步的幼小衔接工作指明了方向。

环节七：教研评价，活动小结

1. 万江中心小学吴校长对教研活动进行评价。吴校长表示，幼小衔接是一项非常好的工程，既能解决小学老师本身的教育疑虑，也能缓解孩子进入小学的焦虑，更能缓解家长对于孩子进入小学的焦虑。本次教研不仅推动了幼儿园和小学的深度合作，及时研究解决教师在幼小衔接实践中的困惑问题，更为减缓衔接坡度，助力儿童顺利过渡添上浓墨重彩的一笔。

2. 万江教育管理中心邱副主任对教研活动进行了总结。邱副主任对本次活动给予了高度的赞赏，她表示本次活动为幼儿园与小学搭建了交流研讨的平台，是一次非常有意义的活动。希望幼儿园继续培养孩子良好的生活习惯、行为习惯和阅读习惯，也希望小学舍得花时间，循序渐进，科学衔接，让孩子尽快适应一年级的生活，快乐成长。

三 教研活动的成效及反思

（一）活动的特点及价值

1. 主题聚焦，着眼点明确。本次教研活动从“源于实际需要，解决实际问题”出发，交流研讨聚焦的“课堂教学衔接”主题，正是教师在实践工作中遇到的最凸显、最亟待解决的问题。这种源于实际的教研主题可以让教师有话可说，更能激发教师的参与热情。

2. 凸显互动式教研过程。教研活动中所展现的幼儿与教师之间的师幼互动、幼儿园教师与小学体育科组教师的互动、环境观摩中教师与环境的互动、经验分享中教师思想的互动、交流研讨中幼儿园教师与小学教师的思想碰撞，让整个教研活动更加生动。教师彼此分享自己的思考和见解，交流彼此的观念与实践，不仅更新了观念，也提高了教师的专业能力。

3. 教研重点突出。教研活动中多个环节，都是为了帮助小学教师更好地了解幼儿的学习特点、学习内容、发展水平等，为小学制定一年级衔接适性教育课程提供有力依据，进一步提升幼小衔接教育质量。

（二）本次教研活动的反思

在本次教研交流研讨活动中，教师围绕实践中的真实问题展开了热烈的讨论，也提炼出很多有效可行的实施策略。

本次活动预设的目标及教研重点基本达成。在园方介绍了幼儿园幼小衔接工作的经验做法后，如果小学也能介绍校方的做法，一定会产生更多共鸣，更好地达到幼小学段互通、内容互融的效果。

（三）完善与推进

继续深入研究，及时总结和提炼幼小衔接工作成效，指导教师学习使用教研成果，把教研成果运用于实际的教育实践之中，让教研工作真正服务于教学以促进教师的专业成长。

基于本次教研结果，我们继续探索将幼小衔接往中班、小班深度延伸，形成系统性、连续性的幼小衔接课程的思路，形成幼小双方通过项目研究建立联系的方法。

【案例评析】

该案例聚焦于幼小衔接“学习准备与适应”的关键问题，以互动式联合教研为核心，有以下两个亮点：一是基于问题导向，引发教师深入思考并提炼有效策略，充分展现了教育改革的先进理念与实践智慧。二是教研案例流程设计科学，层层递进。深度互动促进小学与幼儿园教师全方位对话与融合。教研有助于小学制定适性教育课程，推动幼小衔接系统性发展，为教育工作者提供可复制、可推广的成功模式。

第九章

幼小衔接之学习准备与适应

案例 1
“课”随童行，共同“程”长
——聚焦小学低年段游戏化课堂的设计

东莞市东坑镇中心幼儿园　丁婉章、黄善贤、卢家敏
东莞市东坑镇群英小学　谢敏璋

一　教研背景与目标

（一）教研主题活动的问题来源

建立科学衔接的教研机制是幼小衔接工作高质落地的有效途径。基于《关于大力推进幼儿园与小学科学衔接的指导意见》的指引，A 幼儿园与 B 小学构建“点对点”联合教研共同体，双方多次围绕“幼小双向课程教学改革”“小学低年段环境改造”“校园家协同共育”等方面进行了学段联动的深入探索与实践。通过调查，发现幼小双方在“幼小双向课程建设”方面主要存在以下问题：

1. 园校教研联动较少，教师对幼小衔接理解不足。

2. 双方教师对“教育目标”和“教育活动的设计和开展”了解不深入，彼此教育理念有差异，主要以幼儿园大班单向设置入学准备课程为主。

3. 部分教师仍以儿童成绩作为评价标准，注重对儿童学习的准备，忽视对其他方面的准备，出现幼儿园教育“小学化”的倾向。

（二）对问题的分析

1. 多重因素掣肘，以致幼儿园教育“小学化”

学习方面是目前在幼小衔接工作中儿童表现不适应最为突出的一方面，主要表现为幼儿园教育“小学化”，这种观念主要受到幼儿园错误的教育理念、教师不当的教学方式、社会传统文化等多方面因素的影响，致使多方在关于幼小衔接的认知上存在一定的误区：认为只需关注知识层面的准备，把幼儿园教育模式设计得过于接近小学教学模式，造成“幼小同化”的现象。

2. 小学参与缺位，以致衔接过程“单向化”

幼小衔接工作在幼儿园与小学发挥着同等职能的作用，但目前在幼小衔接中仍出现单

向化的问题，往往是幼儿园扮演着主动衔接的角色，小学处于被动的地位。另外，受传统“小学文化为本”的教育观念影响，小学对如何有效与幼儿园衔接没有明确的指导与规定，导致小学在幼小衔接方面履责不够，重视度不高。

3. 儿童被忽视，以致衔接课程“模糊化”

如何构建全面的双向衔接课程体系是目前幼小衔接工作中的重大难题，现实中存在衔接内容模糊不清、琐碎混乱的困境。出现这种困境的深层原因是教育者“我认为”的观念，在衔接理念和课程的设定上，常以成人的思想设定课程，忽视儿童的真实感受与意愿，致使衔接内容出现偏差。实际上，幼儿园和小学的双向衔接理念和衔接课程应当基于教育受益者的年龄特点、实际情况，双方应降低衔接的难度，把握坡度，坚持循序渐进的原则，为儿童提供“适性教育”。

（三）教研重点和期望目标

1. 基于 A 幼儿园和 B 小学在幼小衔接过程中遇到的实际问题，通过构建目标层、理念层和实践层多维一体的园校联合教研模式，形成基于幼小双方教育实际的“四阶九步”的双向衔接的教研路径，逐步实现“理念协同、课程协同、实践协同、机制协同”的幼小衔接理念。（见图 9–1）

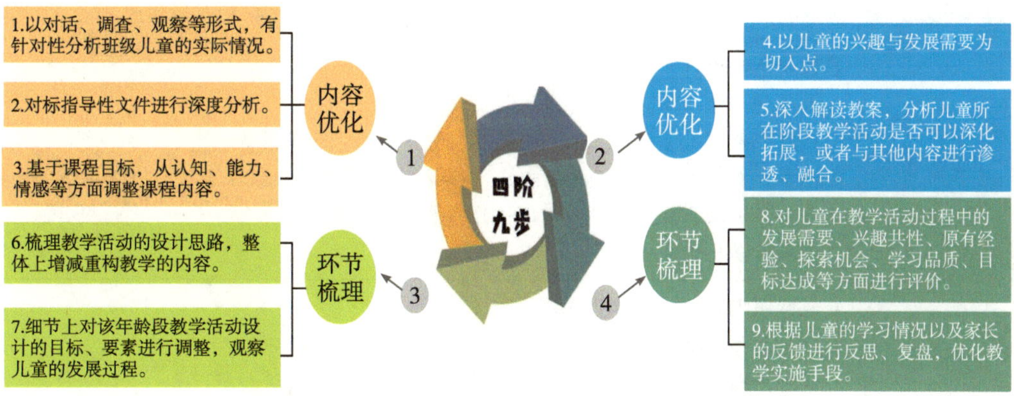

图 9–1　“四阶九步”的双向衔接的教研路径

2. 引导小学教师、幼儿园教师聚焦于儿童的发展表现，围绕帮助儿童应对衔接期的压力和挑战的目标，串联“解决一个关键点”“重构一个教学活动”“形成一个理念”三个关键点开展教研活动。

3. 构建幼小衔接协商共话的平台，运用“KWL+”模式，改变两个学段课程之间缺乏连贯性、相互分离的情况，共同构建出园（校）本“入学准备”和“入学适应”的衔接课程体系，优化课程教学模式和课程评价方式。

二 教研活动设计与实施

（一）教研活动方案（见表 9-1）

表 9-1 教研活动方案

<table>
<tr><td>教研活动主题</td><td colspan="3">“课”随童行，共同“程”长——聚焦小学低年段游戏化课堂的设计</td></tr>
<tr><td>教研活动目标</td><td colspan="3">1. 基于 A 幼儿园和 B 小学在幼小衔接过程中遇到的实际问题，通过构建目标层、理念层和实践层多维一体的园校联合教研模式，形成基于幼儿园和小学教育实际“四阶九步”的双向衔接的教研路径。
2. 引导小学教师、幼儿教师聚焦于儿童的发展表现，围绕帮助儿童应对衔接期的压力和挑战的目标，串联“解决一个关键点”“重构一个教学活动”“形成一个理念”三个关键点开展教研活动。
3. 构建幼小衔接协商共话的平台，运用“KWL+”模式，改变两个学段课程之间缺乏连贯性、相互分离的情况，共同构建出园（校）本“入学准备”和“入学适应”的衔接课程体系，优化课程教学模式和课程评价方式。</td></tr>
<tr><td>活动时间</td><td>2023 年 6 月 21 日下午 3：00
（时长约为 1.5 小时）</td><td>活动地点</td><td>多功能音体室</td></tr>
<tr><td>参与对象</td><td colspan="3">幼儿园教研组、小学教研组</td></tr>
<tr><td>教研形式</td><td>专题研究式</td><td>活动主持人</td><td>幼儿园园长</td></tr>
<tr><td>物质准备</td><td colspan="3">1. 教研活动设计方案
2. 大班的科学活动“扑克牌王国”视频
3. 白纸、彩笔、电脑、黑板、投影仪、背景音乐、音响设备
4.《3—6 岁儿童学习与发展指南》《义务教育课程方案和课程标准（2022 年版）》《关于大力推进幼儿园与小学科学衔接的指导意见》文件
5. 教研活动反馈表</td></tr>
<tr><td>经验准备</td><td colspan="3">1. 教师明晰本次教研活动的目的。
2. 收集教师需求，了解教师对幼小衔接工作的兴趣和需求。
3. 教师分别对幼小衔接工作（幼儿园 / 小学）开展情况进行梳理。
4. 了解教师对幼小衔接实施过程中存在的困惑和亟待解决的问题。</td></tr>
<tr><td>活动流程</td><td colspan="3">1. 审问之——回溯数据・唤醒经验
（1）1 个问卷调查
（2）2 个关键性问题
2. 明辨之——思辨中心・群思研修
（1）陈词阶段
（2）攻辩阶段
（3）自由辩论
（4）总结陈词
3. 博学之——明晰理论・透视概念
（1）两个中心的区隔</td></tr>
</table>

续表

活动流程	（2）去“中心”的融合 （3）基于“精神”的结合 4. 慎思之——同频共振 · 研析并进 （1）运用工具，优化策略 （2）案例分析，了解儿童的原有经验（K：Know） （3）研讨案例，问题呈现 （4）研读精神，理念融通（W：Want） 5. 明晰之——知行合一 · 研以致远 （1）问题驱动，助推理念落地（H：How） ①问题链助推：如何提升孩子的学习品质和学习能力？ ②游戏化课程的助推：如何优化小学幼小衔接课程？ （2）多元评价，复盘课程实效性（KWL+L） ①破冰：什么是评价？ ②明晰：什么是课程评价？ ③运用：什么是“真”评价？ 6. 笃行之——研之所获 · 心智相长 完成本次活动教研情况填写研后问卷

（二）教研活动实施过程

1. 审问之—— 回溯数据 · 唤醒经验

（1）1 个问卷调查

为切实了解教师的前期经验，在教研前向教师发放关于“幼小衔接游戏与课程主题研讨”的前测问卷调查。

问题一：“您认为游戏在教学活动中存在的价值和意义是否重要？”

问题二：“您所任教班级儿童是否喜欢游戏化的教学方式？”

问题三：“您认为在幼小衔接课程中游戏和课程的关系是以下哪种？”

（2）2 个关键性问题

教师立足于“游戏与课程”相融的理念之下，认识到二者对儿童发展的重要性。教研主持人向教师们提出两个问题，以关键性问题唤醒教师们的内心觉醒力。

问题一：“在记忆里，您认为哪个游戏是您玩过最有意思、令你印象最深刻的？”

问题二：“为什么？”

主持人根据班级儿童和教师回溯的游戏经验，梳理出好玩游戏的共性特征——挑战性、合作性、未知性。

2. 明辨之——思辨中心 · 群思研修

教研组长将幼儿园和小学教师分为正方和反方，双方围绕“中心论”辩论的方式思考“游戏与课程”的关系，形成深度的智识。

（1）陈词阶段

立论陈词，由正方一辩和反方一辩分别表明立场、陈述观念。

（2）攻辩阶段

①中心辩题："在幼小衔接中，您认为是知识教学重要，还是游戏化教学重要？"

幼儿园组的辩论观点：游戏化教学重要。

小学组的辩论观点：知识教学重要。

②中心辩题："在幼小衔接中，应以教师为中心，还是以儿童为中心？"

幼儿园组的辩论观点：以儿童为中心。

小学组的辩论观点：以教师为中心。

（3）自由辩论

自由辩论必须正反方交替进行。

（4）总结陈词

正方一辩以"游戏化教学重要、以儿童为中心"进行总结陈词，反方则以"知识教学重要、以教师为中心"进行总结陈词。

3. 博学之——明晰理论·透视概念

主持人运用类似苏格拉底"产婆术"的思辨，让教师们在思维争辩之间顿悟课程与游戏的关系、课程与幼儿的关系，并向教师明晰三个概念。

（1）两个中心的区隔

现代学前教育家福禄贝尔、幼儿教育家蒙台梭利的游戏研究强调以儿童为本，教育家杜威更是明确提出"以儿童为中心"，这一脉络促成了教育中的"以儿童为中心"取向。"教师为中心"主要是苏联幼儿教育游戏理论与实践倾向，也在我国幼儿教育中普遍存在，游戏作为达成教学目的的教育手段存在。

（2）去"中心"的融合

教研主持人借助教育学博士丁海东提出的观点，向教师们分析"游戏教学化"与"教学游戏化"的定义。

（3）基于"精神"的结合

教研员王春燕提出，"如果教学能赋有游戏的精神……那么实现教学与游戏的融合就不再是一件难事"。她认为，拥有游戏精神的教学是儿童的一种"生活活动方式"，是一种"主动积极的、师幼共同参与的、开放性的、不断生成的活动"。

4. 慎思之—— 同频共振·研析并进

（1）运用工具，优化策略

为了寻求最优化的策略，教研主持人向大家介绍"KWL+"模式，分析"KWL+"四要素在课程中的实施路径。（见图 9–2）

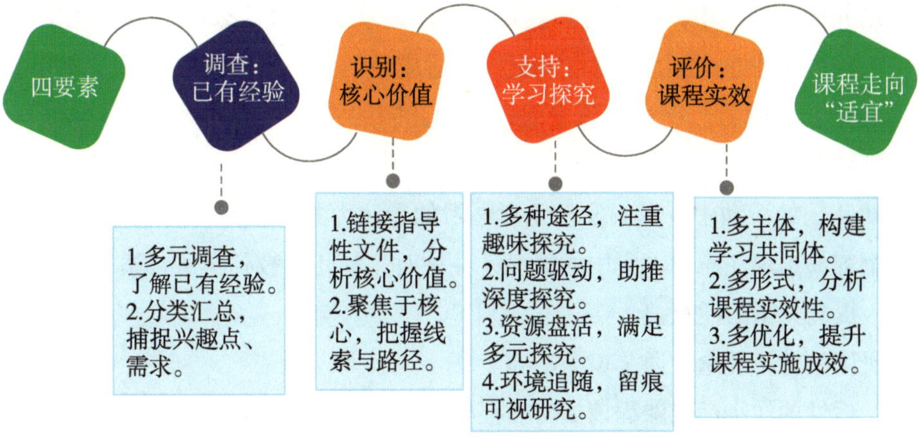

图 9-2 “KWL+”四要素的实施路径

（2）案例分析，了解儿童的原有经验（K：Know）

分析：儿童喜欢哪种学习方式？

采取“6 分钟游戏视频解读法”，播放大班科学活动“扑克牌王国”视频，主持人提出导向式问题“活动教学目标是什么？”“活动的主要学习形式是什么？”“儿童兴趣表现在哪里？”“教师是如何组织实施？”利用“KWH”表（见表 9-2）进行分析。

主持人总结：3—6 岁的儿童主要“以游戏为基本活动”，以“课程游戏化”理念作为方向性的引领，在游戏中学习，寓教育于游戏之中，这是学前教育区别于中小学教育的重要标志。

表 9-2 “KWH”信息汇总表

“K”（Know/原有经验） （您看到儿童的游戏行为） 信息汇总	“W”（Want/兴趣与需求） （您想了解的幼儿游戏水平） 信息汇总	“H”（How/支持策略） （您可以给予哪些支持策略） 信息汇总

（3）研讨案例，问题呈现

经过教研组讨论，幼儿园与小学课程在各方面存在一定的差异，具体如下：

①幼儿园的课程具有游戏化、生活化和活动化的特点，儿童在探索实践的过程中，亲身体验获取直接、具体的经验，逐步发展各方面能力。

②从幼儿园的课程中，我们看到教师“为什么教？”“教什么？”“将幼儿培养成什么样的人？”等关键问题。为了儿童将来更好地适应小学生活学习，幼儿园应该培养儿童各方面的核心经验与能力，小学应该主动了解幼儿园的课程以及儿童的原有经验与能力水平，重视发展的连续性。

③从幼儿园的活动中，我们发现儿童学习的专注力集中在活动前 15 分钟左右，活动后半程儿童容易出现注意力不集中的情况，在这时，幼儿园教师会适当添加游戏，调试课堂的氛围，提高儿童的注意力。

（4）研读精神，理念融通（W：Want）

问题：适性的幼小衔接课程该如何捕捉异同点、提炼核心价值？

围绕《3—6 岁儿童学习与发展指南》《义务教育课程方案和课程标准（2022 年版）》《关于大力推进幼儿园与小学科学衔接的指导意见》，共同研讨、分析幼小衔接理念交集的价值点和发展目标。（见图 9–3）

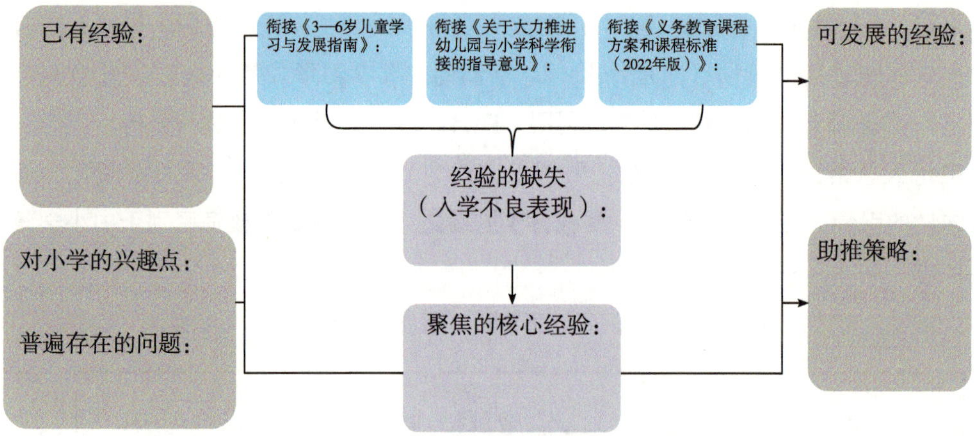

图 9–3　幼小衔接核心经验识别图

主持人：梳理文件后，我们共同明晰让孩子们在教学活动中重获丰盈的意义是游戏与教育深入结合的发展趋势，也是课程突破“重围”的现实诉求。因此，我们可形成 A 幼儿园与 B 小学幼小衔接教育活动理念的异同——“异”在课程的维度与深度，“同”在教育的理念和教育目标的指向性，使教育活动体现一种渐进与发展。（见图 9–4）

5. 明晰之——知行合一 · 研以致远

（1）问题驱动，助推理念落地（H：How）

①问题链助推：如何提升孩子的学习品质和学习能力？

主持人：刚进入一年级，儿童在 40 分钟的课堂中如何保持良好的学习状态和持久的专注力仍为突出的问题。“高水平游戏”能引发儿童深度学习，为儿童思维能力、学习品质的发展，获得新经验、迁移已有经验解决问题等提供了机会。

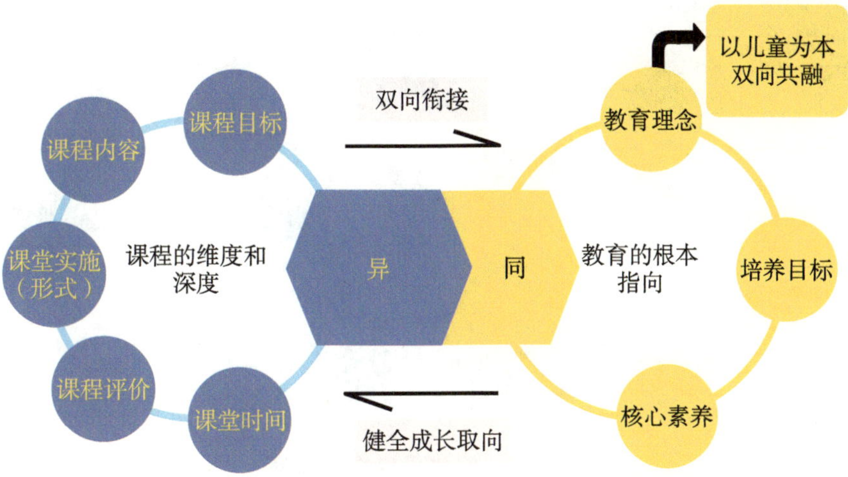

图 9–4　幼小衔接课程体系异同信息图

因此，需要让教研组理解“高水平游戏”对儿童发展的重要性。主持人启动学以致用的模式激荡教师们的高阶思维，向两组提供杯子，共同围绕“纸杯叠叠乐”主题进行游戏。各组选出一名队长，在整个体验过程中队长不换组，其他人员每讨论一个问题就要轮换一次组别，与新成员再次组合交流，滚动交流的方式让教师们不断更新观点和经验。

主持人引导两组教师将探索过程中集体的想法、问题用思维导图的方式记录下来，形成基于问题链中持续和渐进的探究过程，通过各种尝试解决的问题，形成“经验链”，启发教师以儿童的视角顺应、支持、助推幼儿的深度学习。

②游戏化课程的助推：如何优化小学幼小衔接课程?

主持人：通过回访调查发现，大部分儿童进入小学后，在学习方面不适应的问题表现最为突出，如“儿童的课堂表现”“对知识的掌握”“儿童的课堂专注力”“学习的兴趣与习惯”等。为了使理念更好地落地，我们以课堂为抓手，就“如何攻坚幼小衔接课程中传统以讲授为主”的实施形式，教研主持人组织幼儿园和小学教研组分别围绕科学内容“分类与整理”进行幼儿园大班和小学一年级的目标要求比较，使用游戏化手段优化活动设计，引导教师根植于儿童所在的学段，增添内容、优化手段和丰富形式，提高课程实施的效能。

两组教研组分别设计出幼儿园大班科学活动“有趣的分类与整理”和小学一年级数学活动“分类与整理”，主持人启用世界咖啡行动学习模式，围绕两个案例分别就四个问题——“您觉得这是以教师为中心还是以儿童为中心的教学活动呢?”“为什么?”“您如何评价这个教学活动案例?”“您觉得有哪些地方需要优化?”进行相互点评研讨。（见图 9–5）

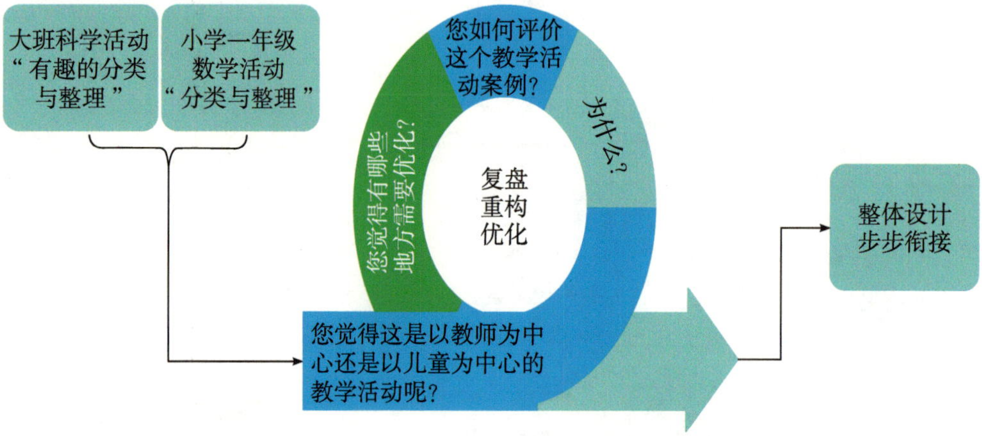

图 9–5　优化小幼衔接课程

（2）多元评价，复盘课程实效性（KWL+L）

①破冰：什么是评价?

在本环节，主持人带领全体教师进行破冰游戏——“我是谁”，用三个词概括自己的特点、缺点。在有趣的游戏中，每位老师对自己作出了正确的评价，并对“什么是评价”有了初步的感知。

②明晰：什么是课程评价?

什么是课程评价?发展性评价和成绩性评价区别是什么?基于现场调查中老师们普遍存在的困惑，主持人出示前期教师设计的发展性评价路径，通过现场实操和理论学习相结合的方式，帮助教师们厘清发展性评价的概念，并对评价的多样化表述进行概念阐述。

③运用：什么是“真”评价?

提出：幼小衔接 KWL 表该如何优化?如何将该表进阶为幼小衔接课程评价表?带领现场教师分组进行探讨。

6. 笃行之——研之所获 · 心智相长

根据本次活动教研情况填写研后问卷，收集数据，分析本次教研活动的成效与不足，为下一次幼小衔接联合教研活动指明方向，助推教研活动的质量提升。

三　教研活动的成效及反思

（一）教研活动的特点

在共探幼小衔接内涵式发展的背景下，幼小衔接对“适性课程”需求显得更加迫切。然而，在建设适宜的幼小衔接课程上，许多教师仍存在认知、观念模糊不清，课程活动缺乏游戏化，以教师为教育主体，具体实施策略单一和评价方法较为欠缺等问题。为此，本次教研活动围绕“分离一个关键点”“重构一个教学活动”“形成一个理念”开展联合教研活动。通过创新教研模式突破重点，为教师提供支架，联合探索“如何优化幼小链接课程”的策略与方法，引发教师教学方式、观念上的转化，为进一步完善幼小衔接课程提供强有力的支撑。

（二）教研活动对教师能力水平发展、教育质量的价值

1. 角色转变，从“被动学习者”到“主动学习者”

在幼小衔接的实施与推进中，教师的学习态度变化最为明显。随着各层级对幼小衔接工作精神的落实、幼儿园学校的协同实践探索，双方教师不断审视幼小衔接工作，一同商榷、探讨，共同朝着“推动儿童的整体发展”的愿景迈进。本次教研活动，以优化幼小衔接课程为背景，设计丰富的研讨形式，将“支架”视为基本立场之一，教师们提供两个学习支点，让教师逐步从最初的“认知冲突”转变为“观念重塑”，教师们更愿意主动钻研，从观念到实践都成为学习的主角。

2. 观念转变，从“唯理论权威”到“重实践思辨”

“儿童是幼小衔接的主体”的理念贯穿教研活动始终。以往教师们都是在需要时才查阅相关的教育理论、文件精神，并且常常盲目依赖“拿来”的理论，忽视园（校）本化。本次联合教研的推进，教师们依据实际情况，以发展的眼光和适宜的角度来审视幼小衔接“入学适应”与“入学准备”中问题的原因，理解儿童的发展，重视儿童是学习的主体，共同形成幼小衔接课程中异同的课程观，解决幼儿园与小学课程断层分离的问题，探索优化幼小衔接课程游戏化的设计，重视园（校）本化教育活动的实践。

3. 模式转变，从“单打独斗”到“团体作战”

幼小衔接联合教研以双方共建团队的形式开展，重视教研模式的创新，遵循小组研讨、互助、交流和共享的原则，攻破幼小衔接中幼儿园唱独角戏的传统局面。发挥集体智识，凝聚教育合力，撬动着力点，驱动双方教育理念与教育行为的融通，撬动课程的着力点，实现梯度递进，减缓衔接坡度。

（三）教研活动反思

1. 本次教研活动以团队合作的模式，采用“诊断、设计、审议、重构”四大路径，激发教师敢想、敢提、敢研究的精神，以实际行动改变儿童观、教育观、课程观。

2. 本次教研活动，促进了教师从教育观念到教育行为的转化，但真正要把在教研活动中的新观念、新认识内化为自己的教育观念，提升实际教育教学能力，还需要依靠教师及时地总结，行政人员及时观察与指导，完善联合教研制度，助推教研奏效。

3. 在幼小衔接工作中，仍有许多方面需要不断研讨与优化。基于实践过程中的情况，双方教研组应保持密切的研讨，以幼儿园项目化课程、小学一年级通识课程、小学一年级学科系列课程为基本模式，制定幼小衔接课程教学基本策略与实施方法，提升幼小衔接课

程教学成果可视化与具体化水平，增强课程的科学性与适宜性，促进教育整体高质量发展。（见图 9–6）

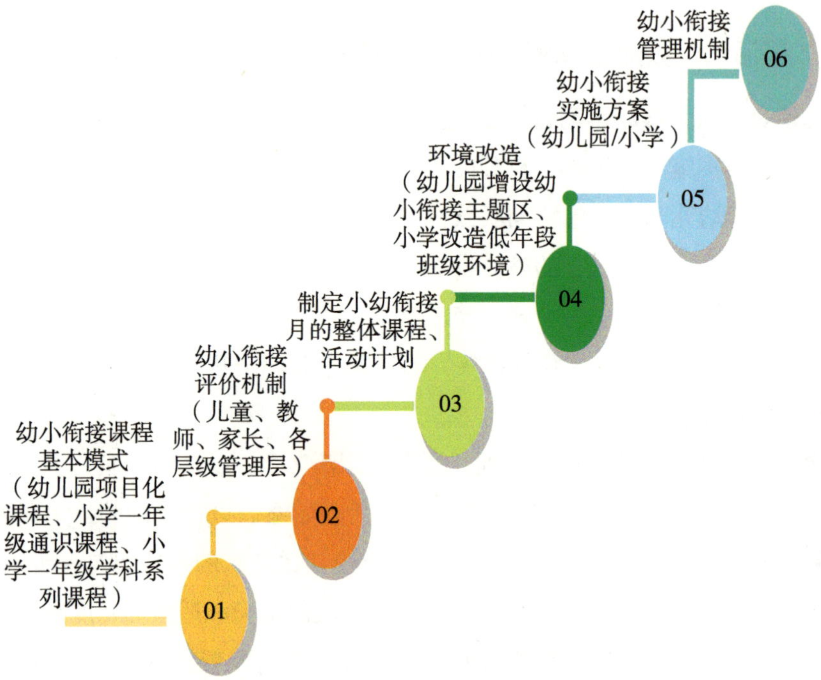

图 9–6　幼小衔接整体工作要点梳理图

【案例评析】

本案例分析幼儿园和小学在教学活动的目标、过程和评价等方面存在的问题，具有以下三个亮点：一是充分调研，分析现状，聚焦研讨，通过优化研讨策略，细化游戏化课堂建设和个性化教学来提升教学效能，促进学生的平稳过渡，是有价值的实践。二是幼小协同，同课异研，共促衔接，案例强调了幼儿园教师与小学教师的沟通和协作，围绕分类和整理，以幼儿发展的核心目标为共研点，开展联合教研，更能确保学生在进入小学后能够获得一致的教学支持和学习环境。三是优化评估、细研指标、促进全面发展，细化评估的具体指标，包含学生的学业品质、社交能力、自我管理能力等，提升教学的有效性，让课堂能以儿童为中心，促进儿童全面发展，平稳过渡。

案例 2

“三化”课堂，“幼”见成长

——学习适应与准备之数学思维幼小衔接教研活动

东莞市莞城中心小学　刘艳、刘梅兰
东莞市莞城中心幼儿园　罗润娣、李仙丽

一　教研背景与目标

从幼儿园进入小学是儿童早期成长过程中一次重要的转折。儿童初入学能否适应，一定程度上决定着其今后对学校生活的态度和情感，并影响将来的学业成绩和社会成就。帮助新生顺利适应小学生活是小学一年级重要的教育任务，小学应尊重儿童的年龄特点和学习发展规律，主动加强与幼儿园教育的衔接，积极探索实施入学适应教育，帮助儿童逐步适应小学生活。

当前教育体制改革强调学科整合、习惯培养与能力培养，要求教育过程要贯穿始终。在数学思维的有效衔接过程中，需要跨学段、跨学科进行衔接与融合，确保教育的连续性和系统性。数学思维是指学生在解决问题、推理和论证等方面所展现出的思维能力。有效的数学思维需要经过系统性的数学学习和实践培养，而幼小阶段是打下数学思维基础的关键时期。

本次活动通过课例展示、分享交流等方式进行高效研讨，促进数学思维学习适应（准备）的幼小双向衔接。

二　教研活动设计与实施

（一）活动时间

2024 年 6 月 26 日上午 9：00—11：30。

（二）活动地点

东莞市莞城中心小学大电教室。

（三）参加人员

线下人员：东莞市教育局相关负责人，各镇街学前与小学代表共 3 人，市直属小学（市属幼儿园）骨干代表各 1 人，广东省高质量发展实验区—幼儿园与小学科学衔接项目试点园有关人员，广东省基础教育教研基地项目学前教育学科教研基地（东莞）团队成员、基地秘书。

线上人员：东莞市、韶关市、揭阳市、铜仁市、新疆维吾尔自治区学前与小学教育教研员，幼儿园园长和教师，小学校长和低年段教师（人数不限）。

（四）邀请专家

鲍银霞（广东省教育研究院教学教材研究室小学数学教研员，正高级教师）。

李思娴（华南师范大学教育科学学院副教授、博士）。

（五）活动承办单位

东莞市莞城教育管理中心、东莞市莞城中心小学、东莞市莞城中心幼儿园。

（六）活动流程（见表 9-3）

表 9-3　教研活动流程

时间	内容	负责老师
9：00—9：10	签到	刘梅兰
9：10-9：15	校长致辞	尹凤葵
9：15-9：55	小学课例："猜一猜——重复的奥秘"	莞城中心小学谢健敏
9：55-10：10	小学数学幼小衔接分享	莞城中心小学梁广英
10：10-10：25	幼儿园数学幼小衔接分享	莞城中心幼儿园李仙丽
10：25-10：30	中场休息	—
10：30-11：20	专家点评	鲍银霞、李思娴
11：20-11：30	活动总结	邹丽琼
11：35	合影留念	张流

（七）教研活动的过程和重要环节

主持人：今天我们在这里举行东莞市第七期幼小衔接"三化"（生活化、活动化、游戏化）课堂专题研讨活动。我们研讨的主题是："三化"课堂，"幼"见成长——学习适应与准备之数学思维幼小衔接。就让我们聚焦于数学思维，做好学习方面的衔接，共同感受这份温馨和感动。

幼小衔接是幼儿园和小学两个教育阶段平稳过渡的教育过程，也是儿童成长的一个重大转折。良好的幼小衔接能够帮助孩子平稳过渡，更好地适应新的学习环境，从而促进幼儿的全面发展。接下来，让我们来观摩一节小学课例，看看老师们在课堂上如何给孩子搭建缓坡的。为我们授课的是莞城中心小学的谢健敏老师和122班可爱的孩子们。

第一环节：课例中探寻“三化”课堂衔接之秘

小学一年级数学课例展示：“猜一猜——重复的奥秘”（略）。

第二环节：分享中研究“三化”课堂衔接之秘

（1）小学数学幼小衔接分享

“衔”须掌妙方，“接”得有真法。莞城中心小学的梁广英老师聚焦于数学学科，围绕如何“赋能每一粒种子的茁壮成长”和大家进行小学数学幼小衔接的分享。首先，梁老师给我们分享了小朋友在学龄前后这两个阶段的数学思维特点：学龄前的孩子正处于前运算阶段（皮亚杰认知发展理论阶段），他们的思维主要以具体操作和直观感受为主，对数学的理解多依赖于具体的物体和动作。幼儿园的数学教学一般围绕生活中的实际问题，通过游戏和操作活动来进行。一年级的孩子开始进入具体运算阶段，他们的思维开始逐渐向抽象转变。一年级的数学学习内容更加系统和严谨，孩子开始接触更为复杂的数学概念，并逐步建立起数学知识体系。接着，梁老师结合孩子年龄段和心理特点，从三个方面分享学校是怎样做衔接，为孩子的数学学习赋能。

①关系先于教育

一粒种子的生长，需要土壤、水与阳光；而一名儿童对数学学习的适应，首先需要被接纳、关爱、尊重与理解，从而获得安全感，愿意参与学习。所以，开学第一个月，一年级孩子的重点是建立良好关系：与环境建立良好关系，与师长建立良好关系，与同伴建立良好关系。

②习惯先于知识

培根说：“习惯是一种顽强的巨大的力量，它可以主宰人生。”一年级小朋友正是认识数学课堂、养成数学学习习惯的关键时期，要从聆听与表达、思考与尝试、合作与探究这几个方面入手培养。

③思维先于技能

她强调情境接近生活，思维源于实践。其一，创设游戏。用游戏吸引孩子主动参与，感知数学。其二，创设活动。用活动作铺垫，促使孩子积极思考，体验数学。其三，作业调动多感官。在“双减”之下，一、二年级没有书面作业，教师必须设计形式多样的实践活动、游戏与操作、提问与解说的作业。在生活中，培养数学的眼光；在游戏与活动中，提升数学思考；在提问与解说中，锻炼数学语言表达。充分利用资源，调动多感官，全面培养学生数学核心素养。

（2）幼儿园数学幼小衔接分享

从幼儿园到小学不是跨山过海，而是童年生活的自然延续和过渡。良好的幼小衔接离不开幼儿园和小学的携手共进，莞城中心幼儿园李仙丽主任给大家带来幼儿园数学幼小衔接案例“数学巧衔接”的分享。首先，李主任根据《3—6岁儿童学习与发展指南》分享了幼儿数学的三个目标：初步感知生活中数学的有用和有趣；感知和理解数、量及数量的关系；感知形状与空间关系。

①成立幼小衔接数学教研团队，制定幼儿园数学幼小衔接课程内容。（见表 9–4）

表 9-4　幼儿园数学幼小衔接课程内容

年龄段	幼儿园	小学一年级
数数	100 以内的唱数、20 以内相邻数、单数、双数等	20 以内数的认识（一年级上） 100 以内数的认识（一年级下）
数运算	10 以内的分解与组合，能通过实物操作进行 10 以内的加减运算	20 以内的加减法（一年级上） 100 以内的加法和减法（一年级下）
几何图形	认识三角形、正方形、长方形、椭圆形、半圆形、梯形、球体、正方体、长方体、圆柱体以及一个图形的等分	立体图形的认识（一年级上） 认识图形（二）（一年级下）
空间方位	自我和客体中心的左右、前后、上下	位置（一年级上）
认识时间 认识纸币	钟表、日历、星期 元、角	认识钟表（一年级上） 认识人民币（一年级下）
比较、测量	在比较的基础上给 7—8 个物体进行高矮、宽窄、粗细的排序 能用生活中的物体作为测量工具进行简单的测量	比多少、比大小
集合、分类、统计	两种以上特征分类；能用简单的记录表、统计图等表示简单的数量关系	分类与整理（一年级下）
模式、规律	认识构成模式的单元 运用不同的方式材料来表现和创造出有规律的模式排练	找规律（一年级下）

②数学课堂实施“三化”的衔接方法

一是创设数学教育环境（见图 9–7）。二是投放数学游戏材料。三是让数学渗透各个领域（见图 9–8）。

第三环节：点评中明晰“三化”课堂衔接之秘

观摩课例，方知精进方向。广东省教育研究院教学教材研究室小学数学教研员鲍银霞博士为在场教师做讲座，鲍博士先是为教师们介绍一年级小学生数学学习不适应的表现，随后对谢老师的课堂展示进行点评，提出“让孩子创造规律”“素材选取贴近生活”“教学方式多样化”“注重课堂管理”“课堂语言优美”的五大亮点，并围绕学生作品展示活动提出两点思考：学生差异化的关注与零起点问题的处理。鲍博士的点评为在场教师指明教学方向，并提供了宝贵的意见。

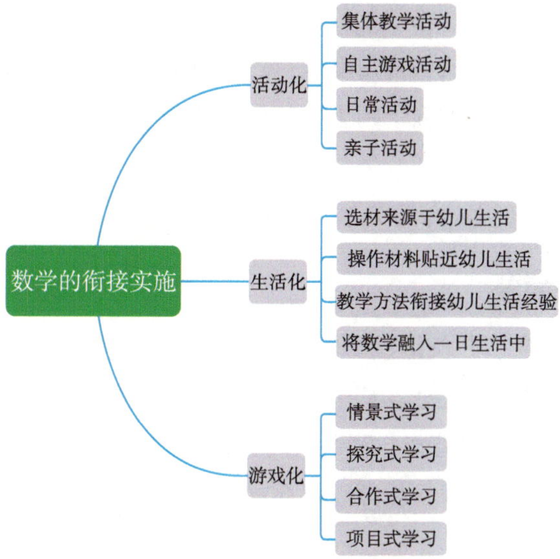

图 9–7　创设数学教育环境

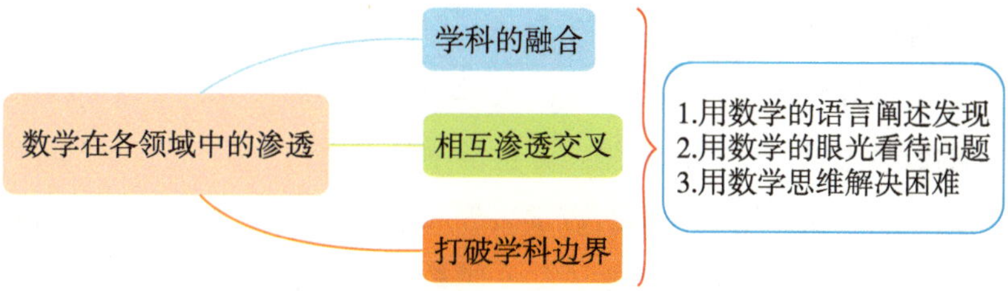

图 9–8　数学在各领域的渗透

华南师范大学教育科学学院副教授李思娴不仅为在场教师指明了幼小衔接的方向，更是提供了宝贵的指导和建议。李教授为在场教师揭示了“三化”的底层逻辑，引导在场教师的观念从“以教师为主导”转变为“以学生为主导”，关注学生学习过程，提高效率。她提到，学生是在现实生活中建构对美的热爱，学生的感受来源于生活，创造来源于生活，他们所学习的数学知识可以用来解决生活中的问题。教育不仅是灌输知识和传授知识，更是一种激发和唤醒，点燃孩子学习的兴趣，激发学习的动力，培养他们的学习习惯，做好幼儿园到小学的过渡。

主持人：从幼儿园教育到小学教育，有身心、生活、社会和学习四大准备和适应。其中，学龄前儿童与小学生在学习内容、学习方法、学习目标和学习习惯等多方面都存在着很大的差异。因此，学习的衔接对于孩子能否顺利地由学龄前儿童角色向小学一年级新生转变有着很重要的作用。

三　教研活动的成效及反思

本次教研活动聚焦于“三化”课堂学习适应与准备之数学思维幼小衔接这一主题，让幼儿园、小学教师聚焦于幼儿和小学生的学习需求，通过小学课例展示，小学、幼儿园有关幼小衔接数学教育的分享，从各自角度进行思考可以采取的双向衔接手段，不断完善教学目标和流程。这些活动不仅加强了师生之间的合作与交流，还促进了教师们的教学水平与专业素养。最终，通过这种密切合作与共同学习的方式，教师们发现了数学知识背后的重复规律与逻辑，为提供更高效、更有针对性的教学方法打下了坚实的基础。

（一）课例引入探思维

在幼儿园与小学联合举办备课、研课、听课和评课活动的过程中，教师们汇聚在一起，共同探讨教学中的难题与挑战，从中发现数学知识的奥秘。在备课环节，教师们分享教学方法和资源，相互启发和借鉴；研课活动则促使教师深入思考课程设置与内容安排，提升教学质量。通过听课与评课，教师们相互观摩，学习彼此的优点与经验。

（二）分享互动启思维

小学、幼儿园通过一系列幼小衔接活动来促进学生的思维发展。首先，组织数学启发游戏，通过趣味性的游戏活动让学生主动参与，培养他们的数学思维和逻辑推理能力。其次，设计数学思维引导活动，以启发学生的数学想象力和创造力，让他们在解决问题的过程中锻炼自己的数学思维。此外，利用实际生活中的数学情境进行教学，让学生在日常生活中感受数学的应用，从而增强他们的数学兴趣和思维能力。幼儿园和小学教师的这些幼小衔接活动的分享互动，给现场的小学、幼儿园教师带来很多启示，他们更清楚如何打通幼儿园和小学之间的壁垒，更清晰地了解学生的学情。这次分享互动，有效衔接“三化”课堂学习和适应数学思维的发展，让双方教师更加明白数学思维启蒙的重要性、逻辑性、梯度性。

【案例评析】

“三化”课堂的研讨为推动小学一年级数学课堂的新样态做出了积极的贡献。教师可以朝着生活化、游戏化、活动化的方向不断努力，为学生的数学思维打下坚实基础。案例具有以下三个亮点：一是活动系列化，围绕幼小衔接“三化”课堂的研究形成了一系列系统的指引，重点邀请专业教研员以及大学教授引领指导幼小衔接如何着力，并提出有关意见措施。二是形式多样化，研讨有丰富的组织形式，有上课课例、反思分享、案例分析、现场提问、专家讲座等，为幼小衔接数学思维的学习适应与准备指明了方向。三是研讨专题化，切入点小，专题明晰。学习的范畴很广，本次只针对数学思维启蒙、教育衔接进行探讨，较好地把脉幼儿园大班与小学一年级的数学衔接，为园、校的教师进一步打开一扇衔接之窗。

案例 3

聚焦“课堂实效”，构建衔接新样态

——基于课程游戏化的跨学段应用

东莞市东坑镇教育管理中心　陈宝华

一　教研背景与目标

（一）教研主题活动的问题来源

近来，幼儿园和小学的衔接问题颇受关注，幼小衔接是学前教育中重要的工作。幼儿教师主动带领幼儿走进小学，并设计多样的衔接课程，注重学习品质的养成。2021 年 3 月，教育部出台《关于大力推进幼儿园与小学科学衔接的指导意见》，首次提出了幼儿园与小学的“双向衔接”，这是深化基础教育改革、落实全面育人的重大决策，这也促使小学必须主动向幼儿园迈出衔接的一步，让幼小衔接工作更为完整。

东莞市东坑镇教育管理中心高度重视幼小衔接工作，统一思想，选定一所公办小学与公办幼儿园为衔接结对校、园，在教研员深入小学校园调研后发现，在一年级的课堂当中，学生的学习积极性不高，课堂缺乏活跃度，让小学老师十分头疼，这也表明目前的衔接效果仍不理想。为深入了解原因，我们聆听师生的心声：小学教师反映，学校一年级的孩子上课总是无法集中注意力，提问迟迟得不到回应，授课很吃力；学生反映，幼儿园和小学不一样，小学老师上课不会让他们玩游戏，学习不好玩。因此，两方在课堂的问题上都有各自的见解与看法，这说明小学低年段的老师对“如何上好一年级的课”缺乏专业引领方向。基于此，我们决定针对课堂衔接的实效性问题，深化课堂改革，开展系列衔接教研活动。

（二）对问题的分析和诊断

衔接工作缺乏成效、一年级教师的课堂形式单一、课堂缺乏实效性等问题亟须解决，现对存在的问题进行分析诊断。

1. “把脉”问题——小学教师观念未完全转变。幼儿园是以游戏和能力发展为主导形式的教育，而小学主要是以正规课业和静态知识学习为主导形式的教育。两者均为基础教育，但幼儿阶段的培养目标注重对知识或者习惯的培养，而小学阶段的学生则已经开始了知识的理解、运用以及扩展研究。若是小学教师未明确客观存在的问题，沿用传统授课模式，会造成儿童入小学后的不适应，导致一年级课堂缺乏趣味性。在小学的一天学习生活中，除去早读、课间十分钟、大课间的活动时间，课堂时间总计4小时，若是课堂枯燥乏味，一年级的孩子是提不起兴趣上课的，而且也无法保证课堂的积极性与有效性。

2.“根治”问题——衔接课程存在差异性。与小学相反，幼儿园教师主张以游戏为主要的学习方式，激发探索的学习兴趣，生发课程，孩子掌握知识技能的同时也能乐在其中。由此，我们通过比较分析发现：幼儿园与小学在课程的设置上，有着巨大的差异性，在此过渡阶段又如何将一年级新生的注意力集中在课堂中呢？课堂的设计又应该采用何种形式呢？如果也以游戏为基本活动，小学课堂的质量能保证吗？……

3.“解决”问题——幼小衔接不仅仅是幼儿园和小学之间的衔接。教师应将幼小衔接工作与“双减”校内教学融合推进，将科学、绿色、可持续教育评价改革的价值观念和导向贯穿到幼小衔接工作的全过程中去。为了减缓学生衔接坡度，减轻家长衔接焦虑，减小教师压力，我们要做好各层各级衔接工作。本阶段，我们将“课堂改革”作为衔接的工作重点，希望通过教育管理中心教育科研室的专业引领，带着小学教师开展研究，丰富课堂活动设计，并采用2个教管中心主管部门（教研室＋基教股）+2种教师角色（小学教师＋幼儿园教师）+N场持续系统的双向研讨教研活动的“2+2+N”教研模式，解决小学与幼儿园之间环境断层、知识断层、课堂形式断层的问题，做到减缓坡度，自然过渡。

（三）教研重点和期望目标

1.教研重点。本次教研重点是明确幼小衔接的内涵与重点，即清晰幼小衔接具体是衔接什么，能在《3—6岁儿童学习与发展指南》《关于大力推进幼儿园与小学科学衔接的指导意见》等政策文件的理论性指导下，帮助小学教师更深度理解一年级学生“好奇心强、对有趣的游戏充满兴趣”的学习特点，深挖衔接的内涵，通过理论的学习、实地相互观摩、双向研讨借鉴经验等方式，找出一年级课堂与游戏有机融合的有效实施策略。

2.期望目标。我们希望通过教研，教师能加深幼小衔接的认识，拓宽教研路径，建立课程双向互动，解决一年级课堂效果欠佳的问题，让一年级课堂与游戏有机融合，提升教师专业素养及课堂活动的设计水平，希望在公办小学的示范引领下，缩小公办小学与民办小学的幼小衔接质量差距，也实现教师专业素养的同步提升，并立足“课堂改革”，让一年级课堂渐入佳境。

二 教研活动设计与实施

（一）教研活动设计

若想提高一年级课堂的实效性，仅靠单一的听课、评课活动，是不足以达到预期目标的，所以需要我们做好各层各级的衔接工作，使小学教师与幼儿教师从思想上、行动上能统一步伐，构建双向衔接机制，共同挖掘课堂衔接的可行路径。因此，镇教育管理中心通过调研发现衔接存在的问题，采取“2+2+N”的教研模式，组织多场双向研讨活动，实施实地调研存在问题、互换体验教师角色、走访儿童衔接需求、联合教研达成共识等举措，搭建“小教与幼教”双向交流的平台，将“政策理论与教学实践”有机结合，最终使教师们找出课程衔接的落脚点。教研活动设计详见图 9–9。

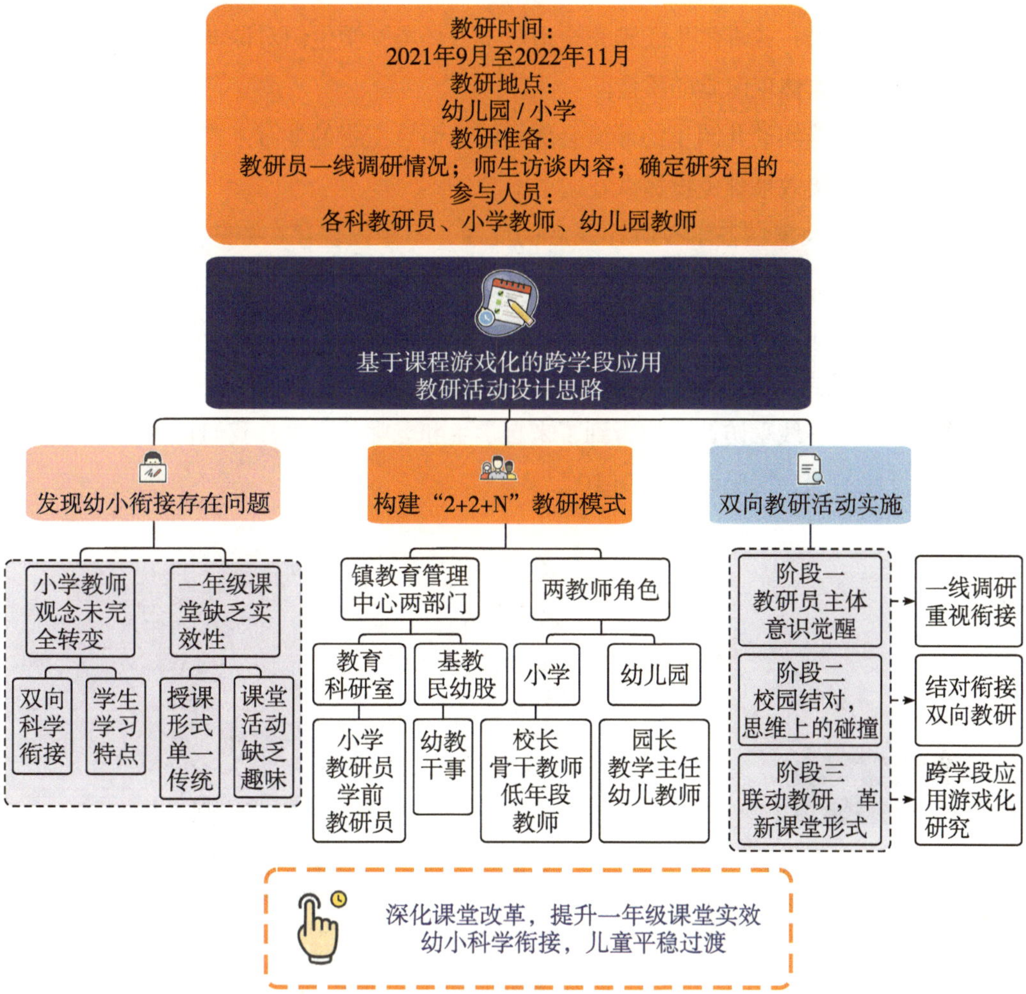

图 9–9　教研活动设计思路

（二）教研活动实施过程

第一阶段：深度对话，诊断现存问题——教研员主体意识觉醒

“双减”政策出台后，小学教师在“减负提质”的工作上需耗费不少心思，《3—6 岁儿童学习与发展指南》《关于大力推进幼儿园与小学科学衔接的指导意见》等政策文件强调要做好双向衔接工作。因此在小学教师的教育视角，如何提高一年级课堂的实效性，成为当下亟须解决的难题。

1. 环节一：深度研讨，唤醒教研员的主体意识

主持人：本次研讨会，召集了教育科研室的教研员们，针对前期小学一年级课堂存在的问题进行探讨，大家可以畅所欲言，提出问题是为了更好地解决，同时也有助于我们有针对性地开展指导工作。

小学数学教研员：在听课的过程中，我发现学生们缺少了对学习的积极性，在课堂里都是老师在讲、学生在听，这样的教学模式对一年级来说不适用。

小学语文教研员：或许学生还未完全适应学习环境？学生们对课本上的知识不是很有兴趣，这样确实很难体现课堂的质量。

幼教教研员：确实幼儿园里的环境会更温馨，而且主张的学习方式是以游戏为主，学生落差感太大，衔接效果难免没那么好。

主持人：通过大家在各学校听评课后的反馈，不难发现存在“缺乏积极性、课堂模式单一、兴趣不高”等问题，为什么学生会有这样的状况？我们所需要的是了解“学习主体”的需求，听听他们的想法，我们各科教研员都需要下到学校，当“一线记者”。

2. 环节二：校园访谈，聆听来自师生的心声

主持人：通过一线采访，我们听到了来自学生和老师的心声，我们将听到的情况进行归类汇总，反映的部分情况详见图 9-10。

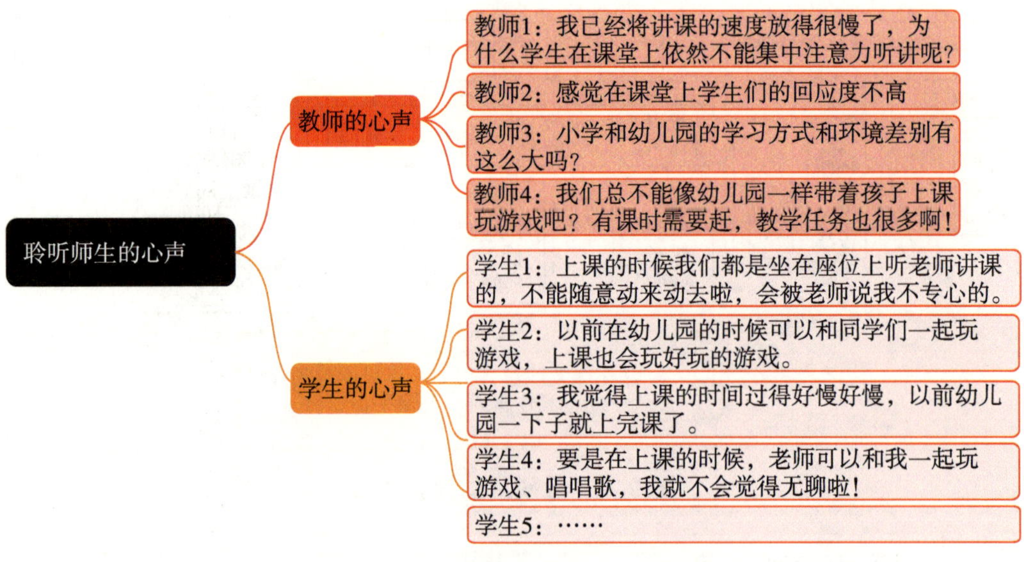

图 9-10　校园采访情况一览表

小学科学教研员：看来学生们不断提及的关键词还是“有趣的游戏”，确实在幼儿园每天都可以玩游戏，孩子对游戏的兴趣度很高。

教研室主任：但是老师对如何提高课堂实效还是迷茫的，我们应该起到以点带面、以

试点起示范效果的作用，就目前来看公办学校的师资较为稳定。

教研室分管领导： 试点校确实是不错的解决办法，试点校是荣誉同样也是责任，因此也应建立结对机制，一是能起到更有针对性的指导作用，二是便于我们开展双向科学衔接的研究工作，三是可以为全镇起示范影响作用。

第二阶段：校园结对，思维上的碰撞——小幼“心田式”对话

镇教育管理中心通过确立了一所公办小学与幼儿园结对为试点校、园，为了做好幼小科学衔接，中心带领小学行政、骨干教师以及低年段教师组成参观团，进入幼儿园，与幼儿园教师来一场“心田式”的谈话。（见图 9-11）

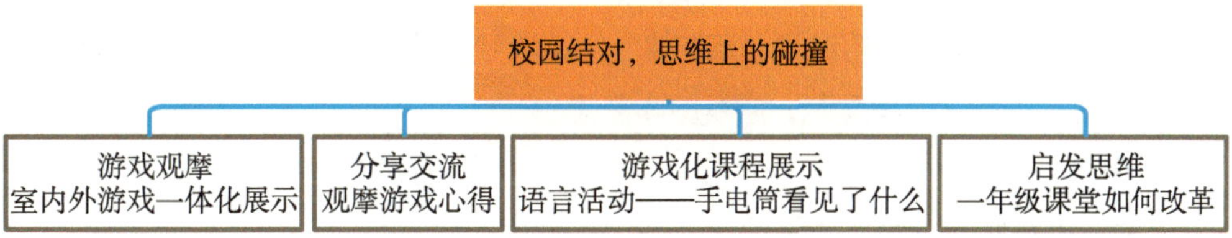

图 9-11

1. 环节一：半日游戏观摩，发现教学新样态

主持人： 今日我们试点校主动迈进幼儿园进行参观交流，为能深入了解幼儿在园的学习方式，为下来更好地开展衔接工作，大家可以尝试以孩子的儿童视角去体验幼儿园的学习生活。（见图 9-12）

图 9-12　试点校迈进幼儿园观摩

主持人：通过游戏观摩，相信大家对幼儿园的学习方式有了一定的了解，可以由教师代表进行分享。

小学教师 1：我发现孩子在幼儿园当中，对每一个活动、每一个角落都是充满探索欲望的，老师会启发孩子，放手让他们探索。

小学教师 2：确实孩子在幼儿园真的会很开心，这里的学习和游戏是一体的，在愉快的环境中学到知识，这也是我们可以运用在一年级的课堂当中的方式。

园长：在这里，一切游戏皆为学习，投放的游戏材料、创设的游戏环境等都是孩子的学习方式。

主持人：在小学的课堂里，或许不是孩子对学习不感兴趣，而是老师需要善于捕捉孩子的兴趣，积极创造条件，让课堂"玩起来"，让学习"乐起来"，让质量"好起来"。

2. 环节二：游戏化课程展示，启发教学新思维

幼儿园的 A 教师为大家带来语言展示活动——"手电筒看见了什么"，以无文字的绘本激发想象，以自制绘本的方式鼓励孩子创作、表达。

小学教师 1：用游戏情景带入课堂就能调动兴趣了，而且以游戏结合课堂的形式孩子都能积极参与。能上好一堂课，老师的幸福指数是很高的。

小学教师 2：但是我们用这样的游戏，能否保证学习质量呢？毕竟小学不是光玩就可以了。

主持人：为了调动学生的学习积极性，我们都明白当下现有的传统枯燥的课堂模式和教学手段要改革，都知道要从根本上解决问题，但是如何改？

小学教师 3：游戏要与我们所教授的知识有机融合才对，游戏和学习如果分开成两个独立的东西，意义不大。

主持人：单纯照搬游戏进课堂是不现实的，我们杜绝幼儿园"小学化"，也更应明白小学不能"幼儿园化"。《义务教育课程方案和课程标准（2022 年版）》中明确提到，要加强学段衔接。注重幼小衔接，基于对学生在健康、语言、社会、科学、艺术领域发展水平的评估，合理设计小学一至二年级课程，注重活动化、游戏化、生活化的学习设计。

第三阶段：联动教研，革新课堂形式——课程游戏化的跨学段应用

1. 环节一：管理"小""幼"三联动，共寻改革落脚点

（1）管理层面：为了使衔接工作深入推进，在试点校中，我们把一（×）班作为试点班级，以不同科目划分，带领学校科组的骨干教师听课、评课、磨课，保证一科一优课。各科教研员担起责任，扎实开展研究，并把幼小衔接作为教研工作的一部分，积极思考如何使课堂与游戏有机融合。指导学校、教师从实际出发，积极创造条件，通过教育活动的开展、教育环境的创设、日常生活的管理、家长工作的开展等途径，促进幼儿的身心发展。

（2）小教层面：低年段的教师需要通过关注学生的需求，站在儿童视角进行课堂活动

设计的深度思考。教师需将义务教育阶段的统一课程“特色化”“班本化”，在双减政策视域下，提高课堂质量，优化教学评价，把一成不变的授课模式转变为“游戏化课程”。如以课堂律动操的形式调动积极性，通过书本寻宝的游戏认识生字，以游戏闯关的形式解决数学难题，播放有趣的动画矫正坐姿、握笔姿势等。

（3）幼教层面：在试点园所确定试点班级，建立双向教研机制，在幼小衔接主题课程中，提供小学教师拓宽平台，为大班幼儿上课，同时检验游戏化课程的跨学段应用的可行性，主动跟踪毕业学生，开展个案研究，整理成完整高质量的幼小衔接研究报告。

第四阶段：试点校园齐示范——衔接课堂显成效

试点校、园结对开展“提高一年级课堂实效性”的研究，促使全镇的公民办小学、幼儿园的衔接工作稳步提升教育管理中心决定开展“双向奔赴，无缝衔接——幼小衔接专题研讨活动”。

1. 环节一：一年级语文课堂——小书包

一年级曾老师根据一年级孩子的性格，结合孩子喜欢游戏的特点，将听说读写与游戏相结合，把游戏巧妙地融合在每个教学环节之中，带领学生在游戏中学习，在学习中寻找快乐，并为大家带来一节精彩课例。

教师代表：该老师能根据一年级学生的学习特点，巧妙地将课堂教学与游戏相结合，上课形式生动有趣，充分调动学生的学习积极性，并让学生在轻松愉悦的课堂氛围中达到预设教学目标。此次展示课为我们在“幼小衔接”的课堂改革上提供了一种思路、一种创意。

2. 环节二：试点小学经验分享 —— 立足课堂“接”之有理

试点小学德育处主任通过解读政策文件、开展教师培训、深化课堂改革、改造校园环境、实地调研等举措，分享了试点小学从 2016 年以来在“幼小衔接”方面的工作经验。她指出，学校统一思想、统一步调是十分重要的，让学校所有科组能科学认识“幼小衔接”，转变教育观念和教学行为，探索符合学生的课堂模式，帮助儿童顺利过渡。

学校代表：原来衔接工作仅仅依靠教师努力还不行，关键是要全校联动，管理层就应该转变观念。校园的每一处环境都有其存在的意义与价值，若是我们小学能注重环境的改造，营造一个温馨舒适的环境，在课堂中结合有趣的游戏，在作业上再优化设计，完整地做好衔接工作，相信成效终会显现，这一次的讲座也为我们展示了一个优秀的做法。

三　教研活动的成效及反思

（一）教研活动的成效

1. 培育“有准备”的学校。本次系列教研，能够促使小学主动迈进幼儿园开展衔接，“双减”使幼小衔接不再只是幼儿园的行动，而是双向奔赴。幼小协同，构建衔接实践路径的双向推进机制，确立试点校、园，使之示范引领全镇校、园，并从管理层级、实践层级推动衔接，在理论储备、环境布置、活动设计、材料投放等方面做好衔接。

2. 培养“有准备”的教师。通过“构建 2+2+N”教研模式，使小学教师深入反思现阶段衔接课堂存在的问题，通过试点校园的结对衔接引领专业发展，使全镇公民办小学的管理者、教师对幼小双向衔接有了新的思路，并尝试将“课程游戏化”的理念与一年级课堂有机结合；幼儿教师则通过双向联动，创造有价值的衔接活动课程，并做好个案追踪分析，及时反思衔接成效，稳步推进学段衔接。

（二）教研活动的反思

1. 教研指导，实现两学段教师共成长。虽然试点校园有一定的辐射作用，但现阶段公民办学校、幼儿园的衔接差距较大，为此，需要继续给予专业指导，下沉一线，实行推门听课制度，促使全镇统一步调，提升衔接成效，层次递进，逐步专业。

2. 衔接观念革新，跨学段的一体化设计。为确保衔接工作继续有序开展，促使教师准备理论、转变观念设计课堂、布置环境，应编制镇街《幼小科学衔接指导手册》，让校、园在该手册与教研员的指导之下，多面整合与实践，提高衔接质量。

3. 以点带面，继续深入研究跨学段衔接。幼小衔接是幼儿园和小学两个教育阶段平稳过渡的教育过程，也是儿童成长过程的一个重大转折。我们要思考关于“小幼”的跨学段研究，通过“真听、真看、真辨、真研究”的联合教研，使衔接更具成效，真正做到渐进、有序、有层次地顺利衔接，确保每一个学段平稳过渡，衔接自然。

【案例评析】

此案例以镇域教研推进幼小双向衔接，通过顶层统筹规划，完善教研机制，构建“2+2+N”教研模式，通过调研发现幼小衔接存在单向性的现状问题，结合“双减”政策背景，提出幼小衔接的创新工作思路。在课堂改革上结合《义务教育课程方案和课程标准（2022 年版）》的低年段课堂注重生活化、活动化、游戏化（即“三化”课堂）的要求，采纳小学各科教研员的专业建议，一方面能保证改革方向正确，及时给予改进建议；另一方面是以点带面，辐射推广，带动辖区内学校、幼儿园破解课堂衔接难题，助力幼小衔接工作可持续发展。此案例顺应时代改革背景，具有一定的参考价值。

案例 4

双轨 PBL：构建幼小衔接研、教、学新样态

东莞市寮步镇香市小学　陈淑娟、钟丽华
东莞市寮步镇教育管理中心　黄桂萍
东莞市寮步育珑湾幼儿园有限公司　孙森鑫

一　教研背景与目标

（一）教研主题活动的问题来源

1. 基于国家政策的导向

教育部先后颁布《关于加强和改进新时代基础教育教研工作的意见》（2019 年）、《关于大力推进幼儿园与小学科学衔接的指导意见》（2021 年）和《基础教育课程教学改革深化行动方案》（2023 年），都强调要因地制宜开展区域教研、协同教研、项目研究等，不断提升教师教学能力。

2. 基于理论的指导

儿童发展是阶段性与连续性的统一。阶段性决定了适宜年龄特征的学习与教学方式；连续性则决定了阶段性学习方式间的相互连接与渗透。《义务教育课程方案和课程标准（2022 年版）》明确提出，小学要注重幼小衔接，注重一、二年级生动化、游戏化、生活化的学习设计，减缓坡度。

3. 基于教学实际需要

新课程理念下，教育以素养为导向，培养具有面向未来核心能力的人才，需要从幼儿开始。继 A 小学为新生创设包容和支持性的“学习环境”后，A 小学与 B 幼儿园开展“同课异构”教研，发现部分儿童仍然出现学习不适应的现象。基于此，在探寻“如何解决学习方式断层”的过程中，引发了我们在幼小衔接教育中引进 PBL（项目式学习）教学模式的思考。以问题为导向，让儿童在自主探究、思考、学习的状态下解决问题，以期缓解幼儿园“以游戏为基本活动”和小学“以课堂教学为主”之间的过渡难题。

随着 A 学校与 B 幼儿园办学规模扩大，教师年龄结构失衡，导致教师在 PBL 模式应用中存在经验不足的问题。“如何助力教师队伍成长”“如何提升教师 PBL 教学能力”，成了联合教研小组当下的难题。教研的生命力在于扎根教学实践。基于此，让教师使用 PBL 的

模式去学习PBL教学实践，同时又通过在教学中实践PBL来不断提升教师的PBL教研水平，如此双轨践行PBL，以期构建幼小衔接研、教、学新样态，助力幼小衔接的真实发生。

（二）问题的分析和诊断

1. 联合教研，少而浅

幼小虽建立联合教研，但频率较低，未能真正发现断层，教研视角易停留在表面，如创设支持性学习环境，却忽略了影响底层能力培养的学习方式的断层问题。

2. 重短期效果，忽视终极价值

教研活动的设计虽以解决问题为出发点，但在设计上仍更偏向于“高大上”的形式，教师被动接受，却不知如何将教研理论与实践相结合，缺乏大胆改革的内驱力，影响教学专业发展。

（三）教研重点和期望目标

1. 知识概念：促进教师掌握PBL的初级理论知识，理解PBL模式应用在幼小衔接教育中的价值。

2. 技能：培养与提升教师设计PBL项目的能力，实现教师专业能力提升。

3. 能力素养：提升教师自主教研意识、沟通表达能力、资源整合能力、团队协作力、创造力和思辨思维水平。

4. 成果：寻找能助力教师队伍成长的有效教研模式；寻找能解决儿童入学学习方式断层问题的有效路径，促进幼小衔接真实发生。

二 教研活动设计与实施

（一）教研活动方案（见表9-5）

表9-5　教研活动方案

教研阶段	入项与策划	探究与制作	展示与修订	实操与提升
活动形式	现场教研讨论交流，制订策划案	组内教研自主探究，制作成果	现场教研成果展示，评议与修订	现场教研分享交流，设计PBL的MVP（指Minimum Viable Project，最小可行项目，即设计一个简单但完整的项目框架，让学生能在有限的时间内设计一个能实现核心学习目标的最简化教学方案，聚焦学生必须掌握的关键知识、技能和能力，设计PBL项目过程）

续表

教研阶段	入项与策划	探究与制作	展示与修订	实操与提升
教研时间	第 1 次教研：9 月	第 2 次教研：9 月—10 月	第 3 次教研：10 月	第 4 次教研：11 月
教研地点	幼儿园功能室	居家、图书馆等	幼儿园功能室	幼儿园功能室
教研内容与目的	1. 分析课堂，寻找存在的问题； 2. 确立最需要解决的教研主题“如何应用 PBL 提升新生学习适应性”； 3. 初步感知 PBL； 4. 生成核心子问题； 5. 制订可行策划案。	1. 小组分工收集并整理信息，了解 PBL 相关信息，完成小组子任务； 2. 学习 PBL 的理论知识； 3. 分工合作设计并制作项目成果。	1. 展示项目成果； 2. 小组间互相评议，培养思辨思维； 3. 小组修订成果并复盘； 4. 进一步明晰 PBL 的理论知识。	1. 学习如何设计 PBL 的 MVP； 2. 学习如何设计 PBL 的项目进程； 3. 在总结与反思中升华教研意识。
教研准备	环境与物品准备： 布置场地、白纸。 经验准备： 1. 教研 PPT； 2. 研讨课的评课稿； 3. 围绕“新生学习适应性”，教师查阅并整理相关资料。	物品准备： 书籍、手机、电脑等。 经验准备： 收集相关资料并做好记录。	物品准备： 子课题成果、大白纸、大黑板与大头笔。 经验准备： 1. 教研 PPT； 2. 教研员准备相关培训 PPT 或资料； 3. 收集相关资料并做好记录； 4. 练习汇报与展示成果。	环境与物品准备： 布置场地、准备白纸。 经验准备： 1. 教研 PPT； 2. 教研前理论学习：同读《项目式学习教学设计与案例》的第五章和《项目式学习指导手册：每个教师都能做 PBL》的第一章； 3. 收集相关资料并做好记录。
参加人员	幼儿园大班教师、小学低年段教师、教研组长	幼儿园大班教师、小学低年段教师、教研组长	幼儿园大班教师、小学低年段教师、教研组长、教研员	幼儿园大班教师、小学低年段教师、教研组长、教研员
活动过程	1. 结合“同课异构”的评课，分析新生课堂学习适应性问题； 2. 集中交流，寻找解决方法；	1. 小组分工收集并整理信息； 2. 阅读关于 PBL 的相关书籍或观看相关教学视频并梳理要点；	1. 小组展示项目成果； 2. 小组间互相评议；	1. 分享阅读体会； 2. 实操教研：设计 PBL 的 MVP 和 PBL 项目；

续表

教研阶段	入项与策划	探究与制作	展示与修订	实操与提升
活动过程	3. 引发PBL应用于幼小衔接教育中的思考； 4. 生成“驱动性问题”和核心子问题； 5. 确立最需解决的教研主题。	3. 分工合作，设计并制作项目成果； 4. 练习如何展示成果。	3. 专家点评、指导； 4. 小组修订成果并复盘； 5. 公开展示成果； 6. 交流与分享感悟。	3. 评议与修订； 4. 回顾与交流心得。

（二）教研活动具体实施过程

第一次教研：入项与策划

思考：幼小衔接入学适应的核心是课堂。联合教研组发现，即使已创设支持性学习环境，但部分学生仍存在课堂学习不适应性。基于此，教研组开展本次教研，以期寻找存在的问题，并解决问题。

策略：在交流碰撞中发现问题，在小组合作中以问题为导向，开展有关PBL的探究学习。

1. 反思课堂，寻找问题

主持人：上周的“同课异构”，现场好评如潮。然而有老师在后台评价，虽然两位老师均采用了情景化、游戏化的教学手段，课堂氛围活跃，然而有个别孩子参与热情不高，整节课下来，感觉学生玩有余而学不足。大家有什么感受和思考？

陈老师：我也有这种感觉，小学老师的课堂活动在设计上注重实现知识与技能目标，细看会发现是老师在牵着孩子鼻子走，孩子的能力素养未得到很好的发展。

朱老师：幼儿园老师的课堂重视了引导学生做过程性的自主探索和小组探索，但是忽略课堂常规和倾听习惯的培养。

主持人：看来大家也注意到了！这反映了我们在开展幼小衔接教育中存在什么问题呢？

刘老师：应该是忽略了学生学习方式的断层问题，这让我联想到PBL，它的理念是在做中学，在玩中学，也就是新课标里提到的“项目化学习”。

2. 探寻新知，确立主题

主持人：PBL能解决幼小衔接中学习方式断层的问题吗？

陈老师：PBL，以问题为导向，连接真实世界，解决真实问题。现在我们不也正面临着问题吗？可以尝试探索。

教研组长：好！要应用新的教学理念，我们得认识它！大家想先从哪些方面入手呢？

尹老师：什么是PBL？PBL与传统方式的学习有什么区别？优势在哪？

邓老师：开展 PBL，我们老师扮演着怎样的角色？需要做些什么？

李老师：怎样做好 PBL？评价标准是什么？

教研组长：看来大家对 PBL 还是挺感兴趣的，那我们就把这次教研主题修改为“如何应用 PBL 提升新生学习适应性”吧。结合大家提出的问题，我们可合并成 3 个子课题，分别是“什么是 PBL”“教师在 PBL 中的角色是什么”“怎样做好 PBL”，然后每个小组就一个子课题来展开研究，最后进行资源整合。

3. 小组合作，策划方案

主持人：为了更好开展小组探究，我们应先制定好活动策划方案。

教研过程：教研组长带教师回顾如何应用“5W1H”工具（What、Where、When、Who、Why、How）来做小组探究活动策划案。现场策划：小组长选好子任务，组织组员围绕“5W1H”进行活动策划。

4. 展示方案，评议修订

主持人：好的策划方案也是改出来的，现在请小组汇报与相互点评吧！

小组根据大家的评议，对策划方案进行修改、完善。

5. 总结教研，布置任务

主持人：今天的教研，我们从实际出发，寻找真实问题，并在交流碰撞中引进了新的教学理念 PBL。接下来，我们将有两周进行小组探究。同时，我们也邀请了镇教研员加入我们的教研群，大家在开展自主探究过程中，遇到问题或困惑，也可发到群里进行研讨。

第二次教研：探究与制作

思考：PBL 于教师而言是新的知识范畴，如果以讲座的形式进行灌输，反而会削弱教师的学习内驱力。可让教师开展小组探究，取长补短，建构 PBL 知识概念的同时，提升技能与能力素养。

策略：以小组探究的形式展开学习，能有效调动教师的自主教研意识，彼此互助，让探究学习更有效，与 PBL 的理念也相一致。

1. 自主学习

根据活动策划方案，小组分工搜集关于 PBL 资料，并做好记录。

2. 答疑解惑

建立 PBL 教研群，邀请镇教研员加入教研群，及时碰撞思维，及时解惑，体验专业成长的美好。

3. 小组制作成果

根据活动策划方案，小组合作制作成果。

第三次教研：展示与修订

思考：进行成果展示，既再现小组的探究过程，又实现资源共享，让教师获得更多关于 PBL 的知识。同时，在反思修改的过程中，生成新的研究主题。

策略：小组汇报成果，小组间互相评议，并做进一步修改，最后在真实情境中展示，实现资源共享，从而既丰富教师的 PBL 理论知识，也培养了思辨思维。

1. 回顾旧知，汇报成果

主持人：在前两周的教研上，我们确定了关于 PBL 的探究性任务，并以小组为单位制订了活动策划方案。而历时 2 周，相信大家肯定收获满满。下面，我们以世界咖啡的形式进行成果汇报、评论，然后再修订，最后才公开展示成果，怎么样？

教研过程：组长汇报成果，新来组员给予反馈。

汇报与反馈：小组代表展示成果。（摘录“开拓组”的汇报与反馈情况）

开拓组组长：我们小组的研究任务是“怎样做好 PBL？标准是什么？”为了帮助教师做好 PBL，美国巴克教育学院创造了一套适用于 PBL 的“黄金标准”，就是这张模型图（见图 9–13），其中包含三大学习目标、七大核心项目设计要素、七大项目式教学实践。为了让大家更好地理解，我们搜集了一些讲解视频，可扫码学习。（见图 9–14）

李老师：你们以图和视频来展示“黄金标准”，让我们学习起来很轻松。那实际操作起来，有没有更具体的评价准则呢？

开拓组组长：有的！有了这些评价量规，哪怕是新手 PBL 老师，也可一步步尝试、实践。

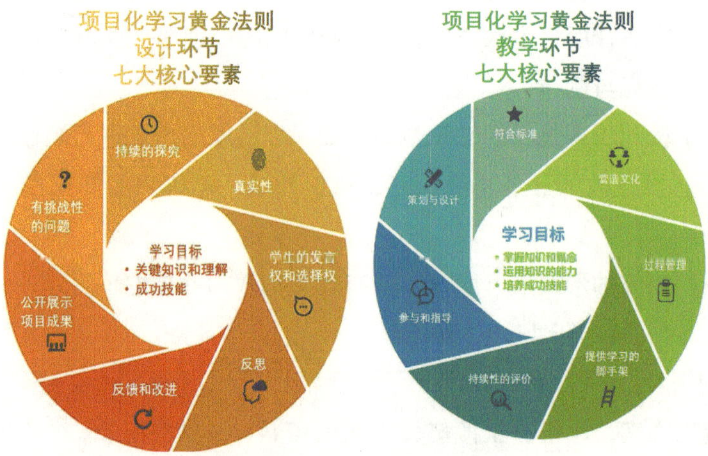

图 9–13　PBL“黄金标准”

图 9–14　扫码察看 PBL 评价量规资源包

2. 基于反馈，修订成果

教研过程：全体回到原来小组，合作修订，形成迭代成果，并准备公开展示。

3. 公开展示，专家点评

教研过程：小组代表依次上台展示成果，专家点评。（展示“火力组”的探究成果；可扫码察看，见图 9–15）

图 9–15　“火力组”的小组探究成果展示实录

教研员点评：“火力组”帮助大家建构 PBL 的基础理论知识，这点做得非常好！大家课后也可以看《极有可能成功》的教育纪录片，感受 PBL 教学模式。时代在变迁，我们的教学也需要变革，但变革不等于颠覆。真正的变革恰恰是借鉴兼容的。PBL 要改变传统的灌输式、讲解式的教学方法，但不是彻底将它们赶出课堂。像今天我们的教研学习一样，我们既改革传统上传下达的灌输模式，也会在成果展示时运用讲解策略。PBL 项目式学习好比一艘“大船”，兼容与创新并存。

4. 小组交流，记录心得

教研过程：小组内交流并书写心得，贴于展板。

方老师：与传统教学模式相比，PBL 更注重学习主体的发展，培养了学生与教师的能力素养，让大家在自主探究、思考、学习的状态下解决问题。

陈老师：刚刚在交流感悟时，我回顾了一下近 3 次的教研，发现了一个问题：其实我们是不是也在做 PBL 项目式学习？以真实问题为导向，通过小组探究建构知识，制作成果、评论修订、公开展示，这不也是 PBL 项目教学过程吗？对于这样的教研，说实话，我们是很乐于参与的，因为它真的让我们有所获、有所长。

教研员总结：是啊！教研本该如此。课堂变革起源于教师本身的改变，教师无法将一种自己从未体验过的学习方式带给学生。这几次教研，大家抽离出教师角色，转变为学生，真正体验了 PBL 这种全新的学习方式，而且是在潜移默化中进行。鉴于教研的生命力在于扎根教学实践。本期教研最初始的问题是“如何解决新生学习方式断层”，现在已有方向。那么接下来，大家可以尝试开展课题研究，用 PBL 的模式去学 PBL，边学边实践，边实践边学边提升，构建幼小衔接研、教、学新样态。同时，建议补充 PBL 的设计这块知识建构，这样后期的“实施篇”教研思路会更清晰，《项目式学习教学设计与案例》

的“理论篇”和《项目式学习指导手册：每个教师都能做 PBL》的第一章可以读读。

第四次教研：实操与提升

思考：在上次教研的最后，我们现场决定了本学期将以 PBL 的方式来开展新一轮的教研，在这之前，还需帮助老师建构“如何设计 PBL”的基础知识。

策略：自主学习 + 现场实操相结合，引领教师感受作为 PBL 新手老师如何有效设计 PBL。

1. 影片导入，驱动主题

教研过程：以《极有可能成功》纪录片的精华片段导入，感受教师做 PBL 的过程，以此驱动教研主题“如何设计 PBL”。

2. 理论学习，建构知识

行动准备：教师教研前两周利用课余时间共同阅读《项目式学习教学设计与案例》的第五章和《项目式学习指导手册：每个教师都能做 PBL》的第一章。

交流分享：小组内，教师根据阅读情况，对问题“项目设计核心要素有哪些？”“如何设计 PBL？”“如何设计项目进程？”进行研讨。小组代表依次分享 PBL 的核心要素、PBL 的 MVP 设计和 PBL 的项目进程。

评价与补充：教研组长和教研员点评并举例补充了 RAPP（设计驱动性问题）“弗雷塔格金字塔”（书写项目背景）、“4C 模型”（设计学习目标）和“项目展示金字塔”（项目成果与展示）等工具的应用方法。

3. 小组实操，检验所学

实操教研：借助工具，小组研讨，尝试设计自己组的“PBL 的 MVP”和“PBL 的项目进程”；教研组长和教研员巡视，适时搭建支架。

4. 互评投票，迭代升级

互评投票：以世界咖啡的形式相互学习、反馈，并投票选出优秀小组。

迭代升级：全体回到原来小组，合作修订，形成“迭代”成果，并准备公开展示。

公开展示：小组代表，公开展示所设计的 PBL 的 MVP 和项目进程。

教研组长点评：虽然老师们第一次学习设计 PBL，但是从各组所展示的 MVP 和项目进程，可以看出今天这种沉浸式学习效果非常好，驱动性问题和项目背景描述清晰，学习目标对教师的设定合理，同时也可从儿童和家长角度进行思考。

5. 回顾要点，交流心得

教研过程：教师交流感悟，升华所得。

韩老师：PBL 是很好的实用工具。通过合作，我们居然完成 PBL 的 MVP 和项目过程的设计，满满的成就感。

王老师：我对 PBL 有了更深入的了解，发现“铁三角”不但可用来设计 PBL，也可迁移到其他课堂上。

叶老师：我发现就算没有条件开展 PBL，而单 PBL 的理念也是可以运用到平日授课中的，它能提升学生的学习内驱力。

教研组长总结：通过今天的沉浸式学习，让我们更加坚定双轨 PBL 的教研方向。接下来，让我们一起开展“双轨 PBL：构建幼小衔接研、教、学新样态”项目式学习吧！

三　教研活动的成效及反思

（一）教研教学新方向

本期教研，在实际问题的驱动下，引发了教师们新的思考，明确了新的教研方向，新的教学思路，还生成了课题“PBL 视域下幼小联动培养儿童积极心理品质的行动研究”，并在市级成功立项。教师将以教研为引领，以项目为载体，在以活动（幼儿园）或学科（小学）教学为主的基础上，应用 PBL，引导学生开展跨学科学习，以期持续提升学生的学习适应性，同时辐射全科科组共同开展 PBL 教研，撬动校园教学改革，优化幼小衔接研教学样态。与此同时，当第一次教研引发对 PBL 的思考后，姐妹园、校也随之开展了本案例的系列教研，反馈很好。

（二）教师专业水平提升

本期教研，在任务驱动下，教师们在潜移默化中用 PBL 的模式学习 PBL，从被动教研到做项目，激发了参与教研的内驱力，深度参与了 PBL 式教研活动，逐渐找到引领学生开展 PBL 的专业自信，并坚定了用“项目化”衔接“游戏化”与“小学化”，回归“儿童本位”。在 PBL 教研机制的引领下，联合教研组教师的学习观、教育观发生重大改变，多位教师撰写的论文和活动方案荣获镇级佳绩。

（三）教研活动的反思

本期教研，教师自主参与，每次都能引发新的教研主题，一环扣一环，进而生成系列化教研项目。同时，教研的生命力在于实践。本期共开展了 4 次教研，从“什么是 PBL”到“如何设计 PBL”，基本完成对 PBL 初级基础知识的建构。在教师实践设计 PBL 的 MVP 和项目过程中，部分教师运用 PBL 工具的能力有待提升。在下一轮 PBL 式教研中，要加大实践力度，为教师们提供“引领”和“联动”的支持策略，促进教师在教学实践中，不断提升自己 PBL 专业水平的同时，提升学生的学习适应性和学科核心素养。

【案例评析】

该教研案例具有较高的实践价值和指导意义，创新地将PBL模式运用到幼小联合教研中，为幼小衔接研、教、学样态的构建提供了新的思考。有以下三个亮点：一是创新思路，指明方向，紧密围绕最新国家政策、理论和教学实际需要，在实际问题的驱动下，明确了新的教研方向、教学思路、教研模式，引发了课题研究。二是夯实基础，推动研究，用PBL的模式去学习PBL的理论知识，呈现出一种积极、自信的教研状态。三是上下融合，拓宽视野，线上与线下教研的融合，提升联合教研的深度和广度，注重教师的主体性和内驱力培养，进一步探索PBL教学模式在其他学科和领域的应用，以丰富教研内容，拓宽教研视野。

案例 5

聚焦问题，靶向教研

——“绘”书写“慧”成长，助力幼小坡度衔接

东莞市南城中心幼儿园　吴昭辉、毕华丽、肖建玲

一　教研背景与目标

（一）教研主题活动的问题来源

3—6 岁是为幼儿后继学习和终身发展奠基的重要阶段，也是为幼儿做好入学准备的关键阶段。帮助幼儿科学做好入学准备教育，是幼儿园教育的重要内容。深入贯彻落实《幼儿园教育指导纲要（试行）》《关于大力推进幼儿园与小学科学衔接的指导意见》《3—6 岁儿童学习与发展指南》等文件精神，在幼儿园的教育教学活动中应充分尊重幼儿的主体性，激发幼儿的自主性，将入学准备教育有机渗透在日常保育教育工作中，为大班幼儿能够适应小学生活做好坡度衔接。研究者在日常巡班及教研听课的过程中观察发现，部分大班幼儿在日常绘画和做记录活动中存在握笔姿势不正确的情况，有“拳头型”“扭转型”“埋头型”等。《幼儿园入学准备教育指导要点》中指出，养成幼儿自己扣纽扣、系鞋带的习惯，锻炼手部精细动作，促进手眼协调。教师要帮助幼儿学习由上至下、由左至右的运笔技能……因此，经共同商量探讨，我们围绕幼儿入学所需的关键素质——做好必要的书写准备，有效帮助幼儿做好入学准备，促进幼儿从幼儿园到小学的顺利过渡。

（二）对问题的分析和诊断

1. 生活活动教研的实效性有待加强，促进大班幼儿自我服务能力的培养

一直以来，东莞市南城中心幼儿园重视幼儿生活能力的培养，更注重生活老师专业能力的发展，为其提供上海二期课改的《生活活动》参考用书，鼓励幼儿做到自己的事情自己做，同时也开设了自我服务劳动即生活活动（做力所能及的事），如自主进餐、系红领巾、自主如厕等系列生活课程。但在日常教育教学活动中较侧重于五大领域的教研，从而忽略了引领生活老师开展生活活动的教研，导致部分幼儿手部精细动作的灵活性和协调性需要进一步提升。

2. 室内区域游戏的有效性有待发挥，提升自主游戏区域材料投放的功能

（1）加强大班室内生活区操作材料的投放，提高幼儿自我服务能力。经巡查发现，目前大班在幼小衔接主题背景下，幼儿自我服务能力训练方面的材料投放上欠缺适宜性和层次性，有待丰富与完善。

（2）加强大班室内语言区和科学区操作材料的投放，保护幼儿自发写画的兴趣。大班幼儿的语言区域设置，除了要给幼儿提供适合其年龄阶段的各类绘本和图书，还有为其提供必要的书写准备，如控笔练习册等，鼓励幼儿学习书写自己的名字及手眼协调地运用运笔技能。同时，注重科学区内数学材料的投放，如插座圆柱体、几何图形嵌板和砂数字板等，通过与材料的互动，为正确握笔和前书写做准备。

本幼小衔接专题系列教研活动，从组织生活教师开展大班生活活动“一双神奇的筷子”课例教研观摩活动中，指导与教会幼儿正确使用筷子来锻炼幼儿精细动作的发展。接着组织大班级教师开展基于自主游戏区域材料投放适宜性和层次性问题导向的园本教研活动。开展幼小衔接联合活动“我来学写名字”的课例教研展示活动。最终发挥区域自主游戏操作材料的教育性和价值性，切实提高幼儿小肌肉精细动作能力的发展，养成良好的学习习惯，为促进幼儿进入小学提供科学有效衔接奠定良好的基础。

（三）教研重点和期望目标

1. 教研重点

进一步思辨幼儿园生活准备与学习准备的有效渗透与融合，丰富与完善自主区域游戏中材料投放的科学性、适宜性和层次性，为幼儿做好必要的书写准备。

2. 期望目标

调动全员参与，提升教师教研观念与意识。激发教师的教研主体意识，提升教师教研的主动性，变“要我研”为“我要研”，教师、生活老师和家长共同参与，进行思想上的碰撞，经验上的分享，形成集体智慧。

二 教研活动设计与实施

（一）专题系列教研活动一：立足生活，知情行合一

1. 教研方案（见表 9-6）

表 9-6　教研活动方案（一）

教研目的	1. 提高生活老师注重生活课程教授的意识与方法，提升其开展生活活动的专业性。 2. 集体教授幼儿使用筷子的正确方法，及时纠正个别错误持筷行为。
教研类型	专题教研
教研主题	一双神奇的筷子

续表

教研准备	经验准备：思考错误持筷动作的纠正措施有哪些？ 物资准备：生活活动课例、视频、照片等
教研人员	参与人员：副园长、教学主任、大班生活教师 主持人：保教主任
教研时间	生活活动课例观摩：2024 年 5 月 21 日；经验总结：2024 年 5 月 27 日
教研过程	1. 探讨生活活动课例中幼儿正确使用筷子技能的情况。 观看视频和图片，联系实际，进行讨论：其他班级幼儿在持筷动作是否存在错误？请举例说明。 2. 在研讨过程中，探讨各种问题产生的原因，鼓励教师辨析和思考。 （1）观看视频中幼儿持筷的操作过程，分析其持筷错误的现象。 （2）共同思考，如何在日常自我服务中对个体差异幼儿进行有效指导。 3. 聚焦问题，分组讨论，制订出较为合理有效的指导方法。 4. 分组研讨，制订可行性方法，在实际带班中尝试运用与指导并反思总结。

2. 教研过程

（1）教研片段 1：探讨生活活动课例中幼儿正确使用筷子技能的情况。

教研组织者：以视频 + 照片的形式切入，让参与生活教师再次回忆出现场画面。

环节：大班生活活动“一双神奇的筷子”。

班级：大 D 班。

执教教师：叶老师。

在游戏“夹夹乐”中，让幼儿练习用筷子夹花生、夹豆子，看谁夹得又快又好。帮助幼儿掌握巩固使用筷子的正确方法，发展小肌肉动作。在教授夹的过程中，叶老师先悬空示范，再请个别幼儿体验，再集体悬空示范。

（2）教研片段 2：在研讨过程中，探讨各种问题产生的原因，鼓励教师辨析与思考。

主持人：观看视频后，结合本班实际情况，班级幼儿在持筷动作是否存在错误？请举例说明。（见图 9-16）

教师 1：我们班的乐乐在使用筷子夹花生时将手握成拳头来夹，速度也不亚于其他小伙伴。

教师 2：我们班的小明基本用左手吃饭、画画和做事，左手使用的频率比右手多。

教师 3：我们班的开心手持筷子的距离比较远，都快到筷子顶部了，感觉用不上力。

教师 4：我们班的旺财因为年龄较小，他不抗拒使用筷子吃饭，但她使用起来比较吃力，常常来不及就直接用另外一只手来抓。

教师 5：我们的景怀小朋友是一名特殊儿童，只要用到筷子他就会发脾气、大声叫……

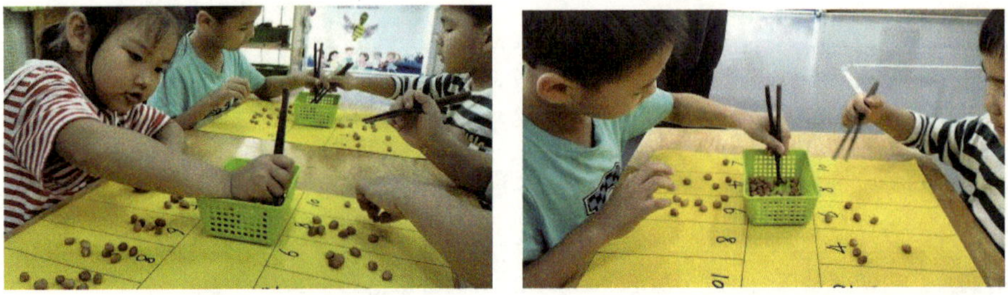

图 9-16　幼儿使用筷子

（3）教研片段 3：聚焦问题，分组讨论，制订出较为合理有效的指导方法。

首先由生活教师讨论现状问题。发现每个班级在正确使用筷子到熟练使用筷子的自我服务能力上都会出现不同情况，主持人抓住教师反馈出来的问题，打开讨论思路，针对“持筷的错误方式”“用左手‘工作多’”的实际问题展开探讨和分析。

主持人：共同思考，如何在日常自我服务学习中针对个别幼儿进行有效指导？

第 1 组：我会针对正确持筷错误的幼儿进行镜面精细动作技能示范，或将本节活动课多上一次加以巩固。

教学主任：要是巩固后还不熟练，你将如何解决？

第 1 组：我会与班级教师、幼儿家长反馈孩子此现象，通过家园携手纠正错误。

第 2 组：在参与自我服务区针对“夹的工作”一对一指导，纠正过程中错误的方式，直到熟练使用为止。

副园长：在对指导过程中考虑到幼儿的年龄特点及接受能力，以上的引导和训练是否会适得其反？

第 1 组：选择适时介入指导，做好健康心理疏导。

第 2 组：我会投放 2 双以上幼儿练习筷来帮助能力较弱的幼儿更好地练习“夹”的精细动作技能，并进行多次练习。

第 3 组：虽然年龄较小，但我会不断鼓励他每次的进步，教授儿歌耐心引导。

第 4 组：我们会针对事情正面引导幼儿正确使用左右手‘工作’。

副园长：幼儿园孩子左右手并用属于正常现象，证明幼儿左右脑都能很好地“工作”，但在相应的时间段、具体做哪件事（比如画画、控笔练习等）方面需进行及时干预，正面引导，这样才能更好适应小学学习生活。

（4）教研片段 4：分组研讨，制订可行性方法，在实际带班中尝试运用与指导并反思总结。

第 1 组：将游戏活动渗透在日常自我服务活动组织中，比如夹乒乓球、夹毛球、夹花生，从易到难，从粗到细，加强训练幼儿的手眼协调及手部精细动作。

第 2 组：这跟我们提供的筷子也有关系，比如刚开始时先提供训练筷，让幼儿养成拿筷子的正确姿势后，然后再投放粗一点的筷子，接着投放细一点的筷子，难度不断增加，孩子会越来越熟练的。

第 3 组：上网下载《学习使用筷子》等自我服务系列儿歌进行微课堂教授，进一步学习正确使用筷子的方法，熟练地夹取物品。

（二）专题系列教研活动二："区"启衔接，全环境育人

1. 教研方案（见表 9-7）

表 9-7　教研活动方案（二）

教研目的	1. 明确生活区、语言区和科学区材料投放的适宜性和层次性，进一步做到科学衔接。 2. 深入研讨并间接观察幼儿材料互动能否为幼小衔接书写姿势和运笔技能做好必要准备。
教研方式	专题教研
教研主题	"区"启衔接，全环境育人
教研准备	经验准备：思考生活区、语言区和科学区域材料的投放，教师如何观察儿童与材料的互动？ 物资准备：自制区域材料、视频、照片等
教研人员	参与人员：副园长、教学主任、大班教师 主持人：大班年级组长
教研时间	2024 年 6 月 7 日
教研过程	1. 共同探讨大班结合主题背景下如何有效投放生活区材料，如何更好地促进幼儿在幼小衔接阶段自我服务能力的提高。 2. 通过生活区域材料评比后，思考材料投放的适宜性和层次性以及如何进一步做到科学衔接。 3. 聚焦于语言区、科学区材料投放，教师在游戏中间接观察幼儿与材料互动时，是否为书写姿势和运笔技能做好必要准备。

2. 教研过程

（1）教研片段 1：共同探讨大班结合主题背景下如何有效投放生活区材料，如何更好地促进幼儿在幼小衔接阶段自我服务能力的提高。

主持人：你认为在大班生活区中投放哪些材料，可以更好地促进幼儿哪些自我服务能力方面的提升？

教师 1：投放整理自己的物品、收拾打扫、照顾动植物。培养幼儿掌握日常生活技能，学会照顾自己。

教师 2：投放"筷子夹"的工作，锻炼幼儿的手眼协调和手部精细动作。

教师 3：生活区投放"缝的工作"、编辫子、系红领巾、系鞋带和扣纽扣的材料，培养幼儿的手眼协调和手指的灵活性。

主持人：因此，在往届经验基础之上，本学期根据班级毕业主题、特色教学以及幼小衔接内容有效融合，鼓励幼儿自我服务，自己的事情自己做。充分调动自身能力，学会独立处理事情，不过度依赖他人。这样可以有效提高幼儿的自我服务、自我管理和自我教育能力。（见图 9–17）

图 9–17　幼儿自我服务

（2）教研片段 2：通过生活区域材料评比后，思考材料投放的适宜性和层次性以及如何进一步做到科学衔接。

教师 1：结合班级主题、游戏的兴趣点、幼儿的最近发展区投放。

教师 2：应根据幼儿的个体差异进行层次性、阶段性投放。

教师 3：发现所有材料一起投放不仅占用位置，幼儿更无从下手。

主持人：根据幼儿的最近发展区、年龄特点和发展水平，选择适合的材料，同时应具有启发性、引导性，能引发幼儿的兴趣和好奇心，幼儿在游戏中探索知识的乐趣，从而获得相关知识经验的积累。（见表 9–8、图 9–18）

表 9–8　投放材料让幼儿学习自我服务

材料名称：我能行	所属区域（类型）：自我服务区	适用年龄：5—6 岁
材料组成物料： 图片若干、纸皮、毛线、指甲钳、毛线、夹子、牙刷、魔术贴、热熔胶等		
材料目标与作用： 1. 在活动中提升孩子的动手能力。 2. 能够手眼协调完成剪、穿、编、夹等动作。 3. 能够学会整理与分类的技能。		

续表

操作方法： 阶段一，从脏衣桶拿出衣服，放进洗衣机加入洗衣液，开机洗衣服。之后学会晾晒衣服，发展手部精细动作。接着去把衣服分类整理，叠好。 阶段二，根据图片进行鞋子左右的配对，以及学会袜子的分类。 阶段三，初步学会编辫子、刷牙、剪指甲、系鞋带、扭纽扣的基本方法。

图 9-18　材料投放

（3）教研片段 3：聚焦于语言区、科学区材料投放，教师在游戏中间接观察幼儿与材料互动时，是否为书写姿势和运笔技能做好必要准备。

主持人：结合语言区和科学区材料，间接观察幼儿与材料互动的具体行为对书写准备和运笔技能是否有效。请举例说一说。

主持人：表格呈现大班幼儿在语言区和科学区游戏中与材料互动的具体行为和教师深入观察的重点。材料是幼儿游戏的灵魂，在游戏中间接观察幼儿与材料互动的具体行为对书写准备和运笔技能是有效的，也是科学衔接的最终发展导向。（见表 9-9、图 9-19）

表 9-9　幼儿与材料互动

区材料名称	教师间接观察幼儿与材料的互动	观察重点	教师人数
插座圆柱体	观察写字前的准备练习精细动作。（抓握圆柱体的圆柄练习握笔技能）	品格培养：专注、秩序 能力练习：手眼协调、精细动作、逻辑思考能力、敏锐的观察能力	9
几何图形嵌板	1. 观察手部肌肉运动控制力； 2. 观察书写预备运笔技能动作练习。	品格培养：专注、自信、毅力 能力练习：控制力、手眼协调能力	8
砂数字板	观察练习书写数字练习。	品格培养：专注、耐心 能力练习：手眼协调、正确坐姿、握笔姿势、运笔能力	9
控笔练习	观察控笔练习：平移、伸缩、摆动、转折、试转运笔技能。（从上至下，从左至右）	品格培养：专注、独立、秩序 能力练习：手眼协调、精细动作、运笔技能	7
我的签名墙	观察写画自己的名字练习（运笔技能，从上至下，从左至右）	品格培养：专注、秩序 能力练习：手眼协调、运笔技能	10

图 9-19　幼儿与材料互动

（三）专题系列教研活动三：书写准备，家园协同

1. 教研方案（见表 9-10）

表 9-10　教研活动方案（三）

教研目的	探究如何为幼儿做好幼小衔接中必要的书写准备。
教研类型	专题教研
教研准备	经验准备： 1. 调研 6 个大班级全体幼儿在绘画、书写自己名字时的书写姿势和运笔技能，总结错误的个案，及教师的引导方法有哪些？ 2. 幼小衔接活动课例“我来学写字”教研展示。 物资准备：授课 PPT、视频、照片等。
参加人员	参与人员：教学主任，中班、大班教师，小学一年级教师，大班幼儿和家长 主持人：保教主任

续表

教研时间	幼小衔接课例活动：2024 年 5 月 31 日
教研过程	1. 在日常教学活动中，做好幼小衔接中必要的书写姿势和运笔姿势，认证其重要性及做法。 （1）如何做好幼小衔接中必要的书写姿势和运笔姿势？ （2）不正确的书写和运笔姿势会对孩子的学习和成长带来哪些影响？ 2. 幼儿在进行运笔技能练习时，教师应给予哪些指导？ 3. 聚焦问题，分组讨论，制定出较为合理有效的指导建议。

（1）教研片段 1：在日常教学活动中，做好幼小衔接中必要的书写姿势和运笔姿势，认识其重要性及做法。

主持人：如何做好幼小衔接中必要的书写姿势和运笔姿势？（见图 9-20）

教师 1：可以上网寻找相关资料，示范正确的书写姿势和运笔姿势。

教师 2：儿歌与前书写实际操作练习（如绘画、签名墙）。

教师 3：加强蒙特梭利日常生活教育（基本动作、照顾自己）和语言教育（充分给予听、说、读、写的刺激，自然习得书写和阅读能力）的材料练习。

教师 4：及时关注并纠正个别日常书写姿势和运笔姿势不正确的幼儿。

教师 5：在美术区投放大小不一、直径不一的各种类型画笔，让幼儿选择适合自己的画笔，自然习得书写兴趣以及灵活运笔能力。

教师 6：在社会角色区增设小学课堂，摆放小学生使用的桌椅，区域游戏中幼儿进行角色扮演时可以练习正确的书写姿势和运笔姿势。

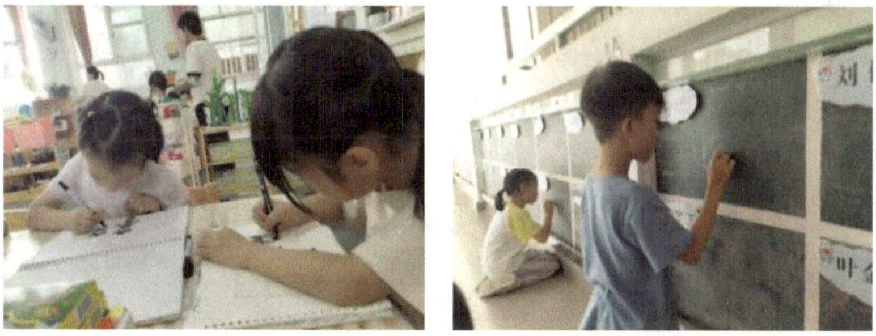

图 9-20　做好书写姿势和运笔姿势

主持人：不正确的书写和运笔姿势会对孩子的学习和成长带来哪些影响？

教师 1：不正确的握笔姿势会导致孩子的坐姿不端正，影响脊柱发育，导致驼背、弓背。

教师 2：错误的握笔姿势还可能导致孩子近视，长期低头写字，如果不及时纠正，很容易导致近视。

教师 3：不正确的握笔姿势还会影响手指的发育，长期下来，手指关节可能会发育不良，甚至在手指关节处出现凹陷的情况。

教师 4：错误的握笔姿势还会影响书写速度，因为写字过重，学生手臂容易酸痛，导致答卷速度跟不上，对成绩也有一定的影响。

主持人：书写姿势和运笔姿势是幼小衔接阶段中做好必要的入学前书写准备。不仅能够促进幼儿身体的健康发展，还能为他们的学习生活提供有力的支持，帮助他们更好地适应小学的学习。

（2）教研片段 2：幼儿在进行运笔技能练习时，教师应给予哪些指导？

主持人：在幼儿在进行运笔技能练习时，教师会出现哪些不当行为？

教师 1：不要贬低幼儿，使用语言暴力。（如“你怎么总是学不会？”）

教师 2：要求幼儿反复练习。（在园每天持续练习，在家提倡家长配合完成）

主持人：教师对幼儿应进行哪些方面的引导与调整？

教师 3：注意示范运笔技能的正确示范性，教师以镜面示范为主。

教师 4：运笔技能示范的方向很重要，以鼓励和赞赏为心理暗示。

教师 5：通过游戏的方式来渗透，比如让幼儿连虚线变出一个小动物，然后再讲故事等，做到做中学，学中做。

（3）教研片段 3：聚焦问题，分组讨论，制订出较为合理有效的指导建议。（见表 9–11）

主持人：现场观摩幼小衔接课例“我来学写名字”教研展示活动后，请各组制订出合理有效的指导建议。

通过家长组和教师组对聚焦问题提出合理的建议指导意见，得出“从小指导幼儿掌握正确的运笔技能和正确的书写姿势是非常重要”的结论。家长和教师应当给予足够的重视，并在合适时间里采取合理的介入，帮助幼儿纠正错误的做法，帮助孩子坡度衔接。

表 9–11 “我来学写名字”教研指导意见

组别	聚焦问题	合理建议指导意见	参与人数
家长组	正确的书写坐姿	技能练习指导建议： 1. 学习书写坐姿口诀：两点靠，八字形，头抬高，脚放平。 2. 和幼儿玩认名字游戏，鼓励幼儿能认识并书写自己的名字。 心理发展指导建议： 1. 不宜简单评判写得对不对、好不好，重在于保护幼儿的兴趣。 2. 鼓励、肯定、赞赏幼儿的表现，激发其兴趣。	16 人

续表

组别	聚焦问题	合理建议指导意见	参与人数
教师组	掌握运笔技能	技能练习指导建设： 1. 学习握笔口诀：两点靠，两指捏，手心空，立掌写。 2. 注重生活区扣纽扣、系红领巾、系鞋带等操作材料的提供，锻炼手部精细动作，促进手眼协调。 3. 在日常绘画、拼图等活动中认识上下、左右等方位，帮助幼儿学习由上至下、由左至右的运笔技能。 4. 开展“跳房子”“给小动物找家”等游戏。 5. 小学一年级教师镜面示范运笔技能，采用有趣的形式进行平移，伸缩、摆动和转折等。 6. 心理发展指导建议：鼓励和肯定是自信的动力。	14人

三 教研活动的成效及反思

（一）教研活动的成效

1. 教研形式新颖，激发教师活力

聚焦问题，有的放矢。本次幼小衔接系列专题教研活动直面教学实践中出现的客观问题，具有目的性、持续性和整体性。专题教研主题来源一线教师的实践困惑，是教学中的重点、难点、热点和盲点，是他们想弄清楚却往往很难弄清楚的问题，这样的系列专题式教研往往具有吸引性和让人自愿参与的欲望，在连续一个月参与过程中让人醍醐灌顶，在直接感知、亲身体验和实际操作中实现理论与实践相结合。

2. 关注时效问题，提升幼儿能力

在日常的教育教学活动中，善于通过现象发现问题的本质，这就需要教师善于观察、善于发现、善于思考，发现日常生活中一些细微之处，给予引导与调整。通过本次系列教研活动的开展，幼儿手部肌肉得到发展，幼儿能够通过日常区域材料的操作与练习，提升手指的灵活性和协调性，促进手部精细动作的发展，绝大多数幼儿能够掌握正确的书写姿势和运笔技能。

3. 挖掘家长资源，促进家园协同

一方面，充分挖掘与利用家长资源，邀请小学低年段的教师来园做助教，为幼儿示范正确的书写姿势和运笔技能。另一方面，邀请家长参加到教研活动中，进行现场观摩与交流，不仅能够让家长现场真实感受到幼小衔接园所的具体做法，而且通过现场教研，能够让他们清楚与了解在家庭中应如何配合开展相应的教育活动，实现家园合作共育，家园协同发展。

（二）教研活动的反思

1. 教研活动亮点发现

本次活动是幼儿园首次尝试结合家园开展专题式的教研活动，虽然尚不成熟，但是从老师们参与教研的状态可以看出，它是一种行之有效的新型的园本教研模式。本次系列教研的优点有：

（1）聚焦于“真问题”，开展“靶向教研”。教师要在日常教学中要善于发现问题、提炼问题，从而通过教研解决问题。教研组织者要把握共性问题，形成核心话题，提高教研的针对性。本主题系列教研活动是发现教师在教学实践中存在的“真问题”，从而针对性地深掘、探究，解决问题。

（2）全员齐参与，放缓衔接坡度。本次系列教研参与人员涉及幼儿园教师、生活老师、家长和小学一年级教师，参与人员广泛，有助于促进教师指导能力的提高，家长明晰具体做法，为幼儿提供适宜的环境与条件，帮助孩子放缓衔接坡度，为顺利升入小学做准备。

2. 下一步改进方向

3—6 岁是为幼儿后继学习和终身发展奠基的重要阶段，也是为幼儿做好入学准备的关键阶段。在认真贯彻落实《关于大力推进幼儿园与小学科学衔接的指导意见》文件精神的前提下，幼儿园还要注重在 3 岁幼儿入园就要在日常生活和学习中渗透幼小衔接的身心准备、生活准备、社会准备和学习准备四个方面，同时保障幼儿室内自主游戏的时间与空间，不断更新与提供充足的操作材料，发挥环境潜移默化的作用，放缓衔接坡度，让幼儿在轻松愉悦的氛围中实现与小学的无缝衔接。

【案例评析】

此案例中，幼儿园、家庭和小学聚焦于“真问题”，开展“靶向教研”推进幼小双向衔接，通过顶层统筹规划，形成有所突破的行之有效的新型园本教研，构建三位一体的联合教研模式。通过调查幼小衔接存在单向性的现状问题，以问题为导向，提出“幼小衔接”中加强幼儿自我服务能力的工作思路。结合《幼儿园教育指导纲要（试行）》《3—6 岁儿童学习与发展指南》《关于大力推进幼儿园与小学科学衔接的指导意见》以及《幼儿园入学准备教育指导要点》，以游戏为基本活动，以儿童为本，注重生活化、活动化和游戏化，充分发挥保育员生活活动、班级区域材料以及小学家长进课堂为教育契机，全员齐参与，放缓衔接坡度。本次系列教研参与人员涉及幼儿教师、生活老师、家长和小学一年级老师，参与人员广泛，有助于提高教师生活老师的指导能力，让家长明晰具体做法，为幼儿提供适宜的环境与条件，帮助孩子放缓衔接坡度，为他们顺利升入小学做准备。此案例顺应时代改革背景，具有一定的参考价值。

参考文献

［1］BRONFENBRENNER U. 人类发展的生态学［M］. 曾淑贤，刘凯，译 . 北京：中国人民大学出版社，2019.

［2］GARDNER H. 智能的结构：多元智能理论［M］. 沈致隆，译 . 北京：中国人民大学出版社，2008.

［3］上海市教育委员会教学研究室 . 幼儿园课程图景：课程实施方案编制指南［M］. 上海：华东师范大学出版社，2013.

［4］肖燕萍，张晔 . 走进评价，走进教研：幼儿园互动式教研活动实录［M］. 上海：华东师范大学出版社，2021.

［5］汪秋萍，等 . 幼儿园主题教研的设计与实施［M］. 北京：北京师范大学出版社，2022.

［6］虞莉莉 . 学前教育教研案例精选［M］. 北京：北京师范大学出版社，2022.

［7］邹丽琼 . 幼儿园园本教研指导手册［M］. 广州：南方日报出版社，2023.